A CONCISE DICTIONARY OF ENGLISH PROPER NAMES

英語固有名詞
語源小辞典

苅部恒徳

編著

研究社
2011

To
Asako Karibe
My Wife

まえがき

　『英語固有名詞語源小辞典』は，編著者が固有名詞の語源を簡便に引ける一冊版の常用辞典があればよいと長年思っていたものを自分で執筆することになったものである．この思いは，寺澤芳雄先生が編まれた『英語語源辞典』（研究社, 1997）の編集のお手伝いをした後，一段と強くなった．一般語の英語語源辞典として同書は，ギリシャ・ローマ神話や聖書の人物，それになじみ深い英語地名・男子名・女子名も含み，質量ともに万全なものであるが，固有名詞の語源記述を目的としたものではなかった．そうした理由から，本書のように英語固有名詞の語源のみを扱った辞書の存在も否定されるべきではないと思い，出版することになった．収録語数 3000 余りの小さめの辞典の性格上，引いた語が収録されていないとのご批判があがることは十分想定できる．編著者としては，平均 7, 8 割のヒット率が維持できれば実用になると思い，足らない語は読者のご意見を参考に，将来増やしていくことにして，この段階でひとまず上梓することにした．今後の本書の成長発展に読者のご協力をお願いする次第である．

　もう一つ執筆の動機として言えることは，最近，Oxford University Press を中心に各種の英語固有名詞語源辞典が相次いで出版され，固有名詞語源ブームが到来した感があり，これら最新の辞典の情報を利用できる状況になったことである（「主要参考文献」参照）．また，Web sites の利用も最近は必要欠くべからざるものになってきた．en.wikipedia などはまだ発展途上ではあるが，注意して利用すれば情報源として非常に有効である．こうした情勢からも，本書執筆の機が熟したと思われた．

　本書が成るについては，多くの方々のご理解とご協力を得たことを

記し感謝の念を表したい.本書の出版を快く引き受け,お忙しい中,閲読・校正までご尽力いただいた研究社社長の関戸雅男氏にはただ感謝あるのみである.社内校正を担当していただいた宮内繭子氏にもお礼を申し上げたい.今回も友人の笹川壽昭,小山良一,田中芳晴,成田圭市の諸氏が閲読の労をとられた.こうした諸氏の協力を受けることができたことは幸いであった.言うまでもないことだが,本書にミスや不十分な箇所があれば,すべて編著者の責任である.また,執筆のために参考書や研究個室の利用を快く認めてくださった新潟国際情報大学図書館のスタッフの方々にも感謝を申し上げたい.

最後に,この1年間,家庭の仕事と責任をすべて負ってくれた妻,朝子に本書を捧げ,感謝の気持ちを伝えたい.

2011年2月1日
編著者記す

凡　例

1. 目的・特徴： 本書は，いつでもどこでも引ける常用の小型英語固有名詞語源辞典を提供することを目的とする．個人名（Given Names: 男子名・女子名），姓（Surnames），地名（Place Names），商標（Brand Names）などの固有名詞をアルファベット順に並べ，一冊に収録した点に特徴がある．

2. 収録語数： 平均7, 8割のヒット率を確保すべく3000余語を収録した．

3. 記述方法： 各見出し語は，発音記号，カタカナ表記，初出年代，項目の種類（姓名・地名・商標などの別），発達・借入，言語名，語形，意味（原義），語誌的説明，姓名の場合は代表的な人物の例，の順序で記述した．

4. 見出し語： 見出し語は（　）に入れた別形も含みアルファベット順配列である．ただし，Mc- = Mac, St. = Saint として扱った．見出し語の選択基準については項目 8–13 参照．

5. 発音記号： 英語語源辞典の性格上，英語音を主とし米語音を（米として）最少限度に加えた．記号は国際音標文字（IPA）を用い，アクセント記号の打ち方も含め主に *Longman Pronunciation Dictionary*, 3rd Ed. (2008) を参考にした．第2アクセントの使用は他の辞書のものに比べ控えめである．以下に本書に用いた発音記号（母音のみ）を示す．

強勢短母音（単音節語ではアクセント記号はつけない；複合語のアクセント記号のつかない単語の強勢短母音も含む）

/ɪ/	f*i*t, h*i*t, p*i*t	/ɔ/	d*o*t, h*o*t, p*o*t
/e/	b*e*d, g*e*t, p*e*t	/ʌ/	c*u*t, l*o*ve, n*u*t
/æ/	b*a*ck, c*a*t, p*a*t	/ʊ/	b*u*ll, p*u*ll, w*oo*d

無強勢短母音

/i/	dul*y*, glor*y*, happ*y*	/u/	infl*u*enza, sanct*u*ary, sit*u*ate,

凡 例

/ɪ/　basic, topic, musical　　　　/ə/　about, teacher, comma

長母音
/iː/　beat, feet, sheet　　　　　　/ɔː/　all, law, talk
/uː/　boom, doom, fool　　　　　/əː/　burn, first, girl
/ɑː/　dart, heart, part

二重母音
/eɪ/　bay, day, face　　　　　　　/aʊ/　cow, house, mouth
/oʊ/　boat, go, stone　　　　　　/ɪə/　dear, fear, near
/ɔɪ/　boy, choice, toy　　　　　　/eə/　bear, chair, fair
/aɪ/　eye, high, ice,　　　　　　　/ʊə/　jury, moor, poor,

半母音 /j/ + /ə/, /u/
/jə/　champion, Indian　　　　　/ju/　evaluate, museum

6. カタカナ表記： 慣用的なカタカナ表記と英語音に近いカタカナ表記とを適宜選択している．慣用が定着している表記や商標を始め固有の表記が決まっているものはそれに従い，それほど表記が決まっていないものについては，英語原音に近く（たとえば /eɪ/ は「エー」ではなく「エイ」と）表記した．カタカナ表記は英語の綴りに影響され，-ley /-li/, -ray /-ri/ などは「レー」と表記される場合が多くあったが，本辞典では「リー」(Bradley /brǽdli/「ブラッドリー」, Murray /mʌ́ri/「マリー」)とした．

7. 初出年代： すべての収録語にできるだけ初出年代を示すように努めた．中英語期に初出した姓名については，Reaney & Wilson の *A Dictionary of English Surnames* に拠った．近代・現代英語期に初出するものは，一般語であれば MED, OED のような資料があるが，固有名詞の場合は資料が少なく，初出年代を示せない場合が多い．
　　年代に用いられる略語：a = ante「以前」, c = circa「頃」, C = century「世紀」, f = founded「建設された」, mid = middle「中頃」; DB = *Domesday Book*.

8. 姓： 英語の場合，姓（あるいは将来，姓に発達しうる個人名・出身地名・住居の場所名・あだ名・職業名など）が個人名にプラスして文献上明記されるのは，ノルマン征服王 William の命によって調査・作成された土地台帳の *Domesday Book* (1086) からであり，それ以後 14 世紀までに種々の文献に姓の発達・定着が見られる．本書ではできるだけ姓の由来を明らかにすべく，男子名 > 姓，姓

(＜地名／場所), 姓 (＜あだ名／職業) などのように表記した場合が多い．こうした中英語期に発達して現代に至る英語姓を中心に収録したが，19, 20世紀に移民たちによって米国にもたらされた外国語姓についても有名人の例がある場合は若干収録した．姓の由来については別項21を参照．

9. (個)人名(Personal Names)・**愛称形** (Pet Names)： 個人名は生まれた子供につけた名前(男子名・女子名)で，姓に対するものである．姓が未発達で個人が名前だけの場合は(個)人名と呼んだ．ゲルマン語系の古高地ドイツ語・古英語・古ノルド語などの人名は2語を組み合わせた複合語が多く，古高地ドイツ語から例を引くと，here-berht「軍隊 - 名立たる」＞ Herbert, hrōd-rīc「誉 - 支配(者)」＞ Roderick, rīc-hard「高貴な - 勇敢な(支配者)」＞ Richard, kouni-rād「大胆な - 顧問官」＞ Conrad, 古英語から例を引くと，æðel-ðrȳð「尊い - 力」＞ Etheldred, ēad-gār「幸運な - 槍；槍の名手」＞ Edgar, ēad-weard「幸運な - 保護者」＞ Edward, ecġ-beorht「剣 - 輝く」＞ Egbert, 古ノルド語から例を引くと，eir-ríkr「慈悲ある - 支配(者)」＞ Eric, sig-mund「勝利の - 保護(者)」＞ Sigmund などであった．

しかし，ノルマン征服とともに聖書の人物が男子名(遅れて女子名)として用いられ始め，Abraham, Adam, David, Solomon, Andrew, John, Peter, Thomas, (遅れて) Anne, Elizabeth, Mary, Sarah などが導入され，洗礼名として用いられ今日に及んでいる．なお，Nathaniel, Noah, Abigail, Naomi, Rachel, Rebecca などは17世紀のピューリタンによって導入されたものである．

その他，ラテン語，ギリシャ語，ゲール語，ドイツ語，フランス語などからの借入語によって英語の男子名・女子名は今日，多種多様を誇っている．男子名・女子名の最大の特徴はファッションの流行と同じで人気の栄枯盛衰が，特に女子名において甚だしいことである(男子名は頻出10位内はいわゆる洗礼名(Christian names)がいまだ8割方を占めている)．しかも一度は廃れても何十年後かにはまた復活するという名もある．Hanks, BN (「主要参考文献」参照)の付録には2007, 8年度の男子名・女子名の頻出20位までのリストがあるが，もっと最近までの人気リストは各種のウェブサイトに見ることができる．

男子名・女子名で注目すべきは少し長い名を短縮あるいは略して愛称形 (pet forms)を形成することである．Elizabeth を例にとると，Eliza, Beth (変形 Bess), Liz, Liza, などのように前か後あるいは両方を略した愛称形や，Betty, Bessy, Bessie, Lizzy, Lizzie, Libby, Libbie のように指小辞をつけた愛称形が派生し，指小辞のついた後者は略形である前者の愛称形の愛称形になっていて興味深い．

10. 地名 (Place Names or Habitational Names)・**場所名** (Topographical Names)： 英語圏の代表的な地名を挙げた．イギリス諸島のイングランド・ス

凡　例

コットランド・ウェールズ・コーンウォール・アイルランド，米国・カナダ・オーストラリア・ニュージーランドの州・主要な都市・観光地など，よく知られた地名を収録した．歴史の古いブリテン島の地名にはローマ時代・アングロ‐サクソン時代に遡るものも多く，こうした英語起源のもののほか，スコットランド・ウェールズ・コーンウォール・アイルランドにはケルト語に由来するものも多い．行政上重要な都市・歴史的価値のある名所旧跡・リゾートとして人気の高い観光地などを基準に選んだ．

　特定の地名ではなく，どこにでもある山・森・林・川・丘・原などの自然の地形や各種の農場・住居あるいは館・城・砦・教会・修道院・十字架・門など身近な建造物につけられたのが場所名である．この場所名はそれだけでは普通名詞だが，特定化されて独立して用いられると固有名詞の地名になりうる．またある個人を同名の他人と識別するために個人名に前置詞(＋定冠詞)を伴う居住場所がつけられ「…の場所(のそばに住む)…」と表記された．この方式が前述のイングランドの土地台帳 *Domesday Book* に記録され，やがて前置詞(＋定冠詞)が落ちて，場所名が姓に発達するのである．項目21参照．

11.　職業名(Occupational Names):　職業名が固有名詞になるのは，ある個人を同名の他人と識別するために個人名にその人の職業名が付け足されたときに始まり，この職業名が姓に発達する．中世のほぼすべての職業，Shepherd, Smith, Mason, Wright, Hunter, Weaver, Webster, etc. が姓になり得た．項目21参照．

12.　あだ名(Nicknames):　あだ名はいつの時代にもどこにでも見られる現象だが，あだ名が個人名について姓に発達し，家族名(Family names)として代々受け継がれていくのは興味深い．これも *Domesday Book* に始まり14世紀頃までに完了する．項目21参照．

13.　商標(Brand Names)・**その他の固有名詞:**　英語に由来するものに限らず，英語圏で馴染みの商標・音楽グループ名・会社名を若干収録した．見出し語として挙げた場合，基準は知名度ではなく，語源的な興味を優先させた．姓名の所持者の例として創業者名を挙げた場合には，会社名や商標に言及した．

14.　語源記述:　語源記述の開始を記号◆で示した．同一言語内の変化である発達と他言語からの借入は，いずれも記号＜…(…から)，＞…(…へ)で示した．ただし，中英語・古英語と英語化して見出し語と同形になったイギリス諸島の言語であるスコット(ランド)語・ウェールズ語・コーンウォール語・アイル(ランド)語が最初に来る場合には発達・借入の＜はつけなかった．

15. 言語名: 英語は, 古英語 (Old English; 700–1150), 中英語 (Middle English; 1150–1500) と表記したが, 近代・現代英語 (1500 以降) は単に英語とした. ほかに米 (米語), 北米先住民族語・インディアン語を用いた. なお, 主な言語の系統図を別項 16 に挙げた.

ヘブライ語 (Hebrew) は, 主に聖書人名・地名の最終語源に用いたが, 語形 (厳密なラテン文字への転記は困難) はおおよそ見出し語に近いので省略し, 原義を示すのみにとどめた.

ドイツ語は, 古/中高地ドイツ語 (Old High German; 700–1100 / Middle High German; 1100–1500), 古/中低地ドイツ語 (Old Low German; 700–1100 / Middle Low German; 1100–1500) と表記し, 近代・現代ドイツ語は単にドイツ語と表記した.

フランス語は, 古/中フランス語 (Old French; 900–1300 / Middle French 1300–1600) と表記し, 近代・現代フランス語は単にフランス語と表記し, ノルマンフランス語 (Norman French; 古フランス語のノルマンディー方言), アングロフランス語 (Anglo-French; ノルマン征服後から 1500 年までイングランドで用いられたフランス語) も用いた.

ケルト語 (Celtic) には, ウェールズ語 (Welsh), コーンウォール語 (Cornish), ブルターニュ語 (Breton), ゲール語 (Gaelic) (アイルランド・スコットランド・マン島のケルト語), アイル語 (ゲール語に由来するアイルランド語, アイルランドに特有な英語), スコット語 (ゲール語に由来するスコットランド語, スコットランドに特有な英語), マンクス (ゲール語に由来するマン島語) があり, これらケルト系の諸語の共通語を (古/中) ケルト語と表記した.

ラテン語は, ラテン語 (Classical Latin; 75BC–175), 後期ラテン語 (Late Latin; 175–600), 中世ラテン語 (Medieval Latin; 600–1500), 新ラテン語 (1500 以降) を用いた.

ほかに, **古ノルド語** (Old Norse; 700–1400), **ギリシャ語** (Greek), **イタリア語** (Italian), **スペイン語** (Spanish), **ポーランド語** (Polish) なども適宜用いた.

16. 言語の系統図 (発達・借入の関係を示す)

ゲルマン語―古英語―中英語―英語
　　|
古高地ドイツ語―中英語―英語
(低地ドイツ語)―中オランダ語―中英語―英語
　　　　　　　　　　　|
　　　　　　　オランダ語―英語
古ノルド語―中英語―英語

凡　例

ケルト語―(古 / 中)ケルト語―(ブリトン語―)ウェールズ語, コーンウォール語, ブルターニュ語―英語
　　　　　―ゲール語―(古)アイル語, (古)スコット語―(中英語―)英語

ヘブライ語―英語
　｜
ギリシャ語―英語
　｜
(後期)ラテン語―中英語―英語
　｜
古フランス語, ノルマンフランス語, アングロフランス語―中英語―英語

俗ラテン語
　｜
古フランス語―フランス語―英語
　　　　　―イタリア語―英語
　　　　　―スペイン語―英語

---

17. 語形: ヘブライ語と北米先住民族語の一部を除くほぼすべての言語について語形を挙げた. なお, 記号 ～ は**見出し語形**と同じ場合に用いた.

　中英語の語形については説明を要する. 中英語は元来, 異綴りが多くどの語形を代表として採用するかは辞書によって異なる上に, 本書では, 他の辞書のように基本形の単数主格形に直さず, 文献記録に現れた語形をそのまま挙げて原初形の観察を可能にした.

　中英語で異綴りが多いことは先に述べたが, 特に分かりにくいのは綴り字 u で, 本来の u のほか w や v の表記にも用いられ, uu は時には w(それ故 double u)も表した.

　語形記述で用いた記号 *l* は異説を挙げるのに用いた.

　語形はローマン体で示し, 本辞書に採録されている固有名詞・接頭接尾辞はスモール・キャピタル(SMALL CAPITAL)で示したが, これはクロスレファランスのネットを張り巡らして相互参照を容易にし, 読者の興味を関連事項の語源に導くためである.

18. 語義(原義): 各語形には語義を現代英語'　'や日本語「　」で示した. 固有名詞の語源記述は一般語に遡った段階で止め, 英語語義で表した発達形の語

源は一般語の語源辞典や語源欄にゆずることにした．従って本書ではゲルマン基語や印欧基語に遡ることはない．原義はこれを重視し，時には（原義「…」）として詳しい記述に努め，早めに示すことにした．

語形記述でも用いた記号 ∥ は異説を挙げるのに用いた．

19. 事項説明： 語形・意味だけでは不十分なものには適宜，事項説明（語誌）を補足した．歴史・文化の一端を垣間見られることが語源辞典の効用の一つだからである．

20. 姓・名の保持者の例： 項目の最後にその姓・名の保持者の例を記号 ▶ で示した．学問的には不必要なものかもしれないが，姓・名の語源を知りたいと思う動機は，具体的な人物を通しての場合が多いので，あえて例を挙げることにした．Nobel 賞や Academy 賞の受賞者・首相・大統領・政治家・王族・貴族・科学者・作家・詩人・芸術家・映画俳優や監督・スポーツ選手・ミュージシャンといった有名人を挙げることにした．同一人物でも姓と名の両方で例に挙げた場合もあるが，できるだけ一方を簡略にし，他方でやや詳しく説明した．

21. 姓の由来：

姓に発達する個人名 (Given Names)： *Domesday Book* (1086) に現れる最初期の語形は，例えば John filius Matthewes「Matthew の息子 John」のように，ラテン語 filius「息子」を John と同格に用いて，Matthew はそれを修飾する属格になる．この単数属格語尾として英語は -(e)s, -is ラテン語は -i を用いる．主格もラテン語化して本来語にも単数主格語尾 -us がつく場合がある．しかし時代が下るにつれてラテン語の filius や語尾が落ち，John Matthew と現代英語のように John が first name, Matthew が last name になる（正式な姓の誕生）．また，その後父系 (son of「…の息子」) を表す文字通りの -son や属格・所有格語尾の -s をつけた Matthesonや Matthews が姓として登場する．

姓に発達する地名 (Place Names)： 日本語の場合もそうであるが，地名が姓に発達した例は非常に多い．個人名だけの者に主としてその人の（ラテン語・フランス語の前置詞 de を伴った）出身地をつけた現象は *Domesday Book* に見られる．ブリテン島の地名が用いられるのは当然だが，フランスの地名に由来するものもかなりある．ノルマン征服後のノルマン人の移住を反映して Normandy の地名が非常に多い．たとえば中英語で最初，Ralph de Neuilla のように，ラテン語・フランス語の前置詞 de を伴った出身地名が個人名に付け足されたが，この地名が姓に発達し Ralph Neville となるのである．これは de が落ちた例であるが，de が地名に吸収される Darcy (< d'Arcy), Daryl (< de Airelle) のような

凡　例

例もいくつかある．また，de がそのまま残った De Quincey のような例もある．

姓に発達する場所（Topographical Names）：　*Domesday Book* に現れる最初期の語形には，固有の場所ではなく，特定できない場所に前置詞（＋定冠詞）at, atte（= at the), atter（= at ther（女性・単数与格形）), on, in,（地名のほか，時には場所にも）de をつけた語形が用いられた．本書では通常，これらの前置詞などは語形には含めず由来を示す前置きの部分に，1086 DB (at, atte (= at the), atter, de) 姓（＜ 場所）のように示した．これら英語の前置詞（＋定冠詞（の変化形））が来ると格支配によって与格形になることが多い．

姓に発達する職業名（Occupational Names）：　英語では職業から発達した姓として，Smith「鍛冶屋」の例はあまりにも有名であるが，ほかにも Baker「パン屋」，Carpenter「大工」，Cooper「桶屋」など枚挙にいとまがない．この場合，（古）フランス語の特定化を表す定冠詞 le（= the）や英語の the がつくことがある．本来，King, Duke, Earl, Count, Bishop などの地位名（Status Names）もこの範疇に属すべきものだが，実際は大部分あだ名としての使用からである．

姓に発達するあだ名（Nicknames）：　あだ名は実名の別名として独立して用いられることもあるが，これを実名につけて用いることから姓に発達する．単純にその人の身体的特徴・態度・性癖を表すものや鳥・動物に喩えるものが多い．あだ名にも（古）フランス語の特定化を表す定冠詞 le（= the）がつくことがある．

主要参考文献

1. 姓:
（英語）

Cottle, Basil, ed., *The Penguin Dictionary of Surnames.* Penguin Books, 1967. 姓の由来を個人名 (First-names), 場所 (地名も含む) (Localities), 職業 (地位も含む) (Occupations), あだ名 (Nicknames) の FLON に 4 大別して, 各見出し語に F, L, O, N のレッテルをつけた点に特徴がある. 記述には粗密があり個性的. Penguin Dictionary としては Titford に代替わりしているが, それなりの価値はある.

Dorward, David, ed., *Scottish Surnames.* Mercat Press, 1995. (Dorward 1)

Flexner, Stuart Berg, *I Hear America Talking: An Illustrated History of American Words and History.* Simon and Schuster, 1976.

Hanks, Patrick, ed. in chief, *Dictionary of American Family Names.* 3 vols. Oxford Univ. Press, 2003. 人種のるつぼと言われる, さまざまな由来を持つ米国人の姓の詳細な参考書. (Hanks, AFN)

Hanks, Patrick, and Flavia Hodges, eds., *The Oxford Dictionary of Surnames.* Oxford Univ. Press, 1988. *The Oxford Names Companion.* Oxford Univ. Press, 2002 に合本.

Matthews, C. M., *How Surnames Began.* Beaver Books, 1977. (Matthews)

Reaney, P. H., ed., *A Dictionary of British Surnames.* Routledge and Kegan Paul, 1958.

Reaney, P. H. & R. M. Wilson, eds., *A Dictionary of English Surnames.* 3rd Ed. Oxford Univ. Press, 1995. (Reaney & Wilson) 姓の発生・発達期の中英語期に遡る英語姓の基本図書. 前者からスコットランド語・ウェールズ語・アイルランド語の多くを割愛し, イングランドの surnames を 4,000 語増補した改訂版. 従って割愛された語に関しては前者もいまだ利用価値がある.

Smith, Elsdon, ed., *New Dictionary of American Family Names.* Gramercy Publishing Company, 1988 (Harper & Row, 1956, 1973). (Smith)

Titford, John, ed., *The Penguin Dictionary of British Surnames.* Penguin

Books, 2009. (Titford) 旧版の Cottle のものに代わった新版. 記述形式一新. 姓の地域分布が詳しいが，Cottle 同様見出し語が少ない.

(ドイツ語)

Bahlow, Hans, ed., Edda Gentry, tr. and rev., *Dictionary of German Names*. Max Kade Institute, 2009. (Bahlow)

Kohlheim, Rosa and Volker, eds., *Duden Lexikon der Familiennamen*. Duden-verlag, 2008.

(フランス語)

Morlet, Marie-Thérèse, ed., *Dictionnaire étymologique des noms de famille*. Perrin, 1991.

(世界)

Webster's Biographical Dictionary. G. & C. Merriam, 1971.

Crystal, David, ed., *Cambridge Bibliographical Encyclopedia*. 2nd Ed. Cambridge U. P., 1998.

2. 男子名・女子名:

Cresswell, Julia, ed., *Dictionary of First Names: An indispensable guide to more than 10,000 names*. Chambers Harrap, 2009. (Cresswell)流行に詳しい.

Dunkling, L. A., *First Names First*. J. M. Dent, 1977. 中村匡克訳『データで読む英米人名大百科』南雲堂, 1987.

Hanks, Patrick and Flavia Hodges, eds., *A Dictionary of First Names*. Oxford Univ. Press, 1990. *The Oxford Names Companion*. Oxford Univ. Press, 2002 に合本.

Hanks, Patrick and Flavia Hodges, eds., *A Concise Dictionary of First Names*. Oxford Univ. Press, 1992; 1997.

Hanks, Patrick, ed., *Babies' Names*. 2nd Ed. Rev. by Kate Hardcastle. Oxford Univ. Press, 2010. (Hanks, BN) Hanks et al による上記2書の最新版.

木村正史,『英米人の姓名』弓書房, 1980, 1983²(.

───,『続英米人の姓名』鷹書房弓プレス, 1997.

松本安弘・松本アイリン共著『アメリカ人名おもしろ辞典』北星堂書店, 1995.

Room, Adrian, *Naming Names: Stories of Pseudonyms and Name Changes with a Who's Who*. Routledge & Kegan Paul, 1981. Pseudonyms(芸名・ペンネームの由来と実名との対照表を含む).

Stewart, George R., ed., *American Given Names*. Oxford Univ. Press, 1979. 木村康男訳,『アメリカ人名辞典』北星堂書店, 1981.

Withycombe, E. G., *The Oxford Dictionary of English Christian Names*. 3rd Ed. Oxford Univ. Press, 1977. (Withycombe) やや古いが有益な情報とコメ

ントに満ちている.

3. 地名:

(ブリテン島・英国・スコットランド・ロンドン)

Dorward, David, ed., *Scotland's Place-names.* Mercat Press, 1995.(Dorward 2)

Ekwall, Eilert, ed., *The Concise Dictionary of English Place-names.* 4th Ed. Oxford Univ. Press, 1960.(Ekwall) 英国地名辞典の基本図書. 出典・語形など詳細.

Mills, A. D., ed., *A Dictionary of British Place-Names.* Oxford Univ. Press, 1991; 1998²; 2003.(Mills, BPN)*The Oxford Names Companion.* Oxford Univ. Press, 2002 に 1998² が合本. England 以外にスコットランド, アイルランド, ウェールズ, コーンウォールの地名も含むので便利. 中村瑞松・冬木ひろみ・中村正身共訳『イギリス歴史地名辞典・歴史地名篇』東洋書林, 1996.

―――, *A Dictionary of London Place Names.* 2nd Ed. Oxford Univ. Press, 2010.

Ousby, Ian, ed., *Blue Guide England.* 11th Ed. A & C Black, 1995.

Wills, Elspeth, ed., *Blue Guide Scotland.* 12th Ed., 2001.

Lalor, Brian, ed., *Blue Guide Ireland.* 9th Ed., 2004.

Tomes, John, ed., *Blue Guide Wales.* 8th Ed., 1995.

地球の歩き方編集室編『地球の歩き方　イギリス '09 ～ '10』ダイヤモンド社, 2009.

地球の歩き方編集室編『地球の歩き方　ロンドン '09 ～ '10』ダイヤモンド社, 2009.

(米国)

Stewart, George R., ed., *American Place-Names.* Oxford Univ. Press, 1970.(Stewart) 簡にして要を得ている.

地球の歩き方編集室編『地球の歩き方　アメリカ '09 ～ '10』ダイヤモンド社, 2009.

地球の歩き方編集室編『地球の歩き方　ニューヨーク '09 ～ '10』ダイヤモンド社, 2009.

(カナダ)

Rayburn, Alan, ed., *Place Names of Canada.* 2nd Ed. Oxford Univ. Press, 2010.(Rayburn)

地球の歩き方編集室編『地球の歩き方　カナダ '09 ～ '10』ダイヤモンド社, 2009.

(オーストラリア)

主要参考文献

Kennedy, Brian and Barbara, eds., *Australian Place Names.* Hodder and Stoughton, 1989; 1992.

Erika Esau and Boeck, George A., ed., *Blue Guide Australia.* 1999.

地球の歩き方編集室編『地球の歩き方　オーストラリア '10 〜 '11』ダイヤモンド社, 2009.

(ニュージーランド)

Reed, A. W., ed., *Place Names of New Zealand.* A. H. & A. W. Reed, 1975.

地球の歩き方編集室編『地球の歩き方　ニュージーランド　'10 〜 '11』ダイヤモンド社, 2009.

(フランス)

Dauzat, A. et Ch. Rostaing, eds., *Dictionnaire étymologique des noms de lieux en France.* 2 Guénégaud, 1989

Room, Adrian, ed., *Placenames of France.* McFarland, 2004.

Robertson, Ian, ed., *Blue Guide France.* 4th Ed., 1997.

地球の歩き方編集室編『地球の歩き方　フランス '10 〜 '11』ダイヤモンド社, 2009.

(世界)

Everett-Heath, John, ed., *Oxford Concise Dictionary of World Place Names.* Oxford Univ. Press, 2005.（Everett-Heath)

Matthews, C. M., *How Place-names Began.* Beaver Books, 1974.（Matthews)

21世紀研究会編『地名の世界地図』文春新書 147, 2000.

21世紀研究会編『人名の世界地図』文春新書 154, 2000.

辻原康夫,『世界地図から地名起源を読む方法』KAWADE 夢新書, 2001.

Webster's Geographical Dictionary. Revised Ed. G. & C. Merriam, 1969.

4. 商標:

Cross, Mary, ed., *A Century of American Icons: 100 Products and Slogans from the 20th-Century Consumer Culture.* Greenwood Press, 2002.

Rivkin, Steve and Fraser Sutherland, *The Making of a Name: The Inside Story of the Brands We Buy.* Oxford Univ. Press, 2004

Room, Adrian, *Dictionary of Trade Name Origins.* Routledge & Kegan Paul, 1982.（Room)

5. 一般:

石黒昭博, 監修『英米文化常識百科事典』南雲堂, 1996.

Farmer, David, *The Oxford Dictionary of Saints.* 5th Ed. Oxford Univ. Press, 2007.

寺澤芳雄, 編集主幹『英語語源辞典』(縮刷版) 研究社, 1999.

主要参考文献

『キリスト教人名辞典』編集委員会編『キリスト教人名辞典』日本基督教団出版局, 1986.
en.wikipedia.（en.wikipedia）

A

-a /-ə/ ラテン語・ギリシャ語系の女性名詞語尾. ♦＜ラテン語 -a ＜ギリシャ語 -ā. 女子名や男性名詞の女性名詞化に用いられる. ►AMERICA, ERICA.

AA /éɪéɪ/ エイエイ: 1905〔英国〕自動車協会（1999 年から会社組織）. ♦（頭文字語）＜ A(utomobile) A(ssociation). 会員制の自動車クラブ. 保険・交通情報・事故処理・運転講習・旅行案内などのサービス, 道路マップ・ガイドブックの出版などを行う. 日本の JAF に当たる.

AAA /trìpl éɪ/ トリプルエイ: 1902 全米自動車協会. ♦（頭文字語）＜ A(merican) A(utomobile) A(ssociation). 事業内容は AA とほぼ同じ.

Aaron(s) /éərən(z)/ (**1**) [Aaron] アロン:《旧約》MOSES の兄. ♦＜後期ラテン語 Aarōn ＜ギリシャ語 Aarṓn ＜ヘブライ語（原義）「?高位の（人）」. (**2**) アーロン（ズ）: 1189 男子名・1185 姓. ♦中英語 ～＜(1). ⇨ -s（父系）. 中英語期の使用はまれ, 今はユダヤ人にふつうに用いられる. ►HANK Aaron (1934– ; 米国大リーガー; 生涯ホームラン数 755 本).

ABBA /ǽbə/ アバ: スウェーデンの 4 人のボーカルグループ. ♦（頭文字語）＜ Agnetha, Björn, Benny, Anni-Frid (4 人のメンバーの名前のイニシャル). 正式表記は最初の B が逆向き.

Abbott, Abbot(s) /ǽbət(s)/ アボット, アボッツ: 12C 姓（＜あだ名）. ♦中英語 Abbot（原義）「大修道院長（のような・に扮した人）」＜古英語 abbod, abbbat 'abbot'. ⇨ -s（父系）.

ABC /èɪbiːsíː/ エイビーシー: 1943 米国のラジオ・テレビのネットワーク会社の商標. ♦（頭文字語）＜ A(merican) B(roadcasting) C(ompany).

Abe /eɪb/ エイブ: 男子名. ♦ABRAHAM, ABRAM の愛称形.

Abel /éɪbl/ (**1**) アベル:《旧約》ADAM と EVE の子で兄 CAIN に殺された. ♦古英語 ～＜後期ラテン語 Abēl ＜ギリシャ語 Ábel ＜ヘブライ語（原義）「息・息子」. (**2**) エイブル: 1221 男子名・1197 姓. ♦中英語 ～＜(1). 13 世紀に洗礼名として流行.

Aberdeen /ǽbədíːn/ アバディーン: スコットランド北東部 ABERDEENSHIRE 旧州の州都・港湾都市. ♦中英語・スコット語 Aberden, -don ＜ゲール語 aber

Aberdeenshire

'mouth' + Don (川名<ケルトの女神の名). 現在の Aberdeen は DEE 川の河口にある町だが, Old Aberdeen は Don 川の河口にあった (Mills, BPN).

Aberdeenshire /ǽbədíːnʃə/ アバディーンシャー: スコットランド北東部の旧州 (州都 ABERDEEN). ♦< ABERDEEN + -SHIRE.

Abigail /ǽbɪgeɪl/ (1) アビガイル: «旧約» Nabal の妻. ♦< 後期ラテン語 ~ < ヘブライ語 (原義)「わが父は喜ばれた」. 夫 Nabal が DAVID に食料の供給を断ったがこっそり彼に与え, 夫の死後 David の妻になった. (2) アビゲイル: 女子名. ♦<(1). 愛称形 Abbie, Abbey, GAIL. イングランドでは 16 世紀に用いられ始め, 17 世紀には一般的になった. 一時「女召使い」の代名詞になり廃れたが, 最近復活 (Cresswell).

Abraham(s) /éɪbrəhæm(z), -həm(z)/ (1) [Abraham] アブラハム: «旧約» ユダヤ人の父祖. ♦古英語 Abraham < 後期ラテン語 Abraham < ギリシャ語 Abraám < ヘブライ語 (原義)「? 思いやりのある父」. 原義を『創世記』17:5 により「諸国民の父」とするのは通俗語源. (2) エイブラハム (ズ): 1086 DB 男子名・1308 姓. ♦<(1). ⇨ -s (父系). 愛称形 ABE, Abie, Aby, BRAM, Ham.

Abram(s) /éɪbrəm(z)/ (1) [Abram] アブラム: «旧約» ABRAHAM の元の名. ♦古英語 Abram < ヘブライ語 (原義)「高貴な父, 父は高し」. (2) エイブラム (ズ): 1252 男子名・姓. ♦中英語 ~ <(1). ⇨ -s (父系). 愛称形 ABE.

Absalom /ǽbsələm/ アブサロム: (1) «旧約» DAVID の第 3 子. ♦中英語 Absolon, ~ < 後期ラテン語 ~ < ギリシャ語 Abessalôm < ヘブライ語 (原義)「父は平和」. 父の愛児にもかかわらず反逆して殺される. (2) 1199 男子名・1208 姓. ♦中英語 ~ <(1). CHAUCER は "The Miller's Tale" に教区教会書記の Absolon を登場させている. WILLIAM FAULKNER は小説の題名 *Absalom, Absalom!* (1936) に用いている.

Academy Award /əkǽdemi əwɔ́ːd/ アカデミー賞. ♦American Academy of Motion Picture Arts and Sciences「米国映画芸術科学アカデミー」が毎年, 前年の優秀作品および監督・俳優・製作関係者に授与する. ⇨ OSCAR.

Acton /ǽktən/ アクトン: 727 イングランド各地の地名. ♦中英語 Actune (原義)「樫村」< 古英語 Āc-tūn 'oak-TON'.

Ada /éɪdə/ エイダ: 女子名. ♦ADELAIDE, ALEXANDRA の愛称形.

Adam(s) /ǽdəm(z)/ (1) [Adam] アダム: «旧約» 人類の始祖. ♦古英語 Adam < 後期ラテン語 Adam < ギリシャ語 Adám < ヘブライ語 (原義)「? 男・赤い肌をした者」. (2) アダム (ズ): 1146–53 男子名・1281 姓. ♦中英語 ~ <(1). 14 世紀に使用が減ったが, 宗教改革後に復活, 現代では人気がある男子名. ⇨ -s (父系). ▶JOHN Adams (1735–1826; 米国第 2 代大統領 (1797–1801)) | JOHN QUINCY Adams (1767–1848; John Adams の子; 米国第 6 代大

統領(1825–29)).

Adamson /ǽdəmsən/ アダムソン: 1296 姓. ◆中英語 Adamsone < ADAM + -SON. ▶JOY Adamson (1910–80; 英国の自然観察家; *Born Free*『野生のエルザ』(1960)).

Adcock /ǽdkɔk/ アドコック: 1246 男子名・1226 姓. ◆中英語 Adcok (ADAM の愛称形). ⇨ -COCK.

Addis /ǽdɪs/ アディス: 1327 姓. ◆< Addy (ADAM の愛称形) + -s (父系).

Addison /ǽdɪsən/ アディソン: 1308 姓. ◆中英語 Addisone 'Son of Addy, Addie (ADAM の愛称形)'. ⇨ -SON. ▶JOSEPH Addison (1672–1719; 英国の文人; 日刊紙 *The Spectator* (1711–12, 1714)を友人の RICHARD STEELE と発行).

Adelaide /ǽdəleɪd/ アデレード: (1)女子名. ◆<フランス語 〜 <ドイツ語 Adalheit 'ALICE'. イングランドでの 19 世紀における流行は WILLIAM IV (1830–37) の王妃 'Good Queen Adelaide' の人気によった(Withycombe). 愛称形 ADA. (2) 1840 オーストラリア South AUSTRALIA 州の州都. ◆<(1). 女子名と同じく Queen Adelaide にちなむ.

Adidas /ǽdɪdæs, ədíːdəs/ アディダス: 1920s ドイツから発した世界的なスポーツ用品製造販売会社の商標. ◆< Adi (愛称形; < Ad(olf)) + Das(sler) (姓). ドイツ人の創業者 Adolf Dassler (1900–78)にちなむ.

Adkin(s) /ǽdkɪn(z)/ アドキン(ズ): 1191 男子名・1296 姓. ◆中英語 Adekin (ADAM の愛称形). ⇨ -KIN, -S(父系). 別形 ATKIN(S).

Adobe /ədóʊbi/ アドビ: 米国の PC ソフトウェアー会社 Adobe Systems の商標. ◆Adobe は設立者のひとり JOHN Warnock が当時住んでいた CALIFORNIA 州 Los Altos の家の裏を流れる川 Adobe Creek から命名. 川名の由来は以前, 河畔に建てられた日干しレンガの建物(adobe)から(en.wikipedia).

Adrian /éɪdrjən/ エイドリアン: 1189–1205 男子名・c1232 姓. ◆中英語 Adrianus, Adrien <ラテン語 Hadriānus (ローマ皇帝). ⇨ HADRIAN. ▶Adrian BOULT (1889–1983; 英国の指揮者).

Agatha /ǽgəθə/ アガサ: 女子名. ◆中英語 〜 <ラテン語 〜 <ギリシャ語 Agathḗ (原義)「善良な女」(女性形) < agathós 'good'. 愛称形 Aggie. 3 世紀のシシリー島の殉教者 St. Agatha への崇敬から広まった. ▶Agatha Christy (1890–1976; 英国の探偵小説作家).

Agnes /ǽgnəs/ アグネス: 1160 女子名・1219 姓. ◆中英語 〜 (原義)「純潔な女・聖なる女」<(古)フランス語 Agnès <ラテン語 〜 <ギリシャ語 agnós 'pure, holy'. ANNIS と二重語. 愛称形 Aggie. 3 世紀の処女殉教者 St. Agnes への崇敬により中英語期に多用された.

Agnew /ǽgn(j)uː/ アグニュー: (1) 1208–9 (de) 姓(<地名) > 男子名. ◆中英語

Ahab

A　Aignaus < (古) フランス語 Agneaux (NORMANDY の地名; 原義「羊農場」) < agneau 'lamb'. (2) 1201–12 姓 (< あだ名). ◆中英語 Agnel < (古) フランス語 agnelle, agneau 'lamb'. 「子羊」のようにおとなしい人につけたあだ名から. ▶P. T. Agnew (1918– ; 米国の副大統領 (1969–73)).

Ahab /éɪhæb/ アハブ: (1) «旧約» c875 BC イスラエルの王. ◆< ヘブライ語 (原義)「父の兄弟」. 当時, 偽りの神とみなされていた Baal 神を崇拝する妻のために最後は戦死する. (2) エイハブ: 男子名. ◆< (1). ▶Captain Ahab (MELVILLE 作 *Moby-Dick*『白鯨』(1851) の主人公で白鯨と戦って死ぬ捕鯨船の船長).

Aidan /éɪdn/ (1) [St. ~] 聖エイダン: 7世紀のアイルランド生まれの Lindisfarne の修道士. ◆古英語 Ǣðan < 古アイル語 ~ (指小形) < aid 'fire'. (2) エイダン: 男子名. ◆< (1). Oxford Movement によって19世紀に復活.

Aileen /éɪliːn, áɪliːn, 米 eɪlíːn, aɪlíːn/ エイリーン, アイリーン: 女子名. ◆EILEEN の別形.

Ajax /éɪdʒæks/ (1) アイアース: «ギ神» トロイ戦争に参加した豪胆・剛力の戦士. ◆< ラテン語 Ājāx < ギリシャ語 Aíās (原義)「?大地の神」. (2) エイジャックス: 1947 米国 Colgate-Palmolive 社の洗剤の商標. ◆< (1). その汚れを落とす強力な効果を英雄にたとえたものか. -x は最新技術を用いた製品の連想を生み, Cutex, Durex, KLEENEX, Kotex, Lux, Miramax, PYREX, ROLEX, TIMEX など多くの商標にみられる.

Akaroa /ækərɔ́ːə/ アカロア: ニュージーランド南島 CHRISTCHURCH 近くの港町. ◆< マオリ語 aka 'long' + roa 'harbour'.

Al /æl/ アル: 男子名. ◆ALBERT, ALEXANDER, ALFRED, など Al- で始まる名の愛称形. ▶Al (< Alphonse) CAPONE (1899–1947; 米国のイタリア系ギャングの首領) | Al (< Alfredo) PACINO (1940– ; 米国のイタリア系映画俳優).

Alabama /æləbǽmə/ アラバマ: 1819 米国の州 (州都 MONTGOMERY). ◆< チョクトー語 ~ (原義)「藪を切り開く人々」< alba 'weeds' + amo 'to cut' ∥ (原義)「薬草を集める人々」< alba 'plants' + amo 'to gather'.

Alamo /ǽləmoʊ/ アラモ: 米国 TEXAS 州にあった砦. ◆< スペイン語 Álamo (原義)「ヒロハハコヤナギの藪 (の土地)」. メキシコ軍との壮絶な「Alamo の戦い」(1836) で知られる

Alan /ǽlən/ アラン: 男子名・姓. ◆ALLAN の別形.

Alaska /əlǽskə/ アラスカ: 1959 米国の州 (州都 JUNEAU). ◆< ロシア語 Alyaska < アレウト語 alakshak (原義)「本土」. アリューシャン列島に対し Alaska 半島を指す.

Alban(s) /ɔ́ːlbən(z)/ (1) [St. Alban] 聖アルバヌス: イングランド最初の殉教者

Alden

で3世紀の人. ◆古英語 Albānus < ラテン語 Albānus 'of Alba (? イタリアの地名)'. (**2**) [St. Albans] セントオールバンズ: イングランド HERTFORDSHIRE にあるこの聖者が斬首された跡に建てられたと伝えられる大修道院・聖堂・町. ◆<(1). ⇨ -s (所有格; Cathedral の省略).

Albany /ɔ́ːlbəni/ オールバニー: (**1**) スコットランドの北部地方. ◆< Albania (ラテン語化) < ゲール語 Alba 'SCOTLAND'. (**2**) 1664 米国 NEW YORK 州の州都. ◆Duke of York and Albany (後のイングランド王 James II) にちなむ. この爵位は元はスコットランド王の, 後にイングランド王の王子たちに用いられた.

Albert /ǽlbət/ (**1**) アルバート: 1086 DB 男子名 > 1221 姓. ◆< フランス語 ～ < 古高地ドイツ語 Adalbert (ドイツ語 ～)(原義)「高貴で明るい人」< adal (ドイツ語 edel) 'noble' + beraht 'bright'. 愛称形 AL, BERT, Bertie. 女性形 ALBERTA. (**2**) [Prince ～] アルバート公(1819–61; VICTORIA 女王の夫君). ◆<(1).

Alberta /ælbə́ːtə/ アルバータ: (**1**) 女子名. ◆(女性形) < ALBERT. ⇨ -A(女性語尾). (**2**) 1905 カナダ中西部の州(州都 EDMONTON). ◆英国の VICTORIA 女王と ALBERT 公の四女 Princess Louise Caroline Alberta (1848–1939; 父の名から) にちなむ.

Albion /ǽlbjən/ アルビオン: Great BRITAIN, 後に ENGLAND の雅名. ◆中英語 ～ < (古) フランス語 ～ ∥ ラテン語 Albiō(n-) < ケルト語 *Albio(n-) 'white'. DOVER 海峡に面する白亜の岸壁からか.

Albright /ɔ́ːlbraɪt/ オールブライト: c1160 男子名 > 1279 姓. ◆中英語 Albriht (原義)「高貴な光」< 古英語 Æðelbriht 'noble bright'.

Alcatraz /ǽlkətræz/ アルカトラズ: 米国 SAN FRANCISCO 湾の島で連邦刑務所 (1934–62) があった. ◆< スペイン語 ～「ペリカン」. この島に棲息していた.

Alcott /ɔ́ːlkət/ オールコット: 1255 姓(< 場所). ◆中英語 Aldecote (old, cot) (原義)「古い納屋・小屋(の住人)」. ▶LOUISA MAY Alcott (1832–88; 米国の作家; *Little Women*『若草物語』(1868, 69)).

Alcuin /ǽlkwɪn/ アルクイン: 男子名. ◆< Alcuinus (ラテン語化) < 古英語 (H)ealhwine (原義)「広間の友・宮廷顧問官」. ▶Alcuin (c732–804; イングランド YORK の学者; シャルマーニュ大帝に招かれ, その宮廷の文教顧問官として貢献).

Aldeburgh /ɔ́ːldbərə/ オールドバラ: 1198 イングランド SUFFOLK 州の海浜の町. ◆中英語 Aldeburga (old, -BURGH)(原義)「古い砦の町」. 音楽祭 Aldeburgh Festival (1948–) が毎年6月に開かれる.

Alden /ɔ́ːldən/ オールデン: (**1**) 1086 DB 男子名 > 1279 姓. ◆中英語 Aldan(us) (原義)「半デネ」< 古英語 Healfdene 'Half-Danes'. (**2**) c1095 男子名 > 1196

Aldgate
姓. ♦中英語 Aldine (原義)「旧友」< 古英語 Ealdwine 'old friend'.

Aldgate /ɔ́:ldgeɪt/ オールドゲイト: 1108 LONDON の城門の一つ. ♦中英語 Alegate (ale, gate) (原義)「エール(の販売や飲酒が行われる)門」. d の添加による Ald- 形は 17 世紀から, 従って old とは無関係. CHAUCER はこの門上の住居で WAT TYLER の農民一揆を見たという.

Aldrich /ɔ́:ldrɪtʃ, 米 á:-/ オールドリッチ, アールドリッチ, **Aldridge** /ɔ́:ldrɪdʒ, 米 á:ld-/ オールドリッジ, アールドリッジ: 1275 姓. ♦中英語 ～ (alder, -WICH) (地名; 原義「ハンノキ村」). ▶ROBERT Aldrich (1918–83; 米国の映画監督).

Alec(k) /ǽlɪk/ アレック, **Alex** /ǽlɪks/ アレックス: 男子名. ♦ALEXANDER の愛称形.

Alexander /æ̀lɪgzǽndə/ (1) [～ the Great] アレクサンダー大王: マケドニアの王(356–323 BC). ♦< ラテン語 ～ < ギリシャ語 Aléxandros (原義)「人々の守護者」< aléxein 'to defend' + andr-, anḗr 'man'. 中英語では Alisaunder (< 古フランス語 < ラテン語)が用いられた. (2) アリグザンダー: c1150–60 男子名・(たまに)女子名・1283 姓. ♦中英語 < (1). 13 世紀以来スコットランドに非常に多い男子名. 愛称形 AL, ALEC(K), ALEX, SANDER(S), SANDY. 女性形 ALEXANDRA.

Alexandra /æ̀lɪgzǽndrə/ アリグザンドラ: 1205 女子名. ♦(ラテン語化・女性形)< ALEXANDER. 愛称形 SANDRA, Sondra, SANDY.

Alfa Romeo /ǽlfə roʊméɪoʊ/ アルファロメオ: 1921 イタリアの自動車製造販売公社の商標. ♦(頭文字語)< A(nonima) L(ombarda) F(abbrica) A(utomobili) 'Lombard Automobile Factory, Public Company' + (Nicola) ROMEO (1876–1938; 創生期の技術者で経営者).

Alfie /ǽlfi/ アルフィー: 男子名. ♦ALFRED の愛称形. ⇨ -IE.

Alfred /ǽlfrəd/ (1) [～ the Great, King ～] アルフレッド大王. ♦古英語 Ælfrēd (原義)「賢い指導者(エルフ)」< ælf 'elf' + rēd 'wise in counsel'. 古英語 ælf 「エルフ・小妖精」は Ælfrīc (原義)「強い人(エルフ)」など人名の要素として「異能者」を指したのであろう. TOLKIEN の『指輪物語』のエルフと比較. アルフレッド大王(849–899)はアングロ・サクソン時代のウエスト・サクソン国の王(871–899). Viking の侵入に抵抗して故国を護るかたわら, 学問の復興に意を注いだ. (2) アルフレッド: 1201 男子名・1260 姓. ♦中英語 Elfredus, ～ < (1). 愛称形 AL, ALFIE, FRED.

Algernon /ǽldʒənən/ アルジャノン: 15C 男子名. ♦中英語 ～ < ノルマンフランス語 ～ (あだ名; 原義「(ノルマン人にはめずらしい剃らずに)髭をたくわえた(人)」). 愛称形 Algie, Algy. ▶DANIEL Keyes 作 *Flowers for Algernon*『ア

ルジャーノンに花束を』(1966)に登場する知能を高める実験用のネズミ．

Alice /ǽlıs/ アリス：女子名．◆中英語 Aylse＜ノルマンフランス語 Aliz＜古高地ドイツ語 Adalheidis（ドイツ語 Adalheit）(原義)「高貴な身分」＜adal 'noble' ＋ -heit '-hood'．愛称形 Allie, Ellie, Elsie．12世紀以降英仏で流行したが，17世紀中頃までに廃れた．しかし19世紀中頃に復活，*Alice's Adventures in Wonderland*『不思議の国のアリス』(1865)が流行にさらに拍車をかけた．

Alice Springs /ǽlıs sprı́ŋz/ アリススプリングズ：1871 オーストラリア Northern Territory の町．◆South Australia 州電信総監の CHARLES TODD (1826–1910)の妻 ALICE にちなんだ泉に電信中継所としてできた町．

Alicia /əlı́ʃə/ アリシア：女子名．◆(ラテン語化)＜ALICE．⇨ -IA．

Alistair /ǽlıstə, -stéə/ アリスター, アリステア：男子名．◆＜ゲール語 Alasdair 'ALEXANDER'．愛称形 Aly．

Al(l)an, Allen /ǽlən/ アラン, アレン：1086 DB 男子名＞1234 姓．◆中英語 Alain, Alein (1)＜(古)フランス語 Alain＜古ブレトン語 Alan (原義「小岩」；BRITTANY で崇敬された6世紀の聖者の名)＜ゲール語 Ailín (指小形)＜ail 'rock'；(2)＜ゲール語 Aillén (指小形)＜aillil「妖精」．中英語は(1)と(2)の融合．3別形のうち Allan はスコットランドの姓に，Alan はイングランドの男子名に，Allen はイングランドの姓と米国の男子名に，それぞれ用いられる傾向がある．

Al(l)ison /ǽlısn/ アリスン：c1386 女子名．◆中英語＜フランス語 Alis 'ALICE' ＋ -ON (指小辞)．17世紀においてもイングランド北部・スコットランドで人気があった．▶CHAUCER 作 *The Canterbury Tales*, The Wife of Bath の名ほか．

Alnwick /ǽnık/ アニック：1178 イングランド NORTHUMBERLAND 州の町．◆中英語 Alnewich (原義)「Aln 河畔の農場・村」＜ゲール語 Aln (川名；語源不詳) ＋ 古英語 wīc '-WICK'．NORTHUMBERLAND 侯爵の居城だった Alnwick Castle の城下町．映画 *Harry Potter* シリーズのロケが行われた．

Alps /ǽlps/ アルプス：a1387 ヨーロッパ中央南部の山脈．◆中英語 Alpes＜ラテン語 Alpēs (複数)(原義)「白い山々」＜? ケルト語 *alb- 'white'．

Altman(n) /ɔ́:ltmən, 米 á:lt-/ オールトマン, アールトマン：姓．◆＜ドイツ語 ～ (old, man)(原義)「老練な者」．▶ROBERT Altman (1925–2006；ドイツ系の米国人映画監督；*M*A*S*H* (1970))．

Alvin /ǽlvın/ アルヴィン：1193 男子名＞1279 姓．◆中英語 Elfwin, Alvene＜古英語 Ælfwine (原義)「エルフ・小妖精の友人」＜ælf 'elf' ＋ wine 'friend' ∥ Æðelwine (原義)「高貴な友人」＜æðel 'noble' ＋ wine 'friend'．

Amabel /ǽməbəl/ アマベル：1189 女子名．◆中英語 Amabilis, -lia (原義)「愛すべき女・愛しい女」＜ラテン語 amābilis, -lia 'lovable'．略形 MABEL, Mabella．

A

Amanda /əmǽndə/ アマンダ: 女子名. ♦<ラテン語 〜(原義)「愛すべき(女)」(動詞状形容詞・女性形)<amāre 'to love'. 愛称形 Manda, Mandi(e), Mandy. 17世紀以前はまれ. 米国で1960年代に広く用いられ, 1976–95年の間トップテン入りした.

Amazon.com /ǽməzən kɔm/ アマゾン: 本を中心とする百貨のネット販売会社 Amazon.com, Inc. の商標. ♦<Amazon. A-to-Z の品揃えの目標に合致するAとZを含む単語だからかとか, 世界最大の Amazon 川にちなんだとかいわれている. 同社は1994年 JEFFREY P. Bezos (1964–) が SEATTLE に創業.

Ambler /ǽmblə/ アンブラー: (**1**) 1303 (le) 姓(<職業). ♦中英語 Amayler (原義)「七宝細工師」<古フランス語 esmailleur 'enameller'. (**2**) 1276 (le) 姓(<職業・あだ名). ♦中英語 〜(原義)「厩係・馬の側対歩のような歩き方をする人」>(古)フランス語 〜 'to amble'.

Ambleside /ǽmblsaɪd/ アンブルサイド: c1095 イングランド北西部 CUMBRIA 州の町. ♦中英語 Ameleseta (原義)「川中島のそばの夏季放牧場」<古ノルド語 Á 'river' + mel 'sandbank' + sætr 'summer pasture'. 湖水地方観光の拠点.

Ambrose /ǽmbroʊz/ アンブローズ: 1168–75 男子名・1279 姓. ♦中英語 Ambrosius, 〜<ラテン語 Ambrosius<ギリシャ語 Ambróthios (原義)「不滅の(人)」. 教会の権威を高め, 典礼と聖歌を革新した4世紀のミラノの司教 St. Ambrose への崇敬から人気がでたが, 今はあまり用いられない.

Amelia /əmíːljə/ アミーリア: 1205 女子名. ♦中英語 Amilia, Amellia<(古)フランス語 Amélie<(古高地)ドイツ語 Amalie<ラテン語 Æmilius (ローマの氏族名). ⇨ EMILY, EMILLIA, -IA.

America /əmérɪkə/ アメリカ. ♦<新ラテン語 〜(国名; 女性形)<Americus (Vespucius) (ラテン語化)<Amerigo Vespucci (1499年以降米大陸に3度寄港したイタリアの航海者). ドイツの地図製作者 MARTIN Waldseemüller が1507年に南北アメリカに命名.

American Express /əmérɪkən ɪksprés/ アメリカンエキスプレス: 1850 米国最大のクレジットカード会社の商標. 略形 Amex, AmEx /ǽmeks/. 速達郵便事業から始まったのでこの名がつく.

Amis /éɪmɪs/ エイミス: 1221 姓. ♦中英語 〜<古フランス語 〜(原義「友」;「友」といっても身分の低い者・奴隷に用いた(Reaney & Wilson))<ラテン語 amīcus 'friend'. ▶KINGSLEY Amis (1922–95; 英国の作家; *Lucky Jim* (1954)).

Amos /éɪmɔs, 米 -əs/ (**1**) アモス: ≪旧約≫ ユダヤの預言者. ♦<後期ラテン語 〜<ギリシャ語 Amós<ヘブライ語 (原義)「神に(重荷を)背負わされた(者)」. (**2**) エーモス: 姓・男子名. ♦(変形)<(1). 男子名の使用は宗教改革後(Tit-

Angelica

ford).

Amtrak /ǽmtræk/ アムトラック: 1971 米国の全国鉄道旅客公社 National Railroad Passenger Corporation の商標. ◆(略形) < Am(erican) Tra(c)k. 乗客の減少した民間鉄道を統合した旅客専門鉄道公社.

Amy /éɪmi/ エイミー: 1219 女子名. ◆中英語 ～ <(古)フランス語 ami 'friend' ∥ aimé 'beloved'. 「友子 ∥ 愛子」に相当.

Anchorage /ǽŋkərɪdʒ/ アンカレッジ: 1915 ALASKA の港湾都市. ◆< anchorage (原義)「投錨地・停泊地」.

Andersen /ǽndəsən/ アンダソン, アンデルセン: 姓. ◆<デンマーク語・ノルウェー語 Andreas 'ANDREW' + -sen '-SON'.

Anderson /ǽndəsən/ アンダソン: c1443 姓. ◆中英語 Androsoun, Andrewson < ANDREW + -SON (父系). ▶SHERWOOD Anderson (1876–1941; 米国の作家; *Winesburg Ohio* (1919)) ∣ MARIAN Anderson (1897–1993; 米国の黒人霊歌歌手).

Andrea /ǽndrjə/ アンドレア: 1617 女子名. ◆(女性形) < ANDREW. 愛称形 ANDY, ANDI(E). 20 世紀中頃から人気がでてきた.

Andrew(s) /ǽndruː(z)/ (**1**) [St. Andrew] アンデレ: «新約» イエスの十二使徒の一人で PETER の兄弟. ◆中英語 Andreu <古フランス語 Andreu (フランス語 André) ∥ ラテン語 Andreās <ギリシャ語 Andréās (原義)「男らしい(人)」. 古英語 (St.) Andreas はラテン語から直接. スコットランドの守護聖人. St. Andrews 市・大学も St. Andrew にちなむ. -s は建物 (church, cathedral など) を省略した場合の所有格 (cf. ALBANS). (**2**) アンドルー(ズ): 1086 男子名・1229 姓. ◆中英語 Andreu < (1) ⇨ -s (父系). スコットランドで人気のある男子名. 愛称形 ANDY. ▶JULIE Andrews (1935– ; 英国生まれの米国の女優・歌手; *The Sound of Music* (1965)).

Andy, Andi(e) /ǽndi/ アンディ: 男子名・女子名. ◆ANDREW(S), ANDREA の愛称形. ▶Andy (< ANDREW) WILLIAMS (1930– ; 米国のポップシンガー) ∣ Andy WARHOL (1928–87; 米国のポップアーティスト).

Angel /éɪndʒl/ エンジェル: 1193 姓・男子名. ◆中英語 Angelus, ～ <古フランス語 Angele <ラテン語 Angelus 'messenger, angel'. 「天使」のような人につけたあだ名から. HARDY は小説 *Tess of the d'Urbervilles*『テス』(1891)でヒロインの夫 Angel Clare の名に用いた.

Angela /ǽndʒələ/ アンジェラ: 女子名. ◆<ラテン語 Angela (女性形) < Angelus 'ANGEL'. 愛称形 Angie. ⇨ -A. 1965–79 年にトップ 10 入りしたが, 2008 年には 133 位に下がった (en.wikipedia).

Angelica /ændʒélɪkə/ アンジェリカ: 女子名. ◆<ラテン語 ～ (女性形) < ange-

Angelina

A   licus 'angelic'. ⇨ -A. ▶Angelica HUSTON (1951– ；米国の映画女優).

Angelina /ændʒəlí:nə/ アンジェリーナ：女子名. ◆(指小形) < ANGELA. ⇨ -INA. ▶Angelina Jolie (1975– ；米国の映画女優；父親の Jon VOIGHT と絶縁, 本来の姓 Voight を抹消).

Angle(s) /ǽŋgl(z)/ アングル(ズ)：アングル族. ◆古英語 Angel < ラテン語 Anglus, (複数) Anglī (原義)「地形が angul(釣り針)の形をした Schleswig の地名・同地出身の人々」< ゲルマン語 *angli- (England, English では i-umlaut により語頭の a が e に音変化した).

Anglesey /ǽŋglsi/ アングルシー：1098 ウェールズ北西部の島の英語名. ◆中英語 Anglesege (原義)「Ongull の島」< 古ノルド語 Ongull (人名) + ey 'island'.

Anglican /ǽŋglɪkən/ アングリカン：1635 英国国教会・その会徒. ◆< 中世ラテン語 Anglicāna (ecclēsia) 'Anglican (church)' < Anglicus 'English' < ラテン語 Anglus, (複数) Anglī 'ANGLES'.

Anglo-Saxon /ǽŋgloʊ-sǽksn/ アングロ-サクソン：5 世紀半ばに北ヨーロッパから渡来したゲルマン系部族・その言語(今は Old English の呼称がふつう). ◆1610 < 新ラテン語 Anglo-Saxōnēs 'English people'. ⇨ ENGLISH, ANGLE, SAXON.

Angus /ǽŋgəs/ アンガス：1229 姓. ◆中英語 ～ (スコットランド東部の旧州名) < アイル語・ゲール語 aongahus (原義)「唯一無二」.

Anita /əní:tə/ アニータ：女子名. ◆< スペイン語 ～ (愛称形) < Ana 'ANNA'.

Ann /æn/ アン：女子名. ◆ANNE の別形.

Anna /ǽnə/ アンナ：女子名. ◆< ラテン語 ～ < ギリシャ語 Ánna < ヘブライ語 Hannah (原義)「恩寵；神は子を授けられた」. HANNAH と二重語. 愛称形 ANNIE, Nan, NANCY. ラテン語形の Anna は Virgin Mary の母の名としてビザンチン帝国で好まれ, 後に西欧に広がった. イングランドでは 18 世紀に流行した (Withycombe).

Annabel /ǽnəbel/ アナベル, **Annabella** /ænəbélə/ アナベラ：1331 女子名. ◆中英語・スコット語 ～, Annabella (? 変形) < AMABEL. POE の詩 "Annabel Lee" (1849) が復活に貢献した.

Annapolis /ənǽpəlɪs/ アナポリス：1695 米国 MARYLAND 州の州都. ◆< ラテン語 ANNA 'ANN' + -POLIS. イングランド王女 (後に女王) ANNE (1665–1714) にちなむ.

Annapolis Royal /ənǽpəlɪs rɔ́jəl/ アナポリスロイヤル：1710 カナダ NOVA SCOTIA 州西部の町. ◆< ANNAPOLIS. 1903 年に Royal が付加された.

Ann Arbor /ænɑ́:bə/ アナーバー：米国 MICHIGAN 州南東部の都市. ◆(短縮形) < Anns' Arbor (原義)「ANN たちの園亭」. 最初期の二人の入植者の妻た

ち（いずれも Ann）が野葡萄のつるから園亭を作ったという伝説にちなむ (Stewart). MICHIGAN 大学の所在地

Ann(e) /ǽn/ アン：女子名・（たまに）男子名．♦中英語 〜＜古フランス語 〜＜ラテン語 ANNA．愛称形 ANNIE, Nan, Nanny, NANCY．イングランドには 13 世紀初頭に導入され，17 世紀初めから 2 世紀間は最も多い女子の名前の一つだった．▶Queen Anne (1665–1714; イングランド・スコットランド女王(1702–07, 07–14))．19 世紀では Ann 形のほうが多かったが，20 世紀では Anne 形のほうに人気があるのは L. M. MONTGOMERY の *Anne of Green Gables*『赤毛のアン』(1908) と Princess Anne (1950–) の影響か．

Annette /ənét/ アネット：女子名．♦＜フランス語 〜（指小形）＜ ANNE ＋ -ETTE（指小辞）．▶Annette Bening (1958– ；米国の映画女優)．

Annie /ǽni/ アニー：女子名．♦ANN(E), ANNA の愛称的指小形．⇨ -IE. ▶Harold Gray (1894–1968) の漫画 *Little Orphan Annie* (1924) の主人公．後にミュージカル *Annie* (1977) になった．

Annis /ǽnɪs/ アニス：1170–76 女子名・姓．♦中英語 Annes ＜古フランス語 Anés (AGNES の口語形) ＜ラテン語 Agnēs ＜ギリシャ語 Hagnḗ (原義)「純潔な女・聖なる女」(女性形) ＜ hagnós 'pure, holy'．AGNES と二重語．

Anselm /ǽnselm/ アンセルム：男子名．♦＜ラテン語 Anselmus (原義)「神の守り」＜古高地ドイツ語 Ansehelm ＜ ansi 'god' + helm 'protection, helm'．▶St. Anselm (c1033–1109; Milan の司教・神学者，後に CANTERBURY の大司教 (1093–1109))．

Anthony /ǽntəni, 米 ǽnθəni/ アントニー, アンソニー：男子名．♦（変形）＜ ANTONY．英国の歴史家 WILLIAM Camden が 1605 年にギリシャ語 ánthos 'flower' からと語源説をたてたことから h が挿入されたらしい (Withycombe)．

Antonia /æntóʊnjə/ アントーニア：女子名．♦＜ラテン語 Antōnia (女性形) ＜ Antōnius 'ANTONY'．⇨ -IA．愛称形 Toni, Tonie．

Antony /ǽntəni/ アントニー：1149 男子名・1275 姓．♦中英語 Antonius, 〜＜ラテン語 Antōnius (ローマの氏族名) ＜? 十字軍で西洋に広まった Egypt の聖者 St. Antony への崇敬による．イングランドでも 12 世紀以降かなりの人気があり，スコットランドでは別形 Anton も出現．略形・愛称形 TONY も 17 世紀以降用いられている．

ANZ /éɪenzéd/ エイ・エヌ・ゼット：オーストラリアの銀行．♦（頭文字語）＜ A(ustralia and) N(ew) Z(ealand Banking Group Limited)．オーストラリアで 4 番目に大きい銀行．

AP /éɪpíː/ エイピー：1846 米国連合通信社の商標．♦（頭文字語）＜(The) A(sso-

Ap(-)

ciated) P(ress). UPIとならんで米国の2大通信社の一つ.

Ap(-) /æp/ 人名につけて 'Son of' を意味するウェールズ語の接頭辞.

Apache /əpǽtʃi/ アパッチ(族): 米国先住民族の一つ. ◆＜スペイン語 ～＜インディアン語(原義)「? ナヴァホ族・敵」. 北米南西部に広く分布していたアパッチ系の6部族を指す.

Appalachia /æpəléɪtʃ(j)ə/ アパラチア: 米国東部の Appalachian Mountains を含む地域. ◆＜? チョクトー語 Aparachee, Apal(a)chen (部族名; 原義「向こう側の人々」) + -IA. 海から来たスペインの探検隊がこの部族の集落を発見, この山地と内陸部に命名.

Apple /ǽpl/ アップル: MAC, iPod, iPhone, iPad などのデジタル家電製品を製造販売する米国の多国籍企業 Apple Inc. の商標. ◆＜ apple. 創業者のひとり STEVE JOBS が果樹園の林檎を見て, その完璧性から社名にしたというエピソードがある. その PC の先見性を NEWTON の林檎にかけたとも考えられる. 旧社名 Apple Computer Inc. から Computer を除いた新社名は 2007 年から.

Aquarius /əkwé(ə)rjəs/ アクエリアス: COCA-COLA 社のスポーツドリンクの商標. ◆＜ ～ (原義)「水瓶座」. 日本の大塚製薬の POCARI SWEAT (1980–) に対抗して 1983 年に発売された.

Aquascutum /ækwəskjú:təm/ アクアスキュータム: 1853 LONDON, REGENT STREET にある Aquascutum Ltd. のファッション製品の商標. ◆～＜ラテン語 aqua 'water' + scūtum 'shield'. 防水性のあるレインコートが「雨の盾」になることから命名した.

Aran Islands /ǽrən àɪləndz/ アラン諸島: アイルランド GALWAY 沖にある島. ◆＜アイル語 Árrain (原義)「稜線の連なる島」. 大西洋側の景観から. J. M. Synge, *The Aran Islands* (1907) はこの島の滞在記.

Archer /á:tʃə/ アーチャー: 1166 姓. ◆中英語 Arch(i)er ＜古フランス語 Archier (原義)「射手」＜後期ラテン語 arcārium 'archer' ＜ラテン語 arcus 'bow'. ▶ JEFFREY Archer (1940– ; 英国の保守党政治家・ベストセラー作家).

Archibald /á:tʃɪbɔ:ld/ アーチボールド: 1130 男子名 ＞ 1210 姓. ◆中英語 Archembold, Archebold (arch-, bold) ＜古フランス語 Archamboult ＜古高地ドイツ語 Ercanbald (原義)「際立って勇敢な(人)」.

-ard /-əd/ 軽蔑を意味する接尾辞. ◆中英語・古フランス語 ～＜古高地ドイツ語 -hard, -hart 'hardy'.

Arden /á:dn/ アーデン: c1080 (de) 姓 (＜地名). ◆中英語 Eardene, Ardene (イングランド WARWICKSHIRE の地名; 原義「? 住居」) ＜古英語 *eard-ærn 'dwelling-house'. SHAKESPEARE 作 *As You Like It* (1599) の舞台 The Forest of Arden は Warwickshire 南西部の森林地帯にあった.

Ariel /éərjəl, 米 érjəl / (**1**) アリエル: «旧約» Jerusalem の別称. ♦<ヘブライ語 (原義)「神の獅子」. (**2**) エアリアル: 男子名・女子名. ♦< (1). 女子名は Disney の映画 *The Little Mermaid*『人魚姫』(1989) のヒロインの名から米国では一挙に増えた. ▶Ariel Sharon (1928– ; 第 11 代 Israel 首相 (2001–06)).

Arizona /ærɪzóʊnə/ アリゾナ: 1912 米国の州 (州都 Phoenix). ♦<? パパゴ語 Arizonac (原義)「小さな泉・源泉」. ほかに, スペイン語 zona arida「砂漠地帯」, バスク語 aritz ona「良き樫の木」からとする説もある. Grand Canyon がある州.

Arkansas /á:kənsɔ:/ アーカンソー: 1836 米国の州 (州都 Little Rock). ♦<フランス語 ~ <クアポー語 Asakaze (原義)「下流の人々」∥ スー語 Asakaze (原義)「南風の人々」. ⇨ -s(複数).

Arkwright /á:kraɪt/ アークライト: 1246 姓 (<職業). ♦中英語 Arkewright (ark, Wright) (原義)「箱・タンス作り職人」. ▶Richard Arkwright (1732–92; 英国の発明家・企業家; 水力紡績機を発明し産業革命に寄与した).

Arlington /á:lɪŋtn/ アーリントン: (**1**) 1004 イングランド各地の地名. ♦古英語 Ælfrēdincgtūne (原義)「Aldred 一族の村」. ⇨ -ing, -ton. (**2**) 米国各地の地名. ♦< (1). 語源はほぼ全て 1st Earl of Arlington (1618–85; イングランド王 Charles II の国務大臣 (1662–74)) から. ▶Arlington National Cemetery は, Potomac 川を挟んで Washington D. C. の Lincoln Memorial と向き合う Virginia 州の同町に 1864 に造営された. (**3**) 1296 (de) 姓. ♦中英語 Erlynton < (1).

Armagh /à:má:/ アーマー: 北アイルランド南部の旧州・古都. ♦<アイル語 Ard Mhacha (原義)「Macha (人名; 原義「? 王・女神」) の丘 ∥ 平原の丘」. St. Patrick が 455 年に自ら建てたと言われる石造りに教会のあった場所に大聖堂が立つ. 紀元前 400 年ころから紀元後 333 年まで Ulster の王都.

Armo(u)r /á:mə/ アーマー: 1279 (le) 姓 (<職業). ♦中英語 Armerer (原義)「武具師」<古フランス語 Armurier 'armourer'.

Armstrong /á:mstrɔŋ/ アームストロング: 1250 姓. ♦中英語 Armestrang (arm, strong) (原義)「腕っ節が強い人」. スコットランドに接するイングランド北部に特徴的な姓. ▶Louis /lú:ɪ/ Armstrong (1901–71; 米国のジャズトランペッター) | Neil Armstrong (1930– ; Apollo 11 号で 1969 年に人類で初めて月面に立った米国の宇宙飛行士の一人).

Arnold /á:nld/ アーノルド: (**1**) 1086 DB 男子名・1196 姓. ♦中英語 Ernold, ~ <古フランス語 Ernaut, Arnaut (原義)「鷲の強さを持つ人」<古高地ドイツ語 Arnalt, ~ 'eagle-power'. (**2**) 1191 (de) 姓 (<イングランドの East Yorkshire, Nottinghamshire の地名). ♦中英語 Ærnhale (地名; 原義「鷲の

Arran

A　巣」) < 古英語 earn 'eagle' + healh 'nook'. 愛称形 Arnie. ▶MATTHEW Arnold (1822–88; 英国の詩人・文芸評論家) | Arnold PALMER (1929–　; 米国のプロゴルファー).

Arran /ǽrən/ アラン: スコットランド南西部 Firth of Clyde の島. ♦< 古ケルト語 (原義)「高台」.

Arrowsmith /ǽroʊsmɪθ/ アロウスミス: 1278 (le) 姓 (< 職業). ♦中英語 Arewesmyth (arrow, smith) (原義)「矢尻鍛冶」.

Art /ɑːt/ アート: 男子名. ♦ARTHUR の愛称形. ▶Art Garfunkel (1941–　; 米国のフォーク歌手; 祖父母はルーマニア移民のユダヤ人; Garfunkel は carbuncle「ガーネットの宝石商」に当たるドイツ語の姓).

Arthur /ɑ́ːθə/ アーサー: 1086 DB 男子名 > 1135 姓. ♦中英語 Artur(us) < ケルト語 artos (原義)「熊 (のように獰猛な人)」| < ラテン語 Artorius (家族名から か) (Withycombe). -th- は 16 世紀から. 愛称形は ART, Arty. アーサー王伝説への言及は Geoffrey of Monmouth の『ブリテン王史』(c1136) 以前にも, Nennius の『ブリトン人の歴史』(?825–44) にある. イングランドでは 19 世紀まではケルト語圏と接する地域以外ではポピュラーでなかったが, 19 世紀以降, Duke of WELLINGTON 将軍の名が Arthur Wellesley であったことや彼がこの名の多くの名付け親になったこと, および詩人 TENNYSON が友人 Arthur Hallam を追悼した *In Memoriam* (1850) やアーサー王伝説を扱った長編詩 *Idylls of the King* (1859–71) の影響などで人気が復活した (Withycombe).

Arthur's Pass /ɑ́ːθəz pɑ́ːs/ アーサーズパース: ニュージーランド南島 Southern Alps の峠 (926 m). ♦1864 年にこの難所を切り開いた英国の測量士・土木技師 ARTHUR DOBSON にちなむ.

Arundel /ǽrəndl, ərʌ́ndl/ アランデル: (**1**) 1086 DB 姓. ♦中英語 (H)arundel (あだ名;「燕の子」) < 古フランス語 arondel 'little swallow'. (**2**) 1086 DB イングランド SUSSEX 州などの地名. ♦中英語 (H)arundel (原義)「苦ハッカの生える谷」. (**3**) [～ Castle] イングランド南部 West SUSSEX 州にある古城. ♦< (2). 1068 年に築城した 1st Earl of Arundel にちなむ.

Ascham, Askam /ǽskəm/ アスカム: 1201 (de) 姓 (< イングランド各地の地名). ♦中英語 Ascham (原義)「トネリコ村 (の住民)」< 古ノルド語 askr 'ash' + -HAM[1]. ▶ROGER Ascham (c1515–68; イングランド王 EDWARD VI, MARY I, ELIZABETH I に仕えた学者・政治家).

Ascot /ǽskət/ アスコット: 1177 イングランド BERKSHIRE, OXFORDSHIRE の地名. ♦中英語 Estcota (east, cot) (原義)「東小屋」. WINDSOR 近くの競馬場. 国王・女王が臨席して毎年 6 月に開かれる競馬は一大社交イベント.

Ash /ǽʃ/ アッシュ: 1221 (de, atte); 1301 姓 (< 1065 イングランド各地の地名・

場所). ◆中英語 Eshe, Ashe（原義）「トネリコの木（のそばの住民）」

Ashby /ǽʃbi/ アシュビー：(**1**) 1200 (de); 1332 姓（< 1086 DB イングランド中部・北部各地の地名）. ◆中英語 Aschebi (ash, -BY)（原義）「トネリコ村」. (**2**) 男子名. ◆< (1). ▶Hal Ashby (1929–88; 米国の映画監督).

Ashcroft /ǽʃkrɔft/ アッシュクロフト：1275 (de) 姓（< 場所）. ◆中英語 Asecroft (ash, croft)（原義）「トネリコの木のある小農場（の住民）」.

Ashley /ǽʃli/ アシュリー：(**1**) 1162 (de); 1401 姓（< 1086 DB イングランド各地の地名）. ◆中英語 Ascelie (ash, -LEY)（原義）「トネリコ林（の開墾地）（の住民）」. (**2**) 16C 男子名・1940s 女子名. ◆< (1). 男子名としての流行は *Gone with the Wind*『風と共に去りぬ』(小説 1936, 映画 1939) の登場人物で SCARLET が恋している Ashley WILKES の影響. 最近は米国・オーストラリアで女子名としても流行.

Ashmolean Museum /æʃmòʊljən mjuzíːəm/ アッシュモーリアン ミュージアム：1683 OXFORD 大学の博物館. ◆古物収集家の Elias Ashmole (1617–92) の寄贈品を中心に設立.

Ashmore /ǽʃmɔː/ アッシュモア：1296 (de); 1349 姓（< イングランド DORSET 州の地名）. ◆中英語 Ashmere, Ashmare (ash, mere, moor)（原義）「トネリコの茂る池・沼（の住民）」.

Ashton /ǽʃtən/ アシュトン：1306 (de); 1431 姓（< イングランド各地の地名）. ◆中英語 Ashtone < 古英語 Æsċtūn (ash, -TON)（原義）「トネリコ村（の住民）」.

ASICS /ǽsɪks, ǽzɪks/ アシックス：日本のスポーツシューズの製造販売会社の商標. ◆（頭文字語）< ラテン語 A(nima) s(ana) i(n) c(orpore) s(ano)「健全な生命は健全な身体に宿る」. 古代ローマの風刺詩人 D. J. Juvenalis (c60–c130) の有名な句 Mens sana in corpore sano「健全な精神は健全な身体に宿る」の Mens（精神）を Anima（生命）にかえたもの.

Aspirin /ǽsprɪn/ アスピリン：1899 アセチルサルチル酸の医薬品名. ◆< ドイツ語 〜（商標）< Acetyl「アセチル」+ Spir(säure)「サルチル酸」+ -in（薬品名の接尾辞）.

Asquith /ǽskwɪθ/ アスクウィス：1219 (de) 姓（< イングランド YORKSHIRE の地名）. ◆中英語 Ascwith（原義）「トネリコ林」< 古ノルド語 ask-viðr 'ash-wood'. ▶HERBERT HENRY Asquith (1852–1928; 英国自由党党首・首相 (1908–16); LLOYD GEORGE と対立, 首相の座を彼に明け渡した).

Asser /ǽsə/ アッサー：1218 姓. ◆中英語 〜 <（古）ウェールズ語 〜 < ヘブライ語（原義）「祝福」. ▶Asser (?–c908; ウェールズ出身の修道士; イングランド Sherborne の司教になり, ALFRED 大王の伝記をラテン語で書いた).

Aston /ǽstn/ アストン：c1140 (de); 1276 姓（< イングランド各地の地名）. ◆古

AT&T

A 英語 Ēastūnæ (east, -TON)（原義）「東村」.

AT&T /èi tí: ənd tí:/ エイティーアンドティー: 1885 米国電信電話会社の商標. ♦(頭文字語) < A(merican) T(elephone) & T(elegraph Co.).

Athabasca /æθəbǽskə/ アサバスカ: 1901 カナダ ALBERTA 州の川 > 1913 町. ♦< クリー語 Athabaska（原義）「葦の茂るところ」（その河口の描写）.

Athelstan /ǽθəlstn/ アセルスタン: OE 男子名 > c1198 姓. ♦古英語 Æþelstān（原義）「貴石」. ▶Athelstan (c895–939; ALFRED 大王の孫; イングランド王 (c924–39); 937 年 Brunanburh でのブリテン島諸王の連合軍との戦いに勝利, "King of all Britain" を主張した).

Atherton /ǽθətn/ アサトン: 1332 (de) 姓 (< 地名). ♦中英語 ～（原義）「Æþelhere（人名; 原義「高貴な軍」)の村」. ⇨ -TON.

Athlone /æθlóʊn/ アスロン: アイルランド中央部に位置する都市. ♦< アイル語 (Baile) Átha Luain '(Town) of the Ford of Luan (人名)'.

Atkin(s) /ǽtkɪn(z)/ アトキン（ズ): 1327 男子名・姓. ♦中英語 Atkyn(s)（変形) < Adekyn(es) 'ADKIN(s)'. Adkin の Atkin への変形は無声子音 k にあわせて有声の d を無声の t に変えたもの. ⇨ -s(父系). ▶CHET Atkins (1924–2001; 米国のジャズギタリスト).

Atkinson /ǽtkɪnsən/ アトキンソン: 1381 姓. ♦中英語 Adkynson, ～ < ADKIN, ATKIN + -SON. ▶Rowan Atkinson (1955– : 英国のコメディアン; Mr Bean 役で有名).

Atlanta /ətlǽntə/ アトランタ: 米国 GEORGIA 州の州都. ♦Western & Atlantic Railroad の終着駅として建設者 J. E. Tomson が ATLANTIC から造語した (Stewart). ⇨ -A. *Gone with the Wind*『風と共に去りぬ』の舞台.

Atlantic /ətlǽntɪk/ アトランティック: a1387 大西洋. ♦中英語 Atlant, Atlantik < ラテン語 (mare) Atlanticum (原義)「ATLAS のように大きな（海）」< ギリシャ語 (pélagos) Atlantikós < Átlant-, Átlās 'Atlas'.

Atlas /ǽtləs/ アトラス: ギリシャ・ローマ神話の巨人. ♦< ラテン語 Atlās < ギリシャ語 Átlās（原義)「（天を）支える者」.

Attenborough /ǽtnbərə/ アッテンボロー: ME 姓 (< 場所). ♦中英語 Attenbarrow, ～（原義)「森・丘（の住民)」< atten (< at + the の与格) + 古英語 bearu 'grove' / beorg 'barrow'. 今の -borough は砦の -BOROUGH との連想による変形. ▶RICHARD Attenborough (1923– ; 英国の映画監督) | DAVID Attenborough (1926– ; 英国の自然史家・TV 作家; Richard の弟).

Attlee /ǽtli/ アトリー: 1275 (atte) 姓 (< 場所). ♦中英語 Atte (= at the) lee (原義)「林・開墾地のそばの（住民)」. ⇨ LEE[1]. ▶CLEMENT RICHARD Attlee (1883–1967; 英国労働党党首・首相(1945–51); 福祉国家の建設に貢献し, 海外の植

民地の独立を進めた).

Attwell /ǽtwel/ アトウエル: 1274 (atte) 姓(<場所). ◆中英語 Atte (= at the) well (原義)「泉・小川のそばの(住民)」.

Attwood /ǽtwʊd/ アトウッド: 1243 (atte) 姓(<場所). ◆中英語 Atte (= at the) wood (原義)「森(の住民)」.

Aubray /ɔ́:bri/ オーブリー: (1) 1086 DB 男子名 > 1279 姓. ◆中英語 Aubri < 古フランス語 Aubri < 古高地ドイツ語 Albericus (人名; 原義「elf(妖精)の支配者」). (2) 1198 男子名 > 1279 姓. ◆中英語 Aubrey ∥ Albreda < 古フランス語 Aubree ∥ 古高地ドイツ語 Albrada (人名; 原義「elf の助言者」).

Auburn /ɔ́:bən/ オーバン: (1) 1086 DB イングランド YORKSHIRE の村. ◆中英語 Eleburne, Alburnia (原義)「鰻川」< 古英語 ǽl ∥ 古ノルド語 āl 'eel' + 古英語 burna 'stream, -BURN'. (2) 米国各地の地名. ◆<(1). Oliver GOLDSMITH の詩 *Deserted Village* (1770) で 'Sweet Auburn! loveliest village of the plain' と歌われたところから米国各地の地名になった.

Auckland /ɔ́:klənd/ オークランド: (1) c1040 イングランド DURHAM 州の地名. ◆中英語 Alclit < ケルト語 (原義)「CLYDE 河畔の丘」. 今の語形は古ノルド語 aukland「広げた土地」の影響で 1254 年ころから. (2) 1840 ニュージーランド北島の港湾都市. ◆<(1). 英国の海軍卿・インド総督の GEORGE EDEN, 1st Earl of Auckland (1784–1849) にちなむ. 1865 年 WELLINGTON に移るまで首都. 近郊の Mount Eden も彼の姓から. 山頂からは市街の眺望がよく, 深さ 50 m の噴火口がある.

Auden /ɔ́:dn/ オーデン: 男子名 > 姓. ◆(変形) < ALDEN. ▶W. H. Auden (1907–73; 英国生まれの米国の詩人).

Audi /áʊdi/ アウディ: ドイツの自動車製造販売会社の商標. ◆創業者 August Horch の姓 Horch (原義)「聴く (hark)」のラテン語化 (audi 'I hear'; cf. audio).

Audrey /ɔ́:dri/ オードリー: 女子名・1279 姓. ◆中英語 〜 (短縮形) < 古英語 Æðelþrȳþ 'ETHELDRED'. Audrey は SHAKESPEARE 作 *As You Like It* (1599) の田舎娘のように貧しい階級の間でよく用いられたがその後廃れ, 20 世紀に復活して人気がある (Withycombe). 映画女優 Audrey HEPBURN (1929–93) の影響が大きい.

Augusta /ɔːɡʌ́stə/ オーガスタ: (1) 女子名. ◆(女性形) < ラテン語 Augustus (初代ローマ皇帝; 原義「偉大な(人)」). ⇨ AUGUSTINE. 18 世紀に復活したが, 今また下火. (2) 1735 米国 GEORGIA 州の都市. ◆Augusta (イギリス王 GEORGE II の皇太子) にちなむ. ゴルフトーナメント The Masters で有名. (3) 1797 米国 MAINE 州の州都. ◆PAMELA Augusta (Henry Dearborn (1751–1829; 英米

Augustin(e)

戦争の北部司令官)の娘)にちなむ.

Augustin(e) /ɔːɡʌ́stɪn, 米 ɔ́ːɡəstiːn/ オーガスティン: 男子名・姓. ♦＜ラテン語＜Augustīnus (指小形)＜Augustus. ⇨ AUGUSTA, AUSTIN. ▶最も偉大な教父とされる St. Augustine of Hippo (354–430) | 6 世紀末にイングランドにキリスト教をもたらした St. Augustine of CANTERBURY, ほか.

Aurora /ərɔ́ːrə/ オーロラ: (1) c1386 «ロ神» 曙の女神. ♦中英語 Aurore, ～＜(古)フランス語 Aurore ∥ ラテン語 Aurora (原義)「曙」. (2) 女子名. ♦＜(1). ルネッサンス以降の使用. 本来語の DAWN と比較.

Austen /ɔ́ːstɪn/ オースティン: 男子名・姓: AUSTIN の別形. ▶JANE Austen (1775–1817; 英国の作家; *Pride and Prejudice*『高慢と偏見』(1813)).

Auster /ɔ́ːstə/ オースター: 姓. ♦＜ドイツ語 ～ (別形)＜Oster (原義)「東村」. ▶PAUL Auster (1947– ; 米国の作家・映画監督; 両親がユダヤ系ポーランド移民).

Austin /ɔ́ːstɪn/ オースティン: (1) 男子名・姓. ♦中英語 Austinus (短縮形)＜AUGUSTIN(E). (2) 英国の自動車会社 Austin Motor Company の商標 (1905–1987). ♦＜HERBERT Austin (1866–1941; 創業者). (3) 1839 米国 TEXAS 州の州都. ♦＜STEPHEN F. Austin (1793–1836;「Texas の父」として知られる植民地建設者).

Australia /ɔ(ː)stréɪljə/ オーストラリア: 南半球の国, 豪州. ♦＜新ラテン語 Austrālia (原義)「南国」＜(Terra) Austrālis 'Southern (Land)'. Austria (原義)「東国」との混同に注意.

Ava /áːvə, éɪvə/ アヴァ, エイヴァ: 女子名. ♦(変形?)＜EVA ∥＜ラテン語 avis 'bird'. 米国の社交界の花形で PHILADELPHIA の美人女相続人 Ava Lowle Willing (1868–1958) や映画女優 Ava Gardner (1922–90) の影響で人気が出たが, 最近はそれほどではない.

Aviemore /ævɪmɔ́ː/ アヴィモア: スコットランド北東部の町. ♦スコット語 ～ (原義)「広い高台の荒地」＜ゲール語 aghaid 'big' + mór 'barren upland'. Spey Valley の真ん中にあるハイランドリゾート.

Avon /éɪv(ə)n, 米 éɪvɔːn/ エイボン: イングランド中部から南西に流れ SEVERN 川に注ぐ川. ♦＜古英語 Abon＜古ブリトン語 Abonā (原義)「川」. 途中の河畔に STRATFORD upon Avon (SHAKESPEARE の生没地) がある.

Aylesbury /éɪlzbəri/ エイルズベリー: 571 イングランド BUCKINGHAMSHIRE の州都. ♦古英語 Æġelesburg (原義)「Æġel(人名) の砦」. ⇨ -BURY.

Aylmer /éɪlmə/ エイルマー: 1086 DB 男子名＞1208 姓. ♦古英語 Æðelmǣr (原義)「高貴な名高い人」＜æðel 'noble' + mǣr 'famous'.

Aylwin /éɪlwɪn/ エィルウィン: 1086 DB 男子名＞1194 姓. ♦中英語 Ailwinus

Ayrshire

（原義）「高貴な友」< 古英語 Æðel-wine 'noble friend'.

Ayrshire /éəʃə/ エァシャー: 1177 スコットランド南西部の旧州. ◆中英語・スコット Ar < ゲール語 Inbhir Àir 'Mouth of Ayr（川名）' + -SHIRE.

B

Babe /beɪb/ ベーブ:あだ名.♦< babe「赤ん坊」.末っ子や年若いものにつけたあだ名.▶Babe RUTH.入団した当時マイナーリーグだった BALTIMORE Orioles の選手たちが 18 歳の彼を最初に見た時につけたあだ名からとの説がある.

Bacharach /bǽkəræk/ バカラック:姓.♦<ドイツ語～(ドイツ西部ライン川沿いの町;原義不詳).▶BURT Bacharach (1928– ;米国のポピュラー音楽の作曲家;父親がドイツ系ユダヤ人).

Bachelor /bǽtʃələ/ バチェラー:c1165 (le) 姓(<職業).♦中英語～, Bachelere 'bachelor'(原義)「見習い騎士」.「独身者」の意味は 1300 年ころから.

Bacon /béɪkən/ ベイコン:c1150 姓(<職業).♦中英語～<古フランス語～(原義)「豚肉(屋)・ハム・ベーコン(の作り手)」.▶ROGER Bacon (1214?–94;英国のスコラ哲学者・フランシスコ会士), FRANCIS Bacon (1561–1626;英国の政治家・哲学者;JAMES I の大法官を務めるも失脚;哲学者として経験的帰納法を提唱した).

Ba(i)le /beɪl/ ベイル:c1190 (del) 姓(<職業).♦中英語～, Bayle (原義)「城の中庭の警護者」<古フランス語 bail(le) 'enclosure'.

Bailey /béɪli/ ベイリー: (1) 1230 姓.♦中英語 Bayl(l)y (原義)「執行吏・行政長官」<古フランス語 bailli, bailif 'bailiff'. (2) 1317 姓.♦中英語 Baylie (別形)<Bayle 'BA(I)LE'. (3) 1246 (de) 姓(<イングランド LANCASHIRE の地名).♦中英語 Baylegh (原義)「木の実林」<古英語 bēġ 'berry' + lēah 'wood, -LEY'. (4) 男子名・女子名.♦<(1), (2), (3). 別形 Bailie, Bayly, Bailee, Baylee, Baileigh, Bayleigh.▶NATHAN Bailey (?–1742;英国の辞書編纂家; *An Universal Etymological English Dictionary* (1721, 1730),同書は Johnson's Dictionary の基になった).

Baine(s) /beɪn(z)/ ベイン(ズ): (1) 1246 姓(<あだ名).♦中英語 Ban(e), Baynes (BONE のイングランド北部・スコットランド形)<古英語 bān「骨」.「骨ばった・痩せた」人につけたあだ名から. (2) 1279 姓(<あだ名).♦中英語 Beine, Baine<古ノルド語 beinn 'hospitable'.「素直な・親切な」人につけた

あだ名から．(3) 1324 姓 (< あだ名)．◆中英語 Bane, Bayne < ゲール語 bán 'fair, white'．「金髪の・色白の」人につけたあだ名から．⇨ -s(父系)

Baker /béɪkə/ ベイカー: 1177 (le); 1246 姓 (< 職業)．◆中英語 Baker (原義)「パン職人」< 古英語 bæcere 'baker'．⇨ BAXTER (本来女性の「パン職人」に由来する姓)．

Baker Street /béɪkə striːt/ ベイカー ストリート: 1794 LONDON の街路．◆18 世紀後半にこの通りの設計をした建築家 WILLIAM BAKER にちなむ．英国の作家 CONAN DOYLE が 1887 年に創作した探偵 SHERLOCK HOLMES の住居が No. 221B．

Baldwin /bɔ́ːldwɪn/ ボールドウィン: c1095 男子名 > 1200 姓．◆中英語 Baldewin(us) < 古高地ドイツ語 Baldwin (原義)「勇敢な友」．▶STANLEY Baldwin (1867–1947; 英国の首相 (1923–24; 24–29; 35–37))．

Balfour /bǽlfə, -fɔː/ バルフォア: 1304 (de) 姓 (< スコットランドの地名)．◆中英語・スコット語 〜 (原義)「牧場のある農園」< ゲール語 baile 'farm' + pór 'pasture'．▶ARTHUR JAMES Balfour (1848–1930; 英国の首相 (1902–05), 外相 (1916–19))．

Ballard /bǽləːd/ バラード: 1196 姓 (< あだ名)．◆中英語 〜 (bald, -ARD) (原義)「禿げ頭」．

Bal(l)iol /béɪljəl/ ベイリオル: 1086 (de) 姓 (< 地名)．◆中英語 Ballio, Balgiol (NORMANDY の村; 原義「?Ballo (人名) の村」)．▶JOHN de Baliol (1249–1315; イングランド王 EDWARD I に 1296 年に破れたスコットランド王 (1292–96))．⇨ BRUCE．

Balthasar (**1**) /bǽlθəzɑ̀ː, bælθéɪzə/ バルタザール: «新約» 東方三博士の一人．◆中英語 Belshazzar < 後期ラテン語 Baltassar < ギリシャ語 Baltasár (原義)「Bel 神よ王を護り給え」．(**2**) /bǽlθəzɑ́ː/ バルサザー: 男子名．◆< (1)．SHAKESPEARE はこの名のさまざまな人物を *Much Ado About Nothing*, *Romeo and Juliet*, *Comedy of Errors*, *The Merchant of Venice* に登場させている．

Baltimore /bɔ́ːltɪmɔː/ ボルティモア: (**1**) アイルランド CORK 州の地名．◆< アイル語 Baile an tigh more (原義)「大きな家の近くにある農場」．(**2**) 1729 米国 MARYLAND 州中北部の港湾都市．◆植民地経営者 2nd Baron Baltimore (1605–75) にちなむ．

Bancroft /bǽnkrɔft/ バンクロフト: 1222 (de, atte) 姓 (< イングランド HERTFORDSHIRE, CAMBRIDGESHIRE の地名)．◆中英語 Bancrofte (原義)「豆畑 (の住人)」< 古英語 bēan 'bean' + croft「小農場」．▶ANNE Bancroft (1931–2005; 米国の映画女優)．

Banff /bænf/ バンフ: (**1**) c1150 スコットランド北東部の町．◆中英語・スコッ

Bangor

ト語 Banb (原義)「Banff 河畔の町」< ゲール語 Banbh (川名; 原義「子豚」). この川が海まで流れ下る様を豚が地面を鼻で掘り進むさまに喩えている (Mills). (**2**) カナダ ALBERTA 州の町・国立公園. ♦<(1). 命名者が故郷の名を採った.

Bangor /bǽŋgə/ バンゴール: 555 ウェールズ北西部の大学町. ♦古ウェールズ語 Bennchuir (原義)「先のとがった編み枝柵を廻らした所」(6 世紀に建てられた教会の垣根への言及).

Banks /bænks/ バンクス: 1297 (del) (<場所). ♦中英語 Bank (原義)「堤・斜面(のそばの住民)」. ⇒ -s (父系). ▶JOSEPH Banks (1743–1820; 英国の博物学者; Captain COOK の航海に同行し新種の植物を多数発見した後, 40 年以上 Royal Society の会長を務めた).

Bannockburn /bǽnəkbə:n/ バノックバーン: 1314 スコットランド中部 STIRLING 州の村. ♦中英語・スコット語 Bannokburne (原義)「丘に囲まれた川(のそばの場所)」< ゲール語 banoc 'hill' + 古英語 burna 'stream, -BURN'. 1314 年に BRUCE 率いるスコットランド軍が EDWARD II のイングランド軍を破った古戦場.

Bantam Books /bæntəm búks/ バンタム ブックス: 1945 ペーパーバック専門の出版社. ♦<bantam「(喧嘩好きの)チャボ」. カンガルーをシンボルにした Pocket Books やペンギンを商標にした Penguin Books と競争する意図からか.

Barb(a)ra /bá:brə/ バーバラ: 女子名. ♦<ラテン語 ～ (女性形) < barbarus 'foreigner' < ギリシャ語 bárbaros 'barbarous'. St. Barbara への崇敬が女子名の元. 聖バルバラは, 塔に幽閉され父親に殺されたが, 父親は雷光に打たれて死んだという伝説から, 建築士・石工・砦・花火師・砲手・弾薬の守護聖人 (Hanks & Hodges). 愛称形 Babs, Barbie, Barb. ▶Barbra Streisand /stráɪsænd/ (1942– ; 米国の歌手・映画女優).

Barber, Barbour /bá:bə/ バーバー: 1221 (le) 姓 (<職業). ♦中英語 ～ 'barber' (原義)「床屋(中世では医者もかねた)」. ▶JOHN Barbour (1320?–95; スコットランドの詩人; スコットランド王 ROBERT the BRUCE の事績を韻文ロマンス *The Bruce* (c1375) に仕立てた).

Barcley /bá:kli/ バークリー: 姓. ♦BERKELEY の別形.

Bardolph /bá:dɔlf/ バードルフ: 12C 男子名・1142–53 姓. ♦中英語 Bardolf(us) < 古高地ドイツ語 Bartholf (原義)「輝く狼」(= 古英語 Beorhtwulf) < berhta 'bright' + wulfa 'wolf'. SHAKESPEARE は *Henry IV*, *Henry V*, *The Merry Wives of Windsor* で Falsatff の飲み仲間の名に用いている.

Barker /bá:kə/ バーカー: (**1**) 1185 (le) 姓 (<職業). ♦中英語 Berker, Berchar

(原義)「羊飼い」< 古フランス語 berch(i)er, berk(i)er 'shepherd'. (**2**) 1255 (le) 姓 (< 職業). ◆中英語 ～「なめし皮職人」< bark 'to tun, bark' + -ER.

Barnett /báːnət/ バーネット：c1200 (de la, atte) 姓 (< イングランド各地の地名・場所). ◆< 中英語 Bernet(te), Barnette (原義)「焼畑」< 古英語 bærnet 'burning'.

Baron /bǽrən/ バロン：c1095 姓. ◆中英語 ～, barun < (古) フランス語 ～ (対格) < bar (原義)「自由民」.「男爵」気取りの人やその召使につけたあだ名から.

Barrow /bǽroʊ/ バロー：1192 (de, atte) 姓 (< イングランド各地の地名). ◆中英語 Barue, Barewe (原義)「森・林(のそばの住人)」< 古英語 bearu, bearwe (与格) 'grove, wood' ∥ (原義)「丘(のそばの住人)」< 古英語 beorg 'hill' (cf. BURROW (1)).

Barry, Barrie /bǽri/ バリー：(**1**)1185 姓. ◆中英語 Barri (原義)「城下(の住人)」< 古フランス語 barri 'rampart'. ▶CHARLES Barry (1795–1860; 英国の建築家; 焼失後の新国会議事堂を設計した(1840–60)) | J. M. Barrie (1860–1937; スコットランド出身の劇作家・小説家; *Peter Pan* (劇 1904, 小説 1906; ⇨ PETER PAN)). (**2**) 男子名. ◆(英語化) < アイル語 Ó Báire 'descendant of Báire ((略形) < Fionnbharr (原義)「金髪(の人)」)'. 20世紀になってオーストラリアで特に人気が高い. 愛称形 Baz, Bazza. (**3**) c1190 ウェールズの地名. ◆< ウェールズ語 y barri 'the hill'.

Barrymore /bǽrimɔː/ バリモア：姓. ◆(原義)「森林沼(のそばの住民)」(⇨ BARROW, MOOR). ▶ハリウッドスターとして一世を風靡した Barrymore 一家の兄妹弟, LIONEL (1878–1954), ETHEL (1879–1959), JOHN (1882–1942).

Bart /báːt/ バート：男子名. ◆BARTHOLOMEW, BARTON の愛称形.

Bartholomew /bəθɔ́ləmjuː/ (**1**) 《新約》聖バルトロマイ. ◆中英語 Bartelmeu, Bartholomeus < 古フランス語 Barthelemiew (フランス語 Barthélemy) ∥ 後期ラテン語 Bartholomaeus < ギリシャ語 Bartholomaîs < アラム語 (原義)「Talmai (人名; 原義「畝・土地持ち」)の息子」. (**2**) バーソロミュー：12C 男子名 > 1273 姓. ◆中英語 Bartelmeu, Bartholomeus. St. Bartholomew は十二使徒の一人. 中世イングランドで崇敬され, BARTLET(T), BATES, BATESON などが派生した. 愛称形 BART.

Bartlet(t) /báːtlət/ バートレット：男子名・c1157 姓. ◆中英語 Bertelot, Bart(e)-lot (< Bert-, Bart- ((短縮形) < BARTHOLOMEW) + -EL(指小辞) + -OT(指小辞)). ▶JOHN Bartlett (1820–1905; 米国の辞書編纂者・出版者; *Bartlett's Familiar Quotations* (1855, 2002[17])) | JOHN Bartlett(1963–   ; 米国のメンズファッションデザイナー).

Barton /báːtən/ バートン: 1015 (at, de) 姓 (<場所・イングランド各地の地名)・男子名. ◆中英語 Bertun, ～ (原義)「麦村」<古英語 beretūn. ⇨ -TON. 愛称形 BART.

Basil /bǽzl/ バジル: 1252 男子名. ◆中英語 Basile (原義)「王様のような(人)」<古フランス語 Basile<ラテン語 Basilius<ギリシャ語 Basíleios 'kingly'. ▶St. Basil (c329–379; ギリシャの教父).

Bass /bæs/ バ(ー)ス: 1180 姓 (<あだ名). ◆中英語 Bas(e)<古フランス語 bas(se) (base) (原義)「背の低い人・チビ」. (2) 1207 姓 (<あだ名). ◆中英語 bars<古英語 bærs (bass)「鱸」. この魚に似た人につけたあだ名. ▶Randy Bass (1954– ; 元阪神タイガース選手; 1985年のシーズンには三冠王を達成; バースは球団の登録名, 本来はバス).

Bassett /bǽsət/ バセット: 1086 DB 姓 (<あだ名). ◆中英語 Basset (原義)「背の低い人」<古フランス語 basset 'a very low man' (⇨ BASS, -ET).

Bateley /béɪtli/ ベイトリー: 1191 (de) 姓 (<イングランド YORKSHIRE の地名). ◆～, Batteley (原義)「Bata (人名) の開墾地」. ⇨ -LEY.

Bate(s) /beɪt(s)/ ベイツ: 1275 男子名・姓. ◆中英語 Bate (BARTHOLOMEW の愛称形). ⇨ -s(父系). ▶ALAN Bates (1934– ; 英国の映画俳優).

Bateson /béɪtsən/ ベイトソン: 1327 姓. ◆中英語 ～. ⇨ BATE, -SON.

Batey /béɪti/ ベイティ: 1277 姓. ◆中英語 ～. ⇨ BATE, -Y.

Bath /bɑːθ/ バース: イングランド南西部の都市. ◆古英語 Bæð 'bath'. ローマ時代の温泉の遺跡があり, 18世紀には社交場の町として有名.

Bathsheba /bæθʃíːbə/ (1) バテシバ: 《旧約》URIAH の妻. ◆<ヘブライ語 (原義)「? 満ち足りた娘」. DAVID 王に見初められ, 夫を裏切って王の妻になり SOLOMON を生んだ. (2) バスシバ: 女子名. ◆1611『欽定英訳聖書』Bathshua < (1).

Baton Rouge /bǽtn rúːʒ/ バトン ルージュ: 米国 LOUISIANA 州の州都. ◆<フランス語 bâton rouge 'red stick'. インディアンが部族間の狩場の境界に立てた「赤い柱」のフランス語訳から.

Battle /bǽtl/ バトル: (1) イングランド南東部 East ESSEX 州にある HASTINGS の戦い (1066) の古戦場. ◆<中英語 Bataile 'battle'. WILLIAM 征服王の立てた教会堂から発展した修道院の跡がある. (2) c1140 姓. ◆中英語 Bataile (原義)「武装した人」<古フランス語 de la bataile '(man) of the battle array'. ▶KATHLEEN Battle (1948– ; 米国のソプラノ歌手).

Baxter /bǽkstə/ バクスター: a1093 姓 (<職業). ◆中英語 Bacestere<古英語 bæcestre (女性形) < bæcere 'baker'. -STER は -ER に対する女性動作主接尾辞. 実際は主に男性に用いた. ⇨ BAKER. ▶ANNE Baxter (1923–85; 米国の映画女優; *I Confess*『私は告白する』(1953)).

Baylis(s) /béɪlɪs/ ベイリス: 1547 姓. ◆中英語 Baillis（原義）「執行吏」＜古フランス語 baillis（主格）'bailiff'. ▶LILIAN Baylis (1874–1937; 英国の劇場経営者・演劇プロデューサー; OLD VIC 座・SADLER'S WELLS THEATRE を経営し、English Natioinal Opera, Royal Ballet をプロデュースした).

BBC /bìːbiːsíː/ [The 〜] ビービーシー: 1927 英国放送協会. ◆（頭文字語）＜ B(ritish) B(roadcasting) C(orporation).

Beagle /bíːgl/ [The 〜] ビーグル（号）. ◆＜ beagle「兎狩用の小型の猟犬」. CHARLES DARWIN が 1831–36 年に南米・太平洋を航海した帆船; 彼の航海記 *The Voyage of the Beagle* (1839) は大評判で迎えられた.

Bean(e) /biːn/ ビーン: 1166 姓. (**1**) （＜あだ名）. ◆中英語 Bene（原義）「優しい・温和な・親切な（人）」＜ bēne 'genial, kindly' ＜? (**2**) 1282 姓（＜職業）. ◆古英語・中英語 Bene ＜ bēan 'bean'「豆（の栽培者・販売者）」.

Beardsley /bíədzli/ ビアズリー: 1195 (de) 姓（＜イングランド各地の地名）. ◆中英語 Bardeslega（原義）「Beornrǣd（人名）の開墾地」. ⇨ -s（所有格）, -LEY. ▶Aubrey Beardsley (1872–98; OSCAR WILDE の SALOME（英語版 1894, フランス語初版 1893）などの挿絵画家; 直線と曲線を組み合わせた白黒の版画調の絵は彼独特のもの).

Beatles /bíːtlz/ [The 〜] ビートルズ: 1960 英国のロックグループ. ◆米国の Buddy Holly に率いられた先輩格のロックバンド The Crickets「こおろぎ」に敬意を表して、同じく昆虫の名前から beetles「かぶと虫」に音楽のビート beat を混ぜて The Beatles と命名した.

Beatrice /bíətrɪs/ ベアトリス: 1212 女子名＞1210 姓. ◆中英語 Beatricie（原義）「祝福された女」＜古フランス語 Beatris（フランス語 Béatrice）＜ラテン語 Beātrix. 二重語 BEATRIX はラテン語の借入. 両形の愛称形 Bee, Bea, Beat-(t)ie. 同源の Dante の恋人の名 /beatríːtʃe/ は有名.

Beatrix /bíətrɪks/ ベアトリクス: 女子名. ◆ラテン語 Beātrix (? Beātus（原義）「祝福された」の影響による変形）＜ Viātrix（女性形）＜ Viātor（原義）「航海者・人生の旅人」. 短縮形・愛称形 Bea, Bee, Beat(t)ie. ▶英国の作家 Beatrix POTTER.

Beat(t)y /bíːti, béɪti/ ビーティ, ベイティ: c1340 男子名＞1558 姓. ◆中英語 Baty, Bety（スコット語形）＜BATEY. ▶WARREN Beatty /béɪti/ (1937– ; 米国の映画俳優; *Bonnie and Clyde*『俺たちに明日はない』(1967)).

Beauchamp /bíːtʃəm/ ビーチャム: 1086 DB (de); 1376 姓（＜地名）. ◆中英語 〜, Belcamp (beau, camp) ＜古フランス語 〜 （フランス各地の地名; 原義「良き野営地・美しい野原」）. ▶Kathleen Mansfield Beauchamp (KATHERINE MANSFIELD の実名).

Beaumaris

Beaumaris /boʊmǽrɪs/ ボーマリス: 1284 ウェールズ北西部 ANGLESEY 島湾岸にあるリゾート. ◆古ウェールズ語 Biwmares (原義)「美しい湿地」< 古フランス語 beau 'beautiful' + marais 'marsh'.

Beaumont /bóʊmənt/ ボーモント: 1086 DB (de) 姓 (< 地名). ◆中英語 Bellmonte, Beumund (原義)「美しい山」< 古フランス語 Beaumont 'beautiful mountain' (NORMANDY の各地にある地名). ▶FRANCIS Beaumont (1584–1616; 英国の劇作家; JOHN FLETCHER との合作者).

Beaver /bíːvə/ ビーバー: 米国各地の地名要素. ◆< beaver「ビーバー」. 米国のいたるところで見かけるなじみの動物だから. ▶Beavercreek (OHIO 州南西部の都市).

Becket(t) /békət/ ベケット: c1155 姓. ◆中英語 Beckett, Beket (指小形) < 古フランス語 bec 'beak, nose'. ⇨ -ET(指小辞).「小さい鼻」の人につけたあだ名からか. ▶THOMAS à Becket (1118?–70; HENRY II の下で大法官(1155–62)・CANTERBURY 大司教(1162–70)になったが, 王と対立して大聖堂の中で刺客に殺された; à は本来なく, 宗教改革後 Thomas à Kempis (c1380–1471)に倣ってつけたという) | SAMUEL Beckett (1906–89; アイルランドの劇作家; *En attendant Godot*『ゴドーを待ちながら』(1952); NOBEL 文学賞(1969)を受賞).

Beckham /békəm/ ベッカム: (1) 1086 DB (<イングランド NORFOLK 州の一地名). ◆中英語 Beccheham (原義)「Becca (人名; 原義「ピッケル」)の屋敷・村」. ⇨ -HAM¹. (2) 姓. ◆< (1). ▶DAVID Beckham (1975– ; 英国のサッカー選手).

Becky /béki/ ベッキー: 女子名. ◆REBECCA の愛称形. ⇨ -Y.

Bede /biːd/ ビード: ANGLO-SAXON 時代の学僧 (c672–735)・男子名. ◆古英語 Bǣda, Bēda <? ġebed「祈り」. NORTHUMBRIA の JARROW の修道士. *Historia ecclesiastica gentis Anglorum*『英国民教会史』(731)を著し "The Father of English History" と言われる.

Bedford /bédfəd/ ベッドフォード: 880 イングランド中南東部の州 BEDFORDSHIRE の州都. ◆古英語 Bedanford (原義)「Bīeda (人名)の渡し場」. ⇨ -FORD. 前の要素を人名でなく, byden「船・深谷」とする説もある.

Bedfordshire /bédfədʃə/ ベッドフォードシャー: 1011 イングランド中南東部の州 (州都 BEDFORD). ◆古英語 Bedanfordsċīr. ⇨ BEDFORD, -SHIRE.

Beech /biːtʃ/ ビーチ: 1236 (de la, atte) 姓 (<場所). ◆中英語 Beche (原義)「小川 // ブナの木のそば(の住民)」< 古英語 beċe 'stream' // bēċe 'beech'.

Beecham /bíːtʃəm/ ビーチャム: 姓. ◆BEAUCHAMP の発音綴り. ▶THOMAS Beecham (1879–1961; 英国の指揮者・楽団設立者・支配人).

Beeton /bíːtn/ ビートン: 1379 女子名・1311 姓. ◆中英語 Beton (指小形)

< Bete (BEATRICE の愛称形).

Belfast /bèlfá:st, 米 bélfæst/ ベルファ(ー)スト: 668 北アイルランドの首都・港湾都市. ◆古アイル語 Bellum Fersti (原義)「砂州の渡し場口」.

Bell /bél/ ベル: 1086 DB 女子名・1148 姓. ◆中英語 Belli, Bell(e) **(1)**（略形）< ISABEL // (あだ名) <（古）フランス語 belle「美人」. **(2)** 1181–7 姓. ◆< 中英語 bell (換喩＝ bellman「鐘撞き男」). **(3)** 1148 姓. ◆< 古フランス語 bel「美男子」. ▶ALEXANDER Bell (1847–1922; スコットランドの発明家; 米国に移住して電話を発明し, 1877 年に The Bell Telephone Company を設立した).

Bella /bélə/ ベラ: 女子名. ◆ISABELLA の愛称形. イタリア語形容詞 bella 'beautiful' との連想もある.

Bellamy /béləmi/ ベラミー: 1185 姓 (< あだ名). ◆中英語 Belami (原義)「良き友」< 古フランス語 bel ami 'fair friend'.

Bellow(s) /béloʊ(z)/ ベロー(ズ): 1178 姓 (<職業). ◆中英語 Below, Beli 'bellows' (原義)「ふいご (を使う人)」< 古英語 belga, belgum (複数形), beliġ (単数形) 'belly' (原義)「袋」. ▶SAUL Bellow (1915–　 ; 米国の作家; *Herzog* (1964); NOBEL 文学賞 (1976) を受賞).

Ben /ben/ ベン: 男子名. ◆(略形) < BENJAMIN, BENNET. 愛称形 Benny, Bennie.

Benbow /bénboʊ/ ベンボー: 1349 姓 (< あだ名). ◆中英語 Bendebowe (bend, bow) (原義)「弓引き・射手」.

Benedict /bénədɪkt/ ベネディクト: 男子名＞姓. ◆中英語 〜 < ラテン語 Benedictus (原義)「祝福された」. ⇨ BENNET. St. Benedict (c480–c550; イタリアの Monte Cassino で Benedict 修道会を創設した) にちなむ.

Benjamin /béndʒəmɪn/ **(1)** ベニヤミン:《旧約》JACOB の最愛の末子. ◆中英語 Beniamin < 後期ラテン語 〜 < ギリシャ語 〜 < ヘブライ語 (原義)「南方の子ら」.『創世記』35: 18, 42: 4 から「右利き (幸運?) の息子」とするのは通俗語源. **(2)** ベンジャミン: 1166 姓・男子名. ◆中英語 Beniamin < (1). 愛称形 Ben, Benny, Benjie.

Bennet(t) /bénət/ ベネット: 12C 男子名・1208 姓. ◆中英語 Beneit < 古フランス語 Beneit < ラテン語 Benedictus 'blessed, BENEDICT'. 12 世紀から洗礼名としてよく用いられた.

Ben Nevis /bèn névɪs/ ベン ネヴィス: 16C スコットランドの山 (BRITAIN 島の最高峰, 1343 m). ◆スコット語 〜 (原義)「Nevis 川のそばの山」< ゲール語 beinn 'mountain, peak'＋ nebh 'water'. 同類に Ben Glas「白銀の山」, Ben Gorm「青い山」, Ben More「大きな山」.

Benson /bénsn/ ベンソン: **(1)** 1208 姓 (<イングランド OXFORDSHIRE の地名).

Bentham

♦中英語 Bensinton ＜古英語 Bænesingtūn（原義）「Benes 一族の村」．⇨ -TON. -SON ではない．(2) 1326 姓．♦中英語 ～ ＜ BEN (BENNET の略形) + -SON.

Bentham /bénθəm, -təm/ ベンサム，ベンタム: 1205 (de) 姓（＜イングランド GLOUCESTERSHIRE, North YORKSHIRE の地名）．♦中英語 Benetham, Bentam (bent, -HAM[1,2])（原義）「ベントグラスの生える農園・囲い地」．▶JEREMY Bentham (1748–1832; 英国の哲学者・社会改革者; "the greatest good for the greatest number of people" の功利主義を唱えた).

Bentley /béntri/ ベントリー: (1) 1176 (de) 姓（＜イングランド各地の地名）．♦中英語 Benteley（原義）「ベントグラスの生えた林・開墾地」．⇨ -LEY. (2) 1919 Bentley Motors Ltd. の自動車の商標．♦W. O. Bentley (1888–1917; 英国人の創業者).

Benton /béntən/ ベントン: 1234 (de); 1450 姓（＜イングランド NORTHUMBERLAND 州の地名）．♦中英語 Ben(e)ton (bean, -TON)（原義）「大豆農場」．米国地名（郡名）に多いのはイングランドから大挙して移住した Benton 一族が各地に散らばったためか．▶ROBERT Benton (1932– ; 米国の映画監督・脚本家; *Kramer vs. Kramer* (1979) で ACADEMY 賞を受賞; Benton 一族の一人).

Beowulf /béiəwʊlf, OE bé:o-/ ベーオウルフ: 古英語英雄叙事詩の題名・主人公名．♦古英語 Bēowulf '? bee-wolf'. 語源説多数（*Klaeber's Beowulf*, 4th Ed. では 6 説紹介）．ここで採った語源説は，狼は蜂蜜が好物なので，これを組み合わせて複合語人名（ゲルマン語ではふつう）にしたとの説である．映画化され，翻訳もされ，妖怪（GRENDEL 母子）も出るので最近のブーム．

Bergman /bə́:gmən/ バーグマン: 姓．♦スウェーデン語 ～（原義）「鉱夫」．▶INGRID Bergman (1915–82; スウェーデン出身の映画女優; *Casablanca* (1942); スウェーデンの映画監督 Ingmar Bergman /íŋmar bǽrjman/ と同姓).

Berkeley /bá:kli, 米 bə́:kli/, **Barcley** /bá:kli/ バークリー: (1) 824 イングランド GLOUCESTERSHIRE の町．♦古英語 Berċlēa (birch, -LEY)（原義「樺林」）．(2) 1086 DB (de) 姓（＜地名）．♦中英語 Bercleia ＜ (1). (3) 1878 米国 CALIFORNIA 州の都市．♦アイルランドの哲学者 Bishop GEORGE Berkeley (1685–1753) にちなむ．CALIFORNIA 大学の Berkeley 校の所在地．

Berkshire /bá:kʃə, bá:kʃə/ バークシャー: 893 イングランド南部の旧州（首都 READING）．♦古英語 Berrocscīre（原義）「丘陵地帯」＜ケルト語 berroc 'hilly' + 古英語 scīr '-SHIRE'.

Bernard /bá:nəd, 米 bəná:d/ バーナッド，バナード: 1086 DB 男子名＞姓．♦中英語 Bernard(us)（原義）「勇敢な熊（のような戦士）」＜古フランス語 Bernart ∥ 古高地ドイツ語 ～（ドイツ語 Bernhard）＜ bero 'bear' + harti 'bold, hard'. 愛称形 Bernie, Berney, Barney. ▶Bernard Hermann (1911–75; 米国の

映画音楽作曲家; HITCHCOCK の作品が多い).

Bernstein /bə́:nstaɪn/ バーンスタイン: 姓. ♦＜ドイツ語 ～ (原義)「琥珀」＜ bern 'burnt' + stein 'stone'. -stein はユダヤ人の姓に多い. ▶LEONARD Bernstein (1918–90; 米国の作曲家・指揮者; ウクライナのユダヤ人家系).

Berry, Bury /béri/ ベリー: 1202 (de) 姓 (＜イングランド各地の地名). ♦中英語 Beri, Bury (原義)「砦・荘園(の使用人)」＜古英語 byriġ (与格; 場所の前置詞が省略されたときの語形)＜ burh 'fortress, manor, -BURY'. ▶CHUCK Berry (1926– ; 米国のロックギタリスト・シンガーソングライター).

Bert /bə:t/ バート: 男子名. ♦ (略形)＜ ALBERT, GILBERT, HERBERT, ROBERT, BERTRUM. 愛称形 Bertie.

Bertram /bə́:trəm/ バートラム: 1086 DB 男子名・1086 DB 姓. ♦中英語 Bertrannus, ～ (原義)「輝く鴉(のような戦士)」＜古フランス語 Bertran(t) / 古高地ドイツ語 ～, Bertran(d) (ドイツ語 Bertram)＜ beraht 'bright' + hraban 'raven'. 北欧神話の Odin はこれを連れている.

Bertrand /bə́:trənd/ バートランド: 男子名・姓. ♦＜フランス語 ～ 'BERTRAM'. ▶Bertrand RUSSELL (1872–1970; 英国の哲学者).

Berwick /bérɪk/ ベリック: (**1**) 1032 スコットランド南東部の町 (Berwick upon TWEED). ♦中英語 Berewyke ＜古英語 Berewīċ (原義)「麦村」＜ bere 'barley' + wīċ '-WICK'. (**2**) 1278 (de) 姓. ♦中英語 Berewyke, Barwyk ＜ (1).

Berwickshire /bérɪkʃə/ ベリックシャー: スコットランド南東部の旧州. ♦BERWICK + -SHIRE.

Beryl /bérɪl/ ベリル: 女子名. ♦＜ beryl「緑柱石」. 19 世紀末に宝石から採られた女子名の一つ (Hanks & Hodges).

Bess /bes/ ベス: 女子名. ♦ (略形・変形)＜ ELIZABETH. 'Good Queen Bess' と言われた Elizabeth I の時代に流行した (Hanks & Hodges). 愛称形 Bessie, Bessy. ▶G. Gershwin (1898–1937) のオペラ *Porgy and Bess* (1935) のヒロインの名.

Bessinger /bésɪŋdʒə/ ベッシンジャー: 姓. ♦＜ドイツ語 ～ (原義)「沼地のそばの住人」＜ Bessingen (ドイツの地名).

Beth /beθ/ ベス: 女子名. ♦ (略形)＜ ELIZABETH. L. M. ALCOTT 作 *Little Women* 『若草物語』(1868) の四人姉妹の一人 Beth March の影響で米国で人気が出た (Hanks & Hodges).

Betjeman /bétʃəmən/ ベッチャマン: 姓. ♦＜オランダ語 Betjemann (原義不詳). ▶JOHN Betjeman (1906–84; 英国の詩人; 大衆に最も人気のあった桂冠詩人 (1972–84); 祖先がオランダ移民).

Betty /béti/ ベティ: 女子名. ♦ELIZABETH の愛称形.

Bevan /bévən/ ベヴァン: 姓. ◆<ウェールズ語 ab-((変形) < AP- + EVAN. ▶ Aneurin /ənáɪrɪn/ Bevan (1897–1960; 英国労働党の政治家; ウェールズの出身; ATTLEE 内閣の保険相の時, 国民健康保険制度を確立した).

Beveridge /bévərɪdʒ/ ベヴァリッジ: 1212 姓. ◆中英語 Beverage 'beverage'(原義)「取引約束の固めの杯・飲み物; 古い慣習」. 反語的に約束を守らない人のあだ名からか. ▶WILLIAM Beveridge (1879–1963; 英国の経済学者; 戦後の社会保障制度の計画書 "Beveridge Report" を 1942 年に提出した).

Beverley, Beverly /bévəli/ ベヴァリー: (1) [Beverley] c1000 イングランド YORKSHIRE の町. ◆古英語 Beferlic (原義)「ビーバーの棲む川」< befer 'beaver' + *lecc 'stream'. (2) [Beverly] 米国の地名. ◆<(1). ▶1911 Beverly Hills (Hollywood に隣接する高級住宅地). (3) 1145–52 (de) 姓 (<地名). ◆<(1). (4) 男子名・女子名. ◆<(3). 女子名にはもっぱら Beverly 形を用いる. 高級感と華やかさを連想させる Beverly Hills の影響か.

Bewick /bjúːɪk/ ビューイック: 1219 (de) 姓 (<イングランド北部の地名). ◆中英語 Bewic (地名; 原義「養蜂場」) <古英語 bēo 'bee' + wīc '-WICK'. ▶ THOMAS Bewick (1753–1828; 英国の木版画家; *A History of British Birds* (1797–1804)).

Bianca /biǽŋkə/ ビアンカ: 女子名. ◆<イタリア語 ～ (原義)「純白」. ⇨ BLANCHE. ▶SHAKESPEARE 作 *Taming of the Shrew* (1593–4) に登場するじゃじゃ馬 Kate の妹 | *Othello* (1604) に登場する Cassio の愛人 | Bianca Jagger (1945– ; ロック歌手 MICK Jagger の最初の妻(1971–9); ニカラグア出身の社会活動家).

Bic /bɪk/ ビック: Société Bic 社のボールペンなどの商標. ◆1945 年に使い捨てボールペンを開発したフランス人の Marcel Bich /bɪk/ から. 英国では BIRO がボールペンの代名詞にも使われている. Biro は今日の精密なボールペンの発明者のハンガリー人 Lázró Bíró から.

Bierce /bɪəs/ ビアス: 姓. ◆(変形?) <中英語 Birks (原義)「樺の木(のそばの住民)」(イングランド北部形複数) < Birche 'birch'. PIERCE の変形説もある. ▶ AMBROSE Bierce (1842–?1914; 米国の作家; *Devil's Dictionary*『悪魔の辞典』(1911)).

Bill /bɪl/ ビル: 男子名. ◆(略形・変形) < WILLIAM. 愛称形 BILLIE, Billy. 19 世紀以後の使用. WILL と韻を踏んだ変形. ▶Bill (< William) EVANS (1929–80; 米国のジャズピアニスト).

Billie /bíli/ ビリー: 女子名. ◆BILL の愛称形だが今では主に女子名に用いる. ▶ Billie Holiday (1915–59; 米国のジャズシンガー).

Birch, Burch /bə́ːtʃ/ バーチ: c1182 (de (la), del, in le) 姓. ◆< Birche 'birch'

Blackpool

(原義)「樺の木(のそばの住民)」.

Bird, Byrd(e) /bə:d/ バード: 1193 姓(<あだ名 ∥ 職業). ◆中英語 Bird (r の音位転換) < Brid 'bird' (原義)「鳥のような人 ∥ 鳥捕り・猟師」. ▶ISABELLA Bird (1831–1904; 英国の旅行家・作家; *Unbeaten Tracks in Japan*『日本奥地紀行』(1880, 1885)).

Birmingham (1) /bə́:mɪŋəm/ バーミンガム: 1086 DB イングランド West Midlands 州中部の都市. ◆中英語 Bermingeham (原義)「Beorna (人名)一族の屋敷」< 古英語 Beornma (人名) + -inga 'of the people' + hām '-HAM¹'. (2) /bə́:mɪŋhæm/ バーミングハム: 米国 ALABAMA 州北部の都市. ◆<(1). いずれも鉄鋼業が盛ん.

Biro /báɪroʊ/ バイロ: ボールペンの商標. ◆⇨ BIC.

Bishop /bíʃəp/ ビショップ: 1086 DB 姓. ◆中英語 biscop < 古英語 bisċeop「司教」.「司教然とした・でっぷりした」人につけたあだ名や, 奇蹟劇 (Pageant) や St. Nicholas Day の bishop 役に選ばれた少年につけられたあだ名から.

Bismarck /bízmɑ:k/ ビスマーク: 1873 米国 NORTH DAKOTA 州の州都. ◆< OTTO von ～ (1815–98; ドイツ帝国初代宰相). 鉄道建設を支援してくれたこのドイツ人の公債所有者に感謝して命名.

Black /blæk/ ブラック: 1086 (le) 姓(<あだ名). ◆古英語 blæc. 顔色・髪色の「黒い」人につけたあだ名から. ⇨ BLAKE.

Blackburn /blǽkbə:n/ ブラックバーン: 1086 DB イングランド各地の地名. ◆中英語 Blacheburne (原義)「黒川」. ⇨ -BURN.

Blackett /blǽkət/ ブラケット: (1) 1301 姓. ◆中英語 Blakehnuede, Blakhed (原義)「黒髪・金髪(の人)」. ⇨BLAKE. (2) 1327 姓. ◆中英語 Blachod (black, hood)「黒頭巾」. (3) 1208 姓. ◆中英語 Blaket (BLACK, -ET). ▶PATRICK Blackett (1897–1974; 英国の物理学者; NOBEL 物理学賞を受賞(1948)).

Blackfriars /blǽkfrajəz/ ブラックフライアーズ: 1278 LONDON, City の街路. ◆ 'black friars'「黒衣の修道士」と言われたドミニコ会士の修道院があった所.

Blackmore /blǽkmɔ:/ ブラックモア: (1) 1200 (de) 姓(<イングランド各地の地名). ◆中英語 Blakemore (black, moor) (原義)「黒い原野」. (2) 1375 (le) 姓(<あだ名). ◆中英語 Blacomor (原義)「Moor 人のように色が黒い人」. RICHARD Blackmore (1825–1900; 英国の作家; *Lorna Doone* (1869)で人気がでた).

Blackpool /blǽkpu:l/ ブラックプール: 1602 イングランド北西部の海浜保養地. ◆< black +(方言) pul, poole 'stream' ∥ pool. 昔の排水路の水が黒かったからか(cf. DUBLIN). 毎年 Dance Festival (cf. 映画『Shall We ダンス?』(1996))が開かれ, 保守党の党大会, 各種労働組合の大会も開かれる.

31

Blackwater

Blackwater /blǽkwɔ̀:tə/ ブラックウォーター: 1576 ESSEX ほかイングランド各地の川名. ◆(原義)「黒い水」.

Blackwell /blǽkwel, -əl/ ブラックウェル: 1012 (at, de) 姓(<イングランド各地の地名). ◆中英語 Blacewella(n) (地名; 原義「黒い川・黒い泉」). ▶BENJAMIN (Henry) Blackwell (英国 OXFORD に 1879 年に書店を開業した).

Blackwood /blǽkwʊd/ ブラックウッド: 1327 (de) 姓(<イングランド各地の地名). ◆中英語 Blacwod (原義)「黒い森(のそばの住人)」.

Blair /bléə/ ブレア: 姓・男子名・女子名. ◆スコット語 〜 (スコットランド各地の地名; 原義「野原・戦場」)<ゲール語 blar '(battle)field, plain'. ▶TONY Blair (1953– ; スコットランド出身の英国首相(1997–2007)). 男子名・女子名はこの首相の人気からよりはむしろ地名の馴染みから(Cresswell).

Blake /bleɪk/ ブレーク: 姓. ◆古英語 blāc 'bright, pale'. 顔色・髪色が「銀色に輝く・青白い」人につけたあだ名から. 古英語 blæc「黒い」の変化形 blaca もこの blāc「銀色に輝く・青白い」も中英語で同じ語形 blake になるので, 中英語・現代英語の Blake はどちらの意味か判然としない. ▶WILLIAM Blake (1757–1827; 英国の詩人・画家).

Blakel(e)y /bléɪkli/ ブレイクリー: 1301 (de la, atte) 姓(<イングランド北部各地の地名・場所). ◆中英語 Blekelegh, Blakeley (原義)「黒い林(のそばの住民)」. ⇨ -LEY.

Blanche /blɑ:ntʃ/ ブランチ: 1208 姓 > 女子名. ◆中英語 〜 <(古)フランス語 〜 (人名; 原義「色白・金髪(の女子)」). ▶Blanche DuBois (TENNESSEE WILLIAM の戯曲 *A Streetcar Named Desire*『欲望という名の電車』(1947)のヒロイン).

Blarney /blɑ́:ni/ ブラーニー: アイルランド南西部 CORK 近郊の城. ◆アイル語 〜 <ゲール語 An Bhlarna (原義)「小さな野原」. この城の Blarney Stone にキスするとお世辞がうまくなるという. この言い伝えは 1602 年に城主 Blarney が ELIZABETH I に対する忠誠の誓いを言葉巧みに逃れたことによる (Everret-Heath).

Blenheim /blénəm/ ブレナム: (**1**) ドイツ Bavaria 州の村名. ◆(英語化)<ドイツ語 Blindheim. 1st Duke of MARLBOROUGH, JOHN CHURCHILL (1650–1722) がフランス・バイエルン連合軍に戦勝した地(1704). (**2**) [〜 Palace] 上記の戦勝を記念して建てられた Oxford 近くの大邸宅. WINSTON CHURCHILL が生まれた先祖代々の家. (**3**) ニュージーランド南島北東端の都市. ◆イングランドからの入植者たちが祖国の歴史に誇りをもって(1)から名づけた. その地方も Marlborough と命名. ワインの産地.

Bliss /blɪs/ ブリス: 1240 姓(<あだ名). ◆中英語 Blisse (原義)「陽気(な人)」<古英語 bliss 'joy, bliss'. ⇨ BLYTHE.

Bloom /bluːm/ ブルーム: 姓. ♦(短縮形) < BLOOMFIELD. ▶CLAIRE Bloom (1931– ; 英国のユダヤ系バレリーナ・女優) | LEOPOLD Bloom (JAMES JOYCE の *Ulysses* (1922) のユダヤ系主人公).

Bloomfield /blúːmfiːld/ ブルームフィールド: 姓. ♦(英語化) < ドイツ語 Blumenfeld (18 世紀後期に姓の使用を強制されたドイツのユダヤ人が用いた美称; (原義)「花園」). ▶LEONARD Bloomfield (1887–1949; 米国の言語学者; *Language* (1933); オーストリア系ユダヤ人の家系).

Bloomington /blúːmɪŋtən/ ブルーミントン: (1) 米国 INDIANA 州の都市 (Indiana University の所在地). (2) 米国 ILLINOIS 州の都市. ♦< blooming + -TON (原義)「花咲ける町」.

Bloomsbury /blúːmzbəri/ ブルームズベリー: LONDON 中心部にある地区. ♦ 1291 Blemondesberi (原義)「de Blemund 家の砦・荘園」. ⇨ -BURY. British Museum, University of London などがあり, Bloomsbury Group と言われる文人たちが集った場所としても有名.

Blunden /blʌ́ndən/ ブランデン: 1524 姓. ♦中英語 Blonden < (古) フランス語 blond + -EN (指小辞).「ブロンドの・金髪の」人につけたあだ名から. ▶EDMUND Blunden (1896–1974; 英国の詩人・批評家).

Blunt /blʌnt/ ブラント: 1086 DB (le) 姓 (<あだ名). ♦中英語 Blund, Blond 'blond' (原義)「金髪の人」. 語尾の -t は -d の無声音化.

Blythe /blaɪð/ ブライズ: 1177 姓 (<あだ名). ♦中英語 Blythe < 古英語 blīðe 'merry'.「陽気な」人につけたあだ名から. 同類に BLISS, GAY.

Boaz, Boas /bóʊæz/ ボアズ: (1) [Boaz] ≪旧約≫ RUTH の夫. ♦<ヘブライ語 (原義)「神に力あり」. (2) [Boas] 姓. ♦<ドイツ語 Boas < (1). ▶Franz Boas (1858–1942; 米国の人類学者; "Father of American Anthropology" と言われる; ドイツ系ユダヤ人).

Bob /bɔb/ ボブ: 男子名. ♦(略形・変形) < ROBERT. 愛称形 BOBBY, BOBBI(E).

Bobby, Bobbi(e) /bɔ́bi/ ボビー: 男子名・女子名. ♦BOB, ROBERT, ROBERTA, BARBARA の愛称形. Bobby は男女ともに用い, Bobbi(e) は女子に多い.

Bodley /bɔ́dli/ ボドリー: 1196 (de) 姓 (<イングランドの地名). ♦中英語 Bodlei (原義)「?Boda (人名) の開墾地」. ⇨ -LEY. ▶THOMAS Bodley (1545–1613; 英国の外交官・学者; 1597 年 OXFORD 大学の荒れ果てた図書館を再建; 同図書館は彼にちなんで Bodleian /bɔdlíːən, bɔ́dljən/ Library と命名された).

Boeing /bóʊɪŋ/ ボーイング: 米国の飛行機製造会社 The Boeing Company の商標. ♦SEATTLE に創業 (1916) したドイツ系の WILLIAM Boeing (1881–1950; ドイツ語 Wilhelm Böing (原義)「伝令の子孫」) から.

Bogart /bóʊɡɑːt/ ボガート: 姓. ♦オランダ語 ~ (別形) < Bogard (原義)「果樹

Boise

園(で働く人・のそばの住人・の持ち主)」. ▶HUMPHREY Bogart (1899–1957; オランダ系米国人の俳優; *Casablanca* (1942))

Boise /bɔ́ɪsi, -zi/ ボイシー, ボイジー: 米国 IDAHO 州の州都. ◆(原義)「木の茂った川」<フランス語 (Rivière) Boisée '(River) Wooded'.

Boleyn /bʊ́lɪn, bʊlín, bəlín/ ブリン, ボリン: 1121–48 (de); 1204 姓(<地名). ◆中英語 Bulein (英語発音綴り)<(古)フランス語 Boulogne (北フランスの地名). ▶ANNE Boleyn (1507–1536; イングランド王 HENRY VIII の2番目の王妃; ELIZABETH I の母; 不義・近親相姦のかどで処刑された; TUDOR 朝では ANNE 一族の貴族名として有名).

Bolton /bóʊltn/ ボールトン: 1086 DB イングランド北部の各地にある地名>a1191 (de) 姓. ◆中英語 Bodelton (原義)「目立つ住居・建物のある村」<古英語 bold 'house, mansion' + -tūn '-TON'.

Bombardier /bɔ̀mbədíə/ ボンバルディア: カナダ MONTREAL に本社を置く航空機製造会社 Bombardier Inc. の商標. ◆姓(<職業)<フランス語 ～ (原義)「(爆撃機の)爆撃手」. カナダ人の創業者 Joseph-Armand Bombardier (1907–64) にちなむ.

Bond(s) /bɔnd(z)/ ボンド, ボンズ: 1086 DB 姓(<職業). ◆中英語 Bonde (原義)「農夫・小作人」<古英語 bonda ∥ 古ノルド語 bóndi 'husbandman, bond'. ⇨ -S(父系). ▶BARRY Bonds (1964– ; 米国の大リーガー; 生涯ホームラン数 762 本で第1位) | JAMES Bond (IAN FLEMING の小説 *007* シリーズ (1954–64)の主人公で英国の諜報部員).

Bond Street /bɔ́nd striːt/ ボンドストリート: c1684 LONDON の賑やかな高級ショッピング街. ◆CHARLES I の未亡人の財務監査官で, そこを開発した THOMAS BOND (1658–1685)にちなむ.

Bone /boʊn/ ボーン: 1204 (le) 姓(<あだ名). ◆中英語(イングランド中・南部) ～ (cf. 北部・スコットランドの Bane, Bayne 'BAINE')<古英語 bān「骨」.「痩せた」人につけたあだ名から.

Bonham /bɔ́nəm/ ボナム: 1177 姓(<あだ名). ◆中英語 Bonhom (原義)「お人よし・善人」<古フランス語 bon homme 'good man'. ▶英国の映画女優 HELENA Bonham CARTER のミドルネーム.

Bonnie /bɔ́ni/ ボニー: 女子名. ◆スコット語 bonnie 'fine, pretty'. 米国起源のあだ名からか. スコットランドでの女子名としての使用は米国での使用以降である(Hanks & Hodges). ▶Bonnie PARKER (1910–34; 映画 *Bonnie and Clyde* (1967)にもなった米国の強盗殺人犯).

Boole /buːl/ ブール: 1170 (le) 姓(<あだ名). ◆中英語 Bule, Bole (原義)「牡牛(のように獰猛な人)」<古英語 bula 'bull'.

Boone /buːn/ ブーン: 1086 DB (de) 姓. ♦中英語 Buhun (フランスの地名 Bohon から). ▶DANIEL Boone (1734–1820; 米国西部開拓の先駆者).

Boot /buːt/ ブート: 1186 姓(<職業). ♦中英語 Bote 'boot' (原義)「ブーツ(の作り手・売り手)」. ▶JOHN Boot (1815–60; 英国の薬のチェーン店 Boots (1849–)の創業者).

Booth(e) /buːð, buːθ/ ブーズ: 1274 (del, de la, atte) 姓(<場所). ♦中英語 Bothe 'booth' (原義)「牛小屋(のそばの住民)」<古ノルド語 būð 'dwelling'.

Borders /bɔ́ːdəz/ ボーダーズ: [the ~] イングランドと境を接するスコットランド南部の旧州. ♦< border + -s (複数).

-borough /-bʌrə/「砦」を意味する地名第2要素. -BURGH の別形.

Borrow /bɔ́rou/ ボロー: BURROW の別形.

Boston /bɔ́stn/ ボストン: (**1**) 1130 イングランド中東部 LINCOLNSHIRE の港町. ♦中英語 Botolfston (原義)「St. Botulf の石(十字架)」. St. Botulf / Botolph は7世紀の英国の聖者. 彼がそこで信仰を説いた. stone は「石(十字架)」のほか「石造教会」とも考えられる. (**2**) 1630 米国 MASSACHUSETTS 州の州都. ♦<(1). 大西洋を渡ったピューリタンたちが中心になって故国の町名にちなんで命名.

Boswell /bɔ́zwəl/ ボズウェル: c1130 (de) 姓(<地名). ♦中英語 Boesavilla, ~ <アングロノルマン語 Bosavilla (NORMANDY の地名; 原義「Bosa (人名)の村」). ▶JAMES Boswell (1740–95; Dr. JOHNSON の伝記(1791)で有名なスコットランド生まれの英国の文人).

Bosworth /bɔ́zwə(ː)θ/ ボズワース: 1206 (de); 1321 姓(<イングランド LEICESTERSHIRE の地名). ♦中英語 Baresworth, Boseworth (地名; 原義「Bār / Bōsa (人名)の囲い地」). ⇨ -WORTH. 地名はばら戦争でランカスター家がヨーク家の RICHARD III に勝利を収めた戦場として有名. ▶JOSEPH Bosworth (1789–1876; *An Anglo-Saxon Dictionary* (1898) の著者で OXFORD 大学教授).

Bottom /bɔ́təm/ ボトム: 1246 (de, del) 姓(<場所). ♦中英語 Bothom 'bottom' (原義)「谷間・窪地(のそばの住民)」. ▶Bottom (SHAKESPEARE 作 *A Midsummer Night's Dream* (1595–6)に登場する織工; Puck によってロバの頭に変えられる).

Bo(u)lt /boʊlt/ ボウルト: 1066 姓. ♦中英語 Bolt (原義)「ボルト(造り鍛冶)」. 「物」が「人」を表す換喩用法. ▶ROBERT Bolt (1924–95; 英国の劇作家; 映画 *A Man of All Seasons*『わが命つきるとも』(1966)ほか名画のシナリオを書いた).

Bourne /bɔːn/ ボーン: 1044 (æt, atte, de, dela) 姓(<場所). ♦中英語 Burn(e)

Bournemouth

(原義)「小川(のそばの住人)」<古英語 burna ∥ 古ノルド語 burnr 'stream'. ⇨ -BURN. bourne はイングランド北部・スコットランドでは今でも「小川」の一般語だが,他の地域では brook に取って代わられた.

Bournemouth /bɔ́ːnməθ/ 1407 ボーンマス:イングランド南部 DORSET 州の都市・保養地. ◆中英語 Bournemowþ (原義)「河口」. ⇨ BOURNE, -MOUTH.

Bovis /bóʊvɪs/ ボーヴィス:(**1**) 1086 DB 姓. ◆中英語 Beluaco (NORMANDY の地名 Beauvais (原義)「Caesar の市場」から). (**2**) 姓. ◆1176 中英語 Belfiz, Beaufiz (原義)「愛しい息子」<古フランス語 beau 'fine, dear' + fiz 'son'. (**3**) 1885 元 C. W. Bovis & Co. (建設業)の商標. ◆<(1), (2). 創業者の姓から.

Bow /boʊ/ ボウ:1298 (atte) 姓(<場所). ◆中英語 Bowe (原義)「太鼓橋(のたもとの住人)」<古英語 boga 'bow, arched bridge'. ▶CLARA Bow (1905–65; 米国の映画女優;映画 *It* (1927)でアイドルになった).

Bowden /bóʊdn/ ボウデン:(**1**)1333 (de) 姓(<イングランド各地の地名). ◆中英語 Boghedon, ～ (bow, -DON, down) (地名;原義「弓の形をした丘」). (**2**) 1279 姓. ◆中英語 Bovedon (原義)「丘上(の住人)」<古英語 būfan dūne 'dweller above the hill'. ⇨ -DON.

Bowen /bóʊən/ ボウエン:1292 姓. ◆<ウェールズ語 ab ((変形)<AP-) + OWEN. ▶ELIZABETH Bowen (1899–1973;アイルランド生まれの英国の作家).

Bowie /bóʊi/ ボウイ:1481 姓. ◆中英語・スコット語 Bowy (原義)「金髪の(人)」<ゲール語 buidhe 'yellow or fair haired'. ▶DAVID Bowie (1947– ;英国のロック歌手;本名の JONES を 1966 年に芸名の Bowie に変えた).

Bow Lane /bòʊ léɪn/ ボウレイン:1485 LONDON, City の街路. ◆St. Mary-le-Bow 教会にちなむ. その Bow はノルマン人の霊廟のアーチから. この教会の"Bow Bells" が聞こえる範囲に生まれた者が本物のロンドンっ子(Cockney)と言われた. ちなみに The Metropolitan Magistrates' Court「中央警察裁判所」(2006 年に閉鎖・移転)のあった Bow Street は通りが弓なりに曲がっていることから.

Bowman /bóʊmən/ ボウマン:1223 (the) 姓(<職業). ◆中英語 Boggeman, Bouman 'bowman'「射手」.

Bowra /báʊrə/ バウラ:1218 (le); 1279 姓(<職業). ◆中英語 Burer (bower, -ER) (原義)「東屋(あずまや)の住人・婦人の私室の召使」.

Bowyer /bóʊjə/ ボウヤー:1183 姓(<職業). ◆中英語 Bowyere (bow, -yer (w の後の -ER)) (原義)「弓造り職人・弓商人」.

Boyle[1] /bɔɪl/ ボイル:1340–50 姓. ◆(**1**) 中英語 ～ <古フランス語 Boyville (NORMANDY の地名). (**2**) <スコット語 ～ (スコットランド AYRSHIRE, Wigtown 州の地名). (3)アイル語 〜 <? ▶ROBERT Boyle (1627–91; アイルランド生まれの英国の化学者; "Boyle's Law" (1662)の発見者) | DANNY Boyle (1956– ; アイルランド系の英国の映画監督 *Trainspotting* (1996)).

Boyle² /bɔɪl/ ボイル: アイルランド, ROSCOMMON 県の町・川. ◆<アイル語 (Mainistir na) Búille '(Monastery of the river) Búill'.

Boyne /bɔɪn/ ボイン: アイルランド中東部から Irish 海に注ぐ川. ◆<アイル語 An Bhóinn (原義)「(Queen) Boann の川」. 伝説では彼女が禁を破って聖泉の蓋をはぐったために水が溢れ出し彼女を溺死させ川になったという (Everret-Heath). この河畔は 1690 年にプロテスタントのイングランド王 WILLIAM III とアイルランド・フランス連合軍の加担を得て復位を狙うカトリックの JAMES II 軍が戦い, 前者の勝利に終わった The Battle of Boyne の古戦場.

Brad /bræd/ ブラッド: 男子名. ◆(略形)<BRADFORD, BRADLEY. ▶Brad (<BRADLEY) PITT (1963– ; 米国の映画俳優).

Bradbury /brǽdbəri/ ブラッドベリー: 1288 (de) 姓(<イングランド各地の地名). ◆中英語 〜 (原義)「広い砦∥板で囲った砦」<古英語 brād 'broad' ∥ bred 'board' + burh '-BURY'.

Bradford /brǽdfəd/ ブラッドフォード: 1206 (de) 姓(<イングランド各地の地名) > 男子名. ◆中英語 Bradeford (原義)「広い浅瀬・渡し場」<古英語 Brādanforda (broad, -FORD).

Bradley /brǽdli/ ブラッドリー: 1170 (de); 1379 姓(<イングランド各地の地名) > (主に米)男子名. ◆中英語 Bradelai (原義)「広い林・開墾地」<古英語 (æt) Brādanlēage (broad, -LEY). ▶HENRY Bradley (1845–1923; *OED* 初版の編纂者の一人).

Bradshaw /brǽdʃɔː/ ブラッドショー: 1246 姓(<イングランド各地の地名). ◆中英語 Bradescage (原義)「広い林・藪(の住人)」<古英語 brād 'broad' + sċeaga 'grove, thicket, shaw'. 英国の鉄道時刻表 Bradshaw's Railway Guide (名称を変えながら 1839–1961)は発刊者 George Bradshaw (1801–1853)の名から.

Brady /bréɪdi/ ブレイディ: 1170 姓 (<あだ名). ◆(1) 中英語 Bradege, Bradeie < 古英語 brād 'broad' + ēage 'eye'. 「目が大きい・両目が離れた」人につけたあだ名から. (2)中英語 Bradege, Bradeie (原義)「広い島」<古英語 brād + ēġ 'island'. (3)中英語 Bradege, Bradeie (原義)「広い囲い地」<古英語 brād + hæġ 'enclosure, hay'. (4) (主に米)男子名. ◆アイル語 〜 <ゲール語 Ó Brádaigh 'descendant of Brádach (縮約形)<? Brághadach 'large-chested'.

Bram /bræm/ ブラム: 男子名. ◆ABRAHAM の愛称形. ▶Bram STOKER.

Branco /brǽŋkoʊ/ ブランコ: 姓. ◆<ポルトガル語 〜 'white'. 「白髪・金髪・色

Brando

白の」人につけたあだ名から.

Brando /brǽndoʊ/ ブランド: 姓. ♦(英語化) < ドイツ語 Brandau (ドイツ各地の地名; 原義「焼き畑」). ▶MARLON Brando (1924–2004; 祖先がドイツ移民の米国の俳優; *On the Waterfront*『波止場』(1954), *The Godfather* (1972)でACADEMY 主演男優賞を受賞).

Brandon /brǽndən/ ブランドン: c975 (de) 姓 (<イングランド各地の地名) > 男子名. ♦古英語 Brōmdūn (broom, -DON) (原義)「ハリエニシダの丘」. 男子名は 1950 年代に米国で人気がでてきた.

Brandy /brǽndi/ ブランディー: 女子名. ♦< brandy「(酒の)ブランディー」. 男子名の人気の BRANDON はじめ Bra- のつく名が多いのに対抗したものか. Brandy は米国では 1960 年代に一般的になり, 1970 年代後期から 80 年代初期にピークになった(Cresswell).

Brassey /brǽsi, brɑ́ː-/ ブラッシー: 1190 (de) 姓. ♦中英語 Bracy (原義)「Brécy (NORMANDY の地名)から来た人」. ▶THOMAS Brassey (1805–70; 英国の鉄道建設者).

Brazell /brǽzl/ ブラゼル: 姓(<あだ名). ♦アイル語 〜 (別形) < Brazil < ゲール語 Ó Breasail 'descendant of Breasal (あだ名;「争い(好きな人)」)'.

Brenda /bréndə/ ブレンダ: 女子名. ♦(女性形) < 古ノルド語 Brand (原義)「剣」. ⇨ -A (女性形語尾). WALTER SCOTT の小説 *The Pirate* (1821)の登場人物に用いられてから流行したが, 今はそれほどではない. アイルランドでは BRENDAN の女性形とみなされている. ▶Brenda JACKSON (1953– ; 米国のロマンス作家).

Brendan /bréndən/ ブレンダン: 男子名. ♦アイル語 〜 < 古アイル語 Bréanainn (原義)「王子」. 6 世紀のアイルランドの聖者 St. Brendan the Voyager 始め同名の聖者たちの名から.

Brenna /brénə/ ブレナ: 女子名. ♦アイル語 〜 (女性形) < BRENNAN.

Brennan /brénən/ ブレナン: 姓 > 男子名. ♦アイル語 〜 < ゲール語 Ó Braonáin 'descendant of Braonán (指小形) < braon「涙のしずく」.

Breton /brétn/ ブレトン: 1164–66 (le) 姓(<あだ名). ♦中英語 〜, BRITON (原義)「ブルターニュ人」< 古フランス語 Bretun (斜格) < Bret 'BRETT'.

Brett /bret/ ブレット: 1086 DB 姓 > 男子名. ♦中英語 Bret (< 古フランス語 Bret 'a BRETON') ∥ Brit (< 古英語 Brit 'a Breton'). ▶Brett HART (1836–1902; 米国の詩人).

Brewer(s) /brúːə(z)/ ブルーワー(ズ): 1192 姓. ♦(1)中英語 Bruwere, Brewere (原義)「醸造者」< 古英語 brēowan 'to brew'+ -ere '-ER'. (2) 1086 DB 中英語 Bru(i)era(< 古フランス語 bruière (古英語 hæð 'heath' のフランス語訳から)).

▶EBENEZER Brewer (1810–97; *Brewer's Dictionary of Phrase and Fable* (1870)の編集者・牧師).

Brewster /brúːstə/ ブルースター: 1221 姓 > 男子名. ◆中英語 Bruestere, ~ (brew, -STER)(原義)「女醸造者」. 実際は 4 分の 3 は男性だった (Reaney & Wilson). cf. BAXTER.

Brian, Bryan /brájən/ ブライアン: 1086 DB 男子名 > 1160 姓. ◆中英語 Brien < 古アイル語 Brian < bre- 'hill, eminence'. 1002 年にアイルランド王になった Brian Boru (941–1014) とその子孫の名から (Hanks & Hodges). ⇨ O'BRIAN.

Bridges /brídʒɪz/ ブリッジズ: 1205 (de) 姓 (<ベルギーの地名 Bruges). ◆中英語 Brieges 'Bruges'「ブルージュ」. Bruges は原義が「橋」で英語の bridge と同族語である.

Bridget /brídʒət/ ブリジェット: 女子名. ◆<アイル語 Brighid (ケルトの女神の名; 原義「高き神」). アイルランドで最も有名な女性聖者 St. Bridget (Brigid) (c450–c523) の人気によって圧倒的に使用されたが, 今ではアイルランド共和国内でも Top 100 に入らない (Cresswell). 愛称形 Biddy, Biddie. 別形 Brigid, Brigit, Brigitte, Bride, Breda.

Brigham /brígəm/ ブリガム: 1200 (de) 姓 (<イングランド各地の地名). ◆中英語 ~, Briggeham (bridge, -HAM[1])(原義)「橋のたもとの屋敷・農場」. ▶ Brigham YOUNG (1801–77; 米国の MORMON 教の指導者).

Bright /braɪt/ ブライト: 1252 (le) 姓 (<あだ名). ◆中英語 Briht 'bright'(原義)「明るい(人)・色白の(人)」.

Brighton /bráɪtn/ ブライトン: 1107–18 イングランド南部 East SUSSEX 州の保養地・海水浴場. ◆中英語 Bristelmestune (原義)「Beorhthelm (人名; 原義「明るい守護者)の町」. ⇨ -TON.

Brinton /bríntən/ ブリントン: 1190 (de) 姓. ◆中英語 ~(イングランド各地の地名; 原義「Bryni (人名)一族の荘園」) < 古英語 Brȳni (原義)「火・焔」+ -ING + tūn '-TON'.

Brisbane /brízbən, -beɪn/ ブリズベ(イ)ン: (**1**) 1275 姓. ◆中英語 Briseban, Brisbone (原義)「骨折」(混種語) < 古フランス語 brise 'break' + 古英語 bān 'bone'. 原義「骨折」は恐ろしい懲罰吏につけたあだ名から. (**2**)オーストラリア QUEENSLAND 州の州都. ◆(New South Wales 州の総督だった) Sir THOMAS Brisbane (1773–1860) にちなむ.

Bristol /brístl/ ブリストル: 1063 イングランド南西部 AVON 州の州都. ◆古英語 Bryċgstow (bridge, STOW)(原義)「橋のそばの集会所」. 11 世紀に AVON 川と Frome 川の合流点のそばにあった橋を指した. Avon 川に臨み, 河口に貿易港

がある.

Britain /brítn/ ブリテン: ブリテン島. ◆中英語 Britaine < 古フランス語 Britaigne < ラテン語 Brit(t)ānia 'BRITANNIA'.

Britannia /brɪtǽnjə/ ブリタニア: ブリテン島のラテン語名. ◆古英語 Bryttania < ラテン語 Brit(t)ānia < Brit(t)annī 'Britions' < Brittōn 'BRITON'.

British Columbia /brìtɪʃ kəlʌ́mbjə/ ブリティッシュコロンビア: カナダ南西部の州(州都 VICTORIA). ◆COLUMBIA (川名<船名)に British を冠した.

Briton /brítn/ ブリトン: 古代ブリトン人(その子孫であるウェールズ人・コーンウォール人・スコットランド人・ブルターニュ人); ブリテン島の住民・姓. ◆中英語 Britoun < アングロフランス語 Britoun < ラテン語 Brittōn < ケルト語 *Britto「古代ブリトン人」. 姓は BRETON の別形.

Brittany /brítəni/ ブリタニー: フランス北西部の半島. ◆中英語 Bretayne < (古)フランス語 Bretagne「ブルターニュ」. ANGLO-SAXON 人の侵略を逃れて BRITON 人が BRITAIN 島から渡っていった. 彼らの一部はそこから NORMAN 人ととも戻ってきた人々.

Britten /brítn/ ブリトン: 1291 (de) 姓(<地名). ◆中英語 Bretayne < (古)フランス語 Bretagne 'BRITTANY'. ▶BENJAMIN Britten (1913–76; 英国の作曲家; 歌劇 *Peter Grimes* (1945)).

Broadway /brɔ́:dweɪ/ ブロードウェイ: NEW YORK 市 MANHATTAN の南端から NEW YORK 州の州都 ALBANY に至る大通り. 市内では劇場街として有名. ◆< broad + way.

Brock /brɔk/ ブロック: (**1**) 1119 (le) 姓(<あだ名). ◆中英語 Broc (原義)「穴熊のような人」< 古英語 brocc 'badger'. (**2**) 1267 (de, del, de la, du, ate) 姓(<イングランド各地の地名・場所). ◆中英語 Brock (原義)「小川(のそばの住人)」(短母音形) < 古英語 brōc 'brook'.

Bromfield /brɔ́mfi:ld/ ブロムフィールド: 1275 (de, atte) 姓(<イングランド SHROPSHIRE の地名). ◆中英語 Bromfeld (broom, -FIELD) (原義)「エニシダの原(のそばの住居)」.

Brontë /brɔ́nti, -eɪ/ ブロンテ: 英国の詩人・小説家姉妹 Anne, Charlotte, Emily の姓. ◆(変形)<アイル語 Brunty < ゲール語 Ó Proinntigh 'Grandson of Proinnteach (あだ名; 原義「贈り主」<「宴会場」). Brunty から Brontë への変形は父 PATRICK が行なった. 理由は定かでないが, シチリア王 Ferdinand III が 1799 年に NELSON 提督に贈ったシチリアの町 Bronte と関係があるか.

Bronx /brɔŋks/ [The ~] ブロンクス: 米国 New York 市の自治区・川. ◆オランダ西インド会社が原住民から取得した土地を購入・開発した Jonas Bronck (1600–43)にちなむ. Bronx の -x に隠れている -s は所有格.

Brooke, Brook(s) /brʊk(s)/ ブルック(ス): 姓(<イングランド各地の地名・場所). ◆中英語 Broc, Brole(s)(地名; 原義「小川(のそばの住民)」)<古英語 brōc 'brook'. ▶Brooke Shields (1965– ; 米国の映画女優).

Brooke Bond /brʊk bɔ́nd/ ブルックボンド: 1869 Arthur Brooke が創業した紅茶会社の商標. ◆< Brooke, Bond & Co. Bond は架空の人物で, 頭韻を踏んだ口調のよさと債券 (bond) との連想からの命名か(Room).

Brooklyn /brʊ́klɪn/ ブルックリン: 米国 NEW YORK 市の自治区. ◆<オランダ語 Breukelen (そこに定住したオランダ人が命名したユトレヒト近くの故郷の村名).

Brown /braʊn/ ブラウン: 1086 DB 男子名・1111–38 (le) 姓(<あだ名). ◆中英語 Brun(us)<古英語 brūn // (古)フランス語 brun.「茶色の」を WHITE でも BLACK でもない中間の顔色・髪色の特徴からつけたあだ名から. 別形 Browne, Broun, Broune など. 最も多い姓の一つ. ▶JAMES GORDON Brown (1951– ; 英国労働党党首・首相(2007–10)).

Browning /bráʊnɪŋ/ ブラウニング: (**1**) 1086 姓. ◆中英語 Bruning (原義)「BROWN の子孫」. ⇨ -ING. ▶ROBERT Browning (1812–89; 英国 VICTORIA 朝最高の詩人の一人). (**2**) 米国 Browning Arms Company の商標. ◆ピストル・ライフル銃などの発明者 JOHN Browning (1855–1926)から.

Bruce /bruːs/ ブルース: 1086 DB (de) 姓>男子名. ◆中英語 Bruis (NORMANDY の村名 Brix). スコットランド王 ROBERT I, the Bruce (1306–29)を出した氏族名. 王を出した氏族名はほかに BALIOL など.

Bruno /brúːnoʊ/ ブルーノ: 男子名. ◆<ドイツ語 brun 'BROWN'. ケルンの大司教(953–65)でカルトジオ修道会の創設者 St. Bruno (c1035–99)への崇敬からヨーロッパ大陸に広まった.

Bryson /bráɪsn/ ブライソン: 1332 姓>男子名. ◆中英語 Briceson, ~ 'Son of Brice (人名)'. スコットランドに多い. Brice はゲール語 (Gille) Bhris (原義)「St. Bricius (に仕える者)」から.

Buchanan /bjuːkǽnən, スコット bə-/ ブキャナン: c1270 姓(<地名). ◆中英語 ~ (スコットランド STIRLING にある地名). ▶JAMES Buchanan (1791–1868; 米国第 15 代大統領(1857–61)).

Buck /bʌk/ バック: c1055 (the, le) 姓(<あだ名). ◆中英語 Bucca, Buk (原義)「雄山羊 // 牡鹿」<古英語 bucca 'he-goat' // bucc 'male deer'. 獰猛・敏捷な人につけたあだ名から. ▶PEARL Buck (1892–1973; 米国の作家; *The Good Earth*『大地』(1932, 33) NOBEL 文学賞を受賞(1938)).

Buckingham /bʌ́kɪŋəm/ バッキンガム: 918 地名. ◆古英語 Buccingahamm (原義)「Bucca 一族の牧場」. ⇨ -HAM[2]. Buckingham Palace は 1703 年にこれを

建てた JOHN SHEFFIELD, 1st Duke of Buckingham and Normandy (1648–1721) にちなむ.

Buckinghamshire /bʌ́kɪŋəmʃə/ バッキンガムシャー: 1016 イングランド中南部の州 (州都 AYLESBURY). ◆古英語 Buccingahammscīr. ⇨ BUCKINGHAM, -SHIRE.

Budd /bʌd/ バッド: c1025 姓 (<あだ名) > 男子名. ◆古英語 Budda 'beetle' (原義)「かぶと虫(のように小太りの人)」. ▶Billy Budd (H. MELVILLE の同名の小説(1924)の主人公).

Buick /bjúːɪk/ ビューイック: (1) 姓. ◆BEWICK の別形. ▶DAVID (DUNBAR) Buick (1854–1929; スコットランド出身の米国の発明家・実業家; Buick Motor Company を創業(1903)). (2) 現在は GM が製造販売する高級乗用車の商標. ◆< DAVID Buick.

Bullock /búlək/ ブロック: 姓. ◆中英語 Bulluc (原義)「子牛」< 古英語 bulluc 'calf'. ▶SANDRA Bullock (1964– ; 米国の映画女優).

Bunyan /bʌ́njən/ バニャン: 1204 姓 (あだ名). ◆中英語 Bui(g)non (原義)「瘤のある人」< 古フランス語 bugnon (指小形) < bugne 'swelling'. ▶JOHN Bunyan (1628–88; 英国の作家・説教家; *The Pilgrim's Progress*『天路歴程』(1678)).

Burberry /bə́ːbri, 米 bə́ːberi/ バーバリー: (1) 姓 (< 場所). ◆(変形) < ?ME Burbury (bower, -BURY) (原義)「砦のそばの小屋(の住人)」. (2) Burberry (Burberry Group plc の商標. ◆同社はギャバジンを発明した THOMAS Burberry (1835–1926) が 1856 年に創業した衣服店から発展. 英国王室御用達.

Burchard /bə́ːtʃəd/ バーチャッド: OE 人名 > 1207 姓. ◆中英語 Burchard(us), Burkart (原義)「堅固な砦」< 古英語 Burgheard (-BURGH, hard).

-burg /-bəːg/「(砦の)市・町」を意味する地名第 2 要素. ◆中英語 ~ < 古英語 burg 'fortress'. -BURGH(1), -BURY と同源.

Burgess /bə́ːdʒəs/ バージェス: 1115 姓. ◆中英語 Burgeis < 古フランス語 burgeis (原義)「城市の住民・自由民」. ▶ANTHONY Burgess (1917–93; 英国の作家; *A Clockwork Orange*『時計じかけのオレンジ』(1962)).

-burgh /-bʌrə, -bə́ːg, 米 -bəroʊ, -bə́ːg/「(砦の)村・町・市」を意味する地名第 2 要素. ◆(1) 古英語 burh「砦」(cf. ドイツ語 Burg). ⇨ -BURY. 別形 -BOROUGH. (2) 古英語 beorg「丘, 山」(cf. ドイツ語 Berg). (1), (2) とも ⇨ BURROW(s).

Burgoyne /bə́ːgɔɪn/ バーゴイン: 1086 DB (de) 姓 (< 地名). ◆中英語 Burgoin (原義)「フランスのブルゴーニュ(Bourgogne)出身の(人)」.

Burke /bəːk/ バーク: 1086 DB (de) 姓 (< 地名). ◆中英語 Burc (アングロノルマン語の発音) < Burgh (原義「砦」; SUFFOLK 州にある地名). de Burgh 家が

Burroughs

アイルランドに渡ったためそこに多い．▶EDMUND Burke (1729–97；アイルランド生まれの英国の政治家・弁論家)．

-burn /-bən/「(小)川」を意味する地名第 2 要素．♦古英語 burne 'stream'．⇨ BOURNE.

Burnard /báːnəd/ バーナード：1211 姓(<あだ名)．♦中英語 Burbard(us)(原義)「黒茶色の髪・顔色の人」(r 音位転換形) <古フランス語 brun 'BROWN' + -ARD.

Burne /bəːn/ バーン：姓．♦BOURNE の別形．▶Edward Coley Burne-JONES (1833–98；英国の画家・詩人・工芸家；ラファエル前派の一人；ミドルネームを姓とハイフンでつないだもの)．

Burnett /báːnət/ バーネット：1219 姓(<あだ名 ‖ 職業)．♦中英語 ～(浅黒い顔色の人につけたあだ名 ‖ 紡ぐ前に茶色に染めた高級ウール地の製造・販売業) <古フランス語 burnet(t)e, brunette (指小形) < brun '(dark) brown'．▶FRANCES HODGSON Burnett (1849–1924；英国の作家；*A Little Princess*『小公女』(1905), *The Secret Garden*『秘密の花園』(1911))．

Burney /báːni/ バーニー：1086 DB (de) 姓(<NORMANDY の地名)．♦中英語 Bernai <古フランス語 Bernay (原義)「Brenno (人名) の土地」．▶FANNY (< FRANCES) Burney (1752–1840；英国の作家；*Evelina* (1778))．

Burnley /báːnli/ バーンリー：ME 姓(<イングランド各地の地名)．♦中英語 Brunley「小川のそばの開墾地」(r 音位転換形) <古英語 burne 'stream' + lēah '-LEY'．

Burns /bəːnz, スコット bʌrnz/ バーンズ：1208 姓．♦(短縮形) < Burness (変形) <中英語 Brenhus (原義)「放火(犯)」<古英語 brennan 'to burn' + hūs 'house'．ROBERT Burns (1759–96；スコットランドの詩人) の祖先の姓のこの物騒な語源説は Reaney & Wilson による．詩人は不名誉な Burness を Burns に短縮した．Burns であれば「小川のそばの住人」(BOURNE) になる．

Burrard /bárəd/ バラード：OE 人名 > 1219 姓．♦中英語 Borhard <古英語 Burgheard (-BURGH, hard) (原義)「堅固な砦」．BURCHARD, BUTCHART と同語源．カナダ VANCOUVER の Burrard Inlet は HENRY Burrard (1765–1840；英国の提督) にちなむ．

Burren /bárən/ バレン：アイルランド西部 CLARE 県にある氷河カルスト台地．♦<アイル語 Boirinn (原義)「石の多い地方」．

Burroughs /bárouz/ バロウズ：1440 姓．♦中英語 Burhus (原義)「(宮廷・貴族の館の) 婦人私室 (の召使)」<古英語 būr-hūs 'bower-house'．⇨ -s(父系)．Mills, AFN は BURROW の別形と見ているが，それとは別語源と見る Reaney & Wilson に従う．▶WILLIAM S. Burroughs (1914–97；米国の作家；*Naked*

Burrow(s)

Lunch (1959)).

Burrow(s) /bʌ́roʊ/ バロウ(ズ): 1324 (at(te))姓(<場所). ◆中英語 boroghe (1)(原義)「丘(のそばの住人)」<古英語 beorg 'hill' (cf. ドイツ語 Berg) ∥ (2)(原義)「砦(のそばの住人)」<古英語 burg 'fort' (cf. ドイツ語 Burg).

Burt /bəːt/ バート: 男子名. ◆(1)(略形)<BURTON. ▶Burt LANCASTER(1913–94; 米国の映画俳優). (2)(別形)<BERT.

Burton /bə́ːtn/ バートン: 1178 (de); 1327 姓(<イングランド各地の地名)・男子名. ◆中英語 Burhtun, ~<古英語 Burhtūn (-BURGH, -TON)(地名; 原義「城市」). ▶RICHARD FRANCIS Burton (1821–90; Tanganyika湖を発見し *Arabian Nights* (1885–88) を英訳した英国の探検家・東洋学者) ∣ Tim Burton (1958– ; 米国の映画監督; *Batman* (1989)).

-bury /-bəri/ 地名第2要素. ◆古英語 byriġ (与格)<burg (原義)「砦」. ⇨ -BURG.

Bury /béri/ ベリー: (**1**) 974 イングランド各地の地名. ◆古英語 Byriġ (与格)<Burg (原義)「砦」. BERRY の異形もある. (**2**)姓. ◆BERRY の別形.

Bury St. Edmunds /béri snt édmʌndz/ ベリーセントエドマンズ: 1038 イングランド南東部 SUFFOLK 州の町. ◆中英語(語順変更)<古英語 (on) Sancte Ēadmundes Byriġ 'St. EDMUND's bury'. ⇨ BURY, -s (属格). St. Edmund は9世紀の EAST ANGLIA の王; Viking に捕らえられ拷問を受け869年に殉教し, ここの廃墟になった修道院に埋葬された.

Bush /bʊʃ/ ブッシュ: 1181 姓. ◆中英語 Busce, ~(e)<? 古英語 *busċ「藪」. ▶GEORGE HERBERT WALKER Bush (1924– ; 米国第41代大統領(1989–93)) ∣ GEORGE WALKER Bush (1946– ; George Herbert の息子; 米国第43代大統領(2001–09)).

Buster /bʌ́stə/ バスター: 男子名(<あだ名). ◆(原義)「ぶち壊し屋」<bust ((変形)<burst) + -ER. 無声映画時代のコメディアン Buster Keaton (1895–1966; 本名 JOSEPH FRANK Keaton)の Buster は階段から落ちて無傷だった幼児の Keaton に父親がつけたあだ名で「元気のいい子」の意からか.

Butchart /bʊ́tʃət/ ブッチャート: 姓. ◆BURCHARD の別形. ▶Jennie Butchart (1866–1950; カナダ VICTORIA 市の石灰岩採掘跡地に花の庭園 Butchart Garden を夫と共に造園した).

Butler /bʌ́tlə/ バトラー: 1055 (le) 姓(<職業). ◆中英語 Buteller 'butler'(原義)「給仕長・ワイン係」. ▶SAMUEL Butler (1835–1902; 英国の風刺作家; *Erewhon* (1872), *The Way of All Flesh*『万人の道』(1903)).

Butterwick /bʌ́təwɪk/ バターウィック: 1086 DB イングランド北部各地の地名. ◆中英語 Butruic (原義)「バター酪農場」<古英語 butere 'butter'+ wīċ

'-WICH, -WICK'.

Button /bÁtn/ バトン: 1296 姓. ◆中英語 Boton 'button' (原義)「ボタン (職人)」. ▶Jenson Button (1980– ; 英国のF1ドライバー; 2009年度の世界チャンピオン).

-by /-bi/ 地名要素. ◆古・中英語 ～ <古ノルド語 být「農場・屋敷・村・町」. デンマークなど北欧の地名に多く, イングランドでは Viking が定住したデインロー地区の地名に多い.

Bygraves /báɪgreɪvz/ バイグレイヴズ: c1015 (æt) 姓 (<場所). ◆古英語 Biġgrāfan (原義)「森のそば (の住居)」< biġ, -be 'by, beside' + grāf 'grove'.

Bynum /báɪnəm/ バイナム: 姓. ◆ウェールズ語 ～ (変形) < Ap Einion 'Son of Einion'.

Byrd /bəːd/ バード: 姓. ◆Bird の別形. ▶Charlie Byrd (1925–99; 米国のボサノバのギタリスト).

Byron /báɪrən/ バイロン: 1240 姓 (<場所)・男子名. ◆中英語 Byrun (原義)「家畜小屋 (のそばの住民)」< 古英語 (æt þǣm) bȳrum '(at the) cattlesheds, byres'. 英国ロマン派の詩人 Lord Byron (1784–1824) の影響で男子名に用いられた.

C

Cable /kéɪbl/ ケイブル: 1212 姓．♦(1) 中英語 Cabel 'cable'（原義）「太索（の作り手）」．(2) 中英語 Kabell（人名）＜古英語 Ċeadbeald（原義）「? 勇敢な Ċeada（人名）」．(3) 中英語 Cabal（原義）「馬（の騎手・飼育者）」．

Cadbury /kǽdbəri/ キャドベリー: 1319 (de) 姓（＜イングランド DEVON 州, SOMERSET 州の地名）．♦中英語 Cadeberie（原義）「Cada（人名；原義「太った人」）の砦」．⇨ -BURY．

Cade /keɪd/ ケイド: OE 男子名（＜あだ名）＞1327 姓．♦中英語 ～＜古英語 Cada（人名；原義「太った人」）．最近の男子名の使用は *Gone with the Wind* (1936) の登場人物で奴隷の Cade CALVERT の影響か．

Caden /kéɪdn/ ケイデン: 男子名．♦(造語 ?)＜CADE + -aden（男子名によくある要素）．2007 年までに 92 番目に多い男子名になった．

Cadence /kéɪdns/ ケイデンス: 女子名．♦(転用)＜cadence「（音楽用語）抑揚・カデンツァ」．2000 年以降顕著になった新しい女子名で男子名の CADEN と連想されている (Cresswell)．

Cadillac /kǽdɪlæk/ キャディラック: 1903 米国の自動車会社 Cadillac Motor Car Co.（現在は GM の一部門）の商標．♦この会社のある DETROIT 市の創設者でフランス人の Antoine de La Mothe, Sieur de Cadillac（町名）の称号から．

Cadman /kǽdmən/ キャドモン: 1279 姓．♦中英語 Cademan (1)（原義）「Cade の使用人」＜古英語 Cada 'CADE' + -man; (2)（原義）「酒樽職人」＜cade 'cask, barrel' + -man. 古英語で "Cadmon's Hymn" を書いた英国最初の詩人・修道士 Cædmon（原義「? 船乗り・戦士」）の名は中英語につながらない．

Caerleon /kɑːlíːən/ カーリーオン: 1086 DB ウェールズ南部の町．♦＜古ウェールズ語 Caerllion(-ar-Wysg)（原義）「(USK 河畔の) 連隊の砦」＜caerl 'fort' + ラテン語 legiōn-, legiō 'legion'. ローマ時代の遺跡が残る．ARTHUR 王の CAMELOT に代わる王都とする伝説もある．

Caernarfon /kənɑ́ːvn, 米 kɑːnɑ́ːvən/ カナーヴォン: 1191 ウェールズ北西部の Menai 海峡に臨む港町．♦＜ウェールズ語 Kairarvon（原義）「Alfon（地名）の

砦」< caerl 'fort' + yn 'in' + Alfon（原義）「ANGLESEY 対岸」．Prince of Wales の即位式が行われる EDWARD I が着手した城が有名．

Cage /keɪdʒ/ ケイジ：1211 姓．♦中英語 〜 'cage'（原義）「鳥籠の作り手・獄吏・獄舎のそばの住人」．▶JOHN Cage（1912–92；米国の実験音楽の作曲家）｜Nicolas Cage（1964– ；米国の映画俳優；*Leaving Las Vegas*（1995）で ACADEMY 主演男優賞を受賞）．

Cain /keɪn/（1）カイン：《旧約》ADAM と EVE の長男．♦古英語 〜 <ラテン語 〜 <ギリシャ語 Káin <ヘブライ語（原義）「得られたもの・子」．自分の供物が神に拒否され，受け入れられた弟 ABEL を妬み殺害した．古英語叙事詩 *Beowulf* では怪物 GRENDEL は Cain の末裔とされている．（2）ケイン：男子名．♦<（1）．兄弟殺しの Cain を男子名に用いるのは考えにくいことで，同音の Kane（中英語には Cain 形もある）や綴りの似た CIAN の影響か（Cresswell）．

Cairns /keənz, 豪州 kænz/ ケアンズ：オーストラリア QUEENSLAND 州の港町．♦アイルランド生まれの英国人州知事（1875–77）Sir WILLIAM Cairns（1828–88）にちなむ．1873 年に税関として築かれた．Great Barrier Reef や熱帯雨林観光の拠点．

Caistor, -er /kéɪstə/ ケイスター：c1025 イングランド各地の地名．♦中英語 Castre（原義）「（ローマ軍の）駐屯地・町」<古英語 cæster <ラテン語 Castra '-CASTER'．

Calamity Jane /kəlæmɪti dʒéɪn/ カラミティー ジェーン：西部開拓時代に斥候として先住民と戦った男装の女傑（c1852–1903；騎馬・拳銃の名手；本名 MARTHA JANE Cannary BURKE）．♦Calamity「疫病神」の由来は，自伝によれば，彼女が救った Egan 隊長の 'I name you Calamity Jane, the heroine of the plains.' からとしている．映画化・ミュージカル化されている．

Caldwell /kɔ́ːldwel/ コールドウェル：1195 姓（< North YORKSHIRE の地名）．♦中英語 Caldewella 'cold well'（原義）「冷泉」．▶ERSKINE C. Caldwell（1903–87；米国の作家；*Tobacco Road*（1932））．

Caledonia /kælədóʊnjə/ カレドニア：ローマ人のスコットランドの呼称（cf. ALBION, COLUMBIA）．♦<ラテン語 Caledonia <ゲール語 Dunni-Callen（原義）「カレ（ドニア）人の砦」．ゲール語の複合語では後者が前者を修飾する．⇨ -IA．米国・カナダなどの地名に用いられている．

Calgary /kǽlgəri/ カルガリー：1876 カナダ南西部 ALBERTA 州南部の都市．♦<（Fort）〜（原義）「子牛の飼育場」<古英語 calf + 古ノルド語 garðr 'yard'．スコットランド Mull 島の漁村名から．1998 年の冬季オリンピック会場だった．

California /kælɪfɔ́ːnjə/ カリフォルニア：1850 米国西海岸の州（州都 SACRA-

Cal(l)um

MENTO). ♦＜スペイン語 ～. スペインの García Ordóñez de Montalvo 作の長編詩 *Las Sergas de Esplandián* 'The Exploits of Esplandian' (1510) に出てくる，アマゾンの女王 Califia が支配する架空の夢の島 Island of Califiornia を，Cortés が Santa Cruz あたりを島と思い命名したのが起源 (en.wikipedia).

Cal(l)um /kǽləm/ キャラム: 男子名. ♦スコット語・ゲール語 ～＜後期ラテン語 COLUMBA.

Calvert /kǽlvət/ カルバート: 1269 姓 (＜職業) ＞男子名. ♦中英語 Calfhirde (calf, herd) (原義)「子牛飼い」.

Calvin /kǽlvɪn/ カルヴィン: 男子名. ♦＜フランス語 ～ (姓; 原義「禿の小男」) ＜ (Picardy 方言) calve (フランス語 chauve 'bald') ＋ -in (指小辞). Jean Calvin (1509–64; フランス生まれのスイスのプロテスタント神学者) にちなむ.

Calvin Klein /kǽlvɪn kléɪn/ カルヴァンクライン: Calvin Klein Inc. のファッション衣服の商標. ♦同社は米国のデザイナー Calvin Klein (1942–) によって 1968 年に創業された. 両親はユダヤ系ハンガリー移民.

Cambria /kǽmbrjə/ カンブリア: WALES の雅名. ♦＜中世ラテン語 Cambrīa (変形) ＜Cumbria ＜ゲール語 CYMRU.

Cambridge /kéɪmbrɪdʒ/ ケンブリッジ: c1125 イングランド CAMBRIDGESHIRE の大学町. ♦中英語 Cambrugge, Cantebrugge (r の消失, g の c への置き換えなどノルマン語の影響による変形) ＜古英語 Grantebryċġ (原義)「Granta 川に架かる橋」(変形) ＜Grantaċeaster 'fort on the Granta (原義)「泥の川」'. Cam 川の名は地名からの逆成.

Cambridgeshire /kéɪmbrɪdʒʃə/ ケンブリッジシャー: 1010 イングランド東部の州. ♦古英語 Grantebryċġsċīr. ⇨ CAMBRIDGE, -SHIRE.

Camel /kǽml/ キャメル: 1913 R. J. Reynolds Tobacco Co. のタバコの商標. ♦創業者 RICHARD JOSHUA REYNOLDS (1850–1918) が新製品の紙巻タバコを当時流行のオリエンタル趣味にあやかり，原料のトルコ葉にもふさわしい Camel「ラクダ」と命名. その特徴的な図柄は有名. WINSTON, SALEM, PALL MALL もこの会社のタバコ.

Camelot /kǽmələt/ キャメロット: ARTHUR 王伝説で宮廷があったとされる町. ♦Chrétien de Troyes 作 *Lancelot, le Cavalier de la Charrette* (1170s) が初出. 語源不詳だが，COLCHESTER のラテン語名 Camulodunum からとする説がある.

Cameron /kǽmrən/ キャメロン: (**1**) [スコットランドのハイランド] 姓 (＜あだ名) ＞19C 男子名・1980s 女子名. ♦スコット語 ～＜ゲール語 camshrón (原義)「わし鼻」. 有力氏族名. 今ではスコットランドの姓ではトップ 30 入り

している (Cresswell). 身体的特徴をとらえたあだ名に由来する姓の同類に CAMPBELL など. (**2**) [スコットランドのローランド] 1214–49 (de) 姓(< FIFE の地名). ♦(原義)「わし鼻のような地形」. (**3**) 19C 男子名・1970s 女子名. ♦< (1), (2). ▶DAVID Cameron (1966– ;英国保守党党首・首相 (2010–)) ｜ Cameron MACKINTOSH (1946– ;英国のミュージカル製作者) ｜ Cameron Diaz (1972– ;米国の映画女優).

Camilla /kəmílə/ カミラ: (**1**) 《ロ神》 Aeneas と戦った俊足の女戦士. ♦< ラテン語 ～ (女性形) < Camillus (ローマの家族名) <？ 愛称形 Cam(mie), Millie, Milly, Milla. 別形 Camille. 1969 年にハリケーン Camille /kəmíl/ (< フランス語 < ラテン語) がメキシコ湾岸を襲った翌年, 米国では使用頻度が 5 割増しになった (Cresswell). ▶Camilla, Duchess of CORNWALL (1947– ; CHARLES 皇太子の 2 番目の妻).

Campbell /kǽmbl/ キャンベル: (**1**) 1282 姓 (< あだ名). ♦中英語・スコット語 ～< ゲール語 caimbeul (原義)「口曲がり」. -p- は添加. ⇨ CAMERON (1). Campbell 一族は広大な地所を有し, 今日ではゲール語由来の姓ではスコットランドのトップである (Dorward). (**2**) 1859 カナダ BRITISH COLUMBIA 州の川. ♦測量船の船医 Dr. SAMUEL Campbell にちなむ. 鮭釣りのメッカ. (**3**) [Campbell's] 米国の缶詰会社 Campbell Soup Company の商標. ♦< JOSEPH A. Campbell (1817–1900; 同社の前身を 1869 年に創業).

Campion /kǽmpjən/ キャンピオン: 姓. ♦CHAMPION の別形. ▶JANE Campion (1954– ;ニュージーランド生まれの女性映画監督; *The Piano*『ピアノ・レッスン』(1993)).

Canada /kǽnədə/ カナダ: 1867 国名. ♦< イロコイ語 Kanata (原義)「村・定住地」.

Canada Dry /kǽnədə drái/ カナダドライ: 米国の Dr Pepper/Seven Up Inc が販売する清涼飲料の商標: カナダ TORONTO で J. J. MCLAUGHLIN が 1904 年に Canada Dry Pale Ginger を製品化したことから. 1907 年にカナダ総督の御用達になってカナダの地図の上に王冠が載ったロゴになった.

Canberra /kǽnbərə, 米 -berə/ キャンベラ: 1826 オーストラリアの首都 (1927). ♦< ヌーンワル語 Kanberra (原義)「集会所」. 1901 年に連邦国家が成立した後, 既存の大都市 MELBOURNE や SYDNEY を排して新首都として建設された.

Canmore /kǽnmɔː/ キャンモア: 1884 カナダ ALBERTA 州の町. ♦Canadian Pacific Railway 社の DONALD SMITH (1820–1914) が, スコットランド王 MALCOLM III Canmore (1057–93) にちなんで命名. Canmore は王のあだ名 (< ゲール語 Caenmohr 'big head'). MACBETH に殺された DUNCAN I の長男で復讐して王位に就いた.

Canon

Canon /kǽnən/ キャノン: 日本のカメラ・事務機製造販売会社「キヤノン」の商標. ♦最初の試作機に名付けた KWANON (観音) を, それと音が近く,「聖典・規範・標準」を意味する英語 Canon に名称変更した. 同音異義語の cannon「大砲」とは無関係.

Canterbury /kǽntəbəri/ カンタベリー: c900 イングランド KENT 州の古都. ♦中英語 Canterburie (原義)「Kent 住民の城市」< 古英語 Cantwaraburg < Cantwara 'of the people of Kent' + burg '-BURY'. 大聖堂は THOMAS à BECKET の墓に詣でるための中世の巡礼地. CHAUCER, *The Canterbury Tales* 参照. 近くの St. AUGUSTINE's Abbey の廃墟の中に初期大司教らの墓もある.

Capel /kéɪpl, ウェールズ kǽpl/ ケイペル, キャペル: 1193 (de, atte) 姓 (< 地名). ♦中英語 ～ (原義)「礼拝堂のそばの住居」< 古ノルマンフランス語 capele 'chapel'.

Capone /kəpóʊn, 伊 kəpóːnə/ カポーン, カポネ: 姓 (< あだ名). ♦< イタリア語 ～ (原義)「頭でっかち・頑固者」. ▶AL Capone (1899–1947; イタリア系米国人でギャングの首領).

Carbonell /káːbənəl/ カーボネル: 1086 DB 姓 (< あだ名). ♦中英語 Carbonel(lus) (原義)「炭のように黒い髪・顔色の人」(愛称的指小辞) < 古フランス語 carbon 'charcoal, carbon'.

Cardiff /káːdɪf/ カーディフ: 1106 地名・ウェールズの首都 (1955). ♦中英語 Kairdif < 古ウェールズ語 Caer Didd (原義)「Didd (= Taff;「黒い川」) 河畔の砦」. 米国の地名もウェールズのこの地名から.

Cardigan /káːdɪgən/ カーディガン: 1194 ウェールズ中西部の港町. ♦中英語 Kerdigan < 古ウェールズ語 Ceredigion (原義)「Ceredig (人名) の土地」. 古ウェールズ語 Ceredigion はここの州名 /kèrədígjən/ に用いられている. セーターの一種の「カーディガン」は考案者の英国の軍人 7th Earl of Cardigan (1797–1868) にちなむ.

Car(e)y /姓 kéəri, 名 kǽri; 米 kéri/ ケリー: 1205 (de); 1296 姓 (< 地名) > 19C 男子名・女子名. ♦中英語 Kary(e) (イングランド DEVON 州, SOMERSET 州の Cary (原義)「心地よい流れ」) 川に由来する地名). 男子名の人気は英国生まれの米国の映画俳優 Cary GRANT (1904–86) の影響. 女子名は Carey, Cari 形が多い.

Carl /kɑːl/ カール: 1086 DB 姓 < 男子名. ♦中英語 Carle < 古高地ドイツ語 Karl (原義)「自由民」< ゲルマン語 *kalraz 'free man' (cf. 古英語 ċeorl 'churl'「最下層の自由民・小作農」). ⇨ CHARLES.

Carl(e)ton /káːltən/ カールトン: 1031 (de) 姓 < 1086 DB イングランド各地の地名. ♦中英語 Carletun (原義)「自由民の農場」< 古ノルド語 carl (= 古英語

ċeorl)'freeman, CARL' + -TON.

Carlisle /kɑːláɪl, káːlaɪl/ カーライル: c1106 イングランド CUMBRIA 州の州都. ♦中英語 Carleol（原義）「Luguvalos（人名）の城市」< 古ケルト語 cair 'fortified town' + Lisle（ラテン語化）< *Luguvalos < Lugus（ケルトの技芸の神）(Everret-Heath). 古城 Carlisle Castle があり, ローマの遺跡 HADRIAN'S WALL への拠点.

Carlos /káːləs/ カーロス: 男子名. ♦< スペイン語・ポルトガル語 ～ < ラテン語 Carolus < ゲルマン語 *kalraz 'CARL'. ▶Carlos SANTANA ｜ Carlos Kleiber (1930–2004; ドイツの指揮者; 家族が Buenos Aires に移住したとき Karl を Carlos に変えた).

Carlyle /kɑːláɪl/ カーライル: 1158–64 (de) 姓 (< スコットランドの地名). ♦中英語 ～ < Carleol 'CARLISLE'. ▶THOMAS Carlyle (1795–1881; スコットランド生まれの英国の思想家). カナダ・米国の地名は彼にちなむ.

Carmen /káːmen/ カーメン, カルメン: 女子名・(最近) 男子名. ♦< スペイン語 ～ (ラテン語 Carmen「歌」の影響による変形) < Carmel < ヘブライ語 (カルメル会修道院が創立されたパレスチナの地; 原義「果樹園」). 流行は Bizet のオペラ *Carmen* (1875) の影響が大きい. ▶Carmen MCRAE.

Carnegie /káːnəgi, kɑːnéɪgi, kɑːnégi/ カーネギー: 姓 (< 地名). ♦スコット語 ～ < ゲール語 Cathair an eige (地名; 原義「山間の砦」). ▶ANDREW Carnegie /kɑːnéɪgi/ (1835–1919; スコットランド生まれの米国の鉄鋼王).

Carol /kǽrəl/ キャロル: (**1**) 男子名. ♦1) < ラテン語 Carolus 'CARLOS'. 2) < carol「クリスマス・キャロル」. Christmas のころに生まれた男の子につける. (**2**) 女子名. ♦1) ラテン語 Carola (女性形) < Carolus < (1). 2) < carol. Christmas のころに生まれた女の子につける. 3) (略形) < CAROLINE. Carol の使用は 20 世紀半ばがピーク (Cresswell).

Carolina /kærəláɪnə/ キャロライナ: ⇨ NORTH CAROLINA, SOUTH CAROLINA.

Caroline /kǽrəlaɪn/ キャロライン. ♦< イタリア語 Carolina ∥ ラテン語 Carolīna (指小・女性形) < Carolus 'CARLOS'. ⇨ CHARLES, -INE. 英国では GEORGE II の王妃 Caroline of Ansbach (1683–1737; 在位 1727–37) にあやかって広まったのをきっかけに 20 世紀半ばにピークに達した. 米国では今でも人気がある. 愛称形 Caddy, Callie, Cari, CAROL, Carry, CARRIE. 別形 Carolyn. ▶Caroline, Princess of Monaco (1957–).

Carpenter /káːpəntə/ カーペンター: 1121–48 姓 (< 職業). ♦中英語 ～ (原義)「大工」< アングロフランス語 ～. ▶RICHARD Carpenter (1946– ; 米国のポピュラーデュオ the Carpenters 兄妹の兄) ｜ KAREN Carpenter (1950–83; Richard の妹).

Carrick

Carrick /kǽrɪk/ キャリック：コーンウォール・アイルランド・スコットランドにある地名. ♦コーンウォール語 Carrec < ゲール語 Carraig（原義）「岩（村）」.

Carrie /kǽri, 米 kéri/ キャリー：女子名. ♦CAROLINE の愛称形. ▶T. DREISER の小説 *Sister Carrie* (1900) のヒロイン.

Carrol(l) /kǽrəl/ キャロル：1332 姓（< 職業）. ♦中英語 Carell（原義）「枕（の作り手・売り手）」< 古フランス語 carrel 'pillow'. ▶LEWIS Carroll (1832–98; 英国の作家・数学講師; *Alice's Adventures in Wonderland*『不思議の国のアリス』(1865); 本名 CHARLES DODGSON).

Carson /káːsn/ カーソン：1276 姓 > 男子名. ♦スコット語 ～ <（? 地名）*l*（変形）< CURZON. ▶RACHEL Carson (1907–64; 米国の海洋生物学者; *Silent Spring*『沈黙の春』(1962) で殺虫剤の環境への薬害を警告した).

Carson City /kàːsn síti/ カーソンシティ：米国 NEVADA 州の州都. ♦著名な植民者 CHRISTOPHER CARSON (1809–68) にちなむ.

Carter /káːtə/ カーター：1177 姓（< 職業）. ♦(1) 中英語 ～（原義）「荷馬車屋」< carte 'cart' + -ER. (2) 中英語 caretier < ノルマンフランス語 caretier 'carter'（フランス語・姓 Cartier）. (3) 中英語 Chareter 'carter' < 古フランス語 charetier 'charioteer'. 語源が多く複雑である (Reaney & Wilson). ▶JIMMY Carter, Jr. (1924– ; 第 39 代米国大統領 (1977–81); NOBEL 平和賞を受賞 (2002)).

Cartwright /káːtraɪt/ カートライト：1275 (le, the) 姓（< 職業）. ♦中英語 Cartewryght (cart, wright)（原義）「車大工」. ▶EDMUND Cartwright (1743–1823; 英国の聖職者・発明家; 動力織機を発明 (1785)).

Casey /kéɪsi/ ケイシー：(1) 男子名・姓. ♦アイル語 ～ < ゲール語 Ó Cathasaigh 'descendant of Cathasach (人名・あだ名; 原義「抜け目のない人」)'. ▶BEN Casey (1961–66 年に米国 ABC で放送された同名の TV ドラマシリーズの主人公の神経外科医). (2) 女子名. ♦CASSANDRA の愛称形.

Cash /kæʃ/ キャッシュ：1277 姓. ♦中英語 Cashe（原義）「箱つくり職人」< 古フランス語 casse 'box, case'. 現金の cash も「金箱」から. ▶Johnny Cash (1932–2003; 米国のシンガーソングライター).

Cassandra /kəsǽndrə/ カッサンドラ：(1)《ギリシャ伝説》 TROY の女預言者. ♦< ラテン語 ～ < ギリシャ語 Kassándrā <? (2) 女子名. ♦中英語 ～ < (1). 中英語期に人気のあった女子名だが, 最近の人気はユニークな名をギリシャ伝説に求めた結果か (Hanks & Hodges). 愛称形は Cass(ie), CASEY, SANDRA, SANDY. ▶Cassandra WILSON (1955– ; 米国のジャズシンガー).

Cassius /kǽsjəs/ キャシアス：男子名. ♦< ラテン語 ～（ローマの家族名）. Caesar の暗殺者の一人だが米国南北戦争では英雄とされ略形の Cass まで生じた.

また南部では奴隷に古典からとった人物名をつけることが流行し, アフリカ系アメリカ人によく用いられる名になった (Cresswell). ▶Cassius CLAY (1942– ; Muhammad Ali に改名した米国のヘビー級ボクサーの実名).

-caster /-kəstə, -kæstə/「(ローマ人の)砦の町」を意味する地名第2要素. ♦<古英語 cæster. ⇨ CHESTER, -CHESTER, -CESTER.

Castillo /kəstíːjoʊ/ カスティーヨ: 姓. ♦<スペイン語 ～ 'castle' (スペイン各地の地名; 原義「城・砦」).

Cather /kǽðə/ キャザー: 姓. ♦<Catter, ～ (スコットランドの地名; 原義「?丘」)<ケルト語 cadei 'chair, i.e. hill'. ▶WILLA Cather (1873–1947; 米国の女流作家; 大平原の開拓者の生活を描いた).

Catherine, Catharine, Katherine, Katharine /kǽθrɪn/ キャサリン: 1100 女子名. ♦中英語 Catlin, Katerine<古フランス語 Caterine (フランス語 Catherine)<後期ラテン語 Catherina<ラテン語 Katerina, Katharina 'KATHERINE'. 英語の4語形のうち Catherine が最も多く, 次いで Katherine に人気があり, Catharine, Katharine はそれほどでない.

Cavendish /kǽvndɪʃ/ キャヴェンディッシュ: 1201 (de) 姓 (<イングランド SUFFOLK 州の地名). ♦中英語 ～ (原義)「Cāfna (人名) の囲い地」<古英語 Cāfna (原義)「大胆な」+ edisċ 'enclosure'. ▶HENRY Cavendish (1731–1810; 英国の名門 Cavendish 一族の一人; 水素を発見した物理学者・化学者; 死後, 彼の業績をたたえて CAMBRIDGE 大学に Cavendish Laboratory が設置された (1874)).

Cawdrey /kɔ́ːdri/ コードリー: 1278 (de); 1379 姓 (<場所). ♦中英語 Caudrey (原義)「榛(はしばみ)林(のそばの住人)」<(古)フランス語 coudraie.

Cawley /kɔ́ːli/ コーリー: 1330 姓. ♦中英語 Cauly (略形)<MacCowley 'MACAULAY'.

Caxton /kǽkstən/ キャクストン: 1202 (de) 姓 (<イングランド CAMBRIDGESHIRE の地名). ♦中英語 ～ (原義)「Kakkr (人名) の村」⇨ -s (所有格), -TON. ▶WILLIAM Caxton (c1422–92; 英国に印刷術を導入し翻訳書を多数出版した).

CBS /sìːbiːés/ シービーエス: 1928 米国のラジオ・テレビネットワーク会社の商標. ♦(頭文字語)<C(olumbia) B(roadcasting) S(ystem) (旧名; 現在, CBS Broadcasting Inc.). WILLIAM PALEY (1901–90; 父親がロシア系ユダヤ人) によって設立された.

Cecil /sésɪl/ セシル: (**1**) 男子名. ♦中英語 ～ <ラテン語 Caecilius (ローマの氏族名)<caecus 'blind' (あだ名に用いられた). (**2**) 16 世紀に勃興した英国の名門貴族名. ♦<ウェールズ語 Seissylt<ラテン語 Sextilius<Sextus 'sixth'.

Cecilia

▶WILLIAM Cecil, 1st Baron of Burghley /bə́:li/ (1520–98; イングランドの政治家; 大蔵卿として ELIZABETH I に仕えた; 彼の建てた本邸 Burghley House は LINCOLNSHIRE に現存).

Cecilia /sɪsí:ljə/ セシーリア: 女子名. ◆< ラテン語 Caecilia 'CECILY'.

Cecily /sísəli, sés-/ セシリー: 女子名. ◆中英語 ～, Cecile < ノルマンフランス語 ～, Cecile ∥ 中英語 Cecilia < ラテン語 Caecilia (女性形) < Caecilius 'CECIL'. 3 世紀の処女殉教者で音楽の守護聖者 St. Cecily への崇敬はノルマン人によってもたらされた.

cellophane /séləfeɪn/ セロファン: 1912 透明な包装紙の元英国の商標. ◆< cell(ulose)「繊維素」+ -o- (連結辞) + (dia)phane < ギリシャ語 diaphanés「透明な」.

Celt /kelt, selt/ ケルト: 1706 ケルト人. ◆< フランス語 Celte < ラテン語 Celta, Celtae (複数) < ギリシャ語 Keltoí <? cf. ラテン語 celsus 'high'.

Cessna /sésnə/ セスナ: (**1**) 姓. ◆< フランス語 ～ <? ドイツ語 Kästner「穀倉管理人・財務官」. (**2**) 米国 Cessna Aircraft Company 製造の小型機の商標. ◆ 1927 年に CLYDE Cessna (1879–1954) がこの会社を創業した. セスナ機は小型機の代名詞となっている.

-cester /-(sé)stə/「城市」を意味する地名第 2 要素. ◆ -CHESTER, -CASTER の別形. 語頭の /s/ はアングロフランス語の発音の影響. ▶LEICESTER.

Chadwick /tʃǽdwɪk/ チャドウィック: 1221 (de) 姓 (< 地名). ◆中英語 Chaddewik (原義)「Ceada (? St. Chad) の村」. ⇨ -WICK.

Chalmers /tʃɑ́:(l)məz, tʃǽlməz/ チャー (ル) マズ: 1375 姓. ◆CHAMBERS のスコット語形.

Chamberlain /tʃéɪmbəlɪn, -leɪn/ チェンバレン: 1194 姓. ◆中英語 Chaumberleng 'chamberlain' < 古フランス語 Chaumberleng, ～「王室・貴族の部屋係・侍従」(cf. フランス語 chambellan, ドイツ語 Kämmerling). ⇨ -LING. ▶NEVILLE Chamberlain (1869–1940; 英国の首相 (1937–40)).

Chambers /tʃéɪmbəz/ チェンバーズ: 1219 姓 (< 職業). ◆中英語 Chambre(s)「部屋付き係・侍従 (長)」< chaumbre 'chamber'. ⇨ -s (父系). ▶WILLIAM and ROBERT Chambers (1819 年 EDINBURGH で出版社 W. & R. Chambers Publishers を創業した兄弟; 同社は現在 Chambers Harrap Publishers Ltd).

Champion /tʃǽmpjən/ チャンピオン, **Campion** /kǽmpjən/ カンピオン: 1148 姓 (< 職業). ◆中英語 Champiun, Campion < (古) フランス語 Champion ∥ 古ノルマンフランス語 Campion (原義)「arena (闘技場) に出る闘士; 土地所有権の決着をつけるための代理戦士」.

Chandler /tʃǽndlə, tʃɑ́:nd-/ チャンドラー: 1274 (le) 姓 (< 職業). ◆C(h)andeler (原義)「蝋燭屋」< 中英語 c(h)andelier (candle, -ER). ▶RAYMOND Chandler (1888–1959; 米国の犯罪小説家; 私立探偵 PHILIP MARLOWE を主人公にした *The Big Sleep*『大いなる眠り』(1939) など).

Chaplin /tʃǽplɪn/ チャップリン: 1203 姓 (< 職業). ◆中英語 Chapelyn (変形) < Chapelein < 古フランス語 chapelain 'chaplain'「(礼拝堂付き) 司祭」. ▶CHARLIE (< CHARLES) Chaplin (1889–1977; 英国の映画俳優・監督; *Modern Times* (1936)).

Chapman /tʃǽpmən/ チャップマン: 1206 姓 (< 職業). ◆中英語 〜 'chapman' (原義)「商人」. ▶GEORGE Chapman (c1559–1634; 英国の詩人・学者; Homer の *Iliad* (1611), *Odyssey* (1614–15) を翻訳した).

Charing Cross /tʃǽrɪŋ krɔ́s/ チャリングクロス: 1360 LONDON 中心部の広場. ◆中英語 (La) Charryngcros < Charing (< 古英語 *ċerring 'a bend') + cross. Charing は THAMES 川あるいは City から西に向かう旧街道がこのあたりで曲がっていることから. Cross は EDWARD I が亡き王妃のために 1290 年にここに建てた 'ELEANOR Cross' から (Mills).

Charles /tʃɑ́ːlz/ チャールズ: 1208 男子名 > 1250 姓. ◆中英語 Carolus, 〜 < (古) フランス語 Charles ∥ ラテン語 Carolus < 高地ドイツ語 Karl (原義)「自由民」. ⇨ CARL. 古英語 ċeorl 'a freeman of the lowest rank' (> 中英語 churl 'tenant, peasant') に由来する Charl も後に合体. Charlemagne の名声とともにドイツ・フランスに広まったが, 英国では中英語期の使用は多くなく, MARY, Queen of Scots が王子 (JAMES VI, イングランド王 JAMES I) を Charles と名づけてから広まった (Cresswell). 19 世紀になって愛称形の CHARLIE とともにポピュラーになった. 愛称形 Charley, Charlie, CHUCK, Chaz. ▶イングランド王 Charles I (1625–49; ピューリタン革命で処刑) と Charles II (1660–85; 王政復古).

Charleston /tʃɑ́ːlstən/ チャールストン: (1) 1670 米国 SOUTH CAROLINA 州の都市. ◆< CHARLES (イングランド王 CHARLES II) + -TON. 南北戦争勃発 (1861) の地. 1920 年代に流行したダンスもこの町にちなむ. (2) 1794 米国 WEST VIRGINIA 州の州都. ◆建設者 GEORGE Clendenin が父親の名 CHARLES を採って命名.

Charlie /tʃɑ́ːli/ チャーリー: (1) 男子名. ◆CHARLES の愛称形. (2) 女子名. ◆CHARLOTTE の愛称形. ▶Charlie CHAPLIN.

Charlotte /ʃɑ́ːlət/ シャーロット: (1) 女子名. ◆(指小形・女性形) < CHARLES. 愛称形 Lola, Loretta, Lotta, Lotte, Lolita, Lottie, Lotty, CHARLIE. (2) 米国各地の地名. ◆1761 年に GEORGE III の王妃になった Charlotte SOPHIA にちなむ.

Charlottetown /ʃɑ́ːləttaʊn/ シャーロットタウン: 1763 カナダ PRINCE EDWARD

Chaucer

ISLAND 州の州都. ◆GEORGE III の妃 CHARLOTTE にちなむ.

Chaucer /tʃɔ́:sə/ チョーサー: 1220 (le) 姓(<職業). ◆中英語 Chauser, ～(原義)「脚絆・ズボン・靴作り職人」< 古フランス語 chaucier 'maker of breeches, hoses, boots'. ▶GEOFFREY Chaucer (c1343–1400; 英国中世の物語詩人; *The Canterbury Tales*『カンタベリー物語』(1387?–1400), *Troilus and Criseyde*『トロイルスとクリセイデ』(1381–86)).

Cheapside /tʃí:psaɪd/ チープサイド: 1436 LONDON の街路. ◆中英語 Chapeside (原義)「市場沿いの場所」< 古英語 ċēap 'market' + sīde 'side'.

Cheddar /tʃédə/ チェダー: OE イングランド SOMERSET 州の地名. ◆古英語 Ċēodre (原義「峡谷」)(単数与格) < *ċēodor 'ravine'. 峡谷は Cheddar Gorge を指す. Cheddar cheese の産地.

Chelsea /tʃélsi/ チェルシー: LONDON の一地区. ◆古英語 Ċealc-hȳð (原義)「石灰の荷揚場」< ċealc 'chalk' + hȳð 'landing-place'. 1556 Chelsey あたりから今の語形に近づいた. 1913 年以来 5 月下旬に Chelsea Royal Hospital の庭園で開かれる Flower Show は有名.

Cheltenham /tʃéltnəm/ チェルトナム: 803 イングランド GLOUCESTERSHIRE の保養地. ◆古英語 Ċeltanhomme < Ċelte (ケルト語で「坂・山腹」) + hamm「囲い地」-HAM².

Cheney /tʃéɪni, tʃí:ni/ チェイニー: 姓. ◆CHEYNEY の別形. ▶DICK Cheney /tʃéɪni/ (1941– ; GEORGE W. BUSH 大統領の下で副大統領(2001–2009)).

Cherie /ʃərí:/ シェリー: 1920s 女子名. ◆< フランス語 chéri(e)「愛しい」. 米国では 1920 年代以降, ブリテン島では 2, 30 年遅れて出現. 愛称形 Chere, Cheri, Cheree, SHERRY.

Cherokee /tʃérəki:/ チェロキー: 北米先住民の一部族. ◆<? イロコイ語 Tsaragi (原義「上に立つ者」; 自称). 五大湖から南東部に移り住んだイロコイ語族.

Cheshire /tʃéʃə/ チェシャー: 980 イングランド西部の州. ◆古英語 Ċeastersċīr 'shire of CHESTER'. Cheshire cheese, *Alice's Adventures in Wonderland* (1865) に登場する Chesire Cat で有名.

Chesney /tʃézni, tʃésni/ チェズニー: 1140 (de) 姓(<場所) > 男子名. ◆中英語 Cheisnei < 古フランス語 Chesnay 'CHEYNE(Y)'. 愛称形 Ches, CHET.

Chester /tʃéstə/ チェスター: (**1**) 735 イングランド CHESHIRE 州の州都 > 男子名. ◆古英語 (Lega)ċeaster 'Roman fortified city (of the legions)' < ラテン語 castrum 'fortress'. DEE 河畔の古都. 階上アーケイドもある timbered house が立ち並ぶ中世の町並みは美しい. ⇨ -CHESTER. (**2**) 男子名. ◆< (1). 19 世紀と 20 世紀初頭に米国で用いられたが, それほど多くない.

-chester /-tʃəstə/「(ローマ人の)砦の町・城市」を意味する地名第 2 要素. ◆< 古

英語 ćeaster 'CHESTER'. 別形 -CASTER (< 古英語 cæster) はイングランド北部・北西部 (デインロー) に多い. ⇨ -CESTER.

Chesterfield /tʃéstəfiːld/ チェスターフィールド: 1172 (de) 姓 (< イングランド中北部 DERBYSHIRE の町). ♦中英語 Chesterfeld (原義)「城市のそばの原」. ▶ PHILIP Stanhope, 4th Earl of Chesterfield (1694–1773; 英国の貴族・政治家; 上流階級の気品を感じさせることからタバコ・コート・ソファーなどの名前に使われた).

Chester le Street /tʃéstə lɪ striːt/ チェスターストリート: イングランド DURHAM 州の町. ♦(原義)「ローマ道路沿いの城市」(CHESTER, street). le はフランス語の男性定冠詞; 前に前置詞 en が略されて残った. ローマ時代からの砦の町. St. CUTHBERT の遺体が 995 年に DURHAM に安置される前, 883 年にここに運ばれた.

Chesterton /tʃéstətən/ チェスタートン: 1086 (de); 1416–7 姓 (< イングランド各地の地名). ♦中英語 Cestretona (原義)「城市のそばの村」. ⇨ CHESTER, -TON. ▶GILBERT Chesterton (1874–1936; 英国の批評家・作家; ブラウン神父が登場する探偵ものを書いた).

Chet /tʃet/ チェット: 男子名. ♦(1) CHESNEY の愛称形. ▶Chet BAKER (1929–88; 米国のジャズトランペット奏者・歌手). (2) CHESTER の愛称形. ▶Chet ATKINS (1924–2001; 米国のカントリーミュージックのギタリスト).

Chevrolet /ʃévrəleɪ, 米 ʃèvrəléɪ/ シボレー: 1911 米国の Chevrolet Motor Co. の自動車の商標. ♦スイス生まれの米国人創業者 Louis Chevrolet (1878–1941) にちなむ. 現在は GM の一部門が製造.

Cheyenne /ʃaɪǽn, -én/ シャイアン: 1869 米国 WYOMING 州の州都. ♦大草原で最大のインディアン部族の「シャイアン」から. Cheyenne は Sioux 族が彼らにつけた名で「よそ者たち」の意とする説と shaia「よその言葉を話す人たち」からとする説がある (Everret-Heath).

Cheyne(y) /tʃéɪni, tʃíːni/ チェイニー: 1086 DB (de, del) 姓 (<場所). ♦中英語 Cheisnei (原義)「樫森」< 古フランス語 chesnai 'oak-grove'. 別形 CHENEY.

Chicago /ʃɪkáːgoʊ/ シカゴ: 1830 米国 ILLINOIS 州の都市. ♦< アルゴンキン語 ~ (原義)「玉葱・蒜が自生する土地」.

Chiltern Hills /tʃíltən hílz/ チルタン ヒルズ: 1009 イングランド南東部に広がる白亜の丘陵地帯. ♦古英語 Ċiltern (原義)「丘」< 古ブリトン語 *celt 'high, CELT' + -erno (接尾辞).

Chippendale /tʃípəndeɪl/ チッペンデイル: 1246 姓 (< イングランド LANCASHIRE の地名). ♦中英語 ~ (原義)「Chippa (人名) の谷」. -n は所有格. ▶ THOMAS Chippendale (1717–79; 英国の家具設計・製作者; ロココ様式の曲線

Chippenham

の多い装飾的な椅子のデザインで有名).

Chippenham /tʃípənəm/ チペナム: c900 イングランド WILTSHIRE の町・1086 DB イングランド CAMBRIDGESHIRE の村. ◆中英語 Chipeham < 古英語 Ċippanham (原義)「Ċippa (人名) の川沿いの牧場」. ⇨ -HAM².

Chisholm /tʃízəm/ チザム: 1254 (de) 姓 (<スコットランドの地名). ◆中英語 Cheseholm (原義)「チーズ納屋」< 古英語 ċēse 'cheese' + 古ノルド語 helm 'barn'.

Chiswick /tʃízık/ チズィック: LONDON の地名. ◆古英語 Ċēsewican (cheese, -WICK) (原義)「チーズ農場」.

Chloe /klóʊɪ/ クロエ: (1) «新約»『コリント前書』1: 11 に出てくるマイナーな人物. ◆<ギリシャ語 Khlóē (原義)「若芽・若枝」. ギ神話の豊穣の女神 Demeter の異名の一つ. (2) クロイ: 女子名. ◆<(1). 17 世紀にピューリタンに用いられ, 今ではトップテンに入る人気.

Chomsky /tʃɔ́mski, 米 tʃɑ́:mski/ チョムスキー: (ユダヤ人の) 姓. ◆<ポーランド語 ~ < Chomsk (地名) + -sky (地名について出身を示す; フランス語の de, ドイツ語の von に当たる). ▶NOAM Chomsky (1928– ; 米国の変形生成文法学者・政治活動家; 両親ともユダヤ人).

Chris /krɪs/ クリス: (1) 男子名. ◆(略形・愛称形) < CHRISTOPHER, CHRISTIAN. (2) 女子名. ◆(略形・愛称形) < CHRISTINA, CHRISTINE.

Christ /kraɪst/ キリスト, クライスト. ◆古英語 Crīst < ラテン語 Chrīstus < ギリシャ語 Khrīstós (ヘブライ語 MESSIAH のなぞり; 原義「油を塗られた (人)」).

Christchurch /kráɪs(t)tʃə:tʃ/ クライストチャーチ: ニュージーランド南島最大の都市. ◆< Christ Church College, Oxford. この都市の建設者の一人 J. R. Godley (1814–61) の出身校にちなむ.

Christensen /krístənsn/ クリステンセン: 姓. ◆<デンマーク語 ~ (原義)「Christen 'CHRISTIAN' の息子」. -sen = -SON. ▶CLAYTON M. Christensen (1952– ; 米国の経営学者, HARVARD Business School 教授; *The Innovator's Dilemma* (1997)).

Christian /krístʃən/ クリスチャン: 1221 男子名・女子名. ◆中英語 < ラテン語 Chrīstiānus (原義)「CHRIST に付き従う (人)・キリスト教徒」.

Christiana /krìstiá:nə/ クリスティアーナ: 1154 女子名. ◆中英語 ~ < ラテン語 Chrīstiāna (女性形) < Chrīstiānus 'CHRISTIAN'. ⇨ -A.

Christie /krísti/ クリスティー: 1412 姓・女子名. ◆中英語 Crysty. CHRISTIAN, CHRISTINE のスコットランド・イングランド北部地方に多い愛称形. ▶JULIE Christie (1941– ; インド生まれの英国の映画女優) | JAMES Christie (1766

58

年 LONDON にオークションの Christie's を創業した）.

Christina /krɪstíːnə/ クリスティーナ: 1219 女子名. ♦中英語 Cristina（英語化）＜ラテン語 Chrīstiāna 'CHRISTIANA'. ⇨ -A. 愛称形 CHRIS, TINA. ▶Christina Ricci（1980–　；米国の映画女優）.

Christine /krɪstíːn/ クリスティーン: 1296 姓・女子名. ♦中英語 Cristyn ＜フランス語 ～ ＜ラテン語 Chrīstiāna 'CHRISTIANA'. ⇨ -INE. 愛称形 CHRIS.

Christopher /krístəfə/ クリストファー: 1209 男子名 > 1379 姓. ♦中英語 Cristofore ＜後期ラテン語 Chrīstophorus ＜ギリシャ語 Krīstophóros（原義）「心にキリストを懐く（人）」. 愛称形 CHRIS, Chrystal, Kester, KIT, Chip, Kip, Topher.

Chrysler /kráɪzlə, 米 kráɪslə/ クライスラー: (**1**) 姓. ♦（米語化）＜ドイツ語 Kreisler（原義）「小さくて活発な人」＜ Kreisel「独楽」+ -ER. (**2**) 1925 Chrysler Corporation の自動車の商標. ♦米国人創業者 WALTER P. Chrysler（1875–1940）にちなむ.

C(h)rystal /krístəl/ クリスタル: 1549 男子名・1470 姓. ♦中英語 Cristall（主にスコット語; 指小形）＜ CHRISTOPHER. ▶DAVID Crystal（1941–　；英国の言語学者）.

Chuck /tʃʌk/ チャック: 男子名. ♦CHARLES の愛称形. ▶Chuck BERRY.

Churchill /tʃɔ́ːtʃɪl/ チャーチル: (**1**) 1221 (de) 姓（＜英国各地の地名・場所）. ♦中英語 Chirchehul (church, hill)（原義）「教会の丘」. ▶WINSTON Churchill（1874–1965; 英国の首相（1940–45; 1951–55））. (**2**) 英米カナダ等の各地の地名. ♦主としてその church hill の地形的特徴からの命名.

Cian /kíːən/ キーアン: 男子名. ♦アイル語 ～（原義）「昔からある・長持ちする」.

Ciba-Geigy /sìːbə-gáɪgi/ チバガイギー: 1970 製薬会社の商標. ♦＜ドイツ語 Ciba（頭字語）＜ C(hemische) I(ndustrie) B(asel) A(ktiengesellschaft) 'Chemical Industry of Basel Company'（スイス Basel で 1859 年に創業した会社）+ Geigy（J. R. Geigy が 1758 年に創業した会社）. 二つの製薬会社が合併してできた.

Cincinnati /sìnsənǽti/ シンシナティ: 1791 米国 OHIO 州の都市. ♦紀元前 5 世紀のローマの政治家で英雄 Lucius Cincinnātus の名をとった「Cincinnati 軍人会」にちなんだ命名. P&G の本社がある.

Cindy, Cyndy, Cyndi /síndi/ シンディー: 女子名. ♦CYNTHIA, LUCINDA の愛称形. ⇨ -Y. ▶米国のポップシンガー Cyndi（＜ Cynthia）LAUPER.

CinZano /tʃɪnzáːnoʊ/ チンザーノ: 1757 イタリア産ベルモット酒の商標. ♦イタリアの醸造家で創業者の Cinzano 兄弟にちなむ.

Cirencester

Cirencester /sáɪrənsèstə, -sɪstə/ サイレンセスター: c900 イングランド GLOUCESTERSHIRE の町. ♦古英語 Cirenċester <? ciren(< Corinion（ローマ時代の町))+ ċeaster '-CHESTER'. ⇨ -CESTER, -CASTER. ローマ時代の円形劇場の遺跡がある. COTSWOLDS めぐりの拠点の一つ.

Citroën /sítroʊən, 米 sìtroʊén/ シトロエン: 1919 フランスの大衆車の商標. ♦創業者 André-Gustave Citroën (1878–1935)にちなむ.

Clair(e) /kleə/ クレア: 女子名. ♦<フランス語 Claire <後期ラテン語 Clāra 'CLARA'. ▶Claire BLOOM (1931– ; 英国の映画女優; *Limelight* (1952)).

Clapton /klǽptən/ クラプトン: 1154 (de) 姓(<イングランド各地の地名). ♦中英語 Clapeton (原義)「丘村・岩村」<古英語 clop 'hill, rock' + tūn '-TON'. ▶ERIC Clapton (1945– ; 英国のロックシンガー・ギタリスト).

Clara /klé(ə)rə, klá:rə/ クララ: 1210 女子名. ♦中英語 ~ <後期ラテン語 Clāra（女性形)<ラテン語 clārus 'famous, bright, clear'. CLARE[1] のラテン語化とも考えられる. ▶Clara BOW (1905–65; 米国の映画女優; 映画 *It* (1927)でアイドルになった).

Clare[1] /kleə/ クレア: 1317 女子名. ♦中英語 ~（英語化)<後期ラテン語 Clāra 'CLARA'.

Clare[2] /kleə/ クレア: アイルランド西部の県(県都 ENNIS). ♦<アイル語 Clár（原義)「平原」.

Clark(e), Clerk(e) /klɑ:k/ クラーク: 1086 姓(<職業). ♦古・中英語 Clericus, Clerc, Clerk <ラテン語 clericus ∥ 古フランス語 clerc「牧師」(→「学者」(*The Canterbury Tales* の Oxford の「学僧」参照)→「書記」→「事務員」と意味が発達). 現代では Clerk(e) 形がまれなのは「事務員, 店員」の意味を持つからか. ▶WILLIAM SMITH Clark (1826–86; "Boys, be ambitious...." で有名な札幌農学校で教えた米国の教育者).

Claud(e) /klɔ:d/ クロード: 1543 男子名. ♦<フランス語 ~ <ラテン語 Claudius（ローマの大氏族名)<claudus「足が不自由な(lame)」.

Claudia /klɔ́:djə/ クローディア: 女子名. ♦（女性形)<CLAUD. ⇨ -IA.

Clay /kleɪ/ クレイ:（1）男子名. ♦CLAYTON の略形・愛称形.（2）1172 (de) 姓(<イングランド各地の地名). ♦中英語 Clai 'clay'（地名; 原義「粘土質の土地」).

Clayton /kléɪtn/ クレイトン: a1191 (de) 姓(<イングランド各地の地名) > 男子名. ♦中英語 ~ (clay, -TON)（地名; 原義「粘土で建てた定住地(の住民)」). ▶Clayton M. CHRISTENSEN.

Clegg /kleg/ クレッグ: 1246 (del, de) 姓. ♦中英語 Cleg(g)（地名; 原義「干し草の山・丘」)<古ノルド語 cleggi. ▶NICK Clegg (1967– ; 英国自由民主党

党首・副首相(2010–)).

Clement(s) /klémənt(s)/ クレメント, クレメンツ: 1153–68 男子名・姓. ♦中英語 Clement, Clemens < ラテン語 Clēment-, Clēmēns (原義)「温和な・慈悲深い」. 何人かの教皇がいたが, 主に 1 世紀の最初の使徒教父・殉教者 St. Clement への崇敬から. ⇨ -s (父系). 別形 Clemence.

Clemo(es) /klémoʊ(z)/ クレモー (ズ): 男子名・姓. ♦<コーンウォール語 Clemo 'CLEMENT'. ⇨ -s (父系; o の後で -es).

Cleveland /klíːvlənd/ クリーヴランド: (1) c1110 イングランド YORKSHIRE の地名. ♦中英語 Cleueland (原義)「丘陵地」< 古英語 clif 'cliff' + land. (2) 1160–80 男子名・姓. ♦<(1). ▶Grover Cleveland (1837–1908; 米国第 22, 24 代大統領 (1885–89, 93–97)). (3) 1796 米国 OHIO 州北東部の大工業都市. ♦都市計画のリーダー General MOSES Cleaveland (1754–18061; 測量師) にちなむ.

Cliff /klɪf/ クリフ: (1) 1084 (de(l), at(t)e) 姓 (< イングランド各地の地名・場所). ♦中英語 Cliua, ~ (原義)「斜面 (の住人)」< 古英語 clif 'slope, steep bank, cliff'. (2) 男子名. ♦CLIFFORD, CLIF(F)TON の愛称形. Cliff RICHARD (1940– ; 英国のロック歌手).

Clifford /klífəd/ クリフォード: 1182 (de); 1387–88 姓 (< イングランド各地の地名) > 17C 男子名. ♦中英語 ~ (cliff, -FORD) (原義)「急坂の堤のそばの渡し場 (の住民)」. CUMBERLAND の伯爵家の名. 19 世紀に貴族名を男子名に用いる流行の一例.

Clif(f)ton /klíftən/ クリフトン: c1145–65 (de); 1375 姓 (< イングランド各地の地名) > 男子名. ♦中英語 ~ (cliff, -TON) (原義)「崖・堤のそばの村」.

Clift /klɪft/ クリフト: 姓. ♦中英語 ~ (1) (原義)「岩の裂け目のそばの住民」. (2) (別形) < CLIFF.

Clint /klɪnt/ クリント: 男子名. ♦(略形) < CLINTON. 米国の名門 Clinton 家にあやかった男子名. ▶Clint EASTWOOD.

Clinton /klíntən/ クリントン: c1125 (de); 1428 姓 (1060 イングランド NORTHAMPTONSHIRE の地名) > 男子名. ♦中英語 ~ (変形) < Glinton (原義)「柵で囲まれた村」< 古英語 glind 'fence' + -tūn '-TON'. ▶WILLIAM (= BILL) Clinton (1946– ; 米国第 42 代大統領 (1993–2001)) | HILLARY Clinton (1947– ; 米国第 67 代国務長官 (2009–); Bill Clinton の妻).

Clive /klaɪv/ クライヴ: 1084 (de, atte) 姓 (< SHROPSHIRE の地名・場所) > 男子名. ♦中英語 Cliua, Cliue, Clif (原義)「坂・堤 (のそばの住居)」< 古英語 clif, clife (与格) 'slope, cliff'. 東インド会社の覇権を確立して 'Clive of India' として知られる英国軍人 ROBERT Clive (1725–74) にちなんで男子名が用いられ

Clonmacnoise

るようになった. ▶Clive OWEN (1964– ; 英国の映画俳優).

Clonmacnoise /klɔ̀nməknɔ́ɪz, -nɔː.ʃə/ クロンマクノイズ: アイルランド中部 ATHLONE 近郊の Shannon 河畔の村. ♦＜アイル語 Cluain Mic Nois (原義)「Noas (人名) の子孫の原・牧場」. ハイクロスとラウンドタワーを備えた初期キリスト教修道院跡がある.

Clo(o)ney /krúːni/ クルーニー: 姓. ♦アイル語 ～＜ゲール語 Ó Cluanaigh 'descendant of Cluanach (原義)「だまし屋・お世辞屋」'. ▶GEORGE Clooney (1961– ; 米国の映画俳優; 祖先はアイルランド移民; 歌手の ROSEMARY Clooney (1928–2002) は叔母.

Close /kloʊs/ クロス: (1) 1296 (de) 姓 (＜場所). ♦中英語 Clos(e) (原義)「囲い地・農家の中庭 (の住民・農夫)」＜古フランス語 clos 'enclosure'. (2) 1214 (le) 姓 (＜あだ名). ♦中英語 Clos 'close (形容詞)'.「こそこそした・引っ込み思案の・寡黙な」人につけたあだ名から. ▶GLEN Close (1947– ; 米国の映画女優).

Clough /klʌf, kluː/ クラフ: 1275 姓. ♦中英語 Clowe, ～ (原義)「山峡 (の住民)」＜古英語 *clōh. 発音は enough : enow と比較.

Clyde /klaɪd/ クライド: (1) スコットランド南西部の GLASGOW などを流れる川＞姓＞男子名. ♦中英語 ～＜ゲール語 Cluaidh (原義)「浄めるもの (祓川)」. スコットランドからの米国移民に多い姓. ▶Clyde BARROW (1909–34; 映画 *Bonnie and Clyde*『俺たちに明日はない』(1967) にもなった銀行強盗をはたらいた若者).

Coat(e)s /koʊts/ コーツ: 1190 姓. ♦中英語 Cotes (原義)「(羊) 小屋 (の住人)」＜古英語 cot(e) 'cottage, cot'. ⇨ -s (複数). ▶製糸・繊維・アパレル会社, 現在の Coats Patons plc の基を築いた JAMES Coats とその子孫.

Coca-Cola /kòʊkə-kóʊlə/ コカ・コーラ: 米国の飲料会社の炭酸飲料の商標. ♦＜coca (leaves) + cola (nut). いずれも原料. 1886 年 ATLANTA で販売開始. 頭韻を踏み, k 音を 3 度繰り返し発音しやすく覚えやすい命名で成功した. ライバル会社に Koke Company があったため, Coca-Cola の愛称形として Coke を登録した (Room). -Cola は登録しなかったため他社も使える. cf. PEPSI-COLA.

-cock /-kɔk/ 指小辞. 同類に -ET など.

Cocker /kɔ́kə/ コッカー: 1198 姓. ♦中英語 Cok(k)ere (原義)「喧嘩好き・戦闘者 // 円錐形の干し草山を作る人」＜cocken 'to fight' + -ER // coke 'to put up hay in cocks' + -er.

Cockney /kɔ́kni/ コックニー: c1290 姓. ♦中英語 Cokeney (原義)「柔弱な男・(出来損ないの) 雄鶏卵」＜koken (cock の複数属格) + ey 'egg'. これがなぜ

「Bow Bells の聞こえる範囲内の生粋のロンドン子・方言」になるのか，Cock-aigne「逸楽の国」との連想とする説もあるが不明．

Cock(s) /kɔk(s)/, **Cox** /kɔks/ コック（ス）：1271 男子名・姓．♦中英語 cock <古英語 cocc 'cock「雄鶏」'．「生意気な」男子につけたあだ名から．⇨ -s（父系）．男子名 WILL に愛称としてつけた WILCOCK, WILCOX などもある．

Coen /kóʊən/ コーエン：姓．♦（変形・略形）<オランダ語 Koenraad 'CONRAD'．COHEN とは別語．

Coghill /kɔ́ghɪl/ コグヒル：(1) 1103 地名．♦中英語 Cogges Hill（原義）「歯車山」．(2) 1286 姓．♦中英語 Coghull <(1)．▶NEVILL Coghill (1885–1972; 英国の中世英文学者; *The Canterbury Tales* の現代英語訳者・ミュージカル版台本作者).

Cohen /kóʊən/ コーエン：姓．♦<ヘブライ語（AARON の子孫でユダヤ教の特権と責務を持つ家系；原義「祭司」）．ユダヤ人では主に 1800 年以降に用いられるようになった．▶STANLEY Cohen (1922– ；米国の生化学者; NOBEL 生理学・医学賞を受賞(1986)).

Colchester /kóʊltʃəstə/ コールチェスター：10C イングランド ESSEX 州の町．♦古英語 Colneċeaster < Colne（川名；原義不明）+ -ċeaster '-CHESTER' ∥ <ラテン語 Colonia (Camulodunum)（原義）「（戦の神 Camulos の砦の）植民地」+ -ċeaster '-chester'．

Coleman /kóʊlmən/ コールマン：1086 DB 男子名・1166 姓．♦中英語 Col(e)-man (COLE, man) (1)（<職業）「炭焼き人」．(2)（<あだ名）「（炭のように）色黒の人」．(3) COLE (2) の召使．(4) <アイル語 Columbán 'St. COLUMBA'．▶Coleman HAWKINS (1904–65; 米国のジャズテナーサックス奏者).

Coleridge /kóʊlərɪdʒ/ コールリッジ：1275 姓．♦中英語 Colregge (COLE, ridge)（地名；原義「炭焼き尾根」）．▶SAMUEL TAYLOR Coleridge (1772–1834; 英国の詩人; *The Rime of the Ancient Mariner*『老水夫行』(1798)).

Cole(s) /koʊl(z)/ コール（ズ）：1086 DB 男子名・1206 姓（<あだ名）．♦(1)古英語 col, cola 'charcoal「炭」'．「色黒・黒髪」の人につけたあだ名から．(2) NICHOLAS の愛称形．(3) < "Old King Cole"（童謡）．⇨ -s（父系）．スコットランドでの使用は，この Cole を 4 世紀の王 Coel Hen 'Old Cole' と同一視したため (Cresswell)．▶Cole PORTER (1891–1964; 米国の作詞・作曲家), NAT KING Cole（本名は Coles）(1919–1965; 米国のジャズシンガー).

Colgate /kóʊlgeɪt/ コールゲイト：1300 (de) 姓（<イングランド各地の地名）．♦中英語 Col(e)gate（原義）「炭焼き林に通じる門」<古英語 col 'coal' + ġeat' gate'．▶WILLIAM Colgate (1783–1857; 1806 年に石鹸・化粧品の Colgate 社を創業した英国生まれの米国人).

Colin

Colin /kɔ́lɪn, 米 kóʊ-/ コリン: (**1**) 1191 男子名・1221 姓. ♦中英語 Colinus, Col(l)in < 古フランス語 ～ (指小形) < Col (NICHOLAS の愛称形). EDMUND SPENSER の詩 "Colin Clout's Come Home Again" (1595) に見られるように 16 世紀までに田舎者のあだ名になって廃れた (Withycombe). (**2**) 男子名 < ゲール語 Cailean < coileán「羊飼いの見習い」. スコットランドに多い. ▶Colin FIRTH (1960– ; 英国の俳優; *Pride and Prejudice*『高慢と偏見』(TV, 1995)).

Colleen /kɔlíːn/ コリーン: 19C 女子名. ♦< アイル語 cailin 'girl'. 米国・オーストラリアで 1940 年代にアイルランド出身者に本国におけるより先に用いられた (Cresswell).

Collet(t) /kɔ́lət/ コレット: 1202 男子名 > 1213 姓. ♦中英語 Colet (指小形) < Col ((短縮形・愛称形) < NICHOLAS) + -ET (指小辞).

Collier /kɔ́ljə/ コリヤー: a1150 姓 (< 職業). ♦中英語 Colier (COLE, -IER) (原義)「炭焼き職人・炭屋」. ▶PETER Collier (1849–1909; 米国の週刊誌 *Collier's Weekly* (1888–1957) の創刊者).

Collingwood /kɔ́lɪŋwʊd/ コリングウッド: 1323 (de, atte) 姓 (< STAFFORDSHIRE の地名・場所). ♦中英語 Calangwode (原義)「所有権争いの森」< calling「証拠を要求する」(< call) + -WOOD.

Collins /kɔ́lɪnz/ コリンズ: 姓. ♦< COLIN. ⇨ -S (父系). ▶MICHAEL Collins (1890–1922; アイルランド独立運動の指導者) | PHIL Collins (1951– ; 英国のロックシンガー・ドラマー) | WILKIE Collins (1824–89; 英国の小説家・劇作家; 英語初の推理小説 *The Moonstone*『月長石』(1868) を書いた).

Colorado /kɔ̀lərɑ́ːdoʊ/ コロラド: 1876 米国の州 (州都 DENVER). ♦< スペイン語 Rio ～ (原義)「赤い川」. GRAND CANYON を貫流する Colorado 川から.

Coltrane /kɔltréɪn, 米 koʊlt-/ コルトレイン: 姓. ♦アイル語 ～ < ゲール語 Ó Coltráin (原義不詳). ▶JOHN Coltrane (1926–67; 米国のジャズサキソフォン奏者).

Columba /kəlʌ́mbə/ [St. ～] 聖コロンバ: アイルランドの十二使徒の一人 (c521–97). ♦< ラテン語 ～ (原義)「鳩」. IONA 島に修道院を建て布教した. 愛称形 Col(l)um は男子名に用いる.

Columbia /kəlʌ́mbjə/ コロンビア: (**1**) 米国の雅名・擬人化名 (cf. ALBION, CALEDONIA). (**2**) 1786 米国 SOUTH CAROLINA 州の州都. ♦< COLUMBUS. ⇨ -IA. (**3**) 1792 カナダに発し米国に流れる川. ♦河口まで来た Captain (ROBERT) GRAY (1755–1806) の船名から.

Columbus /kəlʌ́mbəs/ コロンバス: 1812 OHIO 州の州都を含む米国各地の地名. ♦< CHRISTOPHER Columbus (1451?–1506; イタリアの航海家; アメリカ大陸

Connecticut

の発見者 (1492)). 植民地時代本国ではアメリカの発見者は John Cabot (Giovanni Caboto; c1450–98?) だとの宣伝のため好まれなかったが, 1820 年代になると INDIANA, MISSISSIPPI, GEORGIA の各州の町名になり全国に広まった (Stewart).

Comanche /kəmǽntʃi/ コマンチ(族): 北米先住民族の一つ. ♦< ユーテ語 Komanchi (原義)「よそ者」. OKLAHOMA を中心に南部諸州に定住. 元は大平原の狩猟採集民. Uto-Aztecan 語族.

Combe(s), Coombe(s) (**1**) /ku:m(z)/ クーム(ズ): 1070 イングランド各地の地名. ♦中英語 Cumbe, Combe < 古英語 cumb 'valley'. 地形的に DORSET 州, DEVON 州, SOMERSET 州に多い地名. 米国にはほとんどない. (**2**) /ku:m(z), koʊm(z)/ クーム(ズ), コウム: 1194 姓. ♦中英語 Cumbe, Combe (原義)「谷間(の住人)」< (1).

Compton /kɔ́mptən/ コンプトン: 956 イングランド各地の地名. ♦古英語 Cūmtūne (combe, -TON) (原義)「谷村」. -p- は後の添加.

Conan /kóʊnən/ コナン: a1155 男子名・姓. ♦中英語 〜 <(古)ブルトン語 〜, cú 'high' (BRITTANY の古代・中世の族長・王・聖者など多数の名). ▶ARTHUR Conan DOYLE.

Concord /kɔ́ŋkɔːd/ コンコード: 1635 米国各地の都市. ♦〜 (原義)「和睦」. 初出の MASSACHUSETTS 州の Concord は, 敵対する 2 派の和睦にちなみ準州議会が命名した.「コンコードの哲人」と謳われた R. W. EMERSON の住んだ町.

Coney Island /kòʊni áɪlənd/ コニーアイランド: New York 市の海浜リゾート. ♦(英語化)< オランダ語 Konijn Eiland (原義)「兎島」. 元は島だったが, 今は半島.

Cong /kɔŋ/ コング: アイルランド中西部 CONNAUGHT 州の町. ♦< アイル語 Conga (原義)「細長い土地」. 映画 *The Quiet Man*『静かなる男』(1951) に出てくる Cottage がある.

Congreve /kɔ́ŋgriːv/ コングリーヴ: 姓. ♦中英語 Cungrave (地名; 原義「谷間の森」) < 古英語 Cumb 'Co(o)MBE' + grǣfe 'grove'. ▶WILLIAM Congreve (1670–1729; 英国の「風俗喜劇」の劇作家).

Connaught, Connacht /kɔ́nɔːt/ コノート: アイルランド中西部の州. ♦< アイル語 Cúige Chonnach (原義)「Connacht 族の地方・州」. アイルランドの古代五王国の一つ.

Connecticut /kənétɪkət/ コネティカット: 1788 米国の州 (州都 HARTFORD). ♦< アルゴンキン語 Quinnitukqut (原義)「長い, 潮の満ち干の及ぶ川にある(町)」. 最初は Connecticut 川の名. アルゴンキン語にもなく, 英語でも発音されない真ん中の c は connect との連想で挿入したものか (Stewart).

Connell

Connell /kɔ́nl, kənél/ コネル: 姓. ♦アイル語 ~ < O'Conaill 'O'Connell'.

Conner(s) /kɔ́nə(z)/ コーナー(ズ): 姓. ♦< アイル語 Ó Conchubhar 'O'Connor'. アイルランドでは洗礼名として長く用いられている. ⇨ -s(父系). ▶Jimmy Connors (1952– ; 米国のプロテニスプレイヤー; Wimbledon で 1974, 1982 年に優勝).

Connery /kɔ́nəri/ コネリー: 姓. ♦アイル語 ~ (別形) < Conroy < ゲール語 Ó Conraoi 'descendant of Cu Raoi (原義)「原っぱの猟犬」' / Ó Conaire 'descendant of Conaire (原義)「猟犬の飼い主」'. ▶Sean Connery (1930– ; スコットランド生まれの映画俳優; 007 シリーズの James Bond 役で有名; フルネームは Thomas Sean Connery; 父親はアイルランド系; 本人によればミドルネームの Sean で呼ばれていたので愛着があり, これを名に用いたという).

Connie /kɔ́ni/ コニー: 女子名. ♦Constance の愛称形. ▶Connie Francis (1938– ; 米国のポップシンガー).

Conrad /kɔ́nræd/ コンラッド: 男子名・姓. ♦< (古高地)ドイツ語 Konrad (原義)「大胆な勧告者・支配者」< kouni 'brave, bold' + rād 'counsel'. 中世ドイツの支配者たちに用いられた家名. ▶Joseph Conrad (1857–1924; ポーランド生まれの英国の作家).

Constable /kʌ́nstəbl/ コンスタブル: 1130 姓. ♦中英語 Conestable < 古フランス語 Conestable < 後期ラテン語 comes stabuli (count, stable) (原義)「右馬頭」.「警官」(a1836) の意の普通名詞と同源. ▶John Constable (1776–1837; 英国の風景画家).

Constance /kɔ́nstəns/ コンスタンス: 1199 女子名. ♦中英語 Constancia, ~ < ラテン語 Constantia 'constancy' (原義)「貞淑な女」. 愛称形 Connie.

Contac /kɔ́ntæk/ コンタック: 英国 GlaxoSmithKline plc 製の感冒薬の商標. ♦< cont(inuous) ac(tion). カプセル内の顆粒が時間をたがえて溶けるので効き目が持続することから.

Conway /kɔ́nweɪ/ コンウェイ: 1268 (de) 姓 (<地名). ♦中英語 Conweye < Conwy.

Conwy /kɔ́nwi/ コンウィ: 12C ウェールズ北西部の 13 世紀の城のある観光地. ♦< ウェールズ語 Conguoy (原義)「Conwy (原義)「葦川」(のほとりの町)」.

Cook /kʊk/ クック: c950 (le) 姓 (<職業). ♦古英語 Cōc 'cook'. ▶Captain James Cook (1728–79; 英国の航海家).

Coombe(s) Combe(s) の別形.

Cooper /kúːpə/ クーパー: 1176–77 男子名・姓 (<職業). ♦中英語 Cupere 'cooper'「樽・桶職人」< 中低地ドイツ語 kūper < kūpe 'tub' + -er. ▶Gary Cooper (1901–61; 米国の映画俳優; *High Noon*『真昼の決闘』(1952)).

Copeland /kóʊplənd/ コープランド: 1204 (de) 姓(<イングランド CUMBER-LAND の地名). ♦中英語 Copland (原義)「購入地」<古ノルド語 kaupaland.

Copley /kɔ́pli/ コプリー: 1297 (de) 姓(<イングランド各地の地名). ♦中英語 ～ (原義)「岡林」<古英語 copp 'top, hill' + lēah '-LEY'.

Cordelia /kɔːdíːljə/ コーデリア: 女子名. ♦<ドイツ語 Kordelia (原義)「愛しい人」<ラテン語 cord-, cors 'heart' + -EL (指小辞) + -IA (女性語尾). ▶Cordelia (SHAKESPEARE 作 *King Lear* (1603–6) の親孝行の末娘).

Cork /kɔːk/ コーク: アイルランド MUNSTER 州の県・県都・港町. ♦<アイル語 Corcaigh (原義)「沼地」. Lee 川の中洲に建てられた教会から発展した町.

Cornelia /kɔːníːljə/ コーネリア: 女子名. ♦<ラテン語 Cornēlia (女性形)<Cornēlius 'CORNELIUS'. ⇨ -IA.

Cornelius /kɔːníːljəs/ コーネリアス: 男子名. ♦<ラテン語 Cornēlius (ローマの氏族名)<cornū 'horn'. cf. ラテン語系男性語尾 -ius.

Cornell /kɔːnél/ コーネル: 12C 男子名・姓. ♦(弱化)<CORNWALL. コーンウォール地方に移住したイングランド人(English)がコーンウォール人(Cornish)につけたあだ名から. 別形に Cornwall, Cornwell など. ▶EZRA Cornell (1807–74; 米国コーネル大学の創立者).

Cornish /kɔ́ːnɪʃ/ コーニッシュ: 1296 姓(<あだ名). ♦中英語 Corneys, ～ (原義)「コーンウォール人」. ENGLISH「イングランド人」に倣った造語.

Corn(n)er(s) /kɔ́ːnə(z)/ コーナー(ズ): (1) 1204 (de, atte) 姓(<地名・場所). ♦中英語 Cornera 'corner' (原義)「角地・道の出合い(の住人)」. (2) 1179 姓. ♦中英語 Cornur, Cornier (原義)「ホルン吹き」<アングロフランス語 Cornier. cf. ラテン語 cornū「角(つの)」. ⇨ -s.

Cornwall /kɔ́ːnwɔːl, -wəl/ コーンウォール: 891 地名. ♦古英語 Cornwalas <古ブレトン語 Cornovii (部族名; 原義「(角の形をした)半島民 || 角付き兜をかぶった人たち」; cf. corn) + 古英語 walas 'WALES'. 原義は「Cornovii 族のウェールズ(の領土)」. wall とは無関係.

Coromandel /kɔ̀rəmǽndl/ コロマンデル: ニュージーランド北島の半島と町名. ♦<サンスクリット語 Choramanmdala (原義)「Tamil 王国」<Chora (Tamil 王朝) + mandalam 'kingdom'. 1800 年代によく寄港した英国の貨物船 Coromandel 号にちなむ.

Coster /kɔ́stə/ コスター, **Costner** /kɔ́s(t)nə/ コス(ト)ナー: 姓. ♦<ドイツ語 Kostor (原義)「教会の聖具室係・寺男」. ▶KEVIN Costner (1955–   ; 米国の映画俳優・監督; *Dances with Wolves* (1990)).

Cotswolds /kɔ́tswoʊldz/ コツウォルズ: 12C イングランド南西部 GLOUCESTER-SHIRE を中心に広がる丘陵地帯. ♦中英語 Codesuualt (原義)「Cōd (人名)の森

Cottle

の丘」．⇨ -s（所有格），-s（複数; wolds で連丘を表す）．「(羊)小屋の丘（cot's wold）」はより牧歌的だが通俗語源．

Cottle /kɔ́tl/ コトル: (**1**) 1084 姓（＜職業）．◆中英語 Cotel ＜古フランス語 cotel「鎧」∥「短刀」．換喩で前者は「鎧作り職人」，後者は「刃物師」の意になる．(**2**) 1120 姓（＜地名）．◆コーンウォール語 Cotehele（地名; 原義 'wood by the estuary (of the river Tamar)' ▶BASIL Cottle (1917– ; ウェールズの英語学者; *The Penguin Dictionary of Surnames* (1967)).

Cotton, Cotten /kɔ́tn/ コットン: 1185 (de) 姓（＜場所）．◆中英語 ～（原義）「納屋・小屋（の住民）」＜古英語 (æt) cotum '(at the) cots'．「綿」の cotton とは無関係．▶JOSEPH Cotten (1905–94; 米国の映画俳優; *The Third Man*『第三の男』(1949)).

Count /kaʊnt/ カウント: 1296 姓．◆中英語 Conte ＜古フランス語 Conte 'count'「伯爵」（アングロフランス語 'earl'）．称号 Count を呼び名に用いた例は米国のジャズバンドリーダーの Count（本名 WILLIAM） Basie (1904–84). ⇨ DUKE.

Courtauld /kɔ́:toʊld/ コートールド: 姓．◆＜フランス語 ～（court 'short' の指小形; あだ名）．ユグノーに多い．▶SAMUEL Courtauld (1876–1947; 1932 年に LONDON 大学の美術史学部（展示館もある）の創設に貢献した実業家・美術品収集家).

Cousins /kʌ́zn(z)/ カズンズ: 1166 姓．◆中英語 Cusin, Cosyn ＜古フランス語 cusin, cosin 'relative, cousin'. ⇨ -s（父系）．▶NORMAN Cousins (1915–90; 米国のジャーナリスト・平和活動家).

Covent Garden /kɔ̀vnt gá:dn, 米 kʌ̀v-/ コヴェント ガーデン: 1491 LONDON の地名・広場．◆中英語 Covent Gardyn（原義）「修道院（convent）の塀をめぐらした庭」．跡地が広場にされ市場で有名だった (1650s–1974).

Coventry /kɔ́vntri, 米 kʌ́v-/ コヴェントリー: 1043 イングランド中西部の都市．◆古英語 Couentre(u)（原義）「Cofa（人名）の木（のある町）」＜ Cofan (Cofa の属格) + trēow 'tree'.

Coverdale /kʌ́vədèɪl/ カヴァデール: 1245 (de); 1379 姓（＜イングランド各地の地名）．◆中英語 ～（原義）「Cover「せせらぎ」川の谷間（dale）」．▶MILES Coverdale (?1488–1569; 最初の全訳英語聖書を出版 (1535) した).

Coward /káʊəd/ カワード: 1255 (le) 姓（＜職業）．◆古英語 *cū-weard (cow, ward)「牛番，牛飼い」．「臆病者」の coward からではない．NOËL Coward (1899–1973; 英国の劇作家・俳優・演出家).

Cowley /káʊli/ カウリー: 1167 (de) 姓（＜イングランド各地の地名）．◆中英語 Coule, Colley (cow, -LEY)（原義）「乳牛が放牧されている林」∥（原義）「Cofa

（人名）の開墾地」.

Cox /kɔks/ コックス: 男子名・姓. ♦COCK(s)の別形.

Craig /kreɪg/ クレイグ: 1143–1214 (del, of) 姓（＜スコットランドの地名・場所）＞男子名. ♦古スコット語 ～（原義）「崖・岩山（のそばの住民）」＜ゲール語 An Chreig 'the rock'.

Craigie /kréɪgi/ クレイギー: 1266 (de) 姓. ♦中英語 ～（スコットランドの地名; 原義「岩所」）＜ゲール語 Craigyn '(place) by the rock' ＜creag 'rock'. ▶W. A. Craigie (1867–1957; スコットランド出身の英語辞書編纂者; *OED* ほか).

Crane /kreɪn/ クレイン: 1177 姓. ♦中英語 Cran, Crane（原義）「鶴」.「足長・のっぽ」の人につけたあだ名から. ▶Hart Crane (1899–1932; 米国の詩人; *The Bridge* (1930)).

Cranford /krǽnfəd/ クランフォード: a1150–83 (de) 姓（＜イングランド各地の地名）. ♦中英語 ～ (crane, -FORD)（原義）「鶴のいる浅瀬」. 英国の作家 Mrs. Gaskell (1810–65) の小説の題名 *Cranford* (1853) に用いられている.

Cranmer /krǽnmə/ クランマー: 1235 (de) 姓（＜イングランド各地の地名）. ♦中英語 ～ (crane, moor)（原義）「鶴・鷺の多い沼」. ▶THOMAS Cranmer (1489–1556; 英国国教会の改革者; CANTERBURY 大主教 (1533–56) になり, 祈祷書 (Book of Common Prayer) を編纂したが, 女王 MARY I に火あぶりの刑に処せられた).

Crawford /krɔ́:fəd/ クローフォード: 1147–60 姓（＜イングランド LANCASHIRE の村名）. ♦中英語 ～ (crow, -FORD)（原義）「鴉のよく来る浅瀬」.

Cree /kri:/ クリー族: カナダに住む北米先住民族の最大の種族の一つ. ♦＜アルゴンキン語 Kiristino（語源不詳）.

Creek /kri:k/ クリーク（族・同盟）: 北米先住民族のクリーク同盟 (the Creek Confederacy)（に属する者）. ♦ALABAMA 州と GEORGIA 州のこの同盟地帯に creek「水路」が多いことから.

Cressida /krésɪdə/ クレシダ: 女子名. ♦中英語 Criseyde ＜イタリア語 Criseida ＜ギリシャ語 Khrusēída (対格), Khruseís ＜khrūsós 'gold'. TROILUS と愛し合うが最後に裏切る TROY の美女. Boccaccio 作 *Il Filostrato* のこの物語を SHAKESPEARE と CHAUCER がそれぞれ劇と物語詩に翻案した. 今日でも, 特に英国で人気がある (Cresswell). 愛称形 Cressy. ▶Cressida DICK (1960– ; 英国で最高位の女性警察官の一人).

Cres(s)well /kréswel/ クレスウェル: 1086 DB (de) 姓（＜イングランド各地の地名・場所）. ♦中英語 Casewella, Cressewella (cress, well)（原義）「クレッソンの生えている泉・小川（のそばの住民）」. 別形に Ca(r)swell など.

Crick

Crick /krɪk/ クリック：1189 姓(<イングランド NORTHAMPTONSHIRE の地名). ♦中英語 Crike (原義)「入江(のそばの住人)」<古ノルド語 kriki 'inlet'. ▶FRANCIS Crick (1916– ；JAMES WATSON とともに DNA の2重らせん構造を提案，1962年に NOBEL 生理学・医学賞を受賞).

Crockett /krɔ́kət/ クロケット：1332 姓. ♦中英語 Croket (原義)「巻き毛」<アングロフランス語 croket <古フランス語 crochet 'curl of hair'. ▶DAVY Crockett (1786–1836; ALAMO 砦の攻防で壮絶な死を遂げた米国の英雄).

Crome /kroʊm/ クローム：1199 (le) 姓(<あだ名). ♦中英語 Crumbe (原義)「背・腰の曲がった人」<古英語 crumb 'crooked, stooping'.

Crompton /krɔ́mptən/ クロンプトン：1246 (de) 姓(<イングランド LANCASHIRE の地名). ♦中英語 Compton (crome, -TON)(原義)「川の曲がったところにある村」．-p- は挿入.

Cromwell /krɔ́mwəl/ クロムウェル：1177 (de) 姓(<イングランド NOTTINGHAMSHIRE の地名). ♦中英語 Crumwella (地名；原義「曲がりくねった川」)<古英語 crumb 'bent' + w(i)ell 'stream, well'. ▶OLIVER Cromwell (1599–1658; 英国の将軍・政治家；1649年 CHARLES I を処刑して共和制を敷き護国卿となった).

Crook(e) /krʊk/ クルック：1086 DB 姓・男子名. ♦中英語 Croc 'crook' <古ノルド語 Krókr (あだ名；「背中の曲がった人・ずるい人」).

Crosby /krɔ́zbi, 米 krɔ́ːzbi/ クロズビー：1176 (de); 1383 姓. ♦中英語 Crossebi (原義)「十字架村」<古ノルド語 Krossabýr (cross, -BY). ▶Bing Crosby (1904–77; 米国の歌手・映画俳優；Bing は彼が6歳のときに，地元新聞の日曜版に載る 'The Bingville Bugle' というパロディ特集を愛読して Bingville (WASHINGTON 州の村名)からつけた名(en.wikipedia)).

Cross /krɔs/ クロス：1285 (del, atte) 姓(<場所). ♦中英語 Cros(se) 'cross' (原義)「十字架(のそばの住人)」.

Crow(e) /kroʊ/ クロー：1180 姓. ♦中英語 crawe, crow <古英語 crāwe 'crow「鴉」'.「色黒・黒髪」の人につけたあだ名から. ▶RUSSELL Crowe (1964– ；ニュージーランドの映画俳優；*Gladiator* (2000)で ACADEMY 主演男優賞を受賞).

Crowther /kráʊðə/ クラウザー：1275 (le) 姓(<職業). ♦中英語 Cruder, Crouther (原義)「バイオリン弾き」.

Croydon /krɔ́ɪdn/ クロイドン：1086 DB (de) 姓(<イングランド CAMBRIDGESHIRE と SURREY 州の地名). ♦中英語 Croidon, Crauedene (原義)「鴉の集まる谷間」<古英語 crāwe 'crow' + denu 'valley'.

Cruft /krʌft/ クラフト，**Croft** /krɔft/ クロフト：1162 (de, del, de la, atte) 姓

Cutty Sark

(<イングランド各地の地名・場所). ◆中英語 〜 'croft' (原義)「囲い地・小農場」.

Crusoe /krúːsoʊ/ クルーソー: 1635 姓. ◆(音訳)<ドイツ語 Kreutznär. ▶D. Defoe の小説 *Robinson Crusoe* (1719) の主人公.

Crystal /krístəl/ クリスタル: 男子名・姓. ◆Chrystal の別形.

Cumberland /kʌ́mbələnd/ カンバーランド: 945 イングランド北西部の旧州. ◆古英語 Cumbraland (原義)「カンブリア人の土地」. ⇨ Cumbria.

Cumbria /kʌ́mbrjə/ カンブリア: 8C イングランド北西部の湖水地方の州 (元ケルト人の王国). ◆古英語 〜 (ラテン語化)<(古) ウェールズ語 Cymry 'the Welsh' + -ia.

Curley /kə́ːli/ カーリー: c1110 (de) 姓. ◆中英語 Corlay // Corlieu (北フランスの地名; 原義「? 榛(はしばみ)」).

Curtis(s) /kə́ːtɪs/ カーティス: 1130 姓・男子名. ◆中英語 Curteis (原義)「教養のある (人)」<古フランス語 curteis 'courteous'. 一種のあだ名から. Tony Curtis (1946– ; ウェールズ出身の英国の詩人) | Tony Curtis (1925–2010; 米国のハンガリー系映画俳優; 本名 Bernard Schwartz).

Curzon /kə́ːzn/ カーゾン: (1) 1086 DB (de) 姓. ◆中英語 Courson (Normandy の地名<人名: Curtius<curt 'short'). (2) c1180 (le) 姓 (<あだ名). ◆中英語 Cursun<古フランス語 courson (指小形)<curt 'short'. 「背が低い」人につけたあだ名から.

Cusack /kjúːsək, -zək/ キューサック, キューザック: 1214 (de) 姓. ◆中英語 Cusac<古フランス語 Cussac (フランス南西部の地名)<ラテン語 Cussius (人名). 今ではアイルランドの姓. ▶Cyril Cusack (1910–93; アイルランド出身の舞台・映画俳優; 4人の娘, Sinéad, Sorcha, Niamh, Catherine がみな女優).

Cuthbert /kʌ́θbət/ カスバート: 1202 男子名・1260 姓. ◆古英語 Cūþbeorht (原義)「名高き輝ける (人)」<cūþ 'famous, known' + beorht 'bright'. St. Cuthbert は英国の 7 世紀の司教で, Durham 大聖堂にある墓は重要な巡礼地だった. その名声により, 男子名は特にイングランド北部とローランドで用いられ続けた (Reaney and Wilson).

Cutler /kʌ́tlə/ カトラー: 1212–23 (le) 姓 (<職業). ◆中英語 Cuteiller 'cutler' (原義)「刃物師・刃物商」.

Cutty Sark /kʌ̀ti sáːk/ カティーサーク: (1) 1869 茶を中国から London に運んだ快速帆船. ◆スコット語 〜 (cutty, sark) (原義)「短い下着」. Robert Burns の物語詩 "Tam o' Shanter" (1791) に登場する魔女 Nannie のあだ名から. 今はイングランド Greenwich に係留されている. (2) Glasgow の Edring-

Cymru

ton plc 社のスコッチウイスキーの商標. ♦<(1).

Cymru /kʌ́mri, kímri/ カムリー: ウェールズ人自らによる WALES の呼称. ♦ウェールズ語 ～（原義）「CYMRY の国」.

Cymry /kʌ́mri, kímri/ カムリー: ウェールズ人による自らの呼称. ♦ウェールズ語 ～（原義）「同胞」. ⇨ WELSH.

Cyndy, Cyndi /síndi/ シンディー: 女子名. ♦CINDY の別形.

Cynewulf /kíniwʊlf, OE kýnə-/ キネウルフ: 8 世紀 ANGLO-SAXON 時代の詩人. ♦古英語 ～ 'kingly wolf'（原義）「狼王」. *Juliana, Elene, The Fates of the Apostles, Christ II* などの作品を古英語で書いた. *Elene* の詩行中にルーン文字で署名を入れている.

Cynthia /sínθjə/ (**1**) キュンティアー:《ギ神》月の女神 Artemis の別称. ♦<ラテン語 ～<ギリシャ語 Kuntíā（女性形）<Kúnthos（彼女がうまれた Delos 島の山）. (**2**) シンシア: 女子名. ♦<(1). 愛称形 CYNDY, CINDI, Cimmie, Cyn(th).

Cyril /sírəl/ シリル: 男子名. ♦<ギリシャ語 Kurillós（原義）「主人らしい」<kúrios 'lord, master'. St. Cyril of Jerusalem (?–387), St. Cyril of Alexandria (?–444) など初期の教父の名で, 19 世紀まで一般的でなかったが, それ以後かなり用いられる. ▶Cyril CUSAC.

D

Dahl /dɑ:l/ ダール: 姓. ♦< ドイツ語 ～ 'dale' (原義)「谷間(の住人)」.

Dakota /dəkóʊtə/ ダコタ: ⇨ NORTH DAKOTA, SOUTH DAKOTA.

DAKS /dæks/ ダックス: 1934 英国の紳士・婦人服・アクセサリー製造販売会社 DAKS Simpson の商標. ♦< da(d) + (sl)acks. London の仕立屋 'House of Simpson' の2代目 ALEXANDER SIMPSON が既製服に乗り出し, ベルト不要のズボンの特許を得て命名した(Room).

Dale /deɪl/ デイル: 1275 (de la, atte) 姓(<場所). ♦中英語 ～ 'dale' (原義)「谷間(の住人)」.

Dallas /dǽləs/ ダラス: (1) 1301 (de, del) 姓(<場所・地名). ♦中英語 Dalhous (原義)「谷間の家(の住人)」. (2) 米国 TEXAS 州の都市. ♦19世紀中頃の政治家・副大統領(1845–49) GEORGE Dallas (1792–1864) にちなむ. JOHN F. KENNEDY 大統領はここでオープンカーに乗ってパレード中に銃で暗殺された.

Dalloway /dǽləweɪ/ ダロウェイ: 1305 姓(<場所). ♦中英語 Daleway (原義)「谷間の道(のそばの住人)」. VIRGINIA WOOLF は小説の題名に *Mrs Dalloway* (1925)を用いた.

Dalton /dɔ́(:)ltən/ ド(ー)ルトン: 1155 (de) 姓(<イングランド北部各地の地名). ♦中英語 ～ (原義)「谷村」< 古英語 dæl 'dale' + tūn 'farm, village, -TON'. ▶JOHN Dalton (1766–1844; 英国の化学者・物理学者; 原子論の創唱者) | TIMOTHY Dalton (1946– ; ウェールズ生まれの英国の俳優).

Daly /déɪli/ デイリー: 姓. ♦アイル語 ～ < ゲール語 Ó Dálaigh 'descendant of Dalach (10世紀の族長; (原義)「集会」)'.

Dane[1] /deɪn/ デイン: a1338 デンマーク人, デイン人. ♦中英語 Danes < 古ノルド語 Danir (複数) (原義)「低地人」.

Dane(s)[2] /deɪn(z)/ デイン(ズ): 1275 (dela, atte) 姓(<場所). ♦中英語 Dane (原義)「谷間(の住人)」< 古英語 denu 'valley'. ⇨ DEAN (1), -s (父系).

Danielle /dæniél/ ダニエル: 女子名. ♦< フランス語 Danièle (女性形) < DANIEL. 愛称形 Dan(n)i.

Daniella /dæniélə/ ダニエッラ: 女子名. ♦< イタリア語・ドイツ語・スペイン語

Daniel(s)

Daniela（女性形）< DANIEL. 愛称形 Dan(n)i.

Daniel(s) /dǽnjəl(z)/ (**1**) [Daniel] ダニエル:《旧約》ISRAEL の預言者. ♦中英語 Danyel < 後期ラテン語 Daniēl < ギリシャ語 Daniél < ヘブライ語（原義）「神はわが裁き手」. 愛称形 Dan, DANNY. (**2**) ダニエル(ズ): 1086 DB 姓・1121–48 男子名. ♦< (1). ⇨ -S(父系).

Danny /dǽni/ ダニー: 男子名. ♦DANIEL の愛称形. ▶Danny (< DANIEL) DeVito (1944– ; 米国のイタリア系映画俳優・監督・制作者).

D'Antona /dæntóʊnə/ ダントーナ: 姓. ♦< イタリア語 〜（原義）「Antonia（女子名）の息子」. ⇨ ANTHONY, -A.

Daphne /dǽfni/ ダフネ: (**1**)《ギ神》Apollo に追われて月桂樹に化したニンフ. ♦中英語 Daphene < 後期ラテン語 Daphnē < ギリシャ語 Dáphnē（原義）「月桂樹」. (**2**) 女子名. ♦< (1).

Darcy /dá:si/ ダーシー: 1086 DB (de) 姓(< 地名)・男子名・女子名. ♦中英語 de Areci, 〜 < ノルマンフランス語 d'Arcy（北フランス Arcy から来たノルマン貴族の姓). JANE AUSTEN 作 *Pride and Prejudice* (1813)の男性主人公の名に用いられているが, 今では女子に多い.

Darling /dá:lɪŋ/ ダーリン: 1016 姓. ♦中英語 Derling < 古英語 Dēorling 'darling'（人名; 原義「愛しい人」).

Darnell /dá:nl/ ダーネル: (**1**) c1095 姓. ♦中英語 Dernel, Darnel 'darnel'（原義）「?(知覚を麻痺させる)毒麦(の生えている場所)」. (**2**)（変形）< Darnall（イングランド各地の地名; 原義「僻地」）< 古英語 derne 'hidden' + halh 'nook'. ▶LINDA Darnell (1923–65; 米国の映画女優).

Darren, Darrin /dǽrən/ ダーリン: 男子名. ♦< ? 米国の映画俳優 Darren McGabin（芸名）(1922–2006)の名として注目され米国で流行, 最近はスコットランド・アイルランドでも人気だが, イングランドでは人気がない(Cresswell). ▶Darrin STEPHENS（米国の TV シリーズ *Bewitched*『奥様は魔女』(1964–72)の主人公 SAMANTHA の夫（人間)).

Dar(r)yl, Darrel(l) /dǽrəl/ ダリル: 1166 (de) 姓(< 地名) > 男子名・女子名(まれ). ♦中英語 de Arel, Darel(l) < 古フランス語 Airelle (NORMANDY の地名). その地出身のノルマン騎士の家名から. ▶Daryl HALL (1946– ; 米国のロックシンガー・ギタリスト) | Daryl HANNAH (1960– ; 米国の映画女優).

Dart /dɑ:t/ ダート: 1249 イングランド南西部 DEVON 州の川. ♦中英語 Darte（短縮形）< DERWENT. DART, DERWENT, DARTMOOR, DARTMOUTH が一つの地名グループをなす(Matthews).

Dartington /dá:tɪŋtən/ ダーティントン: 1194 DB イングランド南西部 DEVON 州の町. ♦中英語 Dertington（原義）「DART 河畔の住民たちの村」. ⇨ -ING,

Daw(es)

-TON.

Dartmoor /dáːtmɔː, -mʊə/ ダートムーア: 1182 イングランド南西部 DEVON 州南部の荒地で国立公園. ♦中英語 Dertemora (原義)「DART 川流域の荒地」. moor は heather「ヘザー, ヒース」に覆われた荒地で, かならずしも沼地ではない.

Dartmouth /dáːtməθ/ ダートマス: 1049 イングランド南西部 DEVON 州南部の港町. ♦古英語 Dærentamūða (原義)「DART 川の河口 (の町)」. ⇨ -MOUTH. 海軍兵学校の所在地.

Darwin /dáːwɪn/ ダーウィン: (1) 1170 男子名 > 1219 姓. ♦中英語 Derewin(us) < 古英語 Dēorwine (原義)「親友」< dēor 'dear' + wine 'friend'. (2) オーストラリア北部の港湾都市. ♦< (1). BEAGLE 号で寄港した CHARLES Darwin (1809–82) にちなむ.

Davenport /dǽvnpɔːt/ ダヴェンポート: 1162–73 (de) 姓 (<イングランド CHESHIRE の地名). ♦中英語 ~ < Dauen (原義)「ちょろちょろ流れる川」+ port「港」. ▶LINDSAY Davenport (1976– ; 米国の女子プロテニスプレーヤー).

Dav(e)y /déɪvi/ デイヴィ: 男子名・姓. ♦中英語 Davy (指小形) < DAVID. ⇨ -Y.

David /déɪvɪd/ (1) ダヴィデ: 《旧約》 ISRAEL 王国第 2 代の王で『詩篇』の大半の作者と伝承される. ♦中英語 ~ < 後期ラテン語 Dāvīd < ギリシャ語 Dauíd < ヘブライ語 (原義)「愛児」(「将軍」との説もある). (2) デイヴィッド: 1150–60 男子名・姓. ♦中英語 Dauid, Davit, ~ < (1). 愛称形 Dave, DAV(E)Y, Davie, DAW. (3) [St. ~] セイントデイヴィッド: ウェールズの PEMBROKESHIRE 西端の町. ♦6 世紀にウェールズの守護聖人 St. David が建てた修道院から. その跡に現在の大聖堂が建てられた.

Davidson(s) /déɪvɪdsən(z)/ デイヴィッドソン(ズ): 1327 姓. ♦中英語 ~ < DAVID + -SON (父系を示す接尾辞). -s も父系を示す接尾辞. 二重に接尾辞をもつ同類に Sandersons, ROBERTSONS など.

Davi(e)s /déɪvɪs/ デイヴィス: 男子名・1327 姓. ♦中英語 Dauuisse, Davys 'Son of Davy (< DAVID)'. ⇨ -s (父系). ウェールズの守護聖人, St. David への崇敬からこの姓が広まった. ▶Bette Davis (1908–89; 米国の映画女優) | DWIGHT Davis (1879–1945; 米国の官僚・テニス選手; Davis Cup を 1900 年に創設した) | MILES Davis (1926–91; 米国のジャズトランペット奏者・作曲家・バンドリーダー).

Daw(es) /dɔː(z)/ ドー(ズ): (1) 1211 姓. ♦中英語 Dawe (DAVID (2) の愛称形). (2) 姓 (<あだ名). ♦中英語 Dawe < daw「コクマルガラス」. この鳥のように「お喋り」な人につけた. -es は本来は所有格, 後に父系の -(e)s になる.

Dawn

Dawn /dɔːn/ ドーン: 1920s 女子名. ◆<～ 'dawn'（原義）「曙; cf. 暁子」. cf. AURORA. ▶Dawn ADAMS (1930–85; 英国の映画女優).

Dawson /dɔ́ːsn/ ドーソン: 1326 姓. ◆中英語 Daweson 'Son of Daw'. ⇨ -SON.

Dean /diːn/ ディーン: (1) c725 イングランド各地の地名. ◆古英語 Dene < denu「谷間」. (2) 1086 男子名・姓. ◆<(1). (3) 男子名・姓. ◆中英語 deen // decanus < 古フランス語 deien（フランス語 doyen）// 後期ラテン語 decānus「首席司祭」. ▶JAMES Dean (1931–55; 米国の映画俳優; *East of Eden*『エデンの東』(1955), *Rebel Without a Cause*『理由なき反抗』(1955)).

Debbie, Debby /débi/ デビー: 女子名. ◆DEBORAH の愛称形. ▶Debbie REYNOLDS (1932– ; 米国の映画女優).

Deborah /débərə/ デボラ: (1) «旧約» 女預言者・戦士・士師. ◆<ヘブライ語（原義）「蜜蜂」. (2) 16C 女子名. ◆<(1).「蜜蜂」は勤勉の象徴としてこの名が好まれ, 米国では 1960 年代に大人気を得た(Cresswell). 愛称形 Deb(s), DEBBIE, DEBBY. ▶Deborah KERR.

Dedham /dédəm/ デダム: 1086 DB 地名. ◆中英語 ～（原義）「Dydda（人名）の村」. イングランド ESSEX 州と SUFFOLK 州の境にある 'Constable Country' の中心地. ⇨ -HAM[1].

Dee /diː/ ディー: イングランド CHESHIRE・スコットランド ABERDEENSHIRE の川. ◆<ケルト語 Deva（原義）「女神（の川）・聖なる（川）」.

Defoe /dɪfóʊ/ デフォー: 姓. ◆<フランス語 de（<ラテン語 dē 'of, from'）+ Foe（姓）< faux「刈鎌作り・刈り手」. 英国の作家 DANIEL Defoe (1660–1731; ⇨ CRUSOE)は本来の姓 Foe に貴族の称号によく用いられる de を冠したと言っている. de は一般に姓の形成期（封建制度の形成期でもある）に人名に続けて出身地の前に用い, どこの誰かを明確にした. この de は後に消え, 残った地名が姓になる. 貴族も爵位に続けて（名目上・実質上の）領土名の前に de を用いた. 貴族の de（後に of; 例, Duke of Marlborough）が後世まで残ったので, 先の Defoe の言になる. 次項目の古フランス語借入語の de la Mare ではフランス語の地名の Mare に冠した de と女性冠詞の la とが例外的に残ったものである.

de la Mare /dèləméə/ デラメア: 1130 姓. ◆中英語 de Lamara <古フランス語 La Mare 'the pool'（地名; 原義「池（のそばの住人）」）. de la については ⇨ DEFOE. ▶WALTER de la Mare (1873–1956; 英国の小説家・詩人).

Delaware /dèləwéə/ デラウェア: 1787 米国北東部の州（州都 DOVER）. ◆Lord Delaware（デラウェア卿; VIRGINIA 植民地の初代総督 THOMAS WEST, 3rd Baron of De La Warr (1577–1618)の通称）にちなむ. 最初は Delaware Bay (1610)の名, その後, 州名・川名になる.

Delius /díːljəs/ ディーリアス: 姓. ♦＜ドイツ語 ～（ラテン語化）＜ Dehl ＜ Dietrich 'DEREK'.

Dell /del/ デル: 1296 (atte) 姓（＜場所）. ♦中英語 Delle（原義）「小谷（のそばの住民）」＜古英語 dell 'dell'. ▶MICHAEL Dell (1965– ; 米国の PC 製造販売会社 Dell Inc. を 1984 年に創立した).

DeMille /dəmíl/ デミル: 姓. ♦＜フランス語 de Mile 'descendant of Mile（Émil の愛称形）'. ▶CECIL DeMille (1881–1959; 米国の映画監督; *The Ten Commandments*『十戒』(1956)).

Dench /dentʃ/ デンチ: 1327 姓. ♦中英語 Denshe, ～ 'Danish'（原義）「DENMARK 出身の」. ▶Judi (＜ JUDITH) Dench (1934– ; 英国の舞台・映画女優).

Denham /dénəm/ デナム: 1176 (de); 1466–7 姓（＜イングランド各地の地名・場所）. ♦中英語 Deneham（原義）「谷間の農場（の住民）」＜古英語 denu 'valley' + hām '-HAM¹'.

De Niro /də níː(ə)roʊ/ デニーロ: 姓. ♦イタリア語 ～ 'Son of Niro（人名; あだ名「黒い（人）」)'. Niro は Nero 'black' のイタリア南部方言形. ▶ROBERT De Niro (1943– ; イタリア系の米国の映画俳優; *Raging Bull* (1980) で ACADEMY 主演男優賞を受賞).

Denis(e), Dennis /dénɪs/ デニス: (**1**) 1176 男子名・姓. ♦中英語 Dionisius, De(o)nis ＜ラテン語 Dionȳsius ＜ギリシャ語 Dionûsios「ディオニュソスの; 酒の神の」. 12 世紀以降イングランドで多く用いられたのは, 同名の何人かの聖者（フランスの守護聖人 St. Denys など）の影響があるためで（Reaney & Wilson）, 酒の神との連想ではない. (**2**) 1176 (le) 姓 ＞ 男子名. ♦中英語 daneis, deneis（原義）「DENMARK 出身の」（母音 e は同義の古英語 denisc の影響）＜古フランス語 daneis 'Danish, the Dane'. 愛称形 Den, Denny.

Denise /dəníːz/ デニーズ: 12C 女子名 ＞ 姓. ♦中英語 ～, Dionisia（女性形）＜ Dionisius 'DENIS'. 12 世紀以降よく用いられたが, 今日ではフランス語 Denise の借入語とみなされている.

Denmark /dénmɑːk/ デンマーク: 1836 国名. ♦＜デンマーク語 ～（原義）「デイン人の領土」(DANE¹, mark「境界」).

Den(n)ison /dénɪsən/ デニスン: (**1**) 13C 姓. ♦中英語 Deneyson 'Son of DENIS'. (**2**) 1275 姓. ♦中英語 Denizen ＜アングロフランス語 deinzein「城市内に住む権利を得た市民」.

Dent /dent/ デント: 1131 (de); 1403–4 姓（＜イングランド YORKSHIRE の地名）. ♦中英語 ～（原義不詳; 川名か）. ▶J. M. Dent (1849–1926; 1888 年に出版社を創業し 1906 年以降, 古典名著（翻訳）シリーズ Everyman's Library を刊行した).

Denton

Denton /déntən/ デントン: 1206 (æt, de) 姓 (< イングランド各地の地名). ♦古英語 Dentūne (原義)「谷村」. ⇨ -TON.

Denver /dénvə/ デンヴァー: (**1**) 1206 (de) 姓 (< イングランド NORFOLK 州の地名). ♦中英語 ～ (原義)「デイン人が用いた通路・横断路・渡河点」< 古英語 Dena ((属格) < Dene 'Danes') + fær 'passage, crossing, ford'. (**2**) 米国 COLORADO 州の州都. ♦KANSAS 準州の知事 J. W. Denver (1817–94) にちなむ. Denver のある Colorado 州東部は 1858 年の命名時には KANSAS 準州に属していた.

Denzel /dénzl/ デンゼル: 姓 > 男子名. ♦< コーンウォール語 Denzell (地名; 原義「砦」). 別形 Denzil. ▶Denzel WASHINGTON (1954– ; 米国の映画俳優; *Training Day* (2002) で ACADEMY 主演男優賞を受賞).

De Quincey /də kwínsi/ ドゥクウィンシー: 1153–63 姓 (< 地名). ♦中英語 ～ (原義)「Cuinchy (北フランスの地名) から (来た人)」. ▶THOMAS De Quincey (1785–1859; 英国の作家; *Confessions of an English Opium Eater*『阿片常用者の告白』(1821)).

Derby /dá:bi/ ダービー: (**1**) 10C イングランドの旧 DERBYSHIRE 中北部の都市. ♦古英語 Dēor(a)bȳ < 古ノルド語 díur(a)bí (原義)「鹿・動物の集まる農場・村」< diúr 'deer' + býr 'homestead, village, -BY'. (**2**) 1780 ダービー競馬. ♦< 12th Earl of Derby (1752–1834; 創設者). (**3**) 米国各地の地名. ♦< (1). 別形 Darby.

Derbyshire /dá:biʃə/ ダービシャー: (**1**) 11C イングランド中北部の州. ♦中英語 ～ (DERBY, -SHIRE). (**2**) 1203 (de) 姓 (< 地名). ♦中英語 ～ < (1). 別形 Darbyshire.

Derek, Derrick /dérɪk/ デレック: 男子名. ♦< オランダ語 Direk, Diederick (= ドイツ語 DIETRICH). 愛称形 Del, Ric. TERRY と同源.

Derry /déri/ デリー: 北アイルランドの港町. ♦アイル語 Doire (原義)「樫森」. 1613 年に入植者を受け入れるため LONDON 市に委譲されたので London が冠され Londonderry となった.

Derwent /dá:wənt, dá:-/ ダーウェント: c730 イングランド CUMBRIA 州の湖水地方の川. ♦古英語 Derewent < ケルト語 Darwen (原義)「樫の木が茂る谷間・川」. 同名の川はイングランドにもう 3 本ある. オーストラリア TASMANIA の Derwent River は Cumbria のそれにちなむ.

Descente /desá:nt/ デサント: 1961 日本のスポーツ用品製造会社の商標. ♦< フランス語 ～ (原義)「滑降競技」. 1935 年「石本商店」として創業. 今の社名・商標はスキーウェア開発のアドバイザーだった西村一良のスキースクール「デサントスキースクール」から.

Desdemona /dèzdəmóʊnə/ デズデモーナ: SHAKESPEARE 作 *Othello* (c1601–4) の主人公の貞淑な妻. ◆< ギリシャ語 dusdaimoníā (原義)「不幸(な人)」< dus-daímōn 'ill-fated'. 部下 IAGO に彼女の不貞を吹きこまれ嫉妬に狂った夫に殺される.

Des Moines /dəmɔ́ɪn/ デモイン: (**1**) 米国 IOWA 州を南東に流れて MISSISSIPPI 川に合流する川. ◆< フランス語 (Rivière) Des Moines '(River) of the Monks' (原義)「修道士らの(川)」(音の類似と民間語源説で変形) < (Rivière) Des Moings (原義)「モワン族の(川)」< インディアン語 Moingona (部族名). (**2**) 1851 IOWA 州の州都. ◆< (1).

Detroit /dɪtrɔ́ɪt/ デトロイト: 1701 米国 MICHIGAN 州の自動車工業都市. ◆< フランス語 detroit「海峡」. ERIE 湖と St. Clair 湖との間にはさまれていることから. FORD, CHRYSLER, GM の本社があるので "Motor City", "Motown" と呼ばれる.

Devereux /dévəruːks/ デヴェルークス: 1086 DB (de) 姓(< 地名). ◆中英語 de Ebrois, Deuereus < 古フランス語 Evreux (NORMANDY の地名) < Eburovices (ケルトの部族名).

Deville /dévɪl/ デヴィル: (**1**) 1107 (de) 姓(< 地名). ◆中英語 Daiville < (古)フランス語 Déville (NORMANDY の地名) < ラテン語 Dei villa (原義)「神村」. (**2**) 1086 DB 姓(< あだ名). ◆中英語 Deule 'devil'. 中世の奇跡劇で「悪魔」役を演じた人につけたあだ名から.

Devon(shire) /dévn(ʃə)/ デヴォン(シャー): 9C イングランド南西部の州(州都 EXETER). ◆古英語 Defnum (地名) < Defnas 'men of Devon < 古プレトン語 Dumnonii (先住民の名; 原義「? 坑内で働く者たち」)'.

Dewey /dʒúːi/ デューイ: 姓. ◆(1)中英語 Duay < Douai (北フランスの地名). (**2**) 1297 中英語 Dewy < 古ウェールズ語 Dewi 'DAVID'. ▶JOHN Dewey (1859–1952; 米国のプラグマティズムの提唱者).

Diana /daɪǽnə/ (**1**)ディアーナ: a1200 «ロ神» 月と狩猟の女神. ◆中英語 ~ < ラテン語 Diāna (原義)「女神」. ⇨ DIANE. (**2**)ダイアナ: 1580 女子名. ◆< (1). ▶Diana, Princess of Wales (1961–97). 愛称形 Di, Dee.

Diane /daɪǽn/ ダイアン: 女子名. ◆< フランス語 ~ < ラテン語 Diāna 'DIANA'. 愛称形 Di. ▶Diane LANE (1965– ; 米国の映画女優; *A Little Romance* (1979)).

DiCaprio /dɪkǽprioʊ/ ディカプリオ: 姓 (< 職業). ◆< イタリア語 ~ (原義)「山羊飼いの ∥ 豚・猪飼いの」< di 'of, from' + ラテン語 caprae 'goat' ∥ ? < ギリシャ語 kápros 'boar'. ▶Leonardo DiCaprio (1974– ; 米国の映画俳優; *Titanic* (1997); 父親がイタリア系).

Dick

Dick /dɪk/ ディック：1220 男子名＞1356 姓．◆中英語 Dik(e), Dicke（愛称形）＜RICHARD．RICK の押韻語．その他の押韻語例: Polly：Molly（＜MARY）; Bob：Rob（＜ROBERT）; Hodge：Rodge（＜ROGER）など．▶PHILIP K. Dick（1928–82; 米国の SF 作家; 映画 *Blade Runner*（1982）, *Total Recall*（1990）などの原作者）．

Dicken(s), Dickin(s) /díkɪn(z)/ ディケン（ズ）：1207 男子名・姓．◆＜DICK ＋ -KIN（指小辞）＋ -s（父系）．▶CHARLES Dickens（1812–70; 英国の小説家; *Oliver Twist*（1839））．

Dickinson /díkɪnsən/ ディキンソン：1366 姓．◆中英語 Dykounson＜DICKIN ＋ -SON（父系）．▶EMILY Dickinson（1830–86; 米国の女流詩人）．

Dickson, Dixon /díksn/ ディクソン：1307 姓．◆中英語 Dicson 'Son of DICK'．

Dietrich /díːtrɪk/ ディートリッヒ：姓・男子名．◆＜ドイツ語 ～ ＜古高地ドイツ語 Þiudoreiks 'Theodoric'（原義）「人民の支配者」．5 世紀に東ゴート王国を建設した王として Theodoric の名はヨーロッパ各国に広まり，それぞれの語形を生んだ．⇨ DEREK, DERRICK．▶MARLENE Dietrich（1901?–92; ドイツ生まれの米国の映画女優; *The Blue Angel*『嘆きの天使』, *Morocco*（いずれも 1930））．

Dingle /díŋgl/ ディングル：アイルランド西部 KERRY 県の半島・港町．◆＜アイル語 An daingean（原義）「砦」．半島は大自然に恵まれ古代の遺跡が点在する．

Dion /diɔ́(ː)n/ ディオン：16C 男子名．◆（略形）＜DIONYSUS．⇨ DENIS．

Dionne /diːɔ́n/ ディオンヌ：女子名．◆（略形）＜DIONYSIA．▶Dionne WARWICK（1940– ; 米国の女性ポップシンガー）．

Dionysia /dàjənízjə, -nísjə/ ディオニシア：女子名．◆（女性形）＜DIONYSUS．

Dionysus /dàjənáɪsəs, -níːsəs/ ディオニュソス：«ギ神» 酒の神（Bacchus）．◆＜ラテン語 Dionȳsus＜ギリシャ語 Diónūsos＜?

Disney /dízni/ ディズニー：c1150 姓．◆中英語 de Ysini＜古フランス語 Isigny（NORMANDY の地名）＜ラテン語 Isinius（人名）＋ -ācum（場所を示す接尾辞）．▶WALT Disney（1901–66; ディズニー映画・ディズニーランドの創設者）．

Disraeli /dɪzréɪli/ ディズレイリ：姓．◆＜フランス語 ～ ∥ イタリア語 D'Israeli（原義）「ISRAEL から（来た人）」．▶BENJAMIN Disraeli（1804–81; 英国の首相（1868, 1874–80）; 祖先は北イタリア系ユダヤ人）．

Dobbs /dɔbz/ ドブズ：1202 姓．◆中英語 Dobbe（愛称形）＜ROBERT．⇨ -s（父系）．

Dobie /dóbi/ ドビー：1212 姓．◆中英語 Dobbie（指小形）＜Dobbe（愛称形）＜ROBERT．▶Elliott Van Kirk Dobbie（1907–70; 米国の中世英語学者）．

Dobson /dɔ́bsn/ ドブソン：1327 姓．◆中英語 Dobbesone＜Dobb（ROBERT の愛

称形）+ -SON．▶E. J. Dobson (1913–84；オーストラリア出身の英国の中世英語学者）．

Dodd /dɔd/ ドッド：1086 DB 男子名・1086 DB 姓．♦(1) 中英語 Dodde, Dudde < 古英語 Dodda, Dudda（人名；原義「? 太った小男」）．(2)（別形）< アイル語 Duddy < ゲール語 Ó Dubhda 'descendant of Dubhda（人名；原義「黒い」）'．髪・肌の「黒っぽい」人につけたあだ名から．

Dodge /dɔdʒ/ ドッジ：1196 姓．♦中英語 Dogge（愛称形）< Roger．

Dodgson /dɔ́dʒsn/ ドッジソン：1332 姓．♦中英語 Doggeson < Dogge 'Dodge' + -son．Lewis Carroll の本名 Dodgson は /dɔ́dsn/ だったと言われている．

Dolittle /dúːlitl/ ドゥリトル：1204 姓（< あだ名）．♦中英語 Dolitel (do, little)（原義）「怠け者」．別形 Doolittle．

Dolly /dɔ́li/ ドリー：女子名．♦Dorothy の愛称形．17 世紀には人形の名になり，18 世紀以降独立した女子名として用いられ，今では Dolores の愛称形にも時折用いられる．▶Dolly Parton(1948–　；米国のカントリーミュージックシンガー）．

Dolores /dəlɔ́ːres/ ドローレス：女子名．♦< スペイン語 ～（原義）「悲しみ」（略形）< Maria de los Delores 'Mary of the Sorrows'．愛称形 Lola, Loletta, Lolita．

Domesday Book /dúːmzdeɪ bʊk/ [The ～] ドゥームズデイ ブック：ノルマン征服王 William の命により調査・完成された英国初の土地台帳(1086)．資産が厳しく査定された土地所有者には「最後の審判」のように恐ろしいものだったことからこの名がついた．ラテン語で書かれているが，地名・人名の英語固有名詞（一部ラテン語化）の宝庫．本辞典でも資料として使用した(DB と略記)．

-don /dn/「丘，丘陵」を意味する地名要素．♦< 古英語 dūn 'hill, down'．▶Snowdon．

Donald /dɔ́nld/ ドナルド：1328 姓．♦中英語 ～ < ゲール語 Domhnall（人名；原義「世界支配」）< dubno- 'world' + val 'rule'．⇨ O'Donnell．愛称形 Don, Donnie, Donny．▶Donald Duck (1934–　；Disney 映画の人気キャラクターのアヒル；水兵帽に水兵服の上衣をまとい赤い蝶ネクタイをつけている）．

Donaldson /dɔ́nldsən/ ドナルドソン：1399–1400 姓．♦中英語 ～ 'Son of Donald'．⇨ -son．

Doncaster /dɔ́ŋkəstə/ ドンカスター：1002 イングランド北部の都市．♦古英語 Doneċeaster（原義）「Don 河畔の城市」．⇨ -caster．

Donna /dɔ́nə/ ドナ：女子名．♦< イタリア語 ～（原義）「貴婦人」．米国では 19 世紀後半には確立しており，1920 年代から 70 年代にかけてピークだった．英国では 20 世紀後半にようやく顕著になる(Cresswell)．

Donn(e)

Donn(e) /dʌn/ ダン: DUNN(E) の別形. Donn(e) の o は n の前で u の代用 (cf. woman). ▶JOHN Donne (1572–1631; 英国の詩人; 形而上派詩人の代表格).

Dono(g)hue /dónəhju:/ ドナヒュー: 姓. ♦<アイル語 ~<ゲール語 Ó Donnchadha 'descendant of Donnchadh (原義)「褐色の戦士」'. ⇨ DUNCAN, O'DONO(G)HUE.

Donovan /dónəvən/ ドノヴァン: 姓. ♦アイル語 ~<ゲール語 Ó Donndubháin 'descendant of Donndubhán (人名; 原義「黒褐色の小男」< donn 'dark brown, DUNN' + dubh 'black' + -án (指小辞))'.

Doolittle /dú:litl/ ドゥリトル: DOLITTLE の別形. ▶B. SHAW 作 *Pygmalion* (1912) に登場する Eliza の飲んだくれの父親.

Dorchester /dɔ́:tʃestə/ ドーチェスター: イングランド DORSET 州の州都. ♦中英語 Dorcestre < 古英語 Dornwaraċeaster (原義)「こぶし大の石のある場所の住民の城市」(Mills) //「(屋外)拳闘の行われる場所の住民の城市」(Reaney & Wilson) < ケルト語 dorn(-gweir) 'fist(-play)' + 古英語 -wara 'of the inhabitants' + ċe(a)ster 'fort, -CHESTER'. 語源説が分かれる. 後者はローマ時代の闘技場を指しているのかもしれない.

Doris /dɔ́rɪs, 米 dɔ́:rɪs/ ドリス: 女子名. ♦<ラテン語 Dōris <ギリシャ語 Dōrís 'Dorian woman' < Dôros (ドーリア人の始祖の名). ▶Doris Day (1924– ; 米国の歌手・映画女優).

Dorothea /dɔ̀rəθíə, 米 dɔ̀:rəθí:ə/ ドロシ(ー)ア: 女子名. ♦(ラテン語化)<ギリシャ語 Dōrothéa (原義)「神からの贈物」< dôron 'gift' + theós 'god'.

Dorothy /dɔ́rəθi/ ドロシー: 女子名. ♦(英語化) < DOROTHEA. 愛称形 Dot, Dottie, Dotty, Dodie, DOLLY. ▶Dorothy WORDSWORTH (1771–1855; 英国の詩人・日記作家; WILLIAM の妹) | L. FRANK Baum 作 *The Wonderful Wizard of Oz* (1900) に登場する闊達な孤児の少女.

Dorset /dɔ́:sət/ ドーセット: イングランド南西部の州. ♦古英語 Dornsǣte < Dorn- 'DORCHESTER' + sǣte 'dwellers'.

Dorward /dɔ́:wəd/ ドーワード: 1208 姓. ♦中英語 Dueward, Doreward (door, ward) (原義)「(宮廷の)守衛(職)」.

Douglas /dʌ́ɡləs/ ダグラス: (1) a1220 (de) 姓 (< BRITAIN 島各地の地名). ♦中英語 Duglas < ゲール語 Duglas, Dufglas (原義)「黒川」< dubh 'black' + glas 'water, stream'. (2) 1175–99 姓 > 男子名. ♦<(1). 愛称形 Doug(ie), Dug(ie), Duggy. 12–16 世紀にスコットランドで強大な力を誇った氏族.

Dovedale /dʌ́vdeɪl/ ダヴデール: 1269 DERBYSHIRE の地名. ♦中英語 Duvesdale (原義)「黒川谷」< Dove (< ゲール語 Dufan (原義)「黒川」) + dale.

Dover /dóʊvə/ ドーヴァー: (1) イングランド南東部 KENT 州の港町. ♦< 古英語

Drake

Dofras <古ブレトン語 *Dubrā (原義)「水域・川」. (**2**) 米国北東部 DELAWARE 州の州都. ♦< (1).

Dow Jones /dàʊ dʒóʊnz/ ダウジョーンズ: 1882 米国の経済ニュース通信社 Dow Jones & Company の商標. ♦同社は Dow, JONES, Bergstresser の3人の新聞記者が設立. ダウ(工業株)平均株価(Dow Jones Industrial Average) などの情報を提供. 現在は News Corporation の傘下.

Down /daʊn/ ダウン: 北アイルランドの旧州. ♦<アイル語 An Dún 'The fort' (中心都市 Downpatrick を指す. St. PATRICK の埋葬地とされる).

Downey /dáʊni/ ダウニー: 1327 姓. ♦中英語 Douway (原義)「丘島」<古英語 dūn 'down' + īeġ 'island' / (原義)「黒島」<古英語 dunn (⇨ DUNN) + īeġ. ▶ROBERT Downey, Jr. (1965– ; 米国の映画俳優).

Downie /dáʊni/ ダウニー: 姓. ♦アイル語 ~ <ゲール語 Dunadhaigh (原義)「砦の長・城主」

Downing /dáʊnɪŋ/ ダウニング: 1197 姓. ♦中英語 Duning, Downyng <古英語 Dūning 'Son of Dūn (人名)'. ⇨ -ING.

Downing Street /dáʊnɪŋ striːt/ ダウニングストリート: LONDON の街路の一つ. ♦ここを 1680 年ころ開発した英国の政治家 GEORGE DOWNING (1623–84) にちなむ. 1732 年以来 No. 10 は首相官邸.

Downs /daʊnz/ [The ~] ダウンズ・1086 DB イングランド各地の丘陵地帯. ♦中英語 Dune <古英語 dūn 'hill, down'. ⇨ -DON, -s (複数). The North Downs (イングランド南東部 SURREY 州から KENT 州の DOVER まで続く連丘) | The South Downs (その約 50 キロ南の HAMPSHIRE 州から SUSSEX 州まで続く連丘).

Doyle /dɔɪl/ ドイル: 姓. ♦アイル語 ~ <ゲール語 Ó Dubhghaill 'descendant of Dubhghall (原義)「黒いよそ者; デーン人」'. ▶ARTHUR CONAN Doyle (1859–1930; SHERLOCK HOLMES シリーズを創作したアイルランド系の英国の作家).

Drabble /drǽbl/ ドラブル: 1273 姓. ♦中英語 Drabel (指小形) <? 古英語 Drabba (人名; 原義「? 不潔な女」). ▶MARGARET Drabble (1939– ; 英国の作家・文学者).

Dracula /drǽkjʊrə/ ドラキュラ: アイルランドの作家 BRAM STOKER (1847–1912) が 1897 年に発表した怪奇小説の主人公・伯爵. ♦ルーマニア語 ?(Vlad III) Dracula 'Son of (Vlad II) Dracul (原義)「龍」'. Dracul はトランシルバニアの貴族ワラキア公ヴラト II がトルコと戦う「龍騎士団」の騎士に叙任されてついた異名.

Drake /dreɪk/ ドレイク: (**1**) 1066 姓. ♦中英語 ~ <古英語 Draca (あだ名; 原義「龍・蛇」). (**2**) c1300 姓. ♦中英語 ~ (あだ名; 原義「雄アヒル」) <中低地

Draper

ドイツ語 andrake 'male duck'. ▶Sir Francis Drake (1540–96; Elizabeth I の下で活躍した英国の提督).

Draper /dréɪpə/ ドレイパー: 1148 姓(<職業). ◆中英語 〜 <アングロフランス語 draper「ウール地の製造・販売者」. ▶Henry Draper (1837–82; 米国のアマチュア天文学者; 天体写真のパイオニア).

Drayton /dréɪtn/ ドレイトン: 1086 (de)姓(<地名). ◆中英語 〜 (原義)「荷物運搬用ソリが使われる村」

Dreiser /dráɪsə, -zə/ ドライサー, ドライザー: 姓. ◆<ドイツ語 〜 'Son of Drei (Andreas 'Andrew' の愛称形)'. ▶Theodore Dreiser (1871–1945; 米国の自然主義作家; *The American Tragedy*『アメリカの悲劇』(1925)).

Drew /druː/ ドゥルー: (1) 1086 DB 男子名・1185 姓. ◆中英語 Driu, Drogo, 〜 <古フランス語 Dreus (主格), Dreu (対格) <古高地ドイツ語 Drogo (人名; 原義「? 幽霊」). (2) 1255 (le) (姓). ◆中英語 Dru(ie) <古フランス語 dru「たくましい・愛しい(人)」. (3) 1400 男子名・姓・女子名. ◆〜 (Andrew の愛称的略形). ▶Drew Barrymore (1975– ; 米国の映画女優; *E.T. the Exra-Terrestrial* (1982)).

Dreyfus(s) /dréɪfəs, dráɪ-/ ドレイファス: 姓. ◆<ドイツ語 Dreifuss「3脚の五徳」(drei 'three' + fuss 'foot' との連想による変形) <Treves (Mosel 河畔の都市 Trier の古名). ▶Richard Dreifus(s) (1947– ; ユダヤ系米国人の映画俳優; *The Goodbye Girl* (1977)で Academy 主演男優賞を受賞).

Drinkwater /dríŋkwɔ̀ːtə/ ドリンクウォーター: 1274 姓(<あだ名). ◆中英語 〜 (原義)「水呑み(貧者)」.「酒飲み(富者)」とも考えられる.

Drucker /drʌ́kə/ ドラッカー: 姓. ◆<ドイツ語 〜 (原義)「印刷屋」. ▶Peter Drucker (1909–2005; ウィーン生まれのユダヤ系米国人の経営学者; *The Age of Discontinuity*『断絶の時代』(1969)).

Druid /drúːɪd/ ドゥルイド: ドゥルイド教の祭司. ◆<ゲール語 *druwides 'oak-sorcerer'. 樫の木をまじないに用いたのか.

Drury Lane /drúəri leɪn/ ドゥルーリーレイン: 1607 London の街路. ◆そこに邸宅を構えた Richard Drury (<中英語 druerie 'love-token')にちなむ. そこの 1663 年に開かれた The Drury Lane 劇場には名優 Garrick などが出演した. 今はミュージカル専用劇場.

Dryden /dráɪdn/ ドライデン: 1296 (de); 1553 姓(<イングランド北部の地名). ◆中英語 〜 (原義)「涸れ谷」<古英語 drȳge 'dry' + denu 'valley'. ▶John Dryden (1631–1700; 英国の詩人; *Annus Mirabilis*『驚異の年』(1667); 桂冠詩人(1668–88)).

Dublin /dʌ́blɪn/ ダブリン: mid–9C アイルランド共和国の首都(1922). ◆<ゲー

ル語 Duibhlinn（原義）「黒池・黒川」< dubh 'black, dark' + linn 'pool'. 9世紀半ばに来襲・定住した Viking が LIFFEY 川を見てつけた名.

Duckett /dʌ́kət/ ダケット：1176 姓（<あだ名）> 1198 男子名. ◆中英語 Duket（原義）「小鴨」（指小形）< 古英語 *ducca, dūce 'duck'.

Duff /dʌf/ ダフ：c1275 姓（<あだ名）. ◆スコット語 〜 < ゲール語 dubh 'black' ‖ アイル語 〜 < ゲール語 Ó duibh 'descendant of the black'.

Dufftown /dʌ́ftaʊn/ ダフタウン：1817 スコットランド北部 Speyside の村. ◆（原義）「DUFF の町」. JAMES DUFF, 4th Earl of FIFE（1776–1857）が造った町. 7 つものウイスキー蒸留所があり，なかでも Glenfiddich /glénfɪdɪk/（原義）「鹿谷」は有名.

Duke /djuːk/ デューク：1185 (le) 姓（<あだ名）. ◆中英語 Duk(e) < 古フランス語 duc「将軍・大将」.「将軍」のように堂々とした人につけたあだ名から.「公爵」は 1337 年が初出.

Dumfries /dʌmfríːs/ ダンフリース：c1183 スコットランド南西部の旧州. ◆スコット語 Dunfres（原義）「茂みの砦」< ゲール語 dùn 'fort' + preas 'thicket'. ROBERT BURNS が最晩年を過ごした家がある.

Dumville /dʌ́mvɪl/ ダンヴィル：1274 (de) 姓. ◆中英語 Donvil < 古フランス語 Donville（NORMANDY の地名；原義「Dono（人名）の村」）.

Dunbar /dʌnbáː/ ダンバー：709 スコットランド南東部の港町. ◆スコット語 Dynbaer（原義）「山頂砦」< ゲール語 dùn 'fort' + barr 'summit'.「米国の国立公園の父」JOHN MUIR の故郷. 岬の岩場に Dunbar Castle が立つ.

Duncan /dʌ́nkən/ ダンカン：1086 DB 男子名・1275–76 姓. ◆< ゲール語 Donnchadus（原義）「黒武士」< donn 'dark brown, DUNN' + cath 'warrior'. ▶ Duncan I（?–1040；スコットランド王；SHAKESPEARE 作 *Macbeth* では Macbeth に殺され王位を簒奪される）.

Dundee /dʌndíː/ ダンディー：c1180 スコットランド東部の港湾都市. ◆スコット語 Dunde（原義）「Daigh の砦」< ゲール語 dùn 'fort' + Daigh（人名）.

Dunedin /dʌníːdɪn/ ダニーディン：ニュージーランド南島南東部の海浜の町. ◆スコット語 〜（原義）「丘の上の砦」< ゲール語 dùn 'fort' + edin (< eadain 'hill-top'). スコットランド出身の建設者たちは New Edinburgh と命名したかったが反対にあい，EDINBURGH と同義のゲール語 Din Eydin で我慢した (Everett-Heath).

Dunfermline /dʌnfə́ːmlɪn/ ダンファームリン：11C スコットランド東部 FIFE 旧州の古都. ◆古スコット語 Dumfermelyn < ゲール語（原義）「? Parlan（人名；MacFarlanes 族の始祖）の砦の町」. MALCOLM III が 1060 年に築いた王宮跡のそばの Dunfirmline Abbey は王妃 St. MARGARET が建てた教会が基. 17 世紀

Dunhill

までスコットランドの首都だった．

Dunhill /dʌ́nhɪl/ ダンヒル: 姓．◆? 古英語 dunn 'dark brown, DUNN' *l* dūn 'hill, down' + hyll 'hill'．いずれにしても原義は「(黒っぽい) 丘の住人」か．▶ALFRED Dunhill (1872–1959; 英国の喫煙具・紳士用服飾品会社の創業者).

Dunkeld /dʌnkéld/ ダンケルド: スコットランド PERTH 州の TAY 河畔の町．◆スコット語 〜 (原義)「CALEDONIA 人 (＝ピクト族) の砦の町」< dùn 'fort' + Callden 'Caledonians'．St. COLUMBA の遺骨が納められていたと伝えられる修道院の跡に大聖堂が立っている．TAY 川を挟んだ向かい側の Birnam 村は，SHAKESPEARE 作 *Macbeth* に出てくる Birnam Wood があった．

Dunlop /dʌ́nləp/ ダンロップ: 1260 (de) 姓 (< スコットランド East AYRSHIRE の地名)．◆スコット語 〜 (原義)「泥だらけの砦」< ゲール語 dùn laib 'muddy fort'．▶JOHN Dunlop (1840–1921; 1880 年代に空気入りタイヤを発明し Dunlop Tyres を創業した).

Dunn(e), Donn(e) /dʌn/ ダン: 1180 姓 (< あだ名)．◆中英語 Dun(n), Don < 古英語 dunn 'dull brown, dark'．「黒髪・色黒の」人につけたあだ名から．⇨ DONN(E).

Dunning /dʌ́nɪŋ/ ダニング: 1086 DB 姓．◆中英語 〜 'Son of DUNN'.

Duns Scotus /dʌ́ns skóʊtəs, -skótəs/ ダンススコタス: スコットランドの神学者 (c1265–1308)．◆< Dun (出身地名; ゲール語 (原義)「砦」) + 英語属格の -s + Scotus (SCOT のラテン語化).

Dunstan /dʌ́nstən/ ダンスタン: 1086 DB 姓．◆中英語 〜 < 古英語 Dūnstān (down, stone) (人名; 原義「丘石」)．▶St. Dunstan (909–88; CANTERBURY の大司教; 技芸にも秀でていた).

Du Pont /dju pónt, 仏 dy pɔ̃/ デュポン: 米国の化学製品会社の商標．◆同社はフランス移民の E. I. du Pont de Nemours Éleuthère Irénée (1771–1834) が 1802 年に火薬製造会社として創業した．フランス語 Du Pont は 'From the Bridge' の意．

Durant /dʌ́rənt, dərǽnt, 米 dɔ́ːrənt/ ダラント: 1066 男子名・1196 姓．◆中英語 Durand(us), 〜 < 古フランス語 〜 (男子名 < あだ名「しっかり者・頑固者」) (現在分詞形) < durer 'endure'.

Durham /dʌ́rəm/ ダラム: イングランド北部の州・同州の州都．◆古英語 Dūnholm (原義)「丘島」< dūn 'hill' + 古ノルド語 hólmr 'islet'．大聖堂 (995) や城 (1072) のある中心部が WEAR 川に囲まれ一見「小島」のようだからか．現在の綴り・発音はノルマン人の影響か．-HAM[1] とは無関係．

Dustin /dʌ́stɪn/ ダスティン: 男子名．◆<? 古ノルド語 Dórsteinn (原義)「THOR の石」．米国の映画俳優 Dustin HOFFMAN (1937–) にあやかって人気がある

(Hanks & Hodges).

Dwight /dwaɪt/ ドゥワイト: 1327 姓＞男子名. ◆中英語 Duyhts＜Diot（指小形）＜Dye（愛称形）＜Dionisia（女性形）＜ラテン語 Dionysius. ⇨ DENIS. 男子名は米国に多いが, 特に第2次大戦後は Dwight D. EISENHAUER の人気で増えた.

Dylan /dílən/ ディラン: 男子名. ◆＜ウェールズ語 ～（原義）「大海」＜dy 'great' + llanw 'sea'. ▶Dylan THOMAS (1914–53; ウェールズの詩人) | BOB Dylan (1941– ; 米国のシンガーソングライター; Dylan THOMAS に心酔して姓を Zimmerman から Dylan に改名した; "Blowin' in the Wind"「風に吹かれて」(1963)).

E

Eady /í:di/ イーディー: 1086 DB 女子名・姓. ◆中英語 Edy, Ædiva (原義)「繁栄・幸福をもたらす子」< 古英語 Ēadgifu 'prosperity-giver'.

Earl(e) /ə:l/ アール: 1038–44 (称号) > c1095 姓 (< あだ名). ◆中英語 Eorl < 古英語 eorl 'earl'. 「伯爵」の召使, 「伯爵」をふざけてまねた人, または劇でその役をやった人につけたあだ名から. ▶STEVE Earl (1955– ; 米国のシンガーソングライター・政治活動家).

Earnest /ə́:nəst/ アーネスト: 1758 男子名. ◆同源の一般語 earnest の影響によるERNESTの別形.

Earp /ə:p/ アープ: 1200 姓 (< あだ名). ◆中英語 *yrp, erpe (原義)「浅黒い人」< 古英語 ierepe, earp 'swarthy'. ▶WYATT Earp (1848–1929; 米国西部の保安官; Clanton 一家と決闘; 映画化・TV ドラマ化多数).

East Anglia /í:st ǽŋgljə/ イースト アングリア: ANGLO-SAXON 時代の七王国の一つ. ◆(ラテン語化) < 古英語 Ēast Engle 'the East Angles'.

Eastbourne /í:stbɔ:n/ イーストボーン: 1310 イングランド East SUSSEX の海浜保養地. ◆中英語 Estburn (原義)「東川」< est 'east' + bourne < 古英語 burna 'stream' (⇨ BOURNE).

East End /ì:st énd/ [the ~] イーストエンド: 東 LONDON の中心地区. ◆古くからある WEST END の呼称に対して, 19 世紀後期に City の東側の地域を指す用語となる.

Eastman /í:s(t)mən/ イーストマン: 1086 DB 姓. ◆中英語 Estmunt (cf. ESMOND) < 古英語 Ēastmund (原義)「恵護」< ēast 'grace, favour'+ mund 'protection'. east, man とは無関係. ▶GEORGE Eastman (1854–1932; Eastman KODAK 社を 1892 年に創業した).

Eastwood /í:stwʊd/ イーストウッド: 1221 (de) 姓 (< イングランド各地の地名). ◆中英語 Estwuda (原義)「東林」. ▶CLINT Eastwood (1930– ; 米国の映画俳優・監督; *Unforgiven*『許されざる者』(1992)).

E(a)ton /í:tn/ イートン: (**1**) c1050 イングランド各地の地名. ◆中英語 Eton (原義)「川村」/「島村」< 古英語 ēa-tūn 'river-village' / ēġ-tūn 'island-village'. ▶

Eton College (BUCKINGHAMSHIRE の THAMES 河畔の町 Eton にあるパブリックスクールの名門; 多くの首相を輩出した). (**2**) 1086 DB 姓. ◆中英語 Eton(e) < (**1**).

Ebenezer /èbəníːzə/ (**1**) エベン, エゼル: «旧約» ペリシテ人を敗走させた記念に SAMUEL が建てた石碑 (『サムエル記第一』7:12). ◆< ヘブライ語 (原義)「救い・神助の石」. (**2**) エベニーザー: 男子名. ◆< (**1**). 17 世紀にピューリタンが洗礼名に用い始め, 米国では今でも時折 Eben /ébən/ として使用 (Withycombe).

Ed /ed/ エド: 1279 男子名・1524 姓. ◆中英語 Edde (愛称形) < EDMUND, EDWIN, EDWARD.

Eda, Ede /íːdə/ イーダ: 1194 女子名 > 1275 姓. ◆中英語 Eda, Ede (愛称形) < EDITH.

Eddy[1] /édi/ エディー: 1221 男子名 > 1250 姓. ◆中英語 Edwy < 古英語 Ēadwīg (原義)「幸運な戦・戦勝」< ēad 'happiness' + wīg 'war'.

Eddy[2]**, Eddie** /édi/ エディー: 男子名. ◆EDGAR, EDWARD, EDWIN の愛称形.

Eden /íːdn/ イーデン: (**1**) 1178 (de) 姓 (< イングランド DURHAM 州の地名). ◆< ゲール語 ~ (川名; 原義「水」). (**2**) 1203 姓. ◆古英語 Ēad-hūn (人名) 原義「元気な熊の子」) < Ēad 'prosperity' + hūn 'bear-cub'. ▶ANTHONY Eden (1897–1977; 英国の首相 (1955–57)).

Edgar /édgə/ エドガー: 1086 DB 男子名・姓. ◆古英語 Ēadger (原義)「幸運な槍, 槍の名手」< ēad 'happiness, richness' + gār 'spear'. 愛称形 ED, EDDY, EDDIE, NED. Edgar 王 (ALFRED 大王の孫で 955 年に MERCIA 国王, 959 年に WESSEX 国王と NORTHUMBRIA 国王になり, ほぼイングランド全土を統一) の人気は 13 世紀まで続いたが終息した. 18 世紀の復活はロマン派作家の影響で, 19 世紀のさらなる復活は W. Scott の小説 *The Bride of Lammermoor*『ラマームーアの花嫁』(オペラ *Lucia* の原作) の主人公の人気による (Withycombe). ▶米国の作家 Edgar ALLAN POE.

Edgeworth /édʒwə(ː)θ/ エッジワース: 1221 (de) 姓 (< イングランド GLOUCESTERSHIRE, LANCASHIRE の地名). ◆中英語 Egewurth (原義)「山腹の屋敷」< ege 'hill-side, edge' + wurth 'homestead, -WORTH'.

Edinburgh /édɪnbərə, -bʌrə/ エディンバラ: 1437 スコットランドの首都. ◆中英語 Edenburge (古英語 Ēadwinesburgh '(King) Edwin's fortress' の影響による変形) < ゲール語 dùn eadain (原義)「坂上の砦」, 地形的説明. ⇨ EDWIN.

Edison /édɪsən/ エジソン: 1314 姓. ◆中英語 Eddesone, ~ 'Son of EDDIE'. ▶THOMAS Edison (1847–1931; 米国の発明王).

Edith /íːdɪθ/ イーディス: 女性名. ◆古英語 Ēadġȳð (原義)「幸運な戦・戦

Edmonton

勝」< ēad 'happiness, richness' + gūð 'war'. EDGAR 王の娘 St. Eadgyth (962–84)の人気で中英語期によく用いられたが，16–18 世紀に減り，19 世紀に復活 (Withycombe).

Edmonton /édməntən/ エドモントン: カナダ ALBERTA 州の州都. ♦Hudson's Bay Company が 1795 年に築き交易所にもしていた Fort Edmonton にちなむ. Edmonton (<古英語 Ēadhelm (人名) + tūn '-TON')はこの会社の経営者が生まれた LONDON の地名から採られた. University of Alberta の所在地.

Edmund(s), Edmond(s) /édmənd(z)/ エドマンド, エドマンズ: OE 男子名 > 1210 姓. ♦古英語 Ēadmund (原義)「幸運な・富める保護者」< ēad 'happiness, richness' + mund 'hand, protector'. ⇨ -s(父系). Edmond はフランス語綴り. 愛称形 ED, NED. ▶アングロ - サクソンの 2 人の国王 Edmund the Magnificent (在位 940–46)と Edmund IRONSIDE (在位 1016). さらに 2 人の聖者・殉教者(St. Edmund, King of EAST ANGLIA (c841–870)とカンタベリーの大司教 St. Edmund(在位 1234–40)).

Edna /édnə/ エドナ: (1)旧約外典の女子名. ♦ヘブライ語 (原義)「喜び」. (2)アイル語<ゲール語 Eithne (原義)「仁・種」. ▶Edna Purviance (1895–1958; 米国の女優; CHAPLIN の映画 33 本に出演した).

Edrich /édrɪtʃ/ エドリッチ: OE 男子名 > 1086 DB 姓. ♦中英語 Ædricus, ～ (原義)「大福者」<古英語 Ēadrīċ < ēad 'prosperity, happiness' + rīċ 'powerful'.

Edward(s) /édwəd(z)/ エドワード, エドワーズ: OE 男子名 > 1219 姓. ♦古英語 Ēadweard (原義)「幸運な・富める保護者」< ēad 'happiness, richness' + weard 'guardian, ward'. ⇨ -s(父系). 愛称形 ED, EDDIE, NED, TED, Teddy. ▶アングロ - サクソンの Edward the Confessor (証聖王; 在位 1042–66) | イングランド王・英国王 Edward I から VIII.

Edwin /édwɪn/ エドウィン: OE 男子名 > 1066 姓. ♦古英語 Ēadwine (原義)「幸福な・富める友」< ēad 'happiness, richness' + wine 'friend'. 愛称形 ED, EDDIE, NED. ▶アングロ - サクソン時代初期の NORTHUMBRIA 王(在位 616–33) ほか.

Egbert /égbə(ː)t/ エグバート: OE 男子名. ♦古英語 Eċġbeorht (原義)「輝く剣・名刀」< eċġ 'sword, edge' + beorht 'bright'. 19 世紀に他の古英語人名とともに復活. ▶Egbert (802–839; ウエスト - サクソン国王) | St. Egbert (639–729; NORTHUMBRIA の聖者).

Eglantyne /égləntaɪn/ エグランタイン: 女子名. ♦中英語 Eglentine <古フランス語 Aiglentine (指小形) < aiglente < aculenta 'prickly; sweetbrier「野バラの一種」'. ⇨ -INE. 19 世紀に復活したが一般的でない. ▶CHAUCER 作 *The Can-*

terbury Tales の尼僧院長 Madam Eglantyne.

Eileen /áɪliːn, ⏑ ⏑́/ アイリーン: 女子名. ♦< アイル語 Eibhlin < EVELYN. 別形 AILEEN.

Eilert /éɪlət/ エイラート: 男子名. ♦< ドイツ語 ～（変形）< Eilhart（原義）「敏捷な勇士」∥ Eilwart（原義）「敏捷な番人」< 古高地ドイツ語 Agil-hard ∥ Agil-ward.

Einstein /áɪnstaɪn/ アインスタイン: 姓. ♦< ドイツ語 ～（ein 'one', Stein 'stone'）（地名; 原義「(防護のために)石で囲った土地」）∥（ユダヤ人の姓; 原義「1個の石」）. ▶ALBERT Einstein (1879–1955; ドイツ生まれの米国の理論物理学者; 相対性理論の完成者).

Eire /éərə, éːrə/ エール: アイルランド共和国のアイル語名. ♦< 古アイル語 Ériu（原義）「(豊穣の)女神(の名)」. アイルランド人の自国の呼び方（ウェールズの CYMRU 参照）. 英語やスコット語で用いる ERIN は Ériu の与格 Éirinn の転用から.

Eisenhauer /áɪznhàʊə/ アイゼンハウアー: 姓. ♦< ドイツ語 ～（原義）「鉄細工師」< Eisen 'iron' +（中西部方言）houwære 'cutter'. ▶DWIGHT D. Eisenhower (1890–1969; 米国第 34 代大統領 (1953–61); 祖先がドイツ移民).

Ekwall /éɪkvɑːl/ エクヴァル: 姓. ♦< スウェーデン語 Ekvall（原義）「樫の木の防壁」< ek 'oak' + vall 'defensive wall'. ▶EILERT Ekwall (1877–1965; スウェーデンの英語学者; 本辞書でも活用した *The Concise Dictionary of English Place-names*. 4th Ed. Oxford Univ. Press, 1960 の著者).

-el /-əl/ 指小辞. ♦中英語 ～ < 古フランス語 -el(l)（フランス語 -eau）< ラテン語 -ellus, -ellum, -ella.

Elaine /ɪléɪn/ イレイン: 女子名. ♦中英語 ～ < 古フランス語 ～ 'HELEN'. TENNYSON 作 *Idylls of the King* (1859) の影響で用いられようになった. ▶Malory 作 *Le Morte d'Arthur* (1485) で LANCELOT に恋焦がれて死んだ乙女 (Elaine of Astolat) ∣ LANCELOT との間に GALAHAD を生んだ Pelles 王の娘 (Elaine of Corbenic).

Eldridge /éldrɪdʒ/ エルドリッジ. ♦ALDRICH の別形.

Eleanor, Elinor /élənə/ エレノア, エリナー: 女子名. ♦中英語 Eleanor < ノルマンフランス語 Alienor 'HELEN'. 愛称形 ELLA, NELL(E), NELLIE, NORA. 人気は EDWARD I の妃 Eleanor of Castile (在位 1274–90) の影響. 短縮形の Elinor は 17 世紀に現れ, AUSTEN 作 *Sense and Sensibility*『分別と多感』(1811) の登場人物 Elinor Dashwood に用いられた.

Elgar /élgɑː/ エルガー: 1151–3 男子名 > 1271 姓. ♦中英語 Ailgarus, Elgar(us)（原義）「高貴な槍」< 古英語 Æðelgār 'noble spear'. ▶EDWARD Elgar (1857–

Elgin

1934; 英国の作曲家).

Elgin /élgɪn/ エルギン: (**1**) 1136 スコットランド北部の都市. ♦スコット語 ~ (語源不詳). 廃墟となった壮大な大聖堂がある. (**2**) 姓. ♦<(1). ▶THOMAS BRUCE, 7th Earl of Elgin (1766–1841; オスマントルコ大使の時にアテネのパルテノン神殿を飾っていた大理石の彫刻群 (Elgin Marbles; British Museum 所蔵) をはがして本国に送った).

Elijah /ɪláɪdʒə/ (**1**) エリヤ: «旧約» ヘブライの預言者. ♦中英語 Elias<後期ラテン語 Eliās<ギリシャ語 Ēlioú<ヘブライ語 Eliyah(a) (原義)「私の主は神」. 今の語形はヘブライ語にならったもの. (**2**) イライジャ: c1050 男子名・姓. ♦<(1). ▶Elijah WOOD (1981– ; 米国の俳優; 映画 *The Lord of the Rings* 『指輪物語』で Frodo を演じた).

Eliot(t), Elliott /éljət/ エリオット: (**1**) 1279 姓. ♦中英語 Elewald<古英語 Ælfweald (原義)「elf「妖精」の王」. (**2**) 12C 姓. ♦中英語 Elyot (指小形)<古フランス語 ELLIS. ⇨ -OT. (2) には古英語 *Æþelġēat (原義)「高貴なイェーアタス人」の影響がある. ▶T(HOMAS) S(tearns) Eliot (1888–1965; 米国生まれの英国の詩人; *The Waste Land* (1922); NOBEL 文学賞を受賞 (1948)) | GEORGE Eliot (1818–80; 英国の女流作家; *Silas Marner* (1861); 男子名のペンネームを使用; 本名 MARY ANN EVANS).

Elizabeth, Elisabeth /ɪlízəbəθ/ エリザベス: 1205 女子名. ♦中英語 ~ <後期ラテン語 Elizabetha<ギリシャ語 Elisábet<ヘブライ語 (原義)「わが神は 7 (聖数; 誓いの意か)」. 聖書では AARON の妻と洗礼者ヨハネの母の名. 最初, 東方教会で洗礼名として用いられ, ロシア, ドイツ, オランダ, フランスへと広がり, フランスでは ISABEL に変形した. 中英語期のイングランドでは Elizabeth は一般的でなかったが, Elizabeth I の長い統治 (1558–1603) のお蔭で人気がでて, 多数の愛称形 Eliza, Bets(e)y, BETTY, BESS(ie), BETH, LIZ, Lizzy, Lizzie, Tibby などを派生した (Withycombe). *Pride and Prejudice* (1813) のヒロイン Elizabeth BENNET を家族は Lizzy と呼ぶが, 友人のCharlotte Lucas は Eliza (18–19 世紀には人気があった) と呼ぶ.

Ella /élə/ エラ: 女子名. ♦中英語 El(l)a, Ala<古高地ドイツ語 Alia (原義)「皆んなの子」<alja 'all'. 今, 英語圏で最も人気のある女子名で, Ella-May, Ella-Jane のようにも用いられる. ELEANOR, ISABELLA の愛称形としても用いられる (Cresswell). ▶Ella FITZGERALD (1917–96; スキャット唱法で有名な米国のジャズシンガー).

Elle /el/, **Ellie** /éli/ エリー: 女子名. ♦El- で始まる女子名の愛称形. 今, 英語圏で大流行中 (Cresswell). ▶Elle (<ELEANOR) Macpherson (1963– ; オーストラリアのスーパーモデル).

Ellen /élən/ エレン: 16C 女子名. ♦(変形) < HELEN. 今ではスコットランドとアイルランドで最も人気がある(Cresswell). 愛称形 ELLIE, NELL, NELLY, NELLIE.

Ellington /élɪŋtən/ エリントン: 1206 (de) 姓(<イングランド各地の地名). ♦中英語 El(l)ington (原義)「Ella (人名; <? Ælf- 'elf')一族の村」. ⇨ -ING, -TON. ▶DUKE Ellington (1899–1974; 米国のジャズピアニスト・バンドリーダー).

Ellis /élɪs/ エリス: 姓. ♦中英語 Elis (短縮形) < Elias 'ELIJAH'. ▶HAVELOCK Ellis (1859–1939; 英国の性科学者; *Studies in the Psychology of Sex* (1892–1928)).

Elmer /élmə/ エルマー: 1086 DB 男子名 > 1316 姓. ♦中英語 < (変形) AYLMER. 中英語初期では男子名が中心で, その後姓に用いた. アメリカでは独立戦争で活躍した NEW JERSEY 出身の JONATHAN & EBENEZER Elmer 兄弟にちなみ, 姓から男子名に用いられるようになった(Withycombe). ▶Elmer BERNSTEIN (1922–2004; 米国の映画音楽家; LEONARD BERNSTEIN とは別人だが友人同士).

Eloise /èlouí:z/ エロイーズ: 女子名. ♦<フランス語 Heloïse <古ドイツ語 Helewidis (原義)「十分健やかな人」< haila 'hale' + vīd 'wide'. ▶Heloïse (Abelard と恋に落ちたフランスの修道尼(c1098–1164)).

El Paso /el pǽsou/ エルパソ: 米国 TEXAS 州西端の都市. ♦<スペイン語 ～ 'the passage, crossing, fording'. Rio Grande 河の渡河・渡渉点の意味か.

Elsa /élsə, élzə/ エルサ, エルザ: 女子名. ♦<ドイツ語 ～ (指小形) < Elisabeth 'ELIZABETH'.

Elsdon /élzdən/ エルズドン: 1226 イングランド NORTHUMBRIA の地名 > 1674 姓 > 男子名. ♦中英語 Eledene (原義)「Elli (人名)の谷間」<古英語 Elli + denu 'valley, -DON'.

Elvis /élvɪs/ エルヴィス: 1880s 男子名. ♦(1) <古ノルド語 Alvis (all, wise) (原義)「全知人」. (2) < Elwes < ELOISE. (3) < Elwin < ALVIN. (4) <古アイル語 Ailbe (原義)「白き女武士・女聖者」. ▶Elvis PRESLEY.

Ely /í:li/ イーリー: (**1**) イングランド CAMBRIDGESHIRE の大聖堂のある町. ♦古英語 Ēlēġ (原義)「鰻島」< Ēl 'eel' + ēġ 'islet'. (**2**) 1086 DB 姓. ♦中英語 ～ < (1). (**3**) 1150–60 姓. ♦中英語 Elye <古フランス語 Elie 'ELIJAH'.

Emerson /émərsən/ エマソン: 1411 姓. ♦中英語 Emeryson < Amery, Emery (原義)「勤勉な統治者」<古フランス語 Amari <古高地ドイツ語 Amalrīc 'work-rule'. ⇨ -SON(父系). 別形 Emmerson. ▶RALPH Waldo Emerson (1803–82; 超絶主義を唱えた米国の哲学者).

Emilia /emí:ljə/ エミーリア: 女子名. ♦<ラテン語 Aemilia 'EMILY' (女性

形)＜Aemilius(ローマの氏族名). ⇨ -IA.

Emily /éməli/ エミリー: 女子名. ♦＜フランス語 Emilie ＜ラテン語 Aemilia (女性形)＜Aemilius(ローマの氏族名). ⇨ AMELIA, -IA. 愛称形 EMMIE, EMMY. ▶Emily BRONTË, Emily DICKINSON.

Emma /émə/ エマ: 1186–1219 女子名. ♦中英語 ～＜アングロフランス語 ～＜古高地ドイツ語 ～, Imma (愛称形)＜Ermintrude (原義)「広い愛」＜ermin, irmin 'whole, immense'. 愛称形 Em, EMMIE. ▶JANE AUSTEN の小説 *Emma* (1815)のヒロインの名. 米国での復活も連続 TV ドラマの人物によく用いられることから裏付けられる(Cresswell).

Emmanuel /ɪmǽnjuəl/ エマニュエル: 男子名. ♦＜後期ラテン語 ～＜ギリシャ語 Emmanouél＜ヘブライ語(原義)「神は我らとともにあり」. 別形 IMMANUEL.

Emmie, Emmy[1] /émi/ エミー: 女子名. ♦EMILY の愛称形. ⇨ -IE, -Y.

Emmy[2] /émi/ エミー: 1949 優秀テレビ作品賞. ♦ (EMMY[1] による女性化)＜immy (あだ名)＜image orthicon tubes「テレビカメラ用撮像管」. ⇨ ACADEMY AWARD, GRAMMY, OSCAR TONY.

Empson /émpsn/ エンプソン: 1498 姓. ♦中英語 ～(-p- の添加)＜Emson 'Son of EMMA' *1*＜EMERSON. ▶WILLIAM Empson (1906–84; 英国の文芸批評家; *Seven Types of Ambiguity*『曖昧の七つの型』(1930)).

-en /-ən/ 指小辞. ♦古英語 ～＜ゲルマン語 *-īnaz「…からなる」. ▶chicken, maiden.

England /íŋglənd/ イングランド: 地名. ♦古英語 Englaland (原義)「アングル人の国」＜Engla ((複数属格)＜Engle 'ANGLES') + -LAND. England には大陸の ANGLES, SAXONS, JUTES, FRISIANS が来たが Angles で代表している. Englaland はデンマークの Canute 王によるイングランド征服以後に用いられた. それ以前は民族名でもある Angelcynn「Angle 民族」が国名にも用いられていた(研究社『英語語源辞典』).

English /íŋglɪʃ/ イングリッシュ: **(1)** 英語. ♦古英語 Englisċ ＜ Engle 'ANGLES' + -isċ '-ISH'. **(2)** 1171 姓. ♦中英語 Ingles, Englis(she), Anglicus ＜ (1). スコットランド人・ウェールズ人・ノルマン人によって自国民と区別するために用いられた(Reaney & Wilson).

Ennis /énɪs/ エニス: アイルランド西部 CLARE[2] 県の県都. ♦＜アイル語 Inis (原義)「島」.

En-Tout-Cas /ɑ̀:ntu:ká:/ アンツーカー: 1910 全天候型テニスコートサーフェスの商標. ♦＜フランス語 en tout cas「どんな場合(天候)にも(使える)」. 英国の会社がフランス語を商標名に利用した例. それ以前に晴雨兼用傘の名と

してあった.

-er /-ə/「…する人；…するのを職業にする人」を意味する動作主名詞を造る接尾辞. ♦古英語 -ere ‖ 中英語 ～ < アングロフランス語 ～ = 古フランス語 -ier < ラテン語 -ārius (男性形), -ārium (中性形), -āria (女性形).

Eric, Eri(c)k /érɪk/ エリック: 男子名・姓. ♦< 古ノルド語 Eiríkr (原義)「常なる・慈悲ある・単独の支配(者)」< ei 'ever' ‖ eir 'mercy' ‖ einn 'one' + ríkr 'rule'. 同源に HERRICK. 19世紀まであまり用いられなかったが, DEAN FARRAR の少年読み物 *Eric, or Little By Little* (1858) の影響で広まった (Cresswell). ドイツ語 Erich, フランス語 Éric. 愛称形 RICK, Ricky. ▶Erik the Red (Greenland を発見した10世紀ノルウェーの航海者).

Erica /érɪkə/ エリカ: 女子名. ♦(女性形) < ERIC. ⇨ -A.

Erie /íəri/ エリー: 米国とカナダの国境にある湖 (五大湖の一つ)・米国 PENNSYLVANIA 州の Erie 湖に臨む都市. ♦< フランス語 ～ < ヒューロン語 yĕñresh「山猫」.

Erin /érɪn/ エリン: 女子名. ♦< アイル語 Éirinn 'from Eire' < EIRE. 自国名に由来する愛国的な詩的な名. ▶Erin Brokovich (1960– ; 環境汚染問題に取り組んだ活動家; 映画化された).

Ernest /ə́:nəst/ アーネスト: 1115 男子名・1207 姓. ♦< 中英語 Erneis < 古フランス語 Erneis < 古高地ドイツ語 Arn(e)gis (原義)「鷲の貴公子」. 愛称形 Ern, Ernie. 男子名はブリテン島では20世紀初頭に人気があったが今はない. 米国では Ernest HEMINGWAY (1899–1961) の影響から今でも一般的.

Errol(l) /érəl/ エロール: (1) 1327 姓. ♦中英語 Euerolf < Eoforwulf (人名; 原義「猪狼」). (2) 1574 姓. ♦ ～ (スコットランドの地名). ▶Errol FLYNN ‖ Erroll GARNER (1923–77; 米国のジャズピアニスト).

Erskine /ə́:skɪn/ アースキン: 男子名 < (de) 1225 姓 (< 地名). ♦中英語 Erskyn (< GLASGOW 近くの地名; 原義不詳). ▶Erskine CALDWELL.

Erwin /ə́:wɪn/ アーウィン: OE 男子名 > 1310 姓. ♦中英語 Everwyn < 古英語 Eoforwine (原義)「猪の友・勇者」< eofor 'boar' + wine 'friend'.

escalator /éskəleɪtə/ エスカレーター: 1900 (元, 商標). ♦< escala(ding) (eleva)tor「階段式に登るエレベーター」. 初め Otis Elevator Co. が特許を得た.

Eskimo /éskɪmoʊ/ エスキモー: ALASKA, カナダの先住民族. ♦< モンタニェ語 (その他) (原義には諸説あり)「雪靴 (スキーブーツ) を編む人 ‖ 生肉を食べる人 ‖ 違う言葉を話す人たち」. カナダでは Eskimo を蔑称とみなし Inuit に置き換えた (1982).

Esmond /ézmənd/ エズモンド: 1313–14 姓. ♦中英語 ～ < 古英語 Ēstmund (原義)「優しい保護者」< ēst 'grace, kindness' + mund 'hand, protector'. 19世紀

Essex

に復活した古英語人名の一つ．THACKERAY の小説 *The History of Henry Esmond* (1852) の成功も影響した．

Essex /ésəks/ エセックス: 9C イングランドの州．♦古英語 Ēast Seaxe (east, SAXON)（原義）「東サクソン人（の土地）」．⇨ SUSSEX, WESSEX.

Esso /ésoʊ/ エッソ: 1911 米国の石油メジャー Exxon Mobil Corporation の商標．♦分割以前の社名 Standard Oil の頭文字 S と O のローマ字発音．

Esther /éstə/ (1) エステル: 《旧約》勇気と機転で同胞ユダヤ人の虐殺を救ったペルシャ王妃．♦＜ギリシャ語 Esthḗl＜ヘブライ語 Estír＜ペルシャ語（原義）「星」．(2) エスター: 女子名．♦＜(1). ▶Esther WILLIAMS (1923– ; 水着の女王として知られた米国の映画女優).

-et /-ət/ 指小辞．♦中英語 ～＜(古)フランス語 ～.

Ethan /íːθən/ (1) エタン: 旧約聖書中の複数の人物名．♦＜ヘブライ語（原義）「毅・剛 // 長命」．(2) イーサン: 男子名．♦＜(1). 米国独立戦争の勇士 Ethan ALLEN (1738–89) の影響で米国に広まった．▶Ethan Hawke (1970– ; 米国の映画俳優).

Ethel /éθl/ エセル: 女子名．♦古英語 Æðelu（原義）「高貴な子; cf. 貴子」．古英語 Æðel の継承ではなく，19 世紀に復活した ETHELBERT, ETHELDRED, ETHELRED などの前半の要素を取ったものだろう (Withycombe). ▶Ethel Merman (1909–84; 米国のミュージカルシンガー; 本名 Ethel Zimmerman).

Ethelbert /éθəlbə̀ːt/ エセルバート: 男子名．♦＜古英語 Æðelbeorht（原義）「高貴な輝き; cf. 貴明・貴輝」＜æðel 'noble' + beorht 'bright'. 19 世紀半ばに復活したが，今はまれ．▶イングランドで最初にキリスト教に改宗した Kent 王 (552–616) | Alfred 大王の兄で West Saxon 王 (在位 860–65).

Etheldred /éθldred/ エセルドレッド: 女子名．♦古英語 Æðelðrȳð（原義）「貴い力」＜æðel 'noble' + ðrȳð 'strength'. 16 世紀にこの変形 AUDREY が用いられ始める．▶NORTHUMBRIA の王妃 St. Etheldred (630?–79; ELY に修道院を建てた; 現在はその跡に大聖堂が建てられている).

Ethelred /éθlred/ エセルレッド: 男子名．♦＜Æðelrǽd（原義）「貴い助言者」＜æðel 'noble' + rǽd 'counsel'. ▶アングロ-サクソン王 Ethelred the Unready (在位 978–1013; 1014–1016).

Eton /íːtn/ イートン．♦EATON の別形．

-ette /-ət/ 指小辞．♦中英語 ～＜(古)フランス語 ～ (女性形) ＜-ET.

Euan, Ewan /júːən/ ユーアン: 男子名・姓．♦(1) スコット語 ～＜ゲール語 Eòghan（原義）「若者」＜*Esugenios（原義）「生まれの良い」．(2) ウェールズ語 Owain, OWEN＜中ウェールズ語 Ewein, Ywein＜古ウェールズ語 Eugein. (1) と同源 (Withycombe). ▶Ewan McGREGOR (1971– ; スコットランドの

映画俳優; *Trainspotting* (1991)).

Eugene /júːdʒiːn/ ユージーン: 男子名. ♦＜古フランス語 ～＜ラテン語 Eugenius＜ギリシャ語 Eugénios 'well-mannered'（原義）「行儀の良い」. 愛称形 GENE. 同名の聖者や教皇もいるが, Louis XIV の軍を打ち破った(1704)将軍, Prince Eugene of Savoy (1663–1736) の人気にもよる. ▶Eugene O'NEILL.

Eustace /júːstəs/ ユースタス: 1076–84 男子名・姓. ♦中英語 ～, Eustac(h)ius ＜古フランス語 Eustache＜後期ラテン語 Eustac(h)ius＜ギリシャ語 Eustákhios（原義）「良い葡萄・小麦; 実り豊かな」∥ Eustáthios「忍ぶ・耐える」. 狩の最中に雄鹿の角の間に十字架を見て改宗したという St. Eustace を崇敬したノルマン人がこの名をブリテン島に導入した.

Eustacia /juːstéɪʃə/ ユーステイシャ: 女子名. ♦（女性形）＜中英語 Eustacius 'EUSTACE'. ⇨ -IA. ▶T. HARDY 作 *The Return of the Native*『帰郷』(1878) のヒロイン.

Euston /júːstən/ ユーストン: 1086 DB イングランド SUFFOLK 州の地名. ♦中英語 Euestuna（原義）「Efe（人名）の農場・村」. ⇨ -TON. 2nd Duke of Grafton が Suffolk 州の領地 Euston にちなんで名づけた LONDON の屋敷を横切って 18 世紀に Euston Road が建設され, 1837 年には Euston Station が開業した.

Eva /íːvə, évə/ (1) エヴァ, イヴ: «旧約» 人類最初の女性で ADAM の妻. ♦中英語 ～＜後期ラテン語 Ēva＜ギリシャ語 Eúa＜ヘブライ語（原義）「生き物; 命を与える者」(『創世記』3:2). (2) イーヴァ, エヴァ: 1199–1219 女子名. ♦＜(1). 多くのヨーロッパ語に共通. ウェールズ語では Efa. 最近では英語本来の EVE に対し英語圏でも人気が高い (Cresswell).

Evan(s) /évən(z)/ エヴァン(ズ): 男子名＞1568 姓. ♦(1) ウェールズ語 Iefan 'JOHN'. (2) スコット語 Evan（別形）＜ EUAN, EWAN. ⇨ -S（父系）.

Eve /iːv/ イヴ: 1284 女子名. ♦中英語 ～（古英語 Eua）＜後期ラテン語 Ēva 'EVA'. 愛称形 Evie.

Evelyn /íːvlɪn/ イーヴリン: 女子名＞姓＞17C 男子名. ♦（変形）＜中英語 Aveline（原義）「? 陽気な・明るい（人）」＜ノルマンフランス語 Aveline＜古高地ドイツ語 Avelina. 女子名 Aveline は 12–13 世紀に流行し, 17 世紀まで用いられた. ラテン語化した Evelina は英国作家 FANNY BURNEY の小説 *Evelina* (1778) の人気で復活した (Withycombe). 愛称形 EVE, Effie, Evie. ▶Evelyn WAUGH.

Everett /évərət/ エヴェレット: 1086 DB 男子名・1204 姓. ♦中英語 Eurardus, Everard＜ノルマンフランス語 Everard＜古高地ドイツ語 Everhard（原義）「勇敢な・獰猛な猪」（同源の古英語 Eoforhard と比較）. イングランド EAST ANGLIA に多い姓. ▶RUPERT Everett (1959– ; 英国の映画俳優).

Evita

Evita /evíːtə/ エヴィータ: 女子名. ♦＜スペイン語 ～ (愛称的指小形) ＜ Eva. アルゼンチンの Perón 大統領夫人 Eva (1919–52) の愛称に用いられた. 彼女の生涯をミュージカル化した *Evita* (1976, 78), それを映画化した *Evita* (1996) でも知られる.

Ewan /júːən/ ユーアン: 男子名. ♦Euan の別形.

Ewart /júːət/ ユーアット: 1084 男子名・1279 姓. ♦(1) 中英語 ～, Eward ＜ノルマンフランス語 ～ 'Edward'. (2) 中英語 ～, Eward (原義)「雌羊飼い・酪農家」＜古英語 ēowu 'ewe' + hierde 'herd'. 19 世紀後半からの男子名の使用には英国の首相 William Ewart Gladstone の影響が大きい.

Ewing /júːɪŋ/ ユーイング: 姓. ♦(別形) ＜ Ewan + -ing. ▶Maria Ewing (1950– ; 米国の (メゾ) ソプラノのオペラ歌手).

Exe /eks/ エクス: 1086 DB イングランド Devon 州の川. ♦中英語 Niresse 'Nether Exe', Upesse 'Up Exe' ＜ケルト語 Isca (原義)「水域」. ⇨ Exeter.

Exeter /éksətə/ エクセター: c900 イングランド Devon 州の州都. ♦古英語 Exanċeaster (原義)「Exe 河畔の城市」. ⇨ -chester. 大聖堂と The University of Exeter がある.

Ezekiel /ɪzíːkjəl/ (1) エゼキエル: «旧約» 紀元前 6 世紀の預言者・その著『エゼキエル書』. ♦＜後期ラテン語 Ezechiēl ＜ギリシャ語 Izekiél ＜ヘブライ語 (原義)「? 神は力づけ給う」. (2) イジーキエル: 男子名. ♦＜(1).

Ezra /ézrə/ エズラ: (1) 旧約聖書『エズラ記』の著者. ♦＜後期ラテン語 ～ ＜ギリシャ語 Ézdras ＜ヘブライ語 (原義)「神が救い給うた (者)」. (2) 男子名. ♦＜(1). ▶Ezra Pound.

F

Faber /féɪbə/ フェイバー: 1086 DB 姓. ♦中英語 Fabri, ～（原義）「鍛冶屋」＜ラテン語 faber 'smith'. ▶GEOFFREY Faber（1889–1961; 英国の詩集出版で有名な出版社 Faber and Faber を創業した）.

Fairbanks /féəbæŋks/ フェアバンクス: (**1**) 1583 姓（イングランド各地の地名）. ♦（原義）「美しい堤（のそばの住民）」(fair, bank, -s（複数）). ▶DOUGLAS Fairbanks（1883–1939; 映画会社 United Artists, The Motion Picture Academy の設立メンバーで "The King of Hollywood" と謳われた米国の映画俳優）. (**2**) 米国 ALASKA 州の都市. ♦＜(1). Alaska とカナダとの国境問題を調停した米国の政治家 CHARLES Fairbanks（1852–1918）にちなむ.

Faith /feɪθ/ フェイス: 16C 男子名・女子名. ♦＜faith「信仰・信心」. 愛称形 FAY(E). 19 世紀後半に着実に用いられ, ここ数十年は英米で人気を得て, 抽象名詞起源では HOPE と人気を二分している（Cresswell）.

Falkenborg /fælknbɔːg/ ファルケンボーグ: 姓. ♦＜スウェーデン語 ～ (falcon, berg)（都市名; 原義「鷹山」）.

Falkland /fɔ́ːklənd/ フォークランド: (**1**) 1128 スコットランド東部 FIFE 旧州の地名. ♦＜中英語 Falecklen＜古英語 fealc 'falcon' + -land (Dorward). (**2**) [the Falkland Islands] 1690 南米大陸先端の群島. ♦ANTHONY CARY, 5th Viscount Falkland（1656–94）にちなむ. 1982 年に領有権をめぐり英国とアルゼンチンとの間に紛争が起こった.

Falstaff /fɔ́ːlstɑːf/ フォールスタフ: 1086 DB 姓. ♦（変形）＜中英語 Fastolf（原義）「勇猛な狼」＜古ノルド語 Fastúlfr 'fast-wolf'. SHAKESPEARE は, *Henry IV*, Part 1 に Sir JOHN Oldcastle として登場させた大兵肥満で大言壮語の臆病な騎士を Oldcastle 姓の子孫からのクレイムで引っ込め, 代わりに *Henry VI* に登場させていた NORFOLK の騎士 Sir JOHN Fastolf（1378–1459）を Falstaff に変形して *Henry IV, Henry V, The Merry Wives of Windsor* に登場させた (en.wikipedia).

Fanny /fǽni/ ファニー: 女子名. ♦FRANCES の愛称形. 18–19 世紀には人気があったが, 今では同形同音の俗語 fanny のためまれになった. ▶Fanny BURNEY

Fanta

(1752–1840; 英国の作家).

Fanta /fǽntə/ ファンタ: 米国 COCA-COLA 社の炭酸飲料の商標. ♦< ドイツ語 Fanta(sie)「幻想・想像」. 1941 年ドイツで発売.

Faraday /fǽrədeɪ/ ファラデイ: 1327 姓. ♦中英語 Fairday (原義)「Fæger のパン作り女」< 古英語 Fæger 'fair' (人名) + dǣge 'female bread maker'. ▶MICHAEL Faraday (1791–1867; 英国の物理学者; 電磁誘導を発見).

Farley /fáːli/ ファーリー: 1086 イングランド各地の地名 > 1189 (de) 姓 > 男子名. ♦中英語 Ferneleye (原義)「羊歯の生えた林間の空き地」< 古英語 fearn 'fern' + lēah '-LEY'.

Farquhar /fáːk(w)ə/ ファーカー: a1178 男子名・姓. ♦スコット語 Fearchar < ゲール語 Fearchar (原義)「親愛なる者」. ▶GEORGE Farquhar (1678–1707; アイルランドの劇作家; *The Beaux' Stratagem* (1707)).

Farrar /fǽrə/ ファラー: 1379 姓. ♦中英語 Farrour (別形) < FERRER. ▶F(rederic) W(ILLIAM) Farrar (1831–1903; 英国の作家・首席司祭; *Eric, or Little by Little* (1858); 通称 DEAN Farrar; ⇨ ERIC).

Farrell /fǽrəl/ ファレル: (1) 1642 姓. ♦(変形) < 中英語 Farewel 'farewell'(イングランド各地の地名). (2) アイル語 ～ < Ó Fearghail 'descendant of Fearghal (人名; 原義「勇者」)'. ▶JAMES T. Farrell (1904–1979; アイルランド系の米国の作家; *Studs Lonigan: A Triology* (1935)) | EILEEN Farrell (1920–2002; 米国のソプラノのオペラ歌手).

Fa(u)lkner /fɔ́ːknə/ フォークナー: 1194 姓. ♦中英語 Falkenar, Fauconer (原義)「鷹匠」< 古フランス語 fau(l)connier 'falconer'. ▶WILLIAM Faulkner (1897–1962; 米国の作家; *The Sound and the Fury*『響きと怒り』(1929); NOBEL 文学賞を受賞(1949); Falkner を Faulkner に変えた).

Fawcett /fɔ́ːsət/ フォーセット: 男子名・1238 (de) 姓(<イングランド CUMBRIA 州, LANCASHIRE の地名). ♦中英語 Fausyde (原義)「錦の山腹」< 古英語 fāg 'multicoloured' + sīde 'slope, side'. ▶BENJAMIN Fawcett (1808–93; 英国の彩色木版画家) | Farrah Fawcett (1947–2009; 米国の女優; TV ドラマシリーズ *Charlie's Angels* (1975–76); Farrah は Fawcett と頭韻を踏む造語).

Fawkes /fɔːks/ フォークス: 1251 姓. ♦中英語 Faukes < 古フランス語 Faukes (主格)(原義)「隼(はやぶさ)」< 古高地ドイツ語 Falco 'falcon'. ▶GUY Fawkes (1570–1606; 英国のカトリック教徒; 1605 年 11 月 5 日の火薬陰謀事件(Gunpowder Plot) の首謀者の一人; 11 月 5 日 (Guy Fawkes Day) の夜に Guy Fawkes の人形を焚き火に燃やして国会議事堂の爆破未遂と国王 JAMES I 救出を祝う).

Fay(e) /feɪ/ フェイ: (1) 1194 (de) 姓 (<フランス各地の地名). ♦中英語

～ <(古)フランス語 Fay 'beech' <ラテン語 fagus. (**2**)女子名. ◆中英語 Feie (原義)「妖精」<古フランス語 feie 'fairy' <ラテン語 fata 'fate'. ARTHUR 王伝説の Morgan le Fay の影響で 19 世紀から. (**3**)女子名. ◆中英語 Fei <古フランス語 fei 'faith, trust'. (**4**)姓. ◆アイル語 Fahy, Fee <ゲール語 Ó Fiaich 'descendant of Fiach (あだ名; 原義「鴉」)'. ▶Faye Dunaway (1941– ; 米国の映画女優; *Bonnie and Clyde*『俺たちに明日はない』(1967)で ACADEMY 主演女優賞を受賞).

Felicia /fəlísjə/ フェリシア: 1199 女子名. ◆<ラテン語 Fēlīcia (原義)「幸福な女」<Fēlīcius <Fēlix 'FELIX'. 英語化した別形 Felice /fəlí:s/ は PHYLLIS とよく混同された.

Felicity /fəlísiti/ フェリシティ: 女子名. ◆<ラテン語 Felicitās (原義)「幸福・至福」. ▶Felicity Lott (1947– ; 英国のソプラノのオペラ歌手).

Felix /fí:lıks/ フィーリックス, フェリックス: 男子名. ◆<ラテン語 Fēlix (原義)「幸福な(男)」. St. Felix of EAST ANGLIA への崇敬でこの名は中英語期に用いられたが, 女性形の FELICIA ほどではなかった. ▶Felix the Cat「猫のフィリックス」(無声映画時代に創出された米国の漫画のキャラクター; 顔だけが白い賢い黒猫).

Fenton /féntən/ フェントン: 963 イングランド各地の地名・1382 (de) 姓. ◆中英語 ～ (原義)「沼村」<古英語 Fentūne (fen, -TON).

Ferrari /fərá:ri/ フェラーリ: イタリアのスポーツカー・レーシングカーの製造販売会社の商標. ◆創業者 Enzo Ferrari (1898–1988) に由来する.

Ferrer, Ferrar /férə, fəréə/ フェラー, ファレア: 1196 姓. ◆中英語 Ferrur (原義)「鍛冶屋」<古フランス語 ferreor 'smith'. ▶MEL Ferrer (1917–2008; 米国の映画俳優・監督).

Ferrier /férjə/ フェリアー: 1279 姓 (<職業). ◆中英語 Feryere (ferry, -ER) (原義)「渡し守」. ▶KATHLEEN Ferrier (1912–53; 英国のアルト歌手).

Fiat /fí:ət/ フィアット: 1899 年創業の自動車会社の商標. ◆<イタリア語 ～ (頭文字語) <F(abbrica) I(taliana) A(utomobili) T(orino)「トリノイタリア自動車工場」. この頭文字語は普通名詞の fiat「公認」に当たり, 高い地位を連想させた.

Fiddler /fídlə/ フィドラー: 姓 (<職業). ◆中英語 Fithelare, Fydeler (原義)「ヴァイオリン弾き」<古英語 fiðelere 'fiddler'.

Fiedler /fí:dlə/ フィードラー: 姓 (<職業). ◆<ドイツ語 ～ (原義)「ヴァイオリン弾き」. FIDDLER と同源. ▶ARTHUR Fiedler (1894–1979; Boston Pops Orchestra の米国人指揮者; 父親がオーストリア生まれ).

-field /-fi:ld/「木立のない開けた平らな広い土地; 牧草地・耕作地になる土地」

Fielder

を意味する地名第 2 要素. ◆< 古英語 feld 'field'.

Fielder /fíːldə/ フィールダー: 1327 姓 (< 職業). ◆中英語 Felder (原義)「農夫」.

Fielding /fíːldɪŋ/ フィールディング: 1279 姓. ◆中英語 Felding (原義)「畑のそばの住人」< 古英語 *felding (field, -ING). ▶HENRY Fielding (1704–54; 英国の作家; *Tom Jones* (1749)).

Field(s) /fiːd(z)/ フィールド, フィールズ: 1185 (de, atte, in the) 姓 (< 場所). ◆中英語 Feld (原義)「畑 (のそばの住人)」< 古英語 feld 'cultivated land, field'. ⇨ -S (父系). ▶SALLY Field (1946– ; 米国の映画女優; *Norma Rae* (1979), *Places in the Heart* (1984) で 2 度 ACADEMY 主演女優賞を受賞).

Fife /faɪf/ ファイフ: c1150 スコットランド東部の旧州. ◆スコット語 Fib, Fif (PICT 族の父祖 Cruithe の 7 人の息子の一人の名).

Finch /fɪntʃ/ フィンチ: 1049–58 姓. ◆中英語 finch < 古英語 finċ「(小鳥の) ウソ」.「陽気な・お人よしな」人につけたあだ名から. ▶PETER Finch (1916–77; 英国生まれのオーストラリアの映画俳優; *Network* (1976) で死後 ACADEMY 主演男優賞を受賞).

Finlay, Finley /fínli/ フィンリー: c1070 男子名・1526 姓. ◆中英語・スコット語 fionnlaoich < ゲール語 Fionnlach (原義)「金髪の勇士」.

Finney /fíni/ フィニー: 1274 (de) 姓 (< イングランド CHESHIRE の地名). ◆中英語 Fyney < 古英語 fīniġ「? 貯木場」. ▶ALBERT Finney (1936– ; 英国の映画俳優; *Tom Jones* (1963)).

Fiona /fióʊnə/ フィオーナ: 女子名. ◆< ゲール語 fionn 'fair, white' + -A (女性形接尾辞). スコットランドに多い.

Firth[1] /fəːθ/ ファース: 1195 (atte) 姓 (< 場所). ◆中英語 Firthe (原義)「林 (のそばの住人)」< 古英語 firhþe 'woodland'. ▶J. R. Firth (1980–1960; スコットランド生まれの英国の言語学者; 1944 年に LONDON 大学の一般言語学の初代教授) | COLIN Firth (1960– ; 英国の映画俳優).

Firth[2] /fəːθ/ ファース: スコットランドの地名 (の一部). ◆スコット語 ～ < 古ノルド語 (原義)「入江」fjǫrðr 'estuary, fiord'. fiord と同源. ⇨ SOLWAY FIRTH.

Fisher /fíʃə/ フィッシャー: 1263 姓 (< 職業). ◆中英語 ～ (原義)「漁師」< 古英語 fisċere 'fisherman'. ▶EDDIE Fisher (1928–2010; 米国のポピュラー歌手).

Fitz- /fɪts-/ 1193「…の息子」を意味する接頭辞. ◆中英語 Fi(t)z- < アングロフランス語 Fiz (変形) < ラテン語 filius 'son'.

Fitzgerald /fɪtsdʒérəld/ フィッツジェラルド: 姓. ◆< FITZ-+ GERALD. イングランド王 HENRY II の時代 (1154–89) にアイルランドに渡って住み着いたアングロノルマン人の人名 (この場合 Gerald) に Fitz- をつけたもの. ▶ELLA

Fitzgerald | F. SCOTT Fitzgerald (1896–1940; 米国の作家; *The Great Gatsby*『偉大なるギャツビー』(1925)). -s (父系)をつけた Fitzgeralds もある.

Fitzpatrick /fɪtspǽtrɪk/ フィッツパトリック: 姓. ♦アイル語 ~ < FITZ-+ (St.) PATRICK (アイルランドの守護聖人).

Fitzroy /fɪtsrɔ́ɪ/ フィッツロイ: 1296 姓. ♦中英語・アイル語 fis le Rey 'Son of the king'. FitzRoy の表記もある. ▶HENRY Fitzroy, 1st Duke of Graston (1663–90; CORK 攻略戦で致命傷を負った CHARLES II の非嫡出子) | ROBERT Fitzroy (1805–65; DARWIN が乗った BEAGLE 号の第 2 次航海 (1831–36) の船長・指揮官).

Fitzsimmons /fɪtsímənz/ フィッツシモンズ: 1387 姓. ♦中英語・アイル語 fiz Simon 'Son of SIMON'. ▶BOB Fitzsimmons (1862–1917; 3 階級を制したコーンウォール生まれのボクサー).

Fitzwilliam /fɪtswíljəm/ フィッツウィリアム: 1299 姓. ♦中英語・アイル語 fiz William 'Son of WILLIAM. ▶Fitzwilliam Museum (7th Viscount of FitzWilliam の蔵書と美術品を遺贈され 1816 年に創設された CAMBRIDGE 大学の博物館).

Flagstaff /flǽgstæf/ フラグスタッフ: 米国 ARIZONA 州の町. ♦1786 年 7 月 4 日の独立記念日 100 周年に植民者たちが国旗を「旗竿」代わりに松の大枝に打ち付けて祝って町名とした (Everett-Heath).

Flanagan /flǽnəgən/ フラナガン: 姓. ♦アイル語 ~ < ゲール語 Ó Flanagáin 'descendant of Flannagán (人名; 原義「赤ら顔の人」)'. ⇨ FLYNN.

Flatt /flǽt/ フラット: 姓(< 場所). ♦中英語 ~ (原義)「平地(の住民)」< 古ノルド語 flat 'flat ground'. ▶RACHAEL Flatt (1992– ; 2010 年度全米フィギュアスケートチャンピオン; VANCOUVER Olympic 第 7 位).

Flavia /fléɪvjə/ フレイヴィア: 女子名 ♦< ラテン語 Flāvia (女性形) < Flāvius (古代ローマの家族名; 原義「黄色い(人)」).

Fleet /fliːt/ フリート: (**1**) c1158 (de(l), ate) 姓(< 地名). ♦中英語 Flet (原義)「川・入り江(の住民)」< 古英語 flēot 'stream, estuary'. LONDON の Fleet 街は, 元は THAMES 川に流れ込む支流. 現在は地下を流れている. 新聞街として有名だったが, 今ではほとんどが立ち退いた. (**2**) 1327 (le) 姓(< あだ名). ♦中英語 Flete (原義)「俊足の人」< 古英語 flēotan 'float rapidly'.

Fleming /flémɪŋ/ フレミング: c1150 姓. ♦中英語 Flemyng, Flamanc (原義)「フランダース人」< アングロノルマン語 fleming ∥ 古フランス語 flamanc. ▶ALEXANDER Fleming (1881–1955; スコットランド出身の細菌学者; ペニシリンを発見(1928)し, NOBEL 生理学・医学賞を受賞(1945)) | IAN Fleming (1908–64; 英国の作家; *007* シリーズの原作者).

Flesher

Flesher /fléʃə/ フレッシャー: 1268 (le) 姓 (<職業). ♦中英語 Fleshewere (flesh, hewer) (原義)「肉切り屋・肉屋」.

Fletcher /flétʃə/ フレッチャー: 1203 (le) 姓 (<職業). ♦中英語 Flecher (原義)「矢羽作り師・矢羽売り」. ▶Fletcher Henderson (1897–1952; 米国のジャズバンドリーダー).

Florence /flɔ́rəns/ フローレンス: 1130–32 男子名・1207–08 女子名・1220 姓・(de) 地名. ♦中英語 Florentius (男), Florencia (女), Florenz, 〜 (イタリアの都市) < ラテン語 Flōrentius (男), Flōrentia (女), Flōrentia (イタリアの都市; 原義「花盛り・花の都」). ⇨ FLORIDA. 愛称形 Flo, Floss(ie), Florrie, Flory. 中英語期には男女ともに用いられたがその後廃れ, Florence NIGHTINGALE (1820–1910) の名声で新たに流行した. Nightingale の Florence は生誕地のイタリアの都市から.

Florida /flɔ́rɪdə/ フロリダ: 1845 米国の州 (州都 TALLAHASSEE). ♦<スペイン語 (pascua) 〜 '(feast) of flowers' 「イースターの花祭り」< ラテン語 flōridus 'flowery' < flōr-, flōs 'flower'. スペイン人の征服者 Juan Ponce de León が 1513 年 4 月 2 日に上陸した時, 「花祭り」の季節だったことにちなんで命名.

Flynn /flɪn/ フリン: 姓. ♦アイル語 〜 < ゲール語 Ó Floinn 'descendant of Flann (原義)「赤ら顔の(人)」'. ⇨ FLANAGAN. ▶ERROL Flynn (1909–59; 米国の映画俳優; 冒険活劇 (swashbuckling) 映画の剣士で名をなした).

Folkestone /fóʊkstən/ フォークストン: c697 イングランド KENT 州の海浜保養地. ♦古英語 Folcanstān (原義)「Folca (人名) の石 (のある町)」. この石は多分百戸村 (hundred) の集会場の目印 (Mills).

Fonda /fɔ́ndə/ フォンダ: 姓. ♦<オランダ語 〜 (地名; Amsterdam 近郊の村); 原義「鉱山」) ∥ イタリア語 〜 (地名; 原義「深い場所」). ▶HENRY Fonda (1905–82; 米国の映画俳優; 娘 JANE (1937–), 息子 PETER (1939–), Peter の娘 BRIDGET (1964–) の俳優一家; 祖先はイタリア系オランダ移民).

Forbes /fɔːbz, スコット fɔ́ːbəs/ フォーブズ: 姓 (< ABERDEEN 近郊の地名). ♦スコット語 〜 (原義)「野原」< ゲール語 forba 'field' + -ais (場所の接尾辞). ▶B. C. Forbes (1880–1954; 隔週週刊誌 *Forbes* を 1917 年に創刊した).

Ford /fɔːd/ フォード: (**1**) 姓. ♦中英語 Forde (原義)「浅瀬・渡し場 (のそばの住人)」. ▶GERALD R(udolph) Ford (1913– ; 米国第 38 代大統領 (1974–77)) | JOHN Ford (1895–1973; 米国の映画監督; *Stagecoach*『駅馬車』(1939)). (**2**) 1903 米国の自動車会社 Ford Motor Co. の商標. ♦創立者 HENRY Ford (1863–1947) から.

-ford /-fəd/ 地名の第 2 要素. ♦古英語 ford「徒渉できる浅瀬・渡し場」. 第 1 要

Francis

素に動物名が来ることが多い．▶HARTFORD, Horseford, OXFORD, etc. (Ekwall).

Forester /fɔ́:rəstə/ フォレスター: 1183 姓(<職業). ◆中英語 〜 (forest, -ER)「林務官, 森林作業員」.

Forster /fɔ́:stə/ フォースター: 1315 姓. ◆中英語 〜 (短縮形) < FORESTER. ▶ E. M. Forster (1879–1970; 英国の作家; *A Passage to India*『インドへの道』(1924)).

Forsyth /fɔ́:saɪθ/ フォーサイス: (1) c1308 姓. ◆中英語・スコット語 〜 <ゲール語 Fearsithe (原義)「平和を好む男」. (2) 1365 (de) 姓(<?スコットランド EDINBURGH の地名). ◆中英語・スコット語 Fersith, Forsith (語源不詳).

Fort William /fɔ̀:t wíljəm/ フォートウイリアム: 1690 スコットランド, ハイランド地方観光の町. ◆fort「砦」を築いた WILLIAM III (1650–1702)にちなむ. BEN NEVIS への登山口. GLENCOE への観光拠点.

Fort Worth /fɔ̀:t wə́:θ/ フォートワース: 1849 米国 TEXAS 州北東部の都市. ◆(原義)「WORTH の砦」.「メキシコ戦争」(1846–48)で名を上げた, 当時の TEXAS 軍司令官 WILLIAM J. Worth 将軍(1794–1849)にちなむ.

Forward /fɔ́:wəd/ フォーワード: 1279 姓(<職業). ◆中英語 〜 (原義)「豚飼い」<古英語 fōr 'pig' + weard 'ward'.

Foster /fɔ́stə/ フォスター: 姓. ◆(縮約形) < FORSTER. ▶STEPHEN (COLLINS) Foster (1826–64; アメリカ民謡の作詞・作曲家; "Beautiful Dreamer"(1862)).

Fowler /fáʊlə/ ファウラー: 1218 姓(<職業). ◆中英語 Fugelere 'fowler'「野鳥ハンター」. ▶H(ENRY) W(ATSON) Fowler (1858–1933; 英国の辞書編纂者; 英語用法辞典 *A Dictionary of Modern English Usage* (1926)).

Fox /fɔks/ フォックス: (1)姓. ◆古・中英語 fox「狐」,「赤毛」の人につけたあだ名から. ▶GEORGE Fox (1624–91; 1652 年にクエーカー派 (Quakers)を創始した英国の宗教家). (2) 1935 米国の映画会社 20th Century Fox Film Corporation の商標. ◆WILLIAM Fox (1879–1952)が創立した Fox Film Corporation と 1933 年創立の 20th Century Pictures, Inc. の合併によってできた.

Frances /frǽ:nsɪs, frǽn-/ フランシス: 女子名. ◆FRANCIS の女性形. 19 世紀に非常に人気があったが, 今はイタリア語の Francesca にその座を奪われている (Cresswell). 愛称形 FANNY, Fannie, Fancy, Fran(nie), Francie, Francy, Frankie.

Francis /frǽ:nsɪs, frǽn-/ フランシス: 1207 男子名・1135 姓. ◆中英語 Franceis (原義)「フランス人」<古フランス語 Franceis (フランス語 François). 愛称形 Fran, FRANK, Frankie. 16 世紀以降はイタリア語 Francesco (原義)「フランス人」の影響もある. ▶Connie Francis (1938– ; 米国のポップシンガー・女優) | SAM Francis (1923–94; 米国の抽象画家).

Frank

Frank /fræŋk/ フランク: 1086 DB 姓・男子名. ◆(1)中英語 Franc＜古高地ドイツ語 Franco「フランク人」. (2)中英語 Franc (原義)「自由民」＜古フランス語 franc 'free'. (3)＜イタリア語 Franco. FRANCIS, FRANKLIN の愛称形. Frank SINATRA (1915–98) の人気で, 特にイタリア系米国人に広まった.

Frankenstein /frǽŋkənstaɪn/ フランケンシュタイン: 英国の作家 MARY SHELLEY の怪奇小説(1818)の題名・主人公の医学生. ◆ドイツの Frankenstein (原義)「フランク族の石」城からヒントを得たという説がある.

Frankfort /frǽŋŋkfət/ フランクフォート: 1786 米国 KENTUCKY 州の州都 (旧名 Frank's Ford). ◆1780 年に先住民との戦いで殺された入植者のリーダー STEPHEN FRANK にちなむ.

Franklin /frǽŋklɪn/ フランクリン: 1195 姓・男子名. ◆中英語 Frankelein＜アングロフランス語 Fraunclein (原義)「自由民の地主・郷士」. 愛称形 FRANK. 米国の政治家・発明家 BENJAMIN Franklin (1706–90) と大統領 Franklin D. ROOSEVELT の人気から特に米国では一般的.

Fraser /fréɪzə/ フレイザー: 12C (de) 姓 (＜? 地名)・男子名. ◆スコット語 Friselle, Friselier＜ノルマンフランス語 Friselier (地名; 原義不詳). スコットランドに来て氏族になったノルマン人からで, フランス語 fraisier「苺」と韻を踏むのでそれを紋章にした (Dorward1).

Fred /fred/ フレッド: 男子名. ◆(略形・愛称形)＜FREDERICK, ALFRED. 愛称形 Freddie, Freddy.

Frederica /frèdərí:kə/ フレデリーカ: 女子名. ◆(女性形・ラテン語化)＜FREDERICK. ⇨ -A (女性語尾). 愛称形 Freda.

Frederick /frédərɪk/ フレデリック: 1086 DB 男子名. ◆中英語 Frederic(us)＜古高地ドイツ語 Frederic (原義)「? 平和を好む王」＜fred, frid 'peace' (＝古英語 friŏ) + rīc 'power, ruler' (＝古英語 rīce). 愛称形 FRED, Freddy, Freddie, Fritz. ▶Frederick FORSYTH (1938– ; 英国のサスペンス小説作家; *The Day of the Jackal*『ジャッカルの日』(1971, 映画化 1973).

Frederickton /frédrɪktən/ フレデリクトン: 1785 カナダ NEW BRUNSWIK 州の州都. ◆英国王 GEORGE III の王子 FREDERICK Augustus, Duke of YORK (1763–1827) にちなむ. ⇨ -TON.

Freeborn /frí:bɔ:n/ フリーボーン: (1) c1095 姓. ◆中英語 Frebern (free, bairn) (原義)「自由民」＜古英語 Frēobearn 'free-man'. (2) 1256 姓. ◆中英語 Freborn (free, born (p.p.)) (原義)「自由民に生まれついた(人)」＜古英語 frēo'.

Freeman /frí:mən/ フリーマン: OE 男子名＞1196 姓. ◆古英語 Frēomann 'free-man'.

French /frentʃ/ フレンチ: 1273 (le) 姓. ◆中英語 Frensche, Frenche「フランス

人」(縮約形) <古英語 Frenċisċ 'French, Frank'. フランスから来た人に対する呼び名から.

Freya /fréɪə/ フレイヤ: 女子名. ◆<古ノルド語 Freyja, 〜(北欧神話の愛の女神; 原義「貴婦人」) <古高地ドイツ語 frouwa 'lady'(ドイツ語 Frau).

Frisian /frízjən/ フリジアン: 1598 フリジア人. ◆<ラテン語 Frīsiī(原義)「縮れ毛の人たち」. 古英語 Frīsa 'Frisians' があったが中英語にないので, 近代になってラテン語から入ったと見る.

Frost /frɔst/ フロスト: 1086 DB 姓. ◆中英語 〜 <古英語 frost「霜」. 性格が「冷たい」, 髭・髪が「ごま塩の」人につけたあだ名から. 同類に Snow, Swan など. ▶Robert Frost (1874–1963; 米国の詩人).

Fry(e) /fraɪ/ フライ: 1195 姓. ◆中英語 Frye <古英語 frīġ = frēo 'free'. ▶Northrop Frye (1912–91; カナダの文芸評論家).

Fulbright /fʊ́lbraɪt/ フルブライト: 姓. ◆< full + bright (原義)「非常に明るい・輝く(人)」. ▶(James) William Fulbright (1905–95; 1946 年に留学プログラム法を提案した米国上院議員).

Fulk(e) /fʊlk/ フルク: 1086 DB 男子名 > 1198 姓. ◆中英語 Folco, Fulco (原義)「民のためになる人; cf. 民男」<古フランス語 Fulco <古高地ドイツ語 Fulco 'people, folk'.

Fuller /fʊ́lə/ フラー: 1219 姓 (<職業). ◆中英語 Fulur, Follere「(毛織物の) 縮充工・仕上工」<古英語 fullere ∥ 古フランス語 fouleor, foleur. 同語義の姓のイングランドにおける地域分布: Walker は西部・東部, Fuller は南部・東部, Tucker は南西部 (Reaney & Wilson).

Fulton /fʊ́ltən/ フルトン: 1218–19 姓 > 男子名. ◆中英語 〜 (fowl, -ton)(スコットランドの地名; 原義「鳥村」). ▶Robert Fulton (1765–1815; 米国の発明家; 初めて実用的な蒸汽船の建造に成功 (1807)).

G

Gabriel /géɪbrjəl/ (**1**) ガブリエル: «聖書» 大天使. ♦中英語 ～＜後期ラテン語 Gabriēl＜ギリシャ語 Gabriél＜ヘブライ語 (原義)「神の子・神の使い」. 受胎告知に聖母マリアを訪れた天使. (**2**) ゲイブリエル: 男子名. ♦＜(1). ▶Gabriel Byrne (1950– ; アイルランドの映画俳優・監督).

Gabriel(l)a /gæbriélə/ ガブリエッラ: 女子名. ♦(女性形)＜後期ラテン語 Gabriēl 'GABRIEL'. ⇨ -A.

Gail, Gale, Gayle /geɪl/ ゲール: 女子名. ♦(略形・愛称形)＜ABIGAIL.

Gainsborough /géɪnzbʌrə/ ゲインズバラ: 1086 イングランド LINCOLNSHIRE の地名＞1166 (de) 姓. ♦中英語 Gainesburg (原義)「Geġn (人名) の砦」. ⇨ -BOROUGH. ▶THOMAS Gainsborough (1722–88; 英国の肖像画家・風景画家).

Galahad /gǽləhæd/ ギャラハッド: (**1**) ARTHUR 王の円卓の騎士中で最も高潔な人. ♦? ウェールズ語 ～ (原義)「夏の鷹」＜gwalch 'hawk' + háv 'summer'. LANCELOT と ELAINE の子で聖杯探求に成功した後, 天に召される. (**2**) 男子名. ♦＜(1).

Galbraith /gǽlbreɪθ/ ガルブレイス: 1208–46 姓. ♦中英語 Galbra(i)th＜ゲール語 Gall-Bhreathnach 'strange-Briton' (ゲール人の中に定住したブリトン人を指す). ▶JOHN KENNETH Galbraith (1908–2006; スコットランド系カナダ生まれの米国の経済学者; *The Affluent Society*『ゆたかな社会』(1958); KENNEDY 大統領のブレインの一人).

Galen /géɪlən/ ガレノス, ガレン: 男子名. ♦＜ラテン語 Galēnus＜ギリシャ語 Galēnós (129–c199; 古代ギリシャの医学者).

Galloway /gǽləweɪ/ ギャロウェイ: 1208 姓 (＜スコットランドの地名). ♦中英語 Galewey(e)＜ゲール語 Galweya (原義)「よそ者ゲール人 (の土地)」.

Galsworthy /gɔ́ːlzwəːði, gǽlz-/ ゴールズワージー: 1524 姓. ♦～ (イングランド DEVONSHIRE の地名; 原義「柳堤」)＜古英語 gagol「やちやなぎ」+ ōra 'bank'. ⇨ -WORTHY. ▶JOHN Galsworthy (1867–1933; 英国の作家; *The Forsyte Saga* (1922); NOBEL 文学賞を受賞 (1932)).

Garth

Galway /gɔ́:lweɪ/ ゴールウェイ：アイルランド Connacht 州の県・県都・港町. ♦<アイル語 Gaillimh（原義）「石川」.

Gamble /gǽmbl/ ギャンブル, **Gammell** /gǽml/ ギャメル：1086 DB 姓（<あだ名）. ♦中英語 Gamel<古ノルド語 Gamall（原義）「年寄り」. Gamble の -b- は添加.

Gard(i)ner /gá:dnə/ ガードナー：a1611 姓. ♦中英語 Gardiner（garden, -er）<ノルマンフランス語 gardinier（フランス語 jardinier）「庭師」.

Gareth /gǽrəθ/ ガレス：(1) Arthur 王の甥で円卓の騎士の一人. ♦<? ウェールズ語 gwraidd「おとなしい」. Malory 作 *Le Morte D'Arthur* に初出. (2) 男子名. ♦<(1). 20 世紀に入ってウェールズで, 20 世紀中頃にはウェールズ以外でも人気があった（Cresswell）.

Garfield /gá:fi:ld/ ガーフィールド：イングランドの地名>姓>男子名. ♦（地名；原義「三角原（の住人）」）<古英語 gāra 'triangle' + -field. ▶James A. Garfield（1831–81；米国第 20 代大統領（1881；就任 4 か月で暗殺される））｜米国の漫画家 Jim Davis（1945– ）作の漫画 *Garfield*（1978– ）の主人公のトラ猫.

Garland /gá:lənd/ ガーランド：(1) 1221 姓. ♦中英語 〜（原義）「冠（職人）」（逆成）<garlander「（金銀細工の）冠職人」. (2) 1190 姓. ♦中英語 〜（地名；原義「三角地（の住人）」）<古英語 gāra 'triangle' + -land.

Garmonsway /gá:mənzweɪ/ ガーモンズウェイ：12C (de) 姓（<イングランド Durham 州の地名）. ♦中英語 Garmundeswaie（地名；原義「Garmund（人名；原義「槍の名手」）の道」）. ⇨ -s（所有格）.

Garner /gá:nə/ ガーナー：(1) 1070–83 男子名>1272 姓. ♦中英語 Garnerius, Gerner<古フランス語 Garnier = 'Warner'. (2) 1332 姓（<職業）. ♦中英語 Gerner<古フランス語 gernier「穀物倉庫管理人」. (3) 1540 姓. ♦（短縮形）<Gardner.

Garrett /gǽrət/ ギャレット：1242 男子名・1230 姓. ♦中英語 Gerad(dus)（それぞれ r と l が落ちた変形）<Gerard, Gerald.

Garrick /gǽrɪk/ ギャリック：(de la) 姓（<地名）>男子名. ♦<フランス語 Garrrique（フランス各地の地名；原義「石灰質の畑〃樫原」）. 男子名は Shakespeare 俳優 David Garrick（1717–79）の人気の影響.

Garrison /gǽrɪsən/ ギャリソン：(1) 1204 (de) 姓（<北アイルランドの地名）>男子名. ♦中英語 Gerdeston（地名；原義「Giarðar（人名）の屋敷」）. ⇨ -ton. 米国に多い男子名は奴隷制廃止の指導者 William Garrison（1805–79）にちなむ. (2) 1423–29 姓. ♦中英語 Gerardson 'Son of Gerard'. ⇨ -son.

Garth /gɑ:θ/ ガース：1297 (del) 姓（<場所）>男子名. ♦(1)中英語 〜（原義）

Gary

「放牧場(の住人)」<古ノルド語 garðr 'garden, paddock'. (2)(縮約形)< GARETH.

Gary ゲーリー: 1086 DB 姓 /gé(ə)ri, 米 géri/ > 男子名 /gǽri, 米 géri/. ◆中英語 Geri, ~<古ノルド語 Geiri (原義)「槍」(古英語 gār 'spear'). 愛称形 Gaz. 近年この男子名が米国に多いのは映画スター Gary COOPER の人気による(Withycombe). この Gary はデビュー当時, 配役担当の Nan COLLINS が彼の本名 FRANK JAMES に代えて自分の故郷 INDIANA 州の町名 Gary (産業資本家 E. H. Gary にちなむ)をつけたことによる(Hanks, BN).

Gascoigne /gǽskɔɪn/ ギャスコイン: 1206 (le) 姓(<あだ名). ◆中英語 Gascon 「ガスコーニュ人」<古フランス語 Gascuinz. 今の語形にはフランス語 Gascogne 'Gascony' の影響がある. 別形 Gaskin.

Gaskell /gǽskl/ ギャスケル: 1332 姓(<イングランド CUMBRIA 州の地名). ◆中英語 Gayscale (原義)「山羊の避難小屋」<古ノルド語 geit 'goat' + skáli 'shelter'. ▶Mrs. ELIZABETH Gaskell (1810–65; 英国の作家; 小説 *Mary Barton* (1848)).

Gate(s) /geɪt(s)/ ゲイト, ゲイツ: 1169 (de la, de, del, atte) 姓(<場所). ◆中英語 Gate, Gates (原義)「門(のそばの住民)」<古英語 gatu (複数)<ġeat 'gate' (cf. YEATS). ⇨ -s(複数). ▶BILL (< WILLIAM) Gates (1955– ; 米国のソフトウェア会社 MICROSOFT Corp. を PAUL ALLEN (1953–)と設立; 現会長).

Gatwick /gǽtwɪk/ ギャトウィック: 1241 イングランド West SUSSEX 州の空港のある町. ◆中英語 Gatwik (原義)「山羊農場」<古英語 gāt 'goat'+ wīċ '-WICK'.

Gaunt /gɔːnt/ ゴーント: (1) 1219 (le) 姓. ◆中英語 Ga(u)nt 'slender, gaunt' (原義)「細身の(人につけたあだ名)」. (2) 1086 DB (de) 姓. ◆中英語 Ga(u)nt (原義)「(フランダースの) Ghent (から来た人)」. ▶JOHN of Gaunt (1340–99; イングランドの貴族; CHAUCER のパトロンで, 後に義兄; Ghent 生まれ).

Gavin /gǽvɪn/ ギャヴィン: 男子名. ◆中英語 Gaven (変形?) < Gawyn < 古フランス語 Gauvin, Gauvain 'GAWAIN'. スコットランドで今でも多い.

Gawain /gáːweɪn, gəwéɪn/ ガウェイン: (1) 1273 男子名・姓. ◆中英語 Gawyn(e), Gawayne (古フランス語 Gauvain) < ウェールズ語 Gwalchgwyn (原義)「白鷹」< gwalch 'hawk' + gwyn 'white'. (2) ARTHUR 王の甥で円卓の騎士の一人. ◆<(1). 中英語詩 *Sir Gawain and the Green Knight*『ガウェイン卿と緑の騎士』(1360–95)のヒーロー.

Gay /geɪ/ ゲイ: (1) 1191 姓. ◆中英語 Gay, Gai <(古)フランス語 gai 'merry, gay'.「陽気な」人につけたあだ名から. 同類に BLYTHE. (2) 1192 (de) 姓(<地名). ◆中英語 ~<古フランス語 Gaye (NORMANDY の地名; 原義「? Wado

Geraldine

（人名）の村」）．▶JOHN Gay (1685–1732; 英国の劇作家; *The Beggar's Opera*『三文オペラ』(1728))．

GE /dʒìːíː/ ジーイー: 1892 米国の電機産業の多国籍企業の商標．♦ (頭文字語) < G(eneral) E(lectric Company)．

Gehrig /gé(ə)rɪg/ ゲーリッグ: 姓．♦ < ドイツ語 ～ (短縮形) < Gehring < Ger-, Gar- 'spear' (Gerhardt 'brave-spear') + -ING (子孫)．▶Lou (< LOUIS) Gehrig (1903–41; New York Yankees の選手 (1923–39); 2130 試合連続出場記録を作るが病気で引退・若死)．

Gene /dʒiːn/ ジーン: 男子名．♦ (略形) < EUGENE. 米国ではごく一般的．▶Gene HACKMAN (1930– ; 米国の映画俳優)．

Geoffrey /dʒéfri/ ジェフリー: 1071 男子名・1203 姓．♦ 中英語 Geffrey, Gaufridus < 古フランス語 Geoffroi < 古高地ドイツ語 Gaufrid (原義)「平和な地」< gouwi (ドイツ語 Gau) 'district' + fridu (ドイツ語 Friede) 'peace'. 中英語期にはよく用いられ (cf. Geoffrey CHAUCER), Jefferies, JEFFERSON 等のほか，愛称形の Jeff, Geve から Jeeves, Jephson, Jepson 等，多くの姓を派生させた．中英語期では GODFREY と区別されていたが，近代英語期には混同され，一般的でなくなっていたが，現代に復活．

George /dʒɔːdʒ/ ジョージ: 12C 男子名・姓．♦ 中英語 ～ < (古) フランス語 Georges < 後期ラテン語 Geōrgius < ギリシャ語 Geṓrgios (原義)「農民」．ローマ軍の護民官で 303 年に Nicomedia で殉教した St. GEORGE は十字軍遠征によってイングランドに伝えられ，14 世紀中頃 EDWARD III が WINDSOR 城内の礼拝堂を彼に捧げてからイングランドの守護聖人とみなされた．しかしこの名が人気を得たのは GEORGE I が 1714 年に英国王になり，Hanover 王朝が始まってからである (Withycombe)．愛称形 Geogie, Geodie．

Georgia /dʒɔ́ːdʒ(j)ə/ ジョージァ: (**1**) 女子名．♦ (ラテン語化女性形) < GEORGE. (**2**) 1788 米国の州 (州都 ATLANTA)．♦ (ラテン語化女性形) < GEORGE II (1683–1760; 英国王 (1727–60))．⇨ -IA．

Gerald /dʒérəld/ ジェラルド: 1086 男子名・姓．♦ 中英語 Geraldus < 古高地ドイツ語 Gairovald (原義)「槍の支配・達人」< gēr 'spear' + wald 'rule'. 中英語期には GERARD ほど一般的でなく，イングランドでは 13 世紀末ごろ廃れたが，アイルランドとウェールズでは Gerard と混同され余命を保ち (cf. FITZGERALD), 19 世紀にアイルランドから逆輸入された後，Gerard より一般的になった (Withycombe)．愛称形 GERRY, JERRY, Ged．

Geraldine /dʒérəldiːn/ ジェラルディーン: 16C 女子名．♦ (女性形) < GERALD. 愛称形 Gerry, Geri, Gerie, Gerri. 英国の詩人 HENRY HOWARD, Earl of Surrey (1517–1547) の詩に初出．▶Geraldine PAGE (1924–87; 米国の舞台・映画女優)．

Gerard

Gerard /dʒérəd, dʒərá:d/ ジェラード: 1086 男子名・姓. ◆中英語 Gerardus, ～ <(古)フランス語 Gérard < 古高地ドイツ語 Gairhard (原義)「槍の達人」< gēr 'spear' + hardu 'hard'. 愛称形 GERRY, JERRY, Ged.

German /dʒə́:mən/**, Jarman** /dʒá:mən/ ジャーマン: 1086 DB 姓. ◆中英語 Germanus, Jarma(i)n「ドイツ人」< 古フランス語 Germain ∥ ラテン語 Germānus 'a German'. ▶DEREK Jarman (1942–94; 英国の映画監督).

Geronimo /dʒərónımoʊ/ ジェロニモ: 米国先住民 APACHE 族の指揮官 (1829–1909). ◆< チリカワ語 Goyahkla (原義)「あくびをする人」. メキシコ軍・米軍に抗戦した.

Gerry /dʒéri/ ジェリー: GERALD, GERARD, GERALDINE の愛称形. ⇨ JERRY.

Gertrude /gə́:tru:d/ ガートルード: 女子名. ◆中英語 ～ < 古高地ドイツ語 Geredrudis (原義)「槍の達人」< gēr 'spear' (古英語 gār) + drudi 'strength'. 今のベルギーの Brabant で崇敬された St. Gertrude of Nevilles (625–659) にちなむ. 19 世紀後半に人気のある女子名になった. 愛称形 Gert(ie), Trudy. ▶SHAKESPEARE 作 *Hamlet* の王妃の名.

Gettysburg /gétizbə:g/ ゲティスバーグ: 1806 米国 PENNSYLVANIA 州の町. ◆1780 年代に都市設計をした JAMES Gettys にちなむ. 南北戦争の激戦地 (1863 年 7 月). 4 か月後の 1863 年 11 月 19 日に戦没者共同墓地の開所式で LINCOLN 大統領が有名な "Gettysburg Address" を行った.

Gibb(s) /gɪb(z)/ ギブ(ズ): 1179 男子名・姓. ◆中英語 Gibbe(s) (愛称形) < GILBERT. ⇨ -s (父系).

Gibbon(s) /gíbən(z)/ ギボン(ズ): c1176 姓. ◆中英語 Gibun (GIBB の指小形). ⇨ -s (父系). ▶EDWARD Gibbon (1737–94; 英国の歴史家; *The History of the Decline and Fall of the Roman Empire*『ローマ帝国衰亡史』(1776–88)).

Gibson /gíbsn(z)/ ギブソン: 1311 姓. ◆中英語 Gibsone (GIBB, -SON). ▶MEL Gibson (1956– ; オーストラリアの映画俳優・監督; *Mad Max* (1979)).

Gilbert /gílbət/ ギルバート: 1086 DB 姓. ◆中英語 Gislebertus, Gilebert < 古フランス語 Gi(s)lebert < 古高地ドイツ語 Gisilbert (原義)「名高い貴公子」< gīsil 'noble youth' + bert 'bright, famous'. ギルバート修道会 (the Gilbertines) を創った St. Gilbert (1083?–1189) に対する崇敬などで中英語期に人気のあった男子名で, Gilbertson (1379 年初出), 愛称形 Gib から GIBB(S), GIBBON(S), GIBSON などの姓が派生した. さらに愛称形 GILL /gɪl/ (cf. Gill /dʒɪl/ = JILL), BERT も生じた. ▶WILLIAM Gilbert (1836–1911; 英国の劇作家・作曲家; 喜歌劇 *The Mikado* (1885); cf. Gilbert and Sullivan Operas) ｜ WILLIAM Gilbert (1540–1603; 英国の医師・物理学者; 起磁力の CGS 単位 gilbert の名祖).

Gisborne

Gilchrist /gílkrɪst/ ギルクリスト: 1202 男子名＞1296 姓. ◆スコット語 Gillecrst（原義）「キリストに仕えるもの」＜ゲール語 Gille Chriosd 'servant of Christ'.

Giles /dʒaɪlz/ ジャイルズ: 1086 DB 男子名＞1176 姓. ◆中英語 Gile, Gyles＜古フランス語 Gille（変形）＜ラテン語 Aegidius＜ギリシャ語 aigídion「子山羊」. ⇨ -s（父系）. 7 世紀 Provence の聖者 St. Ægidius（St. Giles）への崇敬がイングランドに広がった影響が大きい. 女子名としても用いられた.

Gill /gɪl/ ギル: (**1**) 1086 DB 男子名＞1202 姓. ◆中英語 ghil(e)＜古アイル語 *Gilla ∥ 古ノルド語 Gilli「召使・使用人」. (**2**) 1246 (dela, del) 姓（＜場所）. ◆中英語 Gile, ～（原義）「峡谷（の住民）」＜古ノルド語 gil 'ravine'. (**3**) /dʒɪl/ 女子名. ◆GILLIAN の愛称形. 姓にも発達.

Gillespie /gəléspi/ ガレスピー: 1175–99 姓. ◆スコット語 ∥ アイル語 ～＜ゲール語 Gille Easbuig ∥ Gilolla Espaig（ともに, 原義）「司教の召使」. ▶Dizzy Gillespie（1917–93; 米国のジャズトランペット奏者; Dizzy はあだ名（原義「目が回る」）).

Gillet(t) /dʒɪlét/ ジレット: 1280 姓. ◆中英語 Gilet, Gilot＜古フランス語 Gillet, Gillot（指小形）＜Gille 'GILES'. ⇨ -ET.

Gillette /dʒɪlét/ ジレット: 1902 米国 The Gillette Co. の安全カミソリの商標. ◆創業者 KING Camp Gillette（1855–1932）にちなむ. 化粧道具にふさわしい洗練されたフランス風な名前 Gillette（元の姓 Gillet は英語）で成功.

Gillian /dʒíljən/ ジリアン: 1198 女子名・姓. ◆中英語 Giliana（JULIAN の語頭変形; /j/ ではなくの /dʒ/ の発音を表すための G）. 中英語期には人気があったが, 18–19 世紀には廃れた. しかし 20 世紀に復活した（Withycombe）.

Gilman /gílmən/ ギルマン: 1195 男子名・姓. ◆中英語 Gilmyn＜古フランス語 Guillemin（指小形）＜Guillaume 'WILLIAM'. -man は英語の man ではなくフランス語の語尾の -m と指小辞 -in から.

Gilmore /gílmɔː/ ギルモア: 1133–56 姓. ◆アイル語 Gil(e)mor＜ゲール語 Mac Gille Mhoire（原義）「（処女）マリアに仕える者」.

Ginny, Ginnie /dʒíni/ ジニー: 女子名. ◆VIRGINIA の愛称形.

Girton /gə́ːtn/ ガートン: 1086 (de) 姓（＜地名）. ◆中英語（イングランド CAMBRIDGESHIRE などの地名; 原義「砂利の多い土地の村」）＜古英語 grēot 'gravelly' + -tūn '-TON'.

Gisburn /gízbən/, **Gisborne** /gízbən, -bɔːn/ ギズバーン, ギズボーン: 1219 (de) 姓（＜地名）. ◆中英語 Giseburn（原義）「奔流」＜古英語 *gyse 'gushing' + burna '-BURN'. ▶WILLIAM Gisborne（1825–98; ニュージーランド植民省副

Gissing

大臣; ニュージーランド北島東端の都市名は彼にちなむ).

Gissing /gísɪŋ/ ギッシング: 1194 (de) 姓 (< 地名). ◆中英語 Gissyng (原義)「Gissi 一族 (の土地)」. ⇨ -ING. ▶GEORGE Gissing (1857–1903; VICTORIA 朝後期の代表的現実主義作家).

Gladstone /glǽdstən/ グラッドストーン: 1296 (de) 姓 (< イングランド LANCASHIRE の地名). ◆中英語 Gledstan, Gladstan (原義)「鳶石」< 古英語 gleod 'kite' + stān 'stone'. ▶WILLIAM EWART Gladstone (1809–98; 英国の政治家; 首相 (1868–74, 80–85, 86, 92–94)).

Gladys /glǽdɪs/ グラディス: 女子名. ◆< ウェールズ語 Gwladys = CLAUDIA. イングランドへは 1870 年代に導入された (Withycombe).

Glasgow /glá:zgoʊ, glǽs-/ グラスゴー: 1136 スコットランド西南部 CLYDE 川に臨む大港湾都市. ◆中英語 Glasgu (原義)「緑の窪地」< ブリトン語 glas 'green' + cau 'hollow'.

Glastonbury /glǽstənbəri/ グラストンベリー: 725 イングランド南西部 SOMERSET 州の古都. ◆古英語 Glastingburi, Glestingabyriġ (原義)「Glaston 一族の砦」< Glaston (ケルト語 (原義)「? 大青 (植物) の生えた土地」) + -inga '-ING' + byrig '-BURY'). 廃墟となった修道院に ARTHUR 王と GUINEVERE 王妃の墓と伝えられものがある.

Glencoe /glenkóʊ/ グレンコー: 1343 スコットランド北西部ハイランド地方の村. ◆スコット語 Glenchomure (原義)「Coe 川の谷」. イングランド王 WILLIAM III の家臣の命を受けた CAMPBELL 一族がイングランド王に不服従のかどで MACDONALD 一族を虐殺した Massacre of Glencoe (1692) の地.

Glendalough /glendá:lɔx/ グレンダーロッホ: アイルランド中東部の Wicklow 県の町. ◆< アイル語 Gleann dá Loch (原義)「2 つの湖の谷間」. Upper Lake と Lower Lake の谷間の森に初期教会群跡が残り「7 つの教会のある町」と言われる. St. KEVIN が修道院を建て, 修道生活の中心とした地.

Glen(n) /glen/ グレン: 1230 (de, del) 姓 (< 地名)・男子名・女子名. ◆< 中英語 Glen (スコットランド各地の地名; 原義「谷 (のそばの住民)」) < ゲール語 glean 'valley'. スコットランド以外では米国に多く, 最近は女子名にも用いる. ▶Glen GOULD | Glenn CLOSE (1947– ; 米国の映画女優).

Gloria /glɔ́:rjə, 米 glóʊ-/ グロリア: 女子名. ◆< ラテン語 glōria 'glory'. ▶Gloria Swanson (1897–1983; 米国の映画女優).

Gloucester /glɔ́(:)stə/ グロースター: (**1**) 804 イングランド南西部 GLOUCESTERSHIRE の州都. ◆古英語 Gleaweċeastre (原義)「Glevum の砦」< Glevum (町名; ケルト語「明光の地」) + ċeaster '-CHESTER'. (**2**) 1086 DB (de) 姓 (< 地名). ◆中英語 Glouuecestre < (1). ▶RICHARD, Duke of Gloucester (1452–85;

イングランドの貴族・国王 RICHARD III (1483–85); 兄 EDWARD IV の 2 人の幼い息子を LONDON 塔で殺害した).

Gloucestershire /glɔ́(ː)stəʃə/ グロースターシャー: 1016 イングランド南西部の州. ◆古英語 Gleawecc̄estresc̄īr. ⇨ GLOUCESTER, -SHIRE.

Glover /glʌ́və/ グラヴァー: 1250 (le) 姓 (< 職業). ◆中英語 Glouere (glove, -ER) (原義)「手袋作り・手袋商」. ▶THOMAS BLAKE GLOVER (1838–1911; スコットランドの商人; 幕末に来日して貿易事業に成功, 長崎に「グラバー邸」を建てて日本婦人と結婚したが, 彼女を『蝶々夫人』のモデルとする証拠は乏しい) | DANNY Glover (1947; 米国の映画俳優; *The Color Purple* (1985)).

Glyn /glɪn/ グリン: 男子名. ◆ウェールズ語 ~ (原義)「谷」. ⇨ GLEN(N).

GM /dʒíːém/ ジーエム: 米国 DETROIT に本社を置く自動車製造会社の商標. ◆(頭文字語) < G(eneral) M(otors). 1908 年 BUICK の Oldsmobile 買収にあたって持ち株会社として WILLIAM DURANT の下で発足.

Godfrey /gɔ́dfri/ ゴッドフリー: 1086 DB 姓. ◆中英語 Godefridus, Godefrei < 古フランス語 Godefroi(s) < 古高地ドイツ語 Godefrid (ドイツ語 Gottfried) (原義)「神の平和」.

Godiva (1) /gədáivə/ ゴダイヴァ: OE 女子名・姓. ◆中英語 Godeva, Godefe < 古英語 Godġifu (原義)「神の恵み」< God + ġifu 'gift'. 見出し語はラテン語化. ⇨ -A. ▶Lady Godiva (11 世紀のイングランド COVENTRY の領主の妻; 自ら裸で馬に乗って町を駆け抜けることを条件に領民に重税をかけることを夫に止めさせた). (2) /gədívə/ ゴディヴァ: ベルギーのチョコレート会社の商標. ◆< Lady Godiva. JOSEPH DRAPS が 1926 年に Brussels に開いたチョコレート店から.

Godman /gɔ́dmən/ ゴッドマン: (1) 1086 DB 姓. ◆中英語 Godeman < 古英語 Godmann (God, man) (人名; 原義「神を信じる人」). (2) 1275 (le) 姓(< あだ名). ◆中英語 ~ 'GOODMAN' (原義)「善人・お人よし」.

Godsave /gɔ́dseɪv/ ゴッドセイヴ: 1206 姓(< あだ名). ◆中英語 Agodeshalfe, O(n)godishalve < On Godes half 'on (= in) God's half 「御名にかけて, 後生だから」. これを口癖とする人につけたあだ名から. 中英語語頭の A, O は前置詞 on の弱形.

Godwin /gɔ́dwɪn/ ゴッドウィン: OE 姓. ◆古英語 Godwine (人名; 原義「信者」) < God 'God'+ wine 'friend' // Gōdwine (原義)「親友・良友」< gōd 'good' + wine 'friend'. Gōd- の母音の短音化で両者の区別がつかず融合した. ▶Godwin, Earl of WESSEX (990–1053; デイン人のカヌート王の時代に権勢を振るったイングランド人).

Gold /goʊld/ ゴールド: (1) 1086 DB 男子名・女子名 > 姓. ◆中英語 ~ < 古英

Goldberg

語(人名) Golda (男性形), Golde (女性形). (**2**) 1220 姓(< あだ名). ◆中英語 ~, Goulde. 「金持ち」の人につけたあだ名から. (**3**) 1327 (le) 姓. ◆「金髪(の人)」につけたあだ名から.

Goldberg /góʊldbə̀ːg/ ゴールドバーグ: 姓. ◆< ドイツ語 Goldberg (ドイツ各地の地名; 原義「金山」) < Gold 'gold' + berg 'mountain'. ▶Arthur J(oseph) Goldberg (1908–90; 米国の最高裁判事・国連大使; 両親はユダヤ系移民).

Golding /góʊldɪŋ/ ゴールディング: OE 姓. ◆古英語 ~ (原義)「Golda ∥ Golde 'Gold' の子」. ⇨ -ing. ▶William Golding (1911–93; 英国の作家; *Lord of the Flies*『蝿の王』(1954); Nobel 文学賞 を受賞(1983)).

Goldman /góʊldmən/ ゴールドマン: (**1**) c1066 姓. ◆中英語 Goldmann (gold, man) (原義)「金細工職人」. (**2**) 姓. ◆中英語 Goldmann (あだ名;「金髪男」).

Goldsmith /góʊldsmɪθ/ ゴールドスミス: 1250 姓. ◆中英語 Goldsmiz, ~ < 古英語 goldsmið (gold, smith)「金細工師」. 米国ではドイツ語の Goldschmidt との置き換えもある. ▶Oliver Goldsmith (1730?–74; 英国の詩人・作家; *The Vicar of Wakefield* (1776)).

Goldstein /góʊldstàɪn, -stiːn/ ゴールドスタイン, ゴールドスティーン: 姓. ◆< ドイツ語 ~ (gold, stone) (原義)「金細工師が用いる金の試金石」(Smith).

Goldstone /góʊldstoʊn/ ゴールドストーン: (**1**) 姓. ◆古英語 Goldstān (gold, stone) (人名; 原義「金鉱石・金石」). ⇨ Goldstein. (**2**) 1312 (de) 姓(< イングランド Kent 州の地名). ◆中英語 Goldeston < (**1**).

Gonville /gɔ́nvɪl/ ゴンヴィル: 1155 (de); 1332 姓. ◆中英語 Gundeuille < 古フランス語 Gondouville (地名; 原義「Gunda (人名)の村」).

Gonzalez, Gonzales /gɔnzáːləz/ ゴンザレス: 姓. ◆< スペイン語 González 'Son of Gonzano (人名; 原義「戦」)'.

Goodman /gʊ́dmən/ グッドマン: 姓. ◆(1) 1086 DB 中英語 Godman(us) (原義)「良人」. (2) 1275 中英語 Gudman, Godman (原義)「家長」. (3) 1086 DB 中英語 Godeman (あだ名; 原義「善人・お人よし」). ⇨ Godman (2). (4) 1121–48 中英語 Guthmund, Godman < 古ノルド語 Guðmundr ∥ 古英語 Gūðmund (人名; 原義「戦により護る人」). ▶Benny Goodman (1909–86; "King of Swing" の異名をとった米国のジャズクラリネット奏者・バンドリーダー; ロシア系ユダヤ人の家系).

Google /gúːgl/ グーグル: インターネットサービスの米国の多国籍企業 Google Inc. の商標. ◆< googol「10^{100}・天文学的数字 > サーチエンジンが処理する情報量」. Stanford 大学院生だった Larry Page (1973–) と Sergey Brin (1973– ; ロシア系米国人)が 1998 年に設立した.

Gordon /gɔ́ːdn/ ゴードン: (**1**) 1150–60 (de) 姓. ◆中英語 Gordun < ケルト語

gor dun 'great fort'（元はスコットランド BERWICKSHIRE の地名；ここから氏族名が出た）．(2) 姓．♦1220 中英語 Gurdun ＜ 古フランス語 Gourdon（地名；原義「Gordo（人名；原義「山・丘」）の土地」）．(3) 男子名．♦＜ (1), (2)．スーダンの Khartoum（ハルツーム）で戦死した英国軍人 Charles George Gordon 将軍（1833–85）にちなむ名づけかもしれない． ▶JAMES Gordon BROWN.

Gore /gɔ:ə/ ゴア：1181 姓（＜イングランドの地名）．♦中英語 Gare, 〜 ＜ 古英語 gāra「三角地」． ▶AL(BERT) Gore（1948– ；米国第 45 代副大統領；2007 年に NOBEL 平和賞と映画 *An Inconvenient Truth*『不都合な真実』で ACADEMY ドキュメンタリー賞を受賞）．

Gough /gɔf/ ゴフ：姓．♦(1) ＜ ウェールズ語 coch「赤い」．あだ名「赤毛」に由来する．(2) ＜ ゲール語 gobha ∥ ブレトン語 goff 'smith'． ▶HUGH Gough, 1st Viscount Gough（1779–1869；英国の軍人）．

Gould /gu:ld/ グールド：姓．♦GOLD の別形． ▶GLENN Gould（1932–82；カナダのピアニスト；父親は本来の姓 Gold をユダヤ人と間違われるので別形の Gould に変えた）．

Grace /greɪs/ グレイス：1199 女子名・姓．♦中英語 gras, 〜 ＜ 古フランス語 gras 'fat' ∥ grace 'grace'．相反する意味に由来するが区別は困難． ▶Grace KELLY.

Graham(e) /gréɪəm/ グレ(イ)アム：1127 (de) 姓（＜イングランド LINCOLNSHIRE の地名）・男子名．♦中英語 Grantham, 〜（原義）「Granta（人名）の村」． ▶MARTHA Graham（1894–1991；米国のモダンダンス・バレエの創始者の一人）｜Graham GREEN.

Gra(i)nger /gréɪndʒə/ グレインジャー：c1100 (le) 姓（＜職業）．♦中英語 Grangier「穀物倉の管理人」＜ 古英語 grangier 'granger'． ▶FARLEY Granger（1925– ；米国の映画俳優）．

Grammy /grǽmi/ グラミー：1958 全米優秀レコード賞 Grammy Award．♦＜ gram(ophone)「蓄音機」（これがトロフィー）＋ -Y（愛称的指小辞）．cf. EMMY.

Granada /grəná:də/ グラナダ：1954 英国の民放テレビ（局）の商標．♦＜ 〜（スペインの古都）．TV・劇場・出版のグループ企業の会長 SIDNEY BERNSTEIN（1899–1993）が Granada の旅に感激して最初は劇場につけた名．スペインの魅力と英語の grand「壮大な」や grandee「（スペイン・ポルトガルの）大公」との連想もあり成功 (Room).

Grand Canyon /grǽnd kǽnjən/ グランドキャニオン．♦＜ grand 'large, sublime'（＜ フランス語）＋ canyon（＜ 米スペイン語 cañon 'hollow'）．ARIZONA 州にある COLORADO 川の「大峡谷」．grand の「崇高な」の意味が「大きい」とともにこの峡谷（の神々しいまでの威容）にふさわしい．地名に great が冠される

Grant

のは東部に多く、フランス人の影響の大きかった西部では grand が冠される場合が多い (Stewart).

Grant /grænt, grɑːnt/ グラント: 姓. ◆中英語 ~, Grandus <(古) フランス語 grand 'grand' ‖ アングロノルマン語 graund, graunt 'tall, great'. 「のっぽ」な人につけたあだ名から. 本来語の LANG, LONG と同じ. ▶CARY Grant (1904–86; 英国生まれの米国の映画俳優) | ULYSSES S. Grant (1822–85; 南北戦争の北軍総司令官で米国第 18 代大統領 (1869–71)).

Granville /grǽnvɪl/, **Grenville** /grénvɪl/ グランヴィル、グレンヴィル: 1161 (de) 姓 > 男子名. ◆中英語 Grenvill < 古フランス語 Grainville (北フランスの地名; 原義「大村」; 海浜リゾートの Granville). イングランドでは主として貴族の姓だったが 19 世紀から男子名として用いられた.

Grasmere /grɑ́ːsmɪə, grǽs-/ グラスミア: 1245 イングランド湖水地方の村. ◆中英語 Gressemere (原義)「草の多い岸辺を持つ湖」< 古ノルド語 Gressær < gres 'grass' + sær 'lake, sea'. 中英語形はさらに英語の mere「湖」を加えたもの. WORDSWORTH 兄妹の住んだ Dove Cottage がある.

Graves /greɪvz/ グレイヴズ: 1161–77 姓. ◆中英語 Greiue (原義)「財産管理人・執事」< 古ノルド語 greifi 'steward'. ⇨ -s (父系). ▶ROBERT Graves (1895–1985; 英国の詩人、ギリシャ神話の翻訳家・研究家).

Gray, Grey /greɪ/ グレイ: 1173 男子名・姓. ◆中英語 Grai, Grei < 古英語 grǽġ 'grey'. 髪の毛が「灰色の」人につけたあだ名から. ▶JANE Grey (およそ 9 日間のイングランド王在位 (1553) の後幽閉され処刑 (1554) された "The Nine Days' Queen") | THOMAS Gray (1716–71; 英国の詩人; *Elegy Written in a Country Churchyard*『墓畔哀歌』(1751)).

Green(e) /griːn/ グリーン: 1188 姓. ◆中英語 greene < 古英語 grēne 'green'. (1) 村の Green「共同緑地」のそばの住人がつけた姓. (2)「青臭い」人につけたあだ名に由来する姓. (3) 五月祭 (May Day) で緑の葉の衣装を身にまとった green man になった若者につけたあだ名に由来する姓 (Matthews). ▶JOHN RICHARD Green (1837–83; 英国の歴史家) | GRAHAM Greene (1904–91; 英国の小説家・劇作家; *The End of the Affair*『情事の終り』(1951; 映画化 1995, 1999)).

Greenwich /grénɪtʃ, grín-, -ɪdʒ/ グリニッチ、グリニッジ: 964 Greater LONDON のかつて天文台のあった町. ◆古英語 Grēnewīċ (green, -WICH) (原義)「緑の村」.

Gregor /grégə/ グレガー: c1240 男子名 > 1379 姓. ◆スコット語 ~ 'GREGORY'. 愛称形 Greg(g). ⇨ MCGREGOR.

Gregory /grégəri/ グレゴリー: 1143–7 姓・男子名. ◆中英語 Gregori(us) < 後

期ラテン語 Grēgorius＜ギリシャ語 Grēgórios（原義）「目覚めている」．愛称形 Greg(g)．

Gregson /grégsən/ グレッグソン：1327 姓．♦中英語 〜＜Greg（GREGORY の愛称形）＋ -SON．

Grendel /gréndl, OE -del/ グレンデル：古英語英雄叙事詩 *Beowulf* に出る妖怪．♦古英語 〜＜? *Grandil「水底に棲む物」．*Klaeber's Beowulf* (4th Edition 2008) には 7 つの語源説が紹介されている．デンマーク王 Hrothgar の宮廷 HEOROT を夜な夜な襲い，ここを占拠して廷臣たちを食い殺す妖怪．隣国の英雄 BEOWULF に右手をもぎ取られ，湖沼の棲家に逃げ帰って死ぬ．次の日の夜母親が復讐にくる．渡辺綱の鬼退治の類話．

Grenville /grénvɪl/ グレンヴィル．♦GRANVILLE の別形．

Grey /greɪ/ グレイ．♦GRAY の別形．

Greyhound /gréɪhaʊnd/ グレイハウンド：1914 年創業の米国の長距離バス会社 Greyhound Lines, Inc. の商標．♦＜greyhound「快足の猟犬」．創業者のスウェーデン生まれの米国の鉱山師 CARL Wickman (1887–1954) の命名．さっと通過する灰色のバスがまるで greyhound のようだと言われたことにちなむ (Room)．

Grice /graɪs/ グライス：1176 姓（＜あだ名）．♦中英語 Gris＜古ノルド語 gríss 'pig' ∥＜古フランス語 gris 'gray-haired'．

Grierson /gríəsn/ グリアソン：1411 姓．♦中英語 Grerson＜Gr(i)er ((短縮形)＜GREGOR) ＋ -SON．

Grieve /griːv/ グリーヴ：c1050 姓（＜職業）．♦中英語（イングランド北部・スコットランド）Greva（原義）「代官・荘園管理人」＜古英語 ġerēfa 'reeve'．

Griffith(s) /grífɪθ(s)/ グリフィス（ス）：1392 男子名＞1524 姓．♦中英語 Gruffyd＜古ウェールズ語 Griph-iud（原義）「Griph の族長」．⇨ -s（父系）．同類の族長名・王名に由来する HOWELL, LLEWELLYN, MEREDITH, MORGAN, OWEN など参照．▶ARTHUR Griffith (1872–1922; アイルランドの政治家) ｜ D. W. Griffith (1875–1948; 米国の映画監督・制作者)．

Grisham /gríʃəm/ グリシャム：姓．♦(変形)＜Gresham (grass, -HAM²)（イングランド NORFOLK 州の地名；原義「放牧場・草地の囲い地」）．▶JOHN Grisham (1955–　；米国の弁護士・政治家・作家；*The Firm*『ザファーム / 法律事務所』(1991) を始めとしてベストセラー多数)．

Groom /gruːm/ グルーム：c1100 (le) 姓（＜職業）．♦中英語 Grom（原義）「下男・馬丁」．

Groves /groʊvz/ グローヴズ：1119–27 (de, de la) 姓（＜場所）．♦中英語 Graua 'grove'（原義）「森（のそばの住人）」．⇨ -s（父系）．

Gucci

Gucci /gúːtʃi/ グッチ: 1921 イタリア The House of Gucci 社の高級雑貨の商標. ♦創業者の Guccio Gucci (1881–1953) から.

Guinevere /gwínɪvɪə/ グイネヴィア: ARTHUR 王の妃. ♦< ウェールズ語 Gwenhyfar (=アイル語 Findabair) (原義)「白い魔女」. 円卓の騎士 LANCELOT との道ならぬ恋で有名.

Guinness /gínəs/ ギネス: (**1**) 姓. ♦アイル語 Magennis < ゲール語 Mág Aonghuis 'Son of Angus (氏族の一つ)'. (**2**) 1759 年創業のアイルランド DUBLIN の Guinness & Co. のビールの商標. ♦創業者 ARTHUR Guinness (1725–1803) から. 子会社が毎年発行する *Guinness World Records* については en.wikipedia など参照.

Gulliver /gʌ́lɪvə/ ガリヴァー: 1086 DB 姓. ♦中英語 Gulafra (原義)「貪欲な人」< 古フランス語 goulafre 'glutton'. ▶JONATHAN SWIFT 作 *Gulliver's Travels* (1726) の主人公 Lemuel Gulliver.

Guy /gaɪ/ ガイ: 男子名. ♦中英語 ～ < (古) フランス語 ～ (w の gu への変形) < 古高地ドイツ語 Witu (原義)「森」(Hanks, BN). 14 世紀のロマンス *Guy of Warwick* の人気でこの名は流行した. Guy FAWKES の火薬陰謀事件後使われなくなったが, 19 世紀に復活. 1920 年代以降細々と用いられている. ▶Guy Richie (1968– ; 英国の映画監督; MADONNA の夫 (2000–2008)).

Gwendolen /gwéndələn/ グウェンドリン: 女子名. ♦< ウェールズ語 ～ < Gwen, Gwyn 'white' + dolen「(月の) 暈」. O. WILDE 作 *The Importance of Being Earnest* (1895) の登場人物の名. 別形 Gwendolin(e), Gwendolyn. 愛称形 WENDY.

Gwyneth /gwínəθ/ グウィネス: 女子名. ♦< ウェールズ語 (1) ～ (変形) < Gwynedd (男子名; 元は地名); (2) gwynaeth 'luck, happiness'. ▶Gwyneth JONES (1936– ; ウェールズ出身のソプラノオペラ歌手).

Gwyn(n) /gwɪn/ グウィン: 女子名 (< あだ名). ♦< ウェールズ語 Gwyn (原義)「白い・美しい・清らかな」. ⇨ GUINEVERE.

H

Häagen-Dazs /hɑ̀ːgən-dɑ́ːz, 米 hɑ́ːgən-dæs/ ハーゲンダッツ：アイスクリームの商標．♦ポーランド移民の REUBEN Mattus が 1961 年に NEW YORK に開いたアイスクリーム店の名から．Häagen も Dazs も一見北欧語からかと思わせるが，実は意味のない巧みな造語．

Hackett /hǽkət/ ハケット：c1160–66 姓．♦中英語 Haket（指小形）<古ノルド語 hake 'crook'．「鉤鼻」の人につけたあだ名から．-ET は指小辞．⇨ HACKMAN．

Hackman /hǽkmən/ ハックマン：1197 姓（<あだ名）．♦中英語 Hakeman（原義）「鉤鼻男の召使」<古ノルド語 hake 'crook, hook'．▶GENE Hackman（1930–　；米国の映画俳優；*The French Connection*（1971）で ACADEMY 主演男優賞を受賞）．

Hadden /hǽdn/ ハッデン：1159 (de) 姓（<イングランド各地の地名）．♦中英語 Haddon（原義）「ヒースの丘」<古英語 hæþ 'heath' + dūn 'hill, down'．

Hadley /hǽdli/ ハドリー：c1000 姓（<イングランド各地の地名）．♦古英語 Hæþ-lēah（原義）「林間のヒースの原」．異綴りに Hadlee, Hadleigh など．⇨ HEATH, -LEY．

Hadrian /héɪdrjən/ (**1**)ハドリアーヌス：ローマ皇帝（在位 117–138）．♦<ラテン語 Hadriānus（ローマの五賢帝の 3 番目）．(**2**)ヘイドリアン：男子名．♦<(1)．⇨ ADRIAN．

Hadrian's Wall /hèɪdrjənz wɔ́ːl/ ハドリアーヌスの防壁．♦< HADRIAN (1) + -S（所有格）+ wall．ローマ皇帝 Hadriānus の命でイングランド北部に建設された防壁．SOLWAY FIRTH から TYNE 河口までを東西に横断し，以北の PICT 族などの侵入を防いだ．世界遺産．

Haig /heɪg/ ヘイグ：1162–6 (del, de la) 姓（< NORMANDY の地名）．♦中英語 Hage <ノルマンフランス語 La Hague <古ノルド語 hagi「囲い地」．スコットランド低地に多い姓．スコッチウィスキーの最古の蒸留所の一つもこの姓から．

Ha(i)ley /héɪli/ ヘイリー：1251–2 姓．♦中英語 Hayleg, Hayleye (hay, -LEY)（イングランド OXFORDSHIRE, HERTFORDSHIRE の地名；原義「干草地（の住

Halifax

人)」).別形 HAYLEY.▶ALEX Haley (1921–92; アフリカ系の米国人作家; *Roots* (1976))｜ARTHUR Hailey (1920–2004; 英国生まれのカナダのベストセラー作家).

Halifax /hǽlɪfæks/ ハリファックス: (**1**) 1454 姓.♦中英語 〜 (West YORKSHIRE の地名; 原義「窪んだ草地」) < 古英語 healh 'hollow, nook' + *ġefeaxe 'coarse grass' (Mills & Room). Ekwall は地名 Halifax の原義を hāliġ-flæx「聖なる亜麻畑」と解している. (**2**) 1749 カナダ NOVA SCOTIA 州の州都.♦当時の行政長官 2nd Earl of Halifax (1716–71) にちなむ.

Hall /hɔːl/ ホール: 1178 姓.♦中英語 Hall(e)「館の使用人」< 古英語 heall 'hall'.

Halley /hǽli, hɔ́ːli, 米 hǽːli/ ハレー, ハリー: 1166 (de) 姓 (<場所).♦中英語 Hallei (原義)「館のある林間の住民」.▶EDMOND Halley (1656–1742; 英国の天文学者; ハレー彗星の軌道を計算し (1682), 周期的に出現することを証明; 同彗星の最近の回帰は 1986 年, 次回は 2061 年).

Halliday /hǽlɪdeɪ/ ハリデイ: 1179–94 姓.♦中英語 Halidei 'holiday'.「祝日」に生まれた子につけた男子名・女子名から.▶MICHAEL Halliday (1925–　; 英国の機能文法学者).

Halse /hæls/ ハルス: (**1**) c1100 姓 (<あだ名).♦中英語 Hals (「首が長い人」につけたあだ名) < 古英語 heals 'neck'. (**2**) 1251 (atte) 姓 (<場所).♦中英語 Halse「土地のくびれた部分・地峡 (の住人)」< 古英語 heals.

-ham[1] /-(h)əm/「住居・その集合体・集落・村」を意味する地名要素.♦< 古英語 hām 'home, dwelling, estate, village, country'. ⇨ -HAM[2].

-ham[2] /-(h)əm/「(水辺で) 囲まれた土地」を意味する地名要素.♦< 古英語 hamm 'land enclosed by water or marsh, river-meadow, promontory'. ⇨ -HAM[1].

Hamill, Hammil, Hammel /hǽməl/ ハメル: c1055 姓.♦中英語 Hamel (原義)「刀傷のある (人)」< 古英語 hamel 'scarred, mutilated'.

Hamilton /hǽmɪltən/ ハミルトン: 1195 (de) 姓 (<イングランド LEICESTERSHIRE の地名).♦中英語 〜 (原義)「Hamela (人名; 原義「背中の曲がった人」) の農場」. スコットランドによくある姓なのは the Hamiltons が移住したため.

Hamlet[1] /hǽmlət/ ハムレット: 1568 姓・1622 男子名.♦中英語 Hamlett (原義)「小村」< ham 'home' + -EL (指小辞) + -ET (指小辞).

Hamlet[2] /hǽmlət/ ハムレット: SHAKESPEARE 作 *Hamlet* (1599–1601) の主人公.
♦語源には定説がないが, 種本の Saxo Grammaticus のラテン語著作 *Gesta Danorum* (13C) に登場する Hamlet に当たる人物 Amlethus (= Amleth) は多分, アイル語 Amlaidhe (<古ノルド語 Amlóði (原義)「? 狂人 (のふりをした) Anle (= Ole)」<Anle (人名) + óði 'mad') に由来するものだろう.

Hamlin, Hamlyn /hǽmlın/ ハムリン: 1130 姓. ♦中英語 Hamelin（指小形）＜古ノルド語 Hamundr 'HAMMOND'.

Hammersmith /hǽməsmıθ/ ハマースミス: 1294 LONDON の地名. ♦中英語 Hamersmyth（原義）「鍛造工場（のある場所）」.

Hammerstein /hǽməstaın/ ハマースタイン: 姓. ♦＜ドイツ語 ～ (1)（ドイツ各地の地名; 原義「岩石」）＜古高地ドイツ語 hamar 'rock' + stein 'stone'; (2)（ユダヤ人の姓; 原義「石割ハンマー」）＜hammer + stein. ▶OSCAR Hammerstein, II (1895–1960; 米国のミュージカルの作詞家; 祖父がドイツ系ユダヤ人; *Show Boat* (1927), *Oklahoma!* (1943), *The Sound of Music* (1959)).

Hammett /hǽmət/ ハメット: 1297 姓. ♦中英語 Hamet（原義）「小村」（指小形）＜ノルマンフランス語 Hamo ＜古高地ドイツ語 Haimo 'home, -HAM¹'. ⇨ HAMLET¹, -ET. ▶Dashiell Hammett (1894–1961; 米国の作家; *The Maltese Falcon*『マルタの鷹』(1930)).

Hammond /hǽmənd/ ハモンド: 1140–5 姓. ♦中英語 Hamandus ＜ノルマンフランス語 Hamond (⇨ HAMMETT) // 古ノルド語 Hamundr（人名; 原義「位高き守護者」）.

Hampshire /hǽmpʃə/ ハンプシャー: OE イングランド南部の旧州（州都 WINCHESTER）＞1296 姓. ♦中英語 Hamtunshire（原義）「家村・荘園」＜古英語 Hāmtūnscīre ⇨ -HAM¹, -TON, -SHIRE. -p- は後の添加.

Hampson /hǽmpsən/ ハンプソン: 1332 姓. ♦中英語 Hammonson, Hamson, ～（原義）「家付き息子」＜ノルマンフランス語 Hamon (＜古高地ドイツ語 Haimo 'home') + -SON. -p- は後の添加. ▶THOMAS Hampson (1955– ; 米国のバリトン歌手).

Hampstead /hǽmsted/ ハムステッド: 871–89 LONDON 北西部の高級住宅地. ♦中英語 Hamsteda（原義）「家屋敷」＜古英語 Hāmstede 'homestead'.

Hampton /hǽmptən/ ハンプトン: 1327 姓. ♦中英語 Ham(p)ton（イングランド各地の地名; 原義「家村・荘園」）＜古英語 hāmtūn 'manor, home-TON'. ▶イングランド王の離宮 Hampton Court (HENRY VIII の寵臣 WOLSEY 枢機卿が 1514 年ころから増改築; 寵を失った後, 国王が取り上げた).

Hancock /hǽnkɔk/ ハンコック: 1276 男子名・1274 姓. ♦中英語 Hanecoc（指小形）＜Hanne (Johan 'JOHN', RANDOLPH, HENRY, HARRY の愛称形; 13 世紀 YORKSHIRE で人気のあった男子名). ⇨ -COCK. ▶JOHN Hancock (1737–93; 米国の政治家; 独立宣言書に大きく署名をした).

Hankin /hǽŋkın/ ハンキン: 1285 男子名 ＞ 1327 姓. ♦中英語 Hankyn(nus) ＜ Hann (Johan 'JOHN' の愛称形) + -KIN.

Hank(s) /hǽŋk(s)/ ハンク（ス）: 1275 男子名・姓. ♦中英語 Hanke (Johan

Hannah

'JOHN' の愛称形). 米国では HENRY の愛称形として用いられる. ⇨ -S (父系).
▶TOM Hanks (1956– ; 米国の映画俳優; *Philadelphia* (1993) と *Forrest Gump* (1994) で ACADEMY 主演男優賞を連続受賞).

Hannah /hǽnə/ ハンナ: 女子名. ♦<ヘブライ語 Hannah (原義)「恩寵; 神は子を授けられた」. ANNA と二重語. アイルランドの田舎とユダヤ人に多い. ▶預言者 SAMUEL の母 Hannah.

Hansen /hǽnsn/ ハンセン: 姓. ♦<ノルウェー語 ~ (原義)「Hans の息子」< Hans (< Johannes 'JOHN' の愛称形) + -sen '-SON'. ▶Armauer Hansen (1841–1912; ハンセン病のライ菌を1873年に発見したノルウェーの医学者).

Hanson /hǽnsn/ ハンソン: 姓. ♦(1) 中英語 Handson < Hand (男子名・あだ名から; 手の特徴・器用さからか). ⇨ -SON. (2) 中英語 ~ < Hanne (男子名). ⇨ HANCOCK, -SON.

Harcourt /hɑ́:kɔ:t/ ハーコート: 1055 (de) 姓 (<イングランド SHROPSHIRE の地名). ♦中英語 Harecurt (原義)「鷹匠小屋」(court との類似による cot の変形) < 古英語 hafocere 'hawker' + cot 'cot'. ▶ALFRED Harcourt (1881–1954; 米国の出版社 Harcourt, Brace & Howe を1919年に創業した).

Hardcastle /hɑ́:dkɑ̀:sl, 米 -kæ̀sl/ ハードカースル: 1621 姓. ♦~ (イングランド YORKSHIRE の地名; 原義「難攻不落の城」).

Harding /hɑ́:dɪŋ/ ハーディング: 1095 姓. ♦中英語 Hardingus, ~ < 古英語 hearding (hard, -ING)「勇者の子孫」. ▶WARREN G. Harding (1865–1923; 米国第29代大統領 (1921–23)).

Hardwick /hɑ́:dwɪk/ ハードウイック: 1221 (de) 姓 (<イングランド YORKSHIRE, DERBYSHIRE の地名). ♦中英語 Herdewik (原義)「家畜飼育場」< 古英語 heordewīc 'herd-WICK'.

Hardy /hɑ́:di/ ハーディ: 1194 (le) 姓 (<あだ名). ♦中英語 ~ 'hardy' (原義)「勇敢な (人)」. ▶THOMAS Hardy (1840–1928; 英国の作家・詩人; *Tess of the d'Urbervilles*『テス』(1891)).

Hare /héə/ ヘア: 1166 (le) 姓 (<あだ名). ♦中英語 ~ 'hare'.「野兎」のように「敏捷な・臆病な」人につけたあだ名から.

Harewood /héəwʊd/ ヘアウッド: HARWOOD の別形.

Harland /hɑ́:lənd/ ハーランド: 1221 (de) 姓 (<イングランド DERBYSHIRE, SUSSEX 州の地名・場所). ♦中英語 ~, Herland (原義)「白土 / 兎場 / 岩場」< 古英語 hār 'hoar「白霜」' / hare 'hare' / hær 'rock' + -LAND.

Harley /hɑ́:li/ ハーリー: 1166 男子名・女子名・姓. ♦中英語 Harelea (地名; 原義「野兎林 (の住人)」); ⇨ -LEY). 19世紀以来男子名として用いられてきたが, 最近は女子名の方が多い (Cresswell).

Harley-Davidson /hɑ̀:lidéɪvɪdsən/ ハーレーダビッドソン：米国の Harley-Davidson Motor Company のオートバイの商標．♦WILLIAM S. Harley (1880–1943) と Arthur Davidson (1881–1950) が 1903 年 MILWAUKEE に創業．

Harlow /hɑ́:loʊ/ ハーロー：1422 姓．♦中英語 ～ （イングランド ESSEX の地名；原義「ヴァイキング軍の丘」) < 古英語 here '(Viking's) army' + hlāw 'hill'．▶ JEAN Harlow (1911–37; 米国の映画女優)

Harold /hǽrəld/ ハロルド：男子名 > 1086 DB 姓．♦中英語 ～ < 古英語 Hereweald (原義)「将軍」< here 'army' + weald 'ruler'．これに同族語の古ノルド語 Haraldr と古高地ドイツ語 Herold が混合した．▶King Harold II (c1022–66; アングロ-サクソン最後の王(1066); HASTINGS の戦いで WILLIAM 征服王に破れて戦死)．

Harper /hɑ́:pə/ ハーパー：1186 (le) 姓 (< 職業)・男子名・女子名．♦中英語 ～ < 古英語 hearpere 「ハープ奏者」．最近は女子名に多い．米国の女流作家 Harper LEE (1926– ; *To Kill a Mockingbird*『アラバマ物語』(1960, 映画 1962) の原作者) の影響 (Cresswell)．

Harrap /hǽrəp/ ハラップ：1185 (de) 姓 (< イングランド各地の地名)．♦中英語 Harop, Harehope (原義)「野兎谷」< 古英語 hara 'hare' + hop 'valley'．1901 年創業の英国の出版社 GEORGE G. Harrap and Co. Ltd. は 1990 年代に CHAMBERS 社に吸収され Chambers Harrap Publishers Ltd. となった．

Harriet /hǽriət/ ハリエット：女子名．♦(英語化) < フランス語 Henriette (女性・指小形) < Henri 'HENRY'．イングランドでは 18 世紀と 19 世紀始めに人気があった．

Harris /hǽrɪs/ ハリス：1406 姓．♦中英語 Harrys (原義)「HARRY の息子」．⇨ -S (父系)．▶TOWNSEND Harris (1804–78; 下田に来航, 初代駐日総領事になった)．

Harrisburg /hǽrɪsbə:g/ ハリスバーグ：1785 米州 PENNSYLVANIA の州都．♦この町の都市計画を行った JOHN HARRIS, Jr. (1716–91) にちなむ．

Harrison /hǽrɪsən/ ハリソン：1354 姓・男子名．♦中英語 Hennerissone, Harriesone 'Son of HENRY, HARRY'．⇨ -SON (父系)．男子名は最近, 米国の映画俳優 Harrison FORD (1942–) の人気で増えた (Cresswell)．▶WILLIAM Harrison (1773–1841; 就任後 1 か月で急死した米国第 9 代大統領(1841)) | BENJAMIN Harrison (1833–1901; WILLIAM の孫; 米国第 23 代大統領(1889–93))．

Harrods /hǽrədz/ ハロッズ：LONDON のデパート (の商標)．♦1834 年に創業した CHARLES HENRY Harrod (1799–1885) から．⇨ -S (所有格; shop を略す)．姓の Harrod は HAROLD の別形．

Harrogate /hǽrəgət, -geɪt/ ハロゲイト：1332 イングランド North YORKSHIRE

Harrow

の保養地．◆中英語 ～（原義）「ケルン（石積墓所）へ通じる道路（沿いの場所）」< 古ノルド語 hörgr 'cairn' + gata 'road, street'（Mills, BPN）．

Harrow /hǽroʊ/ ハロー：1086 DB LONDON の地名 > 1275 (de) 姓．◆中英語 Harrewe（原義）「異教神殿」< 古英語 hearg 'heathen shrine'. Public School の一つ Harrow School の所在地．

Harry /hǽri/ ハリー：1270 男子名・姓．◆中英語 Herre, ～（HENRY の当時の発音による転訛；フランス語の発音の影響）．愛称形 Hal. ▶Harry POTTER.

Hart(e) /hɑːt/ ハート：c1060 姓．◆中英語 hert < 古英語 heor(o)t 'hart'.「雄鹿」を「活発な」好青年につけたあだ名から．古英語叙事詩 *Beowulf* の王宮名にも Heorot (hart は王権の象徴でもある) が用いられている．▶JOHN Hart (1965– ；米国の作家；*The King of Lies*『キングの死』(2006); *Down River*『川は静かに流れ』(2007)).

Hartford /hɑ́ːtfəd/ ハートフォード：(1) イングランド各地の地名．◆中英語 Hertford（原義）「鹿が渉る浅瀬」< hert 'hart, stag' + -FORD.（2) 米国 CONNECTICUT 州の州都．◆<(1).

Harvard /hɑ́ːvəd/ ハーヴァード：1523 姓．◆～（変形）< Hereward（原義）「大将」< 古英語 *Here-weard 'army-guard'（=古ノルド語 Hervarðr）．語源には異説もある：1) イングランドの地名 HEREFORD の短縮・変形；2) NORMANDY の地名 Le Havre から．(2) 1639 米国ハーヴァード大学．◆英国生まれの米国の牧師 JOHN Harvard (1607–38) が蔵書を寄贈し，土地を寄付したことにより彼の死後命名された．

Harvey /hɑ́ːvi/ ハーヴィー：1086 DB 姓・男子名．◆中英語 Hervi < 古ブルトン語 Haerviu（男子名；原義「戦に値する人・武人」）．

Harwood /hɑ́ːwʊd/ ハーウッド：1176 (de) 姓(< スコットランド・イングランド北部に多い地名)．◆中英語 Harewode（原義）「灰色の森／兎の多い森」< 古英語 hār 'grey, hoar' ／ hara 'hare' + wudu 'wood'．

Hastings /héɪstɪŋz/ ヘイスティングズ：1086 DB イングランド East SUSSEX 州の港町．◆中英語 Hastinges（原義）「Hǣsta 一族(の所有地)」< 古英語 Hǣsta（人名）+ -ingas「子孫・一族」(-ING の複数). 1066 年 Pevensey に上陸した WILLIAM 征服王の軍が Hastings の北西約 6 マイルにある Senlac Hill で HAROLD II の率いるアングロ - サクソン軍を破った (Battle of Hastings).

Hathaway /hǽθəweɪ/ ハサウェイ：1086 DB 姓．◆中英語 Hathewei (heath, way)（原義）「ヒースの小道(のそばの住人)」．▶ANNE Hathaway (c1555–1623; SHAKESPEARE の妻；生家は Anne Hathaway's Cottage として一般公開されている). 同姓同名の米国の若手映画女優 (1982–) がいる．

Havelock /hǽvlɔk/ ハヴロック：c1210 男子名・姓．◆中英語 Haveloc < 古ノル

ド語 Hafleikr (原義)「海の競技(者)」< haf 'sea' + leikr 'sport'. 英国中世ロマンス *Havelok the Dane* (c1290) の主人公の名でもある. 19 世紀の復活は, 1857 年のインド暴動で反乱軍を鎮圧し, 国民的英雄となった HENRY Havelock (1795–1857) による (Cresswell).

Havil(l)and /hǽvilənd/ ハヴィランド: 1379 姓 (de) (< イングランド DEVON 州の地名). ◆中英語 Heveland (原義)「雄山羊のいる地所」< 古英語 hæfer 'he-goat' + -LAND. ▶OLIVIA de Havilland (1916– ; 東京生まれの米国の映画女優).

Hawaii /həwáɪi/ ハワイ: 1959 米国 50 番目の州 (州都 HONOLULU). ◆< ハワイ語 〜 < ポリネシア祖語 *Sawaiki (原義)「故国・祖国」.

Hawes /hɔːz/ ホーズ: 1175 姓 (de, de la, del, in le, atte) (< 場所). ◆中英語 Haga, Hawe (原義)「囲い地 (のそばの住民)」< 古英語 haga ∥ 古ノルド語 hagi 'enclosure'.

Hawker /hɔ́ːkə/ ホーカー: 1214 (le) 姓 (< 職業). ◆中英語 Haueker 'hawker' (原義)「鷹匠」.

Hawk(e)s /hɔːk(s)/ ホーク(ス): 1066 姓 (< あだ名・職業). ◆中英語 Hauek (原義)「鷹のような人・鷹匠」< 古英語 Hafoc. ⇒ -(e)s (父系). ▶HOWARD Hawks (1896–1977; 米国の映画監督; *Rio Bravo* (1959)).

Hawkin(s) /hɔ́ːkɪn(z)/ ホーキン(ズ), **Hawking** /hɔ́ːkɪŋ/ ホーキング: 1927 姓. ◆中英語 hauekin(g)「小鷹」. Hawk に指小辞 -IN, -ING, 父系を示す接尾辞 -s をつけたもの. ▶COLEMAN Hawkins (1904–69; 米国のジャズテナーサックス奏者) | STEPHEN Hawking (1942– ; 英国の宇宙物理学者).

Haworth /hávʊəθ, hɔ́ːəθ/ ハワース, ホーアス: 1209 イングランド YORKSHIRE の BRONTË 姉妹が生まれ育った町. ◆中英語 Haueworth (原義)「生垣をめぐらした囲い地」< 古英語 haga 'hedge' + '-WORTH'.

Hawthorn(e) /hɔ́ːθɔːn/ ホーソーン: 1155 (de, atte) 姓 (< イングランド DURHAM 州の地名・各地の場所)・男子名. ◆中英語 Hagethorn (地名; 原義「サンザシの垣根 (を持つ住居)」) < 古英語 haguþorn < haga 'hedge' + þorn 'thorn'. ▶NATHANIEL Hawthorne (1804–64; 米国の作家; *The Scarlet Letter*『緋文字』(1850)).

Haydon, Hayden /héɪdn/ ヘイドン: 1200 (de) 姓 (< イングランド各地の地名)・男子名・女子名. ◆中英語 Heiden, 〜 (原義)「干草丘 ∥ 干草谷 (の住人)」< 古英語 hēġ 'hay' + dūn 'down' ∥ denu 'valley'. ほかに AIDAN のウェールズ語形からとか, 作曲家 Haydn からとする説もある.

Hayes /heɪz/ ヘイズ: 1197 (de) 姓. ◆中英語 He(i)se (地名; 原義「林 (の住人)」) < 古英語 hǣs 'wood'. ▶RUTHERFORD Hayes (1822–93; 米国第 19 代大統領

(1877–81)).

Hayley /héɪli/ ヘイリー: 1251–2 (de); 1420–1 姓 > 女子名. ◆H<small>A</small>(<small>I</small>)<small>LEY</small> の別形. 女子名の使用は英国の映画女優 Hayley M<small>ILLS</small>（1946–　）から.

Haymarket /héɪmàːkət/ ヘイマーケット: mid16C L<small>ONDON</small> の劇場街. ◆1830 年まで文字通り干し草や藁の市が開かれた. The Haymarket Theatre は 1720 年創建, 1821 年に J<small>OHN</small> N<small>ASH</small> によって再建された王立劇場.

Hayward /héɪwəd/ ヘイワード: c1095 (le) 姓（＜職業）. ◆中英語 Heiuuard（原義）「囲い地の番人」＜古英語 heġe 'hedge' + weard 'W<small>ARD</small>'.

Hayworth /héɪwəθ/ ヘイワス: 1340–1450 姓（＜地名）. ◆中英語 Hayworthe（原義）「生垣で囲まれた屋敷」＜古英語 heġe 'hedge' + worð 'enclosure, -WORTH'.

Hazlitt, Hazlett /hǽzlɪt/ ハズリット:（1）1332 姓（＜場所）. ◆中英語 Haselette（原義）「榛（はん）林（のそばの住人）」(hazel).（2）1421 姓（＜場所）. ◆中英語 Hesilheued（原義）「榛丘」(head 'hill'). ▶W<small>ILLIAM</small> Hazlitt（1778–1830; 英国の批評家・随筆家）.

Heaney /híːni/ ヒーニー: 姓. ◆アイル語 ～＜ゲール語 Ó hÉighnigh 'descendant of Éighneach（人名＜あだ名「力強い(人)」）' ∥ Ó hÉanna 'descendant of Éanna（人名; 原義不詳; éan 'bird' の要素を含むと誤解されて Bird と英語化されることがある)'. ▶Seamus Heaney（1939–　; アイルランドの詩人; N<small>OBEL</small> 文学賞を受賞(1995)).

Hearn /həːn/ ハーン: 1212 姓. ◆中英語 Hurn, Herne（原義）「角地（の住人）」＜古英語 hyrne 'corner, nook'. ▶Lafcadio Hearn（小泉八雲）(1850–1904; ギリシャの Lafkada 島出身; アイルランド, 米国を経て日本に帰化; *Kwaidan*『怪談』(1895)).

Hearst /həːst/ ハースト: 姓. ◆H<small>URST</small> の別形. ▶W<small>ILLIAM</small> R<small>ANDOLPH</small> Hearst（1863–1951; 米国の新聞王; C<small>ALIFORNIA</small> に大邸宅 "Hearst Castle" を建てた（映画 *Citizen Kane* 参照); 先祖の J<small>OHN</small> Hurst は 1620 年ころ P<small>LYMOUTH</small> 入植地に定住した人; 18 世紀に子孫が Hurst を Hearst に変えた).

Heath /hiːθ/ ヒース: 1248 (de la, atte) 姓（＜場所）. ◆中英語 Hethe（原義）「ヒースの原(の住人)」＜古英語 hǣð 'heath'. ▶E<small>DWARD</small> Heath（1916–2005; 英国保守党党首(1965–1975)・首相(1970–74)).

Heathcliff /híːθklɪf/ ヒースクリフ: E<small>MILY</small> B<small>RONTË</small> の小説 *Wuthering Heights*『嵐が丘』(1847) の主人公の名. ◆（原義）「ヒースの丘の崖」. 作者が創り出した架空名か.

Heather /héðə/ ヘザー: 1327 姓・女子名. ◆中英語 Hether（原義）「ヒースの原(の住人)」. 現在, 米国とスコットランドに多い. ▶Heather M<small>ILLS</small>（1968–　;

Henry

The BEATLES の PAUL MCCARTNEY の先妻で元モデル，現在は慈善活動家の英国人）．

Heathrow /híːθroʊ/ ヒースロー：c1410 LONDON 西部にある国際空港 Heathrow Airport の所在地．♦中英語 Hetherewe (heath, row)（原義）「ヒースの原に立つ家並」．

Hebrides /hébrɪdiːz/ ヘブリディーズ：77 スコットランド北西方の諸島．♦スコット語 Hæbrides < ラテン語 Ebudes <？ 今の語形はラテン語の u を ri と取り違えた結果．

Hector /héktɚ/ ヘクター：男子名．♦< ラテン語 ～ < ギリシャ語 Héktōr (Troy の王子で勇士；原義「？守る者」) <？ ekkhein 'to hold fast, defend'．13 世紀にハイランド地方で定着し始めたのは，ゲール語 Eachdonn（人名；原義「栗毛の馬」）の訳語として用いられたから(Withycombe)．

Heinz /haɪnz/ ハインツ：米国の食品製造会社 H. J. Heinz Company の商標．♦同社はドイツ移民の子 HENRY J. Heinz (1844–1919) が 1869 年に創業した．Heinz はドイツ語 Heinrich（原義）「家長」の愛称形に由来する姓．

Helen /hélən/ ヘレン：女子名．♦< ラテン語 Helena < ギリシャ語 Helénē（原義）「？光」．この名の人気は Troy の Helen からではなく，本物の十字架を発見したと伝えられる，ローマ皇帝 Constantinus の母 St. Helena への崇敬による．Helen, Helena の語形はルネッサンス期にイングランドに入った．古英語期には Cynewulf の作詩とされる 1321 行からなる物語詩 *Elene* がある．中英語期には ELLEN の語形で用いられた．愛称形 Ellie, Nell, NELLY, NELLIE, Lena.

Helena /hélənə/ ヘレナ：(**1**) 女子名．♦< ラテン語 Helena 'HELEN'．(**2**) 米国 MONTANA 州の州都．♦Troy の Helen にちなむとする説と MINNESOTA 州の町 Helena からで，この州から来た人が故郷の町の名をつけたとする説とがある．

Hemingway /hémɪŋweɪ/ ヘミングウェイ：1309 姓．♦中英語 Hemyngway（元 YORKSHIRE の地名；原義「Hemming（人名）の道路（沿いの住民）」）．▶ERNEST Hemingway (1899–1961; 米国の作家; *The Old Man and the Sea*『老人と海』(1952)；NOBEL 文学賞を受賞(1954))．

Henry /hénri/ ヘンリー：1066 男子名・姓．♦中英語 Henricus, Henrie <（古）フランス語 Henri < 後期ラテン語 Henricus < 古高地ドイツ語 Heimrich（ドイツ語 Heinrich）（原義）「家長」．▶イングランド王 Henry I – VIII ｜ PATRICK Henry (1736–99; "Give me liberty, or give me death!"「自由か，しからずんば死を与えよ」の演説(1775)で有名な米国独立運動の指導者)．⇨ HARRY．愛称形 HANK, Hal．愛称形では r が l に変わる場合が多い：Mary → Molly, Sarah → Sally, Terry → Tel, Derek → Del (Cresswell)．

Henryson /hénrisən/ ヘンリソン: 1343 姓. ♦中英語 Henrison 'Son of HENRY'. ▶ROBERT Henryson (c1460–1500; スコットランドの詩人; 物語詩 *The Testament of Cresseid*（制作 c1490, 印刷 1593）).

Heorot /héiərət, OE héorɔt/ ヘオロット: 古英語英雄叙事詩 *Beowulf* 中のデンマーク王 Hrothgar /hróːθgɑːr/ の宮廷. ♦古英語 〜 'hart'（原義）「雄鹿館」. 雄鹿は王権の象徴. Copenhagen 近郊の古都 Lejre /lájə/ にあったと想定する説が最近は有力.

Hepburn /hé(p)bəːn/ ヘ(プ)バーン: 1271 姓 <中英語 Hepburne, Hebburn（スコットランド・イングランド北部の地名; 原義「高塚」）<古英語 hēah-byrgen 'high-mound'. ▶JAMES Hepburn (1815–1911; ヘボン式ローマ字を普及させた) | AUDREY Hepburn (1929–93; 英国の映画女優; *Roman Holiday*『ローマの休日』(1953)) | KATHARINE Hepburn (1907–2003; 米国の映画女優; *On Golden Pond*『黄昏』(1981)).

Herbert /hɔ́ːbət/ ハーバート: 1086 DB 男子名・姓. ♦中英語 Herbertus, Herebert <古フランス語 〜 <古高地ドイツ語 Hairberct 'army-bright'（原義）「名高い軍」(=古英語 Herebeorht). ゲルマン系の他の姓名同様 19 世紀以降に復活したが, Earl of PEMBROKE の家名だったことから貴族趣味も影響した. ▶GEORGE Herbert (1593–1633; 英国の詩人).

Hereford /hérəfəd/ ヘレフォード: 958 イングランド南西部 HEREFORDSHIRE 旧州の州都. ♦古英語 〜（原義）「軍隊の渡り場」< here 'army' + '-FORD'. WYE 河畔の都市. 大聖堂は現存, 城は 1050 年に消失. 米国西部の地名の場合にはヘレフォード種の牛に由来するので /hɔ́ːfəd/ と発音される.

Herefordshire /hérəfədʃə/ ヘレフォードシャー: a1038 イングランド南西部の旧州（州都 HEREFORD）. ♦古英語 Herefordsćīre. ⇨ HEREFORD, -SHIRE.

Herman /hɔ́ːmən/ ハーマン: 1101–25 姓・男子名. ♦中英語 Hermannus <古フランス語 〜 <古高地ドイツ語 Hariman, Her(e)man（原義）「武士」< hari 'army' + man '-MAN'. ▶Herman MELVILLE | WOODY Herman (1913–87; 米国のジャズ奏者).

Heron /hérən/ ヘロン: 12C 姓 (<あだ名). ♦中英語 Herun 'heron'（原義）「鷺（のように痩せて脚が長い人）」.

Herrick /hérɪk/ ヘリック: 1086 DB 姓. ♦中英語 E(i)ric 'ERIC'. 後に h が添加された. ▶ROBERT Herrick (1591–1674; 英国の詩人; *Hesperides* (1648)).

Hertford /háː(t)fəd/ ハー(ト)フォード: 731 イングランド HERTFORDSHIRE の州都. ♦古英語 Hertuford（原義）「鹿渡りの浅瀬」< heort 'hart' + '-FORD'. 米国の地名としては /həːfəd/.

Hertfordshire /háː(t)fədʃə/ ハー(ト)フォードシャー: 1011 イングランド南東

Hob

部の州（州都 HERTFORD）. ♦古英語 Heortfordsċīr. ⇨ HERTFORD, -SHIRE.

Hewitt /hjúːɪt/ ヒューイット：1182 姓. ♦中英語 Huet（指小形）< HUGH.

Hewlett /hjúːlət/ ヒューレット：c1248 姓. ♦中英語 Hughelot（二重指小形）< HUGH. ⇨ -EL, -OT. ▶BILL Hewlett (1913–2001; DAVID Packard とともに PC 関連製品の会社 Hewlett-Packard Company を 1939 年に CALIFORNIA に設立; 世界有数の IT 企業の一つに発展; ロゴ *hp*).

Hick(s) /hɪk(s)/ ヒック（ス）：1276 男子名 > 1302 姓. ♦中英語 Hikke, ～ (Ricard 'RICHARD' の愛称形 RICK の押韻形). ⇨ -S（父系）.

Hide /haɪd/ ハイド. ♦HYDE の別形.

Higgins /híɡɪnz/ ヒギンズ：1377 姓. ♦中英語 Hygyn < Higg (RICHARD の愛称形 RICK の押韻形が HICK で，この有声音化形が Higg) + -IN（指小辞）+ -S（父系）. ⇨ DICK. ▶HENRY Higgins (BERNARD SHAW 作 *Pygmalion*『ピグマリオン』(1913, 映画 *My Fair Lady* (1964)) の主人公).

Hilbert /hílbət/ ヒルバート：1150–60 男子名 > 1230 姓. ♦中英語 Hildebertus, ～（原義）「戦勝」< 古高地ドイツ語 Hildeberht 'battle-bright'.

Hil(l)ary /híləri/ ヒラリー：(1) 1177 姓（まれ）・男子名. ♦中英語 Hilarius, Hillari（原義）「陽気な子・人」< 古フランス語 Hilaire ∥ ラテン語 Hilarius < hilaris 'cheerful, hilarious'. 4 世紀の St. Hilary of Poitiers への崇敬から広く用いられた. (2) 1200 女子名・中英語 Eularia（原義）「すらすらしゃべる子」< ラテン語 Eularia < ギリシャ語 eúlaros 'well-speaking'. 19 世紀までは男子名が主だったが，Hillary CLINTON の登場以来，女子名として Hillary の綴りで米英に人気が出てきた (Cresswell).

Hillman /hílmən/ ヒルマン：1327 姓. ♦中英語 Hildeman（原義）「坂のそばの住民」< 古英語 helde 'slope' + -MAN. 文字通り hill + man =「丘の上の住人」の場合もある.

Hill(s) /hɪl(z)/ ヒル（ズ）：1191 (del, atte, o the); 1273 姓 (<イングランド各地の場所・地名). ♦中英語 Hil 'hill'（原義）「丘の上（の住民）」. ⇨ -S（父系）.

Hitchcock /hítʃkɔk/ ヒッチコック：1260 姓. ♦中英語 Hichecoc < Hitch (HICK の /-k/ の口蓋音化形 /-tʃ/) + -COCK（指小辞）. ▶ALFRED Hitchcock (1899–1980; 英国生まれの米国の映画監督; *Psycho*『サイコ』(1960)).

Hoad /hoʊd/ ホード：1275 (del, atte) 姓 (<場所). ♦中英語 Hoth（原義）「ヒースの原（の住人）」< 古英語 *hāð（別形）< hǣð 'heath'. KENT 州, SUSSEX 州に多い.

Hoar(e) /hɔː/ ホー：1181 姓 (<あだ名). ♦中英語 Hore（原義）「白髪・銀髪の人」< 古英語 hār 'hoar「白霜」'.

Hob /hɔb/ ホブ：1176 男子名 > 1204 姓. ♦中英語 Hobb(e) (ROBERT の愛称形;

Hobart

Rob の押韻形).

Hobart /hóʊbɑ:t/ ホーバート: (**1**) 1346 姓. ◆中英語 ～ (変形) < HUBERT. (**2**) 1804 オーストラリア TASMANIA 州の州都・港市. ◆当時の英国植民地相 ROBERT Hobart (1760–1816) にちなむ.

Hobb(es) /hɔbz/ ホッブズ: 1279 姓. ◆中英語 Hobb(e) 'HOB'. ⇨ -s (父系). ▶THOMAS Hobbes (1588–1679; 英国の政治哲学者; *Leviathan* (1651)).

Hobson /hɔ́bsn/ ホブソン: 1327 姓. ◆中英語 Hob(bes)sone 'Son of HOB'. ▶THOMAS Hobson (1544–1631; イングランド CAMBRIDGE の貸馬屋; 客に選択を認めず, 戸口に近い馬から貸したことから, 慣用句 Hobsons' choice「えり好みできない選択」が生じた).

Hodder /hɔ́də/ ホダー: 1220 姓 (< 職業). ◆中英語 Huder (hood, -ER) (原義)「フード作り職人」.

Hodge /hɔdʒ/ ホッジ: 1208 姓. ◆中英語 Hogge (ROGER の愛称形; Rodge の押韻形). 同じく Roger の押韻愛称形 DODGE 参照.

Hodgson /hɔ́dʒsn/ ホッジソン: 1332 姓. ◆中英語 Hoggeson(e). ⇨ HODGE, -SON.

Hoffman /hɔ́fmən/ ホフマン: 姓. ◆<ドイツ語 Hofmann (原義)「荘園管理人」. ▶DUSTIN Hoffman (1937– ; 米国のユダヤ系俳優; *Kramer vs. Kramer* (1979) で Academy 主演男優賞を受賞).

Hogarth /hóʊgɑ:θ/ ホーガース: 1279 姓 (< 職業). ◆中英語 Hoggehird (HOGG, -herd) (原義)「豚飼い」. ▶WILLIAM Hogarth (1697–1764; 英国の風刺画家・版画家).

Hogg /hɔg/ ホッグ: 1079 姓. ◆中英語 Hog(ge) < 古英語 hogg「雄豚」. (「貪欲で粗野な」ではなく)「剛毅な」人につけたあだ名から. ▶JAMES Hogg (1770–1835; スコットランドの詩人).

Holden /hóʊldən/ ホールデン: 1285 姓・男子名. ◆中英語 ～ (地名; 原義「深谷 (のそばの住人)」) < 古英語 holh 'hollow' + denn 'den'. J. D. SALINGER の *The Catcher in the Rye* (1951) の語り手の名. この後, 男子名として使われだした (Cresswell). ▶WILLIAM Holden (1918–81; 米国の映画俳優).

Holiday Inn /hɔ̀lɪdeɪ ín/ ホリデイ イン: 1952 米国のホテルチェーンの商標. ◆創業者の Kemmons WILSON (1913–2003) の第 1 号店にその建築家が冗談にミュージカル映画 *Holiday Inn*『スイング・ホテル』(1942) から名づけた.

Holinshed /hɔ́lɪnʃèd/ ホリンシェッド: c1220 (de, del) 姓 (< イングランドの地名). ◆中英語 Holineside, Holynshede (原義)「? 柊 (ひいらぎ) 林のそばの土地」< 古英語 holeġn 'holly' + sīde 'side'. ▶RAPHAEL Holinshed (c1529–c80; 英国の年代記作者; *Chronicles of England, Scotland, and Ireland* (2nd Ed., 1587) は

Horatio

SHAKESPEARE の史劇, *Macbeth, King Lear* などの作品の種本に利用された).

Holland /hɑ́lənd/ ホランド: 姓 (< 地名). ◆中英語 ～ (原義)「丘の突端の土地」< 古英語 hōh 'ridge' + -LAND.「オランダ」の Holland とは無関係.

Hollywood /hɑ́liwʊd/ ハリウッド: 米国 CALIFORNIA 州 LOS ANGELES 市の一区. ◆(原義)「柊の森」(holly, wood).「聖林」ではない. 1887 年に開発を始めた Horace Wilcox 夫妻が命名したとされている.

Holmes /hoʊmz/ ホームズ: a1186 姓. ◆(1) 中英語 ～ (原義)「沼の中島(の住人)」< 古ノルド語 hólmr 'islet'. (2) 中英語 Holm, Holin (原義)「柊林(の住人)」< 古英語 holen 'holly'. ▶SHERLOCK HOLMES.

Holt /hoʊlt/ ホールト: 1185 (de, in the, atte) 姓 (< 地名・場所). ◆中英語 Holte (原義)「森(のそばの住人)」< 古英語 holt 'holt'.

Holton /hɑ́ʊltən/ ホールトン: 1211 (de) 姓 (< イングランド各地の地名). ◆中英語 ～ (1) (原義)「丘の突端にある村」(hoo「丘の突端」, -TON). -l- は添加. (2) (原義)「僻地の村」< 古英語 healh 'nook of land' + -tūn '-ton'. (3) (原義)「窪地のそばの村」< 古英語 holh 'hollow' + -tūn '-ton'. (4) (原義)「林のそばの村」(holt, -ton).

Honeyman /hʌ́nimən/ ハニーマン: 1199 姓 (< 職業). ◆中英語 Huniman (原義)「蜂蜜商・養蜂家」.

Honolulu /hɑ̀nəlúːluː/ ホノルル: HAWAII 州の州都. ◆< ハワイ語 ～ (原義)「(荒波から)守られた湾」< hono 'port' + llulu 'calm, i.e. sheltered'. Kamehameha III (1814–54) が 1850 年に首都宣言をした (Everret-Heath).

Honora /oʊnɔ́ːrə/ オノーラ: 女子名. ◆(ラテン語化) < 中英語 Annora < アングロノルマン語 Annora (原義)「誉れある子」< ラテン語 honor 'honour'. ノルマン人によってアイルランドにもたらされ, そこで好まれた.

Hope /hoʊp/ ホープ: (1) 1255 (de, del, atte) 姓 (< 地名・場所). ◆中英語 Hop(e) (原義)「湿地帯の台地」< 古英語 hop. ▶BOB Hope (1903–2003; 米国のコメディアン). (2) 男子名・(今では)女子名. ◆< hope (原義)「希望」. 17 世紀にピューリタンによって導入された. ▶Hope LANGE (1933–2003; 米国の映画女優).

Hopkin(s) /hɑ́pkɪn(z)/ ホプキン(ズ): 1224 姓. ◆中英語 Hobekinus, Hopkyn(es) < HOB (RICHARD の愛称形) + -KIN (指小辞) (+ -S (父系)). 無声音 /k/ の前で /b/ が無声音化して /p/ になった. ▶GERARD Manley Hopkins (1844–89; 革新的な英国の詩人; *The Wreck of the Deutschland*『ドイッチェラント号の難破』(1875, 6)).

Horace /hɔ́rəs/ ホレス, **Horatio** /həréɪʃioʊ/ ホレイショー: 男子名. ◆Horace < Horatio < ラテン語 Horātius (ローマの氏族名; 語源不詳). イングラン

Hough

ドではルネッサンス以降用いられるようになった(cf. HAMLET² の友人 Horatio). 今では Horace の方が一般的.

Hough /hʌf, hɔf, haʊ, 米 hɔːf/ ハフ, ホフ, ハウ: 1121–48 (de, de la, del, ate) 姓(<イングランド各地の地名・場所). ◆中英語 Ho(u), Howe, Huff (原義)「丘・尾根の先端」<古英語 hōh 'heel, spur of a hill' (与格の hōe の発達形; cf. SUTTON HOO). 見出し語の語形は 1564 年から. /-f/ の発音は enough と比較.

Houghton ホートン: (**1**) /hɔ́ːtn, háʊtn/ 1115 姓(<イングランド各地の地名). ◆中英語 hohton, Howton (原義)「丘村(の住人)」<古英語 hōh 'hoo「突端」' + -TON. ▶1832 年に H. O. Houghton, GEORGE Mifflin らが創業した米国の Houghton Mifflin 出版社ほか. (**2**) /hóʊtn/ 米国 MICHIGAN 州ほか各地の都市 <(1).

House /haʊs/ ハウス: 1226 (de la, del, atte) 姓(<職業). ◆中英語 Hus (原義)「修道院・豪農の館などに(雇われた人)」.

Houston /h(j)úːstən, háʊstən/, **Huston** /hjúːstən/ ヒューストン: (**1**) 1296 姓. ◆中英語 Huwiston, Hustone (元はスコットランド Nanark 旧州の地名; 原義「HUGH (人名)の村」). スコット語の発音は /húːstən/. ▶JOHN Huston (1906–87; 米国の映画監督; *The Treasure of the Sierra Madre*『黄金』(1948)). (**2**) [Houston] 1836 米国 TEXAS 州最大の都市. ◆TEXAS 共和国の将軍・初代大統領 SAM Houston にちなむ. 近郊に NASA の Johnson Space Center があり, 一部見学ができる.

Howard /háʊəd/ ハワード: (**1**) 1086 姓. ◆中英語 H(o)uart, Huward <古フランス語 Huard <古高地ドイツ語 Hugihard (原義)「勇気」(古英語 hyge 'mind', heard 'brave' と比較). イングランド中世 NORFOLK の Howard 家は貴族の名門. (**2**) 1086 DB 姓. ◆中英語 ～<古高地ドイツ語 ～, Howart (原義)「見張り頭・衛兵隊長」∥ 古ノルド語 há 'high, chief' + varðr 'warden'. ▶LESLIE Howard (1893–1943; 英国の映画俳優).

Howe /haʊ/ ハウ: 1121–48 (de) 姓(<イングランド各地の地名). ◆中英語 Ho, How, ～ (原義)「丘・塚(のそばの住人)」<古ノルド語 haugr 'hill, tumulus'. HUGH の別形でもある.

Howell(s) /háʊəl(z)/ ハウエル(ズ): 926 男子名 > c1100–30 姓. ◆古英語 Huwal <古ウェールズ語 Howel (原義)「秀でた(人)」. 王の名から. 同類の GRIFFITH, LLEWELLYN, MEREDITH, MORGAN, OWEN など参照. ⇨ -s (父系).

Howes /haʊ(z)/ ハウズ: (**1**) 1199 (de) 姓(<イングランド各地の地名). ◆中英語 ～ (複数形) < HOWE. (**2**) 姓. ◆(変形) < HOUSE. (**3**) 姓. ◆～ 'Son of HUGH'. ⇨ -s (父系).

Hubert /hjúːbət/ ヒューバート: 1086 DB 男子名 > 1199 姓. ◆中英語 ～ <古高

地ドイツ語 Hu(gi)bert（原義）「明るい心」＝古英語 hyġe 'mind' + beorht 'bright'. 愛称形 Bert.

Hudson /hʌ́dsn/ ハドソン：(**1**) 1323 姓．♦中英語 Hudsone ＜ Hudd（HUGH の愛称形）+ -SON．(**2**) 1609 米国 NEW YORK 州東部を流れ New York 市から大西洋に注ぐ川．♦オランダ西インド会社のため西回りのアジア航路を探す途中，この川を発見・探検した英国の探検家 HENRY Hudson（c1565–c1611）にちなむ．

Hu(e)ber /hjúːbə/ ヒューバー：姓．♦＜ドイツ語 Huber, Hüber（原義）「1 ハイド（hide）の土地を保有する自作農」．⇨ HYDE．

Hugh(es) /hjuː(z)/ ヒュー（ズ）：1086 DB 男子名 ＞ 1275 姓．♦中英語 Hugo, Hue, ～ ＜古フランス語 Hue ＜古高地ドイツ語 Hugo（原義）「心・こころ」．⇨ -(e)s(父系)．イングランドで最初にカルトゥジオ修道会を開いた St. Hugh of LINCOLN（1140–1200）への崇敬で広まった．▶HOWARD Hughes（1905–76; 米国の実業家・飛行家・映画製作者）｜ Ted Hughes（1930–98; 英国の桂冠詩人(1984–98)）．

Humber /hʌ́mbə/ ハンバー：9C イングランド北東部の川．♦古英語 Humbre（原義）「良い川」＜? ケルト語 hu- 'good' + amber 'river'. OUSE 川と TRENT 川が合流して北海に注ぐ川．

Hume /hjuːm/ ヒューム：1221 (de, de la) 姓（＜場所・スコットランド BERWICKSHIRE の地名）．♦中英語 Hu(l)me, Holme（原義）「湿地・川中島（の住民）」＜古ノルド語 holmr 'islet'. ▶DAVID Hume（1711–76; スコットランドの哲学者）．

Humphrey /hʌ́mfri/ ハンフリー：男子名・1086 DB 姓．♦中英語 Hunfridus, Humfrey ＜古高地ドイツ語 Hunfrid（原義）「平和のために戦う戦士」＜ hun 'wolf's cub, warrior' + frid 'peace'. f の ph への変更は古典語からのように見せるため．男子名は米国の映画俳優 Humphrey BOGART の人気で広まった．

Hunt /hʌnt/ ハント：1203 (le) 姓（＜職業）．♦中英語 Hunte（原義）「猟師」＜古英語 hunta 'hunter'. ▶HELEN Hunt（1963– ; 米国の映画女優; *As Good As It Gets*『恋愛小説家』(1997) で ACADEMY 主演女優賞を受賞）．

Hunter /hʌ́ntə/ ハンター：1220 (la) 姓（＜職業）．♦中英語 Huntere（原義）「猟師」(hunter)．

Huntingdon /hʌ́ntɪŋdən/ ハンティンドン：921 イングランド中東部 HUNTINGDONSHIRE 旧州の州都．♦古英語 Huntandun（原義）「猟師の丘 ∥ Hunta（人名; 原義「猟師」）の丘」＜ huntan（(単数属格)＜ hunta 'hunter'）+ dūn 'hill, -DON'．

Huntingdonshire /hʌ́ntɪŋdənʃə/ ハンティンドンシャー：1011 イングランド中東部の旧州（州都 HUNTINGDON）．♦古英語 Huntadunsċīre. ⇨ HUNTINGDON, -SHIRE．1974 年に CAMBRIDGESHIRE に所属．

Hurst

Hurst /hə:st/ ハースト: 1086 DB (de, del, de la, uppe) 姓 (<イングランド各地の地名). ◆中英語 Herst (南東部方言), Hirst (北部・中東部方言), Hurst (中部・南部方言) < 古英語 hyrst「森の丘」.

Hurt /hə:t/ ハート: 1185 姓. ◆中英語 ～ (イングランド西中部方言形) < hert 'HART'. ▶WILLIAM Hurt (1950– ; 米国の映画俳優; *Kiss of the Spider Woman*『蜘蛛女のキス』(1985)).

Hussey /hÁsi/ ハッシー: (1) 1086 DB 姓 (<あだ名). ◆中英語 Hosed < 古フランス語 hosed, house < ラテン語 hosatus 'booted'. 特殊な靴・ズボンをはいた人につけたあだ名から. (2) 1192 姓 (<職業). ◆中英語 Husewif (house, wife) (原義)「(家庭を切り盛りする)主婦 (褒め言葉)」. ▶OLIVIA Hussey (1951– ; 英国の女優; 映画 *Romeo and Juliet* (1968)で Juliet を演じた).

Huston /hjú:stən/ ヒューストン. ◆HOUSTON の別形.

Hutchins /hÁtʃinz/ ハッチンズ: 1277 男子名 > 1296 姓. ◆中英語 Huchun < (古)フランス語 (ピカルディー方言) Huchon ((古)フランス語 Husson) (二重指小形) < Hue 'HUGH'. ⇨ -s (父系).

Hutchinson /hÁtʃinsən/ ハッチンソン: 1379 姓. ◆中英語 Huchonson 'Son of Huchun'. ⇨ HUTCHINS, -SON.

Hutton /hÁtn/ ハットン: 1086 DB イングランド各地の地名. ◆中英語 Hotun (原義)「尾根のそばの農場」< 古英語 hōh 'HOUGH' + tūn '-TON'. ▶TIMOTHY Hutton (1960– ; 米国の映画俳優; *Ordinary People*『普通の人々』(1980)で ACADEMY 助演男優賞を受賞).

Huxley /hÁksli/ ハクスリー: 1260 姓 (<イングランド CHESHIRE の地名). ◆中英語 Huxeleg (原義)「Hucc (人名)の林」. ⇨ -LEY. ▶ALDOUS Huxley (1894–1963; 英国の文学者; 学者の家系).

Hyde, Hide /haɪd/ ハイド: 姓 (<イングランド各地の地名). ◆中英語 Hyde (原義)「1 ハイド (の土地の所有者)」. 初代の Edward Hyde (1609–74) 以来, 歴代の Earl of Clarendon の家名. 1 ハイド (hide) は自由民 1 家族が暮らすに十分な耕地面積.

Hyde Park /haɪd pá:k/ ハイドパーク: 1543 LONDON の公園. ◆< 中英語 Hida, la Hyde (原義)「1 ハイドの広さの土地」< 古英語 hīde 'hide'. 1315 年の記録に Heppeworthe Hyde があり,「Heppeworthe 家の 1 ハイドの土地」があったところか. 現在の公園は HENRY VIII が御猟場として造成させたもの. 一般公開は 17 世紀以降. CHICAGO 大学の所在地を始め, 米国各地の Hyde Park はみな London のそれにちなんだ命名.

I

-ia /-iə/ 地名に用いて「…にある・属する国・土地」, 人名に用いて男性名詞の女性名詞化をそれぞれ表すラテン語女性名詞語尾. ♦<ラテン語 ～<ギリシャ語 -íā < -i- (語幹・連結母音) + -ā '-A'. ▶AUSTRALIA, VIRGINIA.

Iago /iáːgoʊ/ イアーゴ: 男子名. ♦<ウェールズ語 ～ ∥ スペイン語 Jago 'JACOB'. ▶SHAKESPEARE 作 *Othello* (1603–4) の悪漢. ウェールズ語人名の発音は /jáːgoʊ/.

Ian /íːən, 米, 時には áɪən/ イアン: 男子名・女子名. ♦<ゲール語 Iain 'JOHN'. スコットランド(Iain がよく用いられる)以外でも用いられてきた. Ian は女子名としても Iana とともに時々用いられる (Cresswell). ▶Ian McKellen (1939– ; 英国の俳優; 映画 *The Lord of the Rings*『指輪物語』3 部作で Gandalf を演じた) | 007 シリーズの原作者 Ian FLEMING.

Ibbott /íbət/ イボット: 1286 姓. ♦中英語 Ibbota (指小形) < Ibb (ISABEL の愛称形) ∥ Hibbot (HILBERT の愛称的指小形).

IBM /àɪbiːém/ アイビーエム: 1911 米国の情報処理機器・サービスを提供する会社の商標. ♦(頭文字語)<I(nternational) B(usiness) M(achines). 旧社名 Computing Tabulating Recording Corporation として 1911 年設立.

Ida /áɪdə/ アイダ: 女子名・1175 姓. ♦中英語 Ide, Ida<ノルマンフランス語 ～ (原義)「勤労」<古高地ドイツ語 id- 'labour'. 19 世紀に TENNYSON の詩 *The Princess* (1847)のヒロインの名から女子名として復活.

Idaho /áɪdəhoʊ/ アイダホ: 1890 米国の州(州都 BOISE). ♦<インディアン語(?ショショーニ語) ee-da-how (原義)「山上から昇る朝日・ご来光」.

-ie /-i/ 固有名詞につける愛称的指小辞. ♦-Y の別形.

-ier /-ɪə, -jə/「(職業として)…にたずさわる人」を意味する接尾辞. ♦中英語 ～<(古)フランス語 ～<ラテン語 -ārius「…に関係する人」.

-ies /-iːz/ 名詞につけて商品を示す接尾辞. ♦-Y の複数形.

Ifor /áɪvə, íːvɔː/ アイヴァー, イーヴォー: 男子名. ♦IVOR の別形.

Ike /aɪk/ アイク: (**1**) 男子名. ♦ISAAC の愛称形. (**2**)米国第 34 代大統領 DWIGHT D. EISENHAUER の愛称.

Illinois

Illinois /ìlɪnɔ́ɪ/ イリノイ: 1818 米国の州（州都 SPRINGFIELD）. ♦＜フランス語 ～＜オジブワ語 Ilinwe＜マイアミ - イリノイ語 ireniwe-wa「彼はまともに話す」(en.wikipedia).

Immanuel /ɪmǽnjuəl/ イマニュエル: 男子名. ♦EMMANUEL の別形. 一般にユダヤ人が用いる綴り.

Imogen /ímədʒən/ イモジェン: 女子名. ♦＜～ (SHAKESPEARE 作 *Cymbeline* (1609) のヒロイン名; First Folio (1623) での nn から m へのミスプリント)＜Innogen (種本 HOLINSHED および歴史家 Geoffrey of Monmouth の著書での語形)＜? 古アイル語 ingen 'daughter, girl'.

-ina /-í:nə/ 女性名詞接尾辞. ♦＜ラテン語 -īna＜ギリシャ語 -ínē.

-inda /-ɪndə/ 女子名接尾辞. ♦＜? ▶LUCINDA.

India /índjə/ インディア: インド. ♦古英語 ～＜ラテン語 ～ (原義)「Indus 川」. ⇨ -IA.

Indian /índjən/ インディアン: (1) ?a1300 インド人. ♦中英語 Indien＜古フランス語 Indien＜後期ラテン語 Indiānus＜ラテン語 INDIA. (2) 1566 米国先住民. ♦＜(1). アジアをめざして航海した Christopher Columbus が到着した北米とカリブ海諸島を西インドと誤解し, 先住民を 'Indian' と名づけたことから.

Indiana /indiǽnə/ インディアナ: 1816 米国の州（州都 INDIANAPOLIS）. ♦（ラテン語化・女性形）＜INDIAN.

Indianapolis /ìndjənǽpəlɪs/ インディアナポリス: INDIANA 州の州都. ♦＜INDIANA + -POLIS'. 500 マイルのカーレース "Indy 500" はその開催地がこの市であることから.

-in(e) /-ɪn/ 指小辞. ♦＜(古)フランス語 ～＜ラテン語 -īna, -īnus. この接尾辞は本来「由来・派生」を意味したが, そこから「指小」も意味する用法が発達.

-ine /-ən, -í:n/ 女性名詞接尾辞. ♦中英語 ～＜(古)フランス語 ～＜ラテン語 -īna＜ギリシャ語 -ínē.

-ing /-ɪŋ/ 人名に用いて父系・部族・住民・所属する人・性質を有する人などを示す接尾辞. ♦古英語 -ing, -inga (複数属格形).

Inge (1) /íŋ(g)ə/ インガ: c1160 女子名. ♦中英語 Inga＜古ノルド語 Inga (愛称形)＜Ingólfr 'Ing's wolf'＜Ing (豊穣神) + úlfr.「狼」. (2) /ɪŋ(dʒ)/ イン(ジ): 1162 (de) 姓 (＜イングランド ESSEX 州の地名 Eng). ♦中英語 Ing (原義)「丘（のそばの住人）」＜古英語 *ing 'hill'. ▶WILLIAM Inge /índʒ/ (1913–73; 米国の劇作家).

Ingram /íŋgrəm/ イングラム: 男子名・c1140 姓. ♦中英語 Ingelram, Engelram＜古高地ドイツ語 Ingelramm, Engelramm (原義)「Ing 神・Angle 族の

鴉」< Ingel, Engel 'ANGLES' + hramm 'raven'. Odin's ravens「Odin 神のために情報収集する 2 羽の鴉」と比較.

Ingrid /íŋgrɪd/ イングリッド: 女子名・1086 DB 姓. ◆中英語 Ingrede, Ingerith < 古ノルド語 Ingrida (原義)「? (Valkyrie のように) 神に仕える女騎士」< Ing「豊穣の女神」+ rida 'female rider' (Bahlow). 他の古ノルド語名と同様廃れたが, 20 世紀に再導入され, スウェーデン出身の映画女優 Ingrid Bergman の人気とともに広まった.

Inigo /ínɪgoʊ/ イニーゴー: 男子名. ◆< スペイン語 Iñigo < ラテン語 Ignātius < ギリシャ語 Ignátios <? スペインでは St. Ignatius de Loyola (1548–98) への崇敬で広まった. 英国ではローマンカトリックの信者間以外ではまれだったが, 建築家 Inigo JONES (1573–1652) の名で知られる.

Inverness /ɪnvənés/ インヴァネス: 1300 スコットランド北西部の港町. ◆スコット語 Invernis (原義)「Ness 川の河口」< ゲール語 inbhirnis 'mouth (of the river) Ness'. ⇨ LOCH NESS

Iona /aɪóʊnə/ アイオーナ: (1) c700 スコットランド西岸 Mull 島沖の島. ◆古アイル語 Ioua Insula (原義)「櫟(いち)の木の島」. St. COLUMBA の修道院があり, アイルランド系キリスト教の中心地だった. (2) 女子名. ◆< (1).

Iowa /áɪoʊə, áɪəwə/ アイオワ: 1846 米国の州 (州都 DES MOINES). ◆< スー語 (原義)「? 麗しの国」∥ アユクバ語 (原義)「(Iowa 部族に対し軽蔑して) 眠たげな奴ら」.

Ipswich /ípswɪtʃ/ イプスウィッチ: c975 イングランド SUFFOLK 州の州都. ◆古英語 Ġipeswīċ (原義)「Ġip (人名) の定住地・港」. ⇨ -WICH. Ekwall は Ġip は古英語 *ġip 'opening' で, (地理的に) 'the broad estuary of the ORWELL' の可能性も示唆している.

Iqaluit /íkələwɪt/ イカルイット: カナダ NUNAVUT 準州の町. ◆< イヌイット語 (原義)「魚の場所」. 厳寒の地.

Ira /áɪrə/ アイラ: 男子名. ◆< アラム語 ～ (DAVID 王の祭司の名; 原義「見張り」). 米国で広く用いられている. ▶Ira Gershwin (1896–1983; 米国の作詞家).

Ireland /áɪələnd/ アイルランド: (1) 国名. ◆古英語 Īraland (原義)「アイルランド人の国」< Īras 'the IRISH' < 古アイル語 Èriu 'Ireland' < íriu 'land'. アイルランドの雅名 Erin や自国の呼び名 EIRE も Èriu から. (2) 1200 (de) 姓 (< 地名). ◆中英語 Irelande (原義)「Ireland (から来た人)」. アイルランドから来た人の多い LIVERPOOL に多い姓.

Irene /áɪriːn, aɪríːn/ アイリーン: c1880 女子名. ◆< ギリシャ語 Eirḗnē 'peace' (cf.「和子」). 愛称形 René, Renie.

Iris

Iris /áɪrɪs/ アイリス: 1855–65 女子名. ♦<ギリシャ語 îris 'rainbow'. 女子名は花の名から広まった. ▶英国の作家 Iris MURDOCH.

Irish /áɪrɪʃ/ アイリッシュ: 1169 (le) 姓. ♦中英語 ～, Ireis <古英語 īras (複数形)「アイルランド人」. 姓の使用は一種のレッテル・あだ名から. 中英語で語尾は -ISH と同化.

Irons /áɪənz/ アイアンズ: 姓. ♦中英語 ～ (iron「鉄」と父系 -s との連想による変形) <古フランス語 Airaines (NORMANDY の地名) <ラテン語 harenas「砂地」. ▶JEREMY Irons (1948– ; 英国の映画俳優).

Ironside /áɪənsaɪd/ アイアンサイド: (**1**) ME 姓(<スコットランドの地名). ♦中英語 Irnenside (原義)「鷲のいる山腹」<古英語 earn 'eagle' + sīde 'hillside'. (**2**) 1297 姓. ♦中英語 Irnenside (原義)「鉄の胴鎧を着た者」<īren 'iron' + sīde 'side'. EDMUND II (アングロ-サクソン王(1016)), OLIVER CROMWELL など「剛勇者」につけたあだ名にもなった.

Iroquois /ɪrəkwóɪ(z)/ イロコイ(ズ): 米国北東部の森林地帯にいた先住民の連合種族の総称. ♦<フランス語 ～ <アルゴンキン語 Irinakoiw (原義)「本物の毒蛇」. イロコイ族は連合した自らを Haudoenosaunee 'People of the longhouse' (長屋に諸族が住めるから)と呼んでいた. Iroquois は敵対するアルゴンキン族がつけた名(en.wikipedia).

Irving /ə́:vɪŋ/ アーヴィング: (**1**) 1226 (de) 姓(<スコットランドの地名) >男子名. ♦中英語 ～, Irwyn, Irvine (原義)「淡水川」. 別形 Irvine, Irwin. (**2**)姓. ♦中英語 Irwyn, Erwyn <古英語 Eoforwine (男子名; 原義「猪の友」). (**3**) 男子名. ♦ユダヤ人名 ISRAEL に当てた英語形. 米国に多い. ▶Irving Berlin (1888–1989; ロシア生まれの米国の作詞家; 本名 Israel Baline) | WASHINGTON Irving (1783–1859; 米国の短編作家; "Rip van Winkle" (1819)).

Isaac(s) /áɪzək(s)/ (**1**) [Isaac] «旧約» イサク. ♦古英語 Isac <後期ラテン語 Isaacus <ギリシャ語 Isaák <ヘブライ語(原義)「笑う者」. 高齢の父母 ABRAHAM と SARAH が Isaac を生むことにそれぞれ笑ったことから(『創世記』17:17; 18:9–15; 21:3). (**2**) アイザック(ス): 1086 DB 男子名 > 1275 姓. ♦< (1). ⇨ -S (父系). ユダヤ人に用いられてきたが多くはない. 愛称形 IKE, Zac(k).

Isabel /ízəbel/ イザベル, **Isabella** /izəbélə/ イザベッラ: 1196 女子名・1141–49 姓. ♦中英語 Isabel, Isabella (ELIZABETH の愛称形). 1199 Isabella はラテン語化. 元々, フランス, スペインに多かったこの名が中英語期に急速に広まったのは King JOHN, EDWARD II, RICHARD II のフランスから来た妃たちの名だったため. 愛称形は Is, Izzie, Izzy, Bel, Bella, ELLA, Ib(bie), Tibby. スコット語形は Isobel (Withycombe).

Isaiah /aɪzáɪə, 米 aɪzéɪə/ (**1**)イザヤ: «旧約» ユダヤ救国の大預言者. ♦<ヘブラ

イ語 ～(原義)「神は救い」. (2)アイザイア: 男子名. ♦<(1). 17世紀以降洗礼名として広く用いられている.

-ish /-ɪʃ/ 形容詞・名詞語尾. 特に国民・人種・言語の名称に用いる.

Ishmael /íʃmeɪl/ イシュマエル: ≪旧約≫ ABRAHAM が妻 SARAH の侍女 Hagar に産ませた子(親子ともに追放され, 彼は長じてアラブ人の祖先 Ismail になったという). ♦<後期ラテン語 ～<ヘブライ語(原義)「神は聴き給う」. (2)男子名. ♦<(1). ▶H. MELVILLE の小説 *Moby-Dick*『白鯨』(1851)の語り手.

Isla /áɪlə/ アイラ: 女子名. ♦スコット語 ～(発音綴り)<Islay (HEBRIDES 諸島最南端の島).

Isolde /ɪzóldə/ イゾルデ: 女子名・1086 DB 姓. ♦中英語 Iseldis, ～<古フランス語 Izeut, Izalt<古高地ドイツ語 *Ishild 'ice-battle'. TRISTAN の恋人. 19世紀に復活. WAGNER の楽劇 *Tristan und Isolde* (1865)の影響が大きい.

Israel /ízreɪl, 米 ízrjəl/ (1)イズレイル, イズリエル: 男子名. ♦中英語 ～<後期ラテン語 Isrāēl<ギリシャ語 Israḗl<ヘブライ語(原義)「神と闘う者」(JACOB が神(天使)と格闘した後の名;『創世記』32:28). ユダヤ人に多く用いられてきたが, 宗教改革まではキリスト教徒には用いられなかった. 19世紀末までは主に労働者階級に用いられた(Withycombe). (2)イスラエル: 1948年ユダヤ人の国として建国(首都 JERUSALEM).

Ivor, Ifor /áɪvə, íːvɔː/ アイヴァー, イーヴォー: 13C 男子名. ♦中英語 Yfore<古ノルド語 Ivarr<Yherr (原義)「弓部隊」<yr 'yew, bow' + herr 'army'. Ifor はウェールズ語の綴り.

Izaac /áɪzək/ アイザック: 男子名. ♦ISAAC の別形.

J

Jack(s) /dʒæk/ ジャック(ス)：1195–7 男子名・姓．♦中英語 Jake(s) < 1)（古）フランス語 Johannes 'JOHN'; 2)（古）フランス語 Jacques < 後期ラテン語 Jacōbus 'JACOB'．⇨ -S（父系）．愛称形 Jackie, Jacky. Jack の由来には諸説あり，ここでは John 起源説と Jacob 起源説を紹介する．1892 年に出た E. W. B. Nicholson 説では，元はフランス語の Jacques (= Jacob, James) ではなくフランス語 Johannes(= John) で，Johannes → Jehan, Jan（短縮形）→ Jankin（指小辞 -KIN の添加）→ Jack（フランス語の鼻音の消滅; -in の省略）の経路をたどったとする．Withycombe や Hanks & Hodges はこれを受け入れている．しかし Reaney & Wilson は，確かに 13 世紀には John or Jakke, Jake or John のような並置が見られるが，Jack が man, boy の意味の普通名詞に使われているようにフランス語の Jacques (= Jacob, James) も peasant の意味の普通名詞にも使われるほど一般的になっているのだから，英語に入らないわけはなく，例は多くないが Jacobus or Jakes, Jakes or James のような並置が見られるとして，Jacob, James 起源説も排除していない．Cresswell は Jacques と Jack は似ているので混乱の歴史をたどったと見ているがこれが妥当なところだろう．

Jackson /dʒǽksən/ ジャクソン：**(1)** 1327 姓 > 男子名．♦中英語 Jackessone, Jak(e)son．⇨ JACK, -SON. 米国第 7 代大統領 (1829–37) ANDREW Jackson (1767–1845) の影響で米国では 19 世紀以降男子名として用いられる．**(2)** 1822 米国 MISSISSIPPI 州の州都．♦Andrew Jackson（当時，将軍）にちなむ．▶ MICHAEL Jackson (1958–2009; 米国のシンガーソングライター), Jackson POLLOCK (1912–56; 米国の抽象画家).

Jacob(s) /dʒéɪkəb(z)/ **(1)** [Jacob] ≪旧約≫ ヤコブ．♦中英語 Jacob(es) < 後期ラテン語 Jacōbus < ギリシャ語 Iákōbos < ヘブライ語（原義）「交代者」．兄 Esau の長子権を奪った（『創世記』25: 24–34）．**(2)** ジェイコブ(ズ)：1160 男子名 > 姓．♦中英語 Jacobus, Jacob(es) < Jacob((1) と新約聖書のイエスの四大使徒の一人 Jacob．⇨ -S). JAMES と二重語．愛称形 Jake, Jeb.

Jacob's Creek /dʒèɪkəbz kríːk/ ジェイコブズクリーク：オーストラリアのワイ

Jacqueline /dʒǽkliːn/ ジャクリーン: 女子名. ♦＜フランス語 ～（女性・指小形）＜ Jacques 'JACK'. 愛称形 Jacky, Jacki(e). 最近の流行は Jacqueline KENNEDY（1929–94）の影響が強い.

Jaguar /dʒǽɡjuə/ ジャガー: 英国の Jaguar Cars Ltd. 製の高級乗用車の商標. ♦＜ jaguar（原義）「アメリカ豹・ジャガー」. 同社は 1922 年に WILLIAM LYONS（1901–85）によって Swallow Sidecar Company として創業されたが, その後, 乗用車の製造を始め 1945 年に現在の社名に変更. 低い姿勢で力強く疾走するイメージを持つ「豹」を採用. 愛称形 Jag.

James /dʒéɪmz/ (1) ヤコブ: «新約» キリストの四大使徒の一人 St. James the Greater と十二使徒の一人 St. James the Less. ♦中英語 ～, Jemes ＜古フランス語 ～＜後期ラテン語 Jacōmus（変形）＜ Jacōbus. JACOB と二重語. (2) ジェイムズ: 1173–76 男子名・姓. ♦＜(1). ⇨ -s（父系）. 愛称形 JIM, Jimmie, JIMMY など. ▶JAMES I（STUART 朝のイングランド王; 在位 1603–25）| JAMES II（STUART 朝のイングランド王; 在位 1685–88）| HENRY James（1843–1916; 米国生まれの英国の小説家・批評家; *The Portrait of a Lady*『ある貴婦人の肖像』(1881)）

Jamie /dʒéɪmi/ ジェイミー: (1) 男子名. ♦JAMES の愛称形. (2) 女子名. ♦（女子への転用）＜ (1). 米国では女子名は 19 世紀からだが, 1970 年代から 90 年代の人気は映画女優 Jamie LEE CURTIS（1958– ）の影響（Cresswell）.

Jan (1) /jæn, jaːn/ ヤン: 男子名. ♦オランダ語・北欧語・ポーランド語・チェコ語 ～ 'JOHN'. (2) /dʒæn/ ジャン: 1297 男子名・女子名. ♦中英語 ～ （JOHN の短縮形）. 近年, 人気の出てきた女子名は JANET, JANICE の愛称的略形か.

Jane /dʒeɪn/ ジェーン: 15C 女子名. ♦中英語 ～＜古フランス語 Jehan(n)e（別形）＜ Johan(n)e 'JOAN'. 愛称形 JANET, Janey, Ja(y)nie, Jenny. 18 世紀から 19 世紀にかけて流行したが, 19 世紀中ごろには流行おくれになり, 召使の代名詞になった. しかし 20 世紀に復活した（cf. Withycombe）. 中英語期には二重語の Joan が広まっていた.

Janet /dʒǽnət/ ジャネット: 女子名. ♦JANE の愛称形＜ JANE + -ET（指小辞）. 愛称形 JAN, Jenny, Jennie, Jinty, Netta, JESSIE.

Janice, Janis /dʒǽnɪs/ ジャニス: 女子名. ♦（造語?）＜ JANE + ALICE. ▶Janis JOPLIN（1943–70; 米国のロックシンガー）.

Jannaway /dʒǽnəweɪ/ ジャナウェイ: 1218–9 (de) 姓（＜地名）. ♦中英語 Genewey（原義）「Genoa（から来た人）」＜ Genoa 'Genova'.

Jarman /dʒáːmən/ ジャーマン: 姓. ♦GERMAN の別形.

Jarrow

Jarrow /dʒǽroʊ/ ジャロー: c716 イングランド北部 South TYNE 州の町. ◆古英語 Gyruum（原義）「Gyrwe（原義「沼地」）一族（の定住地）」.

Jarvis /dʒáːvɪs/ ジャーヴィス: 1158–66 男子名. ◆中英語 Geruasius, Jerveis（原義）「槍兵」< アングロフランス語 Gerveis < ger 'spear' + veis 'servant'. ▶ Jarvis COCKER（1963– ; 英国のロックシンガー）.

Jason /dʒéɪsn/ (**1**) «ギ神» イアソーン: 金羊毛を求めて冒険した勇士で Medea の夫. ◆< ギリシャ語 Iásōn（原義）「癒す者」. (**2**) ジェイソン: 男子名. ◆< ギリシャ語 Iásōn（JOSHUA のギリシャ語訳; St. PAUL の親戚). 17 世紀にピューリタンに人気があった. 最近の使用は米国の舞台・映画俳優 Jason ROBARDS（1920–2000）の人気からか.

Jasper /dʒǽspə/ ジャスパー: (**1**) 男子名. ◆< 17C（英語化）< ペルシャ語 Gaspar（原義）「宝物の持参者」. キリスト降誕に訪れた三博士（Magi）の一人の伝説上の名. 愛称形 Jas(s), Jaz(z). 別形 Casper, Gaspard. 宝石の jasper「碧玉」とは無関係. 三博士の聖遺物がケルン大聖堂に納められたことでヨーロッパ中にその名が広まったが, 英米では多くない. 北欧では Jesper が多く用いられる. ▶Jasper JOHNS（1930– ; 米国の画家）. (**2**) 1817 カナダ ALBERTA 州のリゾート. ◆VANCOUVER からそこへ鉄道を敷いた鉄道会社の経営者 Jasper HAWES にちなむ.

Jay /dʒeɪ/ ジェイ: 男子名・姓. ◆JAMES, JASON, JOHN（ほか J- で始まる名）の愛称形. ▶John Jay（1745–1829; 米国の Founding Fathers（憲法制定者）の一人）.

Jean /dʒiːn/ ジーン: (**1**) 女子名. ◆（英語化）< フランス語 Jeanne ｆ（変形）< JANE, JOAN. スコットランドから 1930 年代に英国に広まり, さらに 20 世紀前半には米国ではトップ 100 入りした（Cresswell）. 愛称形 Jean(n)ie, Geni. ▶Jean SIMMONS（1929–2010; 英国生まれの米国の映画女優）. (**2**) /dʒɑːn/ ジャン: 男子名. ◆< フランス語 〜 'JOHN'.

Jeanette /dʒənét/ ジャネット: 女子名. ◆（指小形）< JEAN (1). ⇨ -ETTE.

Jefferson /dʒéfəːsən/ ジェファーソン: (**1**) 1344 姓. ◆中英語 Gefreysone, Jeffreysone. ⇨ JEFFREY, -SON. (**2**) [〜 City] 米国 MISSOURI の州都. ◆THOMAS Jefferson（1743–1826; 米国第 3 代大統領（1801–09）; 独立宣言の起草者; The University of Virginia の創立者）にちなむ.

Jeffrey /dʒéfri/ ジェフリー: 男子名. ◆（変形）< GEOFFREY. 今では米国におけるふつうの綴り. 愛称形 Jeff.

Jekyll /dʒékɪl, dʒíːkɪl/ ジ（ー）キル: 1086 DB 男子名・姓. ◆中英語 Judichel, Jukel(l) < 古ブレトン語・古コーンウォール語 Iudicael 'JOEL'. ノルマン征服後, ブレトン人が定住したスコットランドや LINCOLNSHIRE に特に多かった.

144

R. L. STEVENSON 作 *The Strange Case of Dr. Jekyll and Mr. Hyde*『ジキル博士とハイド氏』(1886)で有名になった.

Jenkin(s) /dʒénkɪn(z)/ ジェンキン(ズ): 1260 男子名. ♦中英語 Janekin, ～ < JAN + -KIN (指小辞). 特にウェールズで好まれ, Jenkins は姓に用いられる. ⇨ -s(父系).

Jennifer /dʒénɪfə/ ジェニファー: 女子名. ♦ARTHUR 王の妃 GUINEVERE のコーンウォール語形から. 愛称形 Jen, Jenny, Jenni. 20世紀初頭からコーンウォール以外にも広まり, 英国では 1940 年代に人気が増し, 米国ではやや遅れて人気が出た. 1970 年から女子名のトップになった(Cresswell). ▶Jennifer LOVE HEWITT (1979– ; 米国の映画女優).

Jennings /dʒénɪŋz/ ジェニングズ: 1132 姓. ♦中英語 Janyn(s), Jenyn(s), Jeyning (指小形) < Jan, Jen (愛称形) < JOHN. -IN は指小辞, -s は父系.

Jensen /jénsən, dʒén-/ イエンセン: 男子名・姓. ♦<デンマーク語・ノルウェー語 ～ 'Son of John'. 英語の JOHNSON に当たる.

Jeremiah /dʒèrəmáɪə/ (1) エレミヤ: 1189 «旧約» 預言者の一人. ♦中英語 Jeremias < 後期ラテン語 Jeremias < ギリシャ語 Iēremías < ヘブライ語(原義; 諸説あり)「神に任命された者」. 今の語形はヘブライ語の通常の(転記)語形. (2) ジェレマイア: 男子名. ♦<(1). 愛称形 Miah, JERRY. 17 世紀にピューリタンが男子名に用い, 米国にもたらされてブリテン島より使用例が多い(Cresswell).

Jeremy /dʒérəmi/ ジェレミー: 1225 男子名. ♦中英語 Jeremye < 後期ラテン語 Jeremias 'JEREMIAH'. 愛称形 JERRY. 英国では 20 世紀中頃をピークに, 最近はまれになった. 米国では最近人気が出てきた(Cresswell). 『欽定英訳聖書』(1611)の新約聖書で Jeremiah に代えてこの語形が用いられた. ▶英国の映画俳優 Jeremy IRONS.

Jerome /dʒəróʊm/ (1) 聖ヒエロニムス. ♦<中英語 ～<(古) フランス語 Jérôme < 後期ラテン語 Hierōnymus < ギリシャ語 Hierónumos < ヘブライ語(原義)「聖なる名」. St. Jerome (c342–420)は東ローマ帝国の市民だったが, ギリシャ語の姓名を持っていた. ヘブライ語・ギリシャ語原典から聖書をラテン語に翻訳した(Vulgata 訳という). (2) ジェローム: 1206 男子名・姓. ♦中英語 Jeronimus, Jerom < (1). (3) 1206–11 男子名. ♦中英語 Geram < 古高地ドイツ語 Gerrannus 'spear-raven' (原義)「槍鴉」. 愛称形 JERRY. ▶Jerome KERN (1885–1945; 米国の作曲家; "Smoke Gets in Your Eyes"「煙が目に染みる」) | Jerome K. Jerome (1859–1927; 英国のユーモア作家; *Three Men in a Boat* (1889)).

Jerry /dʒéri/ ジェリー: 男子名・女子名. ♦JEREMY, JEROME, GERALD, GERARD,

Jerusalem

GERALDINE の愛称形.

Jerusalem /dʒərúːsləm/ イエルサレム: ユダヤ教・キリスト教・イスラム教の聖地. ♦<後期ラテン語 Ierusalem<ギリシャ語 Ierousalém<ヘブライ語(原義)「平和の礎」.

Jespersen /jéspəsən/ イエスペルセン: 姓. ♦<デンマーク語・ノルウェー語 ~ 'Son of Jesper 'JASPER". ▶OTTO Jespersen (1860–1943; デンマークの文法学者; *Modern English Grammar on Historical Principles* (1909–49) の大著がある).

Jesse /dʒés(i)/ (1)エッサイ: 《旧約》 DAVID 王の父. ♦<ラテン語 ~ <ギリシャ語 Iessaí<ヘブライ語(原義)「神はおられる」. (2)ジェシー: 男子名. ♦<(1). ▶Jesse THOMAS (1911–95; 米国のブルース歌手).

Jessica /dʒésɪkə/ ジェシカ: 女子名. ♦JESSE を基にした SHAKESPEARE の造語か (*The Merchant of Venice* (1596–98) の SHYLOCK の娘の名). 『創世記』11:29 に名のみ出てくる Jesca (後期ラテン語<ギリシャ語 Ieská<ヘブライ語(原義不詳))からとする説もある. 20世紀初頭に一般的になり, 1980年代後期以降は人気が出て 2005年には人気 No. 1 になった. 米国では 1980年, 90年代に何度か人気 No. 1 になった (Cresswell). ▶SARAH Jessica PARKER (1965– ; 米国の女優; *Sex and the City* (TV シリーズ 1998–2004, 映画 2008)) | Jessica LANGE.

Jessie, Jessy /dʒési/ ジェシー: 女子名. ♦スコット語 ~ (指小形)<JANET ∥ JEAN. ⇨ -IE, -Y.

Jesus /dʒíːzəs/ ジーザス: イエスキリスト. ♦中英語 Iesus<後期ラテン語 Iēsūs<ギリシャ語 Iēsoûs<ヘブライ語(原義)「神はわが救い」. JOSHUA と同源.

Jeter /dʒíːtə/ ジーター: 姓. ♦(変形)<中英語 Jetter (あだ名; 原義「尊大ぶる人・自慢する人」)<アングロフランス語 getter<ラテン語 jactātor. ▶DEREK Jeter (1974– ; New York Yankees の名ショートストップ).

Jill /dʒɪl/ ジル: 女子名. ♦(変形・略形)<GILLIAN. 'Jack and Jill' は 15 世紀までに男の子と女の子の代名詞になった (Hanks & Hodges).

Jim(my) /dʒím(i)/ ジム, ジミー: 男子名. ♦JAMES の愛称形. ▶米国大統領 Jimmy CARTER.

Jo /dʒoʊ/ ジョー: (1)女子名. ♦(略形)<JOANNA, JOANNE, JODY, JOSEPHINE の愛称形. (2)男子名. ♦JOE の別形.

Joan /dʒoʊn/ ジョーン: 女子名. ♦中英語 Johan (短縮形)<古フランス語 Jo(h)-anne 'JOANNE'. 愛称形 Joani(e). 16 世紀に 3 番目に多い女子名となったが, その後卑俗化し, JANE に凌駕された (Withtcombe).

Johnson

Joanna /dʒoʊǽnə/ ジョアンナ: 女子名. ♦< 中世ラテン語 Jōhanna 'JOANNE'.

Joanne /dʒoʊǽn/ ジョアン: 女子名. ♦中英語 ～ < 古フランス語 Jo(h)anne < 中世ラテン語 Jōhanna (女性形) < Jōhannēs 'JOHN'. 愛称形 JO.

Job(s) /dʒoʊb(z)/ (1) [Job] ヨブ:《旧約》イスラエルの族長(神の試練に耐える信仰者). ♦< 後期ラテン語 Jōb < ギリシャ語 Iṓb < ヘブライ語(原義)「憎まれる(者)・迫害される(者)」. (2) ジョブ(ズ): 1185 男子名 > 1202 姓. ♦中英語 Job, Joppe, Jobbe < (1). (3) ジョブ(ズ): 姓(< あだ名). ♦< 古フランス語 job, joppe 'wretched person, fool'. (4) ジョブ(ズ): 姓(< 職業・あだ名). ♦< 中英語 jubbe, jobbe「酒樽・ビヤ樽・桶屋・呑み助」. (5) ジョブ(ズ): 姓(< 職業・あだ名). ♦< 中英語・古フランス語 jube, jupe「毛織長衣の作り手・売り手・着用者」. ⇨ -s(父系). ▶STEVE Jobs (1955– ; APPLE Inc. の創業者の一人; 2010年現在 Chairman and CEO).

Jocelyn /dʒɔ́slɪn/ ジョスリン: 1086 DB 姓・男子名・女子名. ♦中英語 Goselinus, Joslein < 古フランス語 Goscelin, Joscelin (原義)「小ゴート族」< 古高地ドイツ語 Gautselin (指小形) < Gaut 'Geatas' (古英語叙事詩 *Beowulf* の主人公が属する部族名と同じ).

Jody, Jodi(e) /dʒóʊdi/ ジョディ: 男子名・女子名. ♦< Jod ((略形・変形) < JUDITH, JUDE) + -Y, -IE (指小・愛称の接尾辞). ▶Jodie FOSTER (1962– ; 米国の映画女優; Jodie は芸名).

Joe /dʒoʊ/ ジョー: 男子名. ♦JOSEPH, JOEL の愛称形. 愛称形 Joey.

Joel /dʒóʊəl/ (1) ヨエル:《旧約》ユダヤの預言者・他に同名人多数. ♦< 後期ラテン語 Jōēl < ギリシャ語 Iōḗl < ヘブライ語(原義)「ヤハウェは真の神なり」. (2) ジョエル: c1051 男子名・姓. ♦中英語 ～ < 古ブレトン語・古コーンウォール語 Iudicael < Iud- 'Lord' + cael 'generous'. JEKYLL と二重語. 愛称形 JOE. ユダヤ人やピューリタンに常に好まれてきた. ▶Billy Joel (1949– ; ユダヤ系の米国のロックシンガー).

John(s) /dʒɔn(z)/ (1) [John] ヨハネ:《新約》1) 十二使徒の一人で福音書・手紙・黙示録の著者とされる St. John; 2) 洗礼者ヨハネ John the Baptist. ♦中英語 Johannes, Jo(h)an, Jon < 古フランス語 Johan (フランス語 Jean) < 中世ラテン語 Jōhannēs (ドイツ語 Hans) < ギリシャ語 Iōánnēs < ヘブライ語(原義)「神は恵みをたれたもう」. (2) ジョン(ズ): 1140 男子名 > 1279 姓. ♦< (1). ⇨ -s(父系). 愛称形 JACK, Johnnie, Johnny, Jon, HANK. 2 人のヨハネが好まれ, 1300 年までにはそれまで最も人気のあった WILLIAM を凌駕した. ▶イングランド王 JOHN (1199–1216; 失地王(Lackland)と称される) | Johns Hopkins (1795–1873; 米国の銀行家; 同名の大学を創設(1876)).

Johnson /dʒɔ́nsn/ ジョンソン: 1287 姓. ♦中英語 Jonessone. ⇨ JOHN, -SON. 米

Jolly

国で2番目に多い姓；1番目はSMITH. ▶SAMUEL Johnson (1709–84; 英国の文人・辞書編纂者) | ANDREW Johnson (1808–75; 米国第17代大統領(1865–69)) | Lyndon B. Johnson (1908–73; 米国第36代大統領(1963–69)).

Jolly /dʒɔ́li/ ジョリー: 1275 (le) 姓(<あだ名). ♦中英語 Goly, Jolif, Joly (原義)「陽気な・元気な(人)」<古フランス語 jolif, joli 'jolly'. ▶Jolly ROGER (黒地に頭蓋骨と2本の骨を交差させた図を白く染め抜いた海賊旗).

Jonah /dʒóʊnə/, **Jonas** /dʒóʊnəs/ (1) ヨナ:《旧約》ユダヤの預言者. ♦<後期ラテン語 Jōnās <ギリシャ語 Iōnâs <ヘブライ語(原義)「鳩・嘆きの人」. 犠牲として海に捨てられるが大魚に飲み込まれて陸に吐き出される. (2) ジョーナ(ス): 1165 男子名. ♦中英語 Jonas < (1).

Jonathan /dʒɔ́nəθən/ (1) ヨナタン:《旧約》SAUL 王の子で DAVID の親友. ♦<ヘブライ語(原義)「神が与え給いし者・息子」. (2) ジョナサン: 1213 男子名. ♦中英語 Jonathus < (1). ▶Jonathan Wild (c1682–1725; 絞首刑にされた18世紀初期の LONDON の大泥棒).

Jones /dʒóʊnz/ ジョーンズ: 1279 姓. ♦中英語 ~. JOHN に父系の接尾辞 -s をつけた元来ウェールズ系の姓. ▶DANIEL Jones (1881–1967; 英国の音声学者) | INIGO Jones (1573–1652; 英国の建築家・舞台装置家; 父親はウェールズ出身) | NORAH Jones (1979– ; 米国のシンガーソングライター).

Jonson /dʒɔ́nsən/ ジョンソン: 姓. ♦JOHNSON の別形. ▶BEN (< BENJAMIN) Jonson (c1572–1637; 英国の劇作家・詩人; *Every Man in His Humour*『十人十色』(1598)).

Joplin /dʒɔ́plɪn/ ジョプリン: 姓. ♦< JOB + -EL (指小辞) + -IN (指小辞). b の p への変化は音便か. ▶JANIS Joplin (1943–70; 米国の女性ロックシンガー).

Jordan /dʒɔ́:dn/ (1) ヨルダン: パレスチナの川. ♦中英語 Jordanus, Jurdan <中世ラテン語 Jurdanus「ヨルダン川」<ヘブライ語(原義)「流れ下る」. キリストが洗礼を受けた川. 十字軍戦士がこの川水をわが子の洗礼水用に持ち帰った. (2) ジョーダン: 1121–48 男子名 > a1182 姓. ♦中英語 Jordanus, Jurdan < (1).

Josephine /dʒóʊzəfi:n/ ジョーゼフィーン: 女子名. ♦<フランス語 Joséphine (女性形) < JOSEPH. 19 世紀に使用開始. 愛称形 Fifi, Jo, Jody, Josie, Jos(e)y, Pos(e)y.

Joseph(s) /dʒóʊzəf(s)/ (1) [Joseph]《旧約》ヨセフ. ♦中英語 Joseph(us) < (古)フランス語 Joseph <ラテン語 Jōsōphus <ヘブライ語(原義)「神が子らを給わらんことを」. 1) JACOB の 11 番目の息子. RACHEL と Jacob との長男. 兄弟たちにエジプトに売られたがそこの大飢饉を救った(『創世記』30:22–24; 37); 2) Nazareth の大工で JESUS の母 MARY の夫(『マタイ』1:16–25). (2)

ジョーゼフ(ス): 1086 DB 男子名・姓. ♦<(1). ⇨ -s(父系). 愛称形 JOE(y).

Joshua /dʒóʃuə/ (**1**)ヨシュア: «旧約» MOSES の後継者. ♦<ヘブライ語(原義)「神はわが救い」. JESUS と同源. (**2**)ジョシュア: 男子名. ♦<(1). 愛称形 Josh.

Josiah /dʒóʊsaɪə, -zaɪə/ (**1**)ヨシア: «旧約» 宗教改革を行なった紀元前 6–7 世紀のユダの王. ♦<ヘブライ語(原義)「神よ(出産の母親を)癒し・助け給え」. (**2**)ジョサイア: 男子名. ♦<(1). ▶Josiah WEDGWOOD.

Joy /dʒɔɪ/ ジョイ: 1186 男子名・女子名・姓. ♦中英語 Joia<(古)フランス語 joie 'joy'. 洗礼名としては 14 世紀以後廃れたが, 19 世紀末に復活.

Joyce /dʒɔɪs/ ジョイス: c1140–50 男子名・女子名・姓. ♦中英語 Josce, Jocey, Jocea<中世ラテン語 Joceus(男性形), Jocea(女性形)<Jodocus, Jodoca<古ブレトン語 Iodoc(原義「主君・聖者・隠遁者」; 7 世紀のブルターニュの聖者の名). 12 世紀にノルマン人によってアイルランドに導入された(Hanks, AFN). 男子名は 14 世紀に廃れ, 女性名はその後も細々と続いたが, 19 世紀末に復活した(Withycombe). ▶JAMES Joyce (1882–1941; アイルランドの小説家; *Dubliners* (1914), *Ulysses* (1922)).

Judah /dʒú:də/ ユダ: «旧約» ユダヤの族長. ♦<ヘブライ語(原義)「?賞賛された」. 男子名は同源の Judas (of Iscariot)との連想から不人気.

Jude /dʒu:d/ ジュード: (**1**) 1193 男子名・姓. ♦中英語 〜 (Judas of Iscariot と区別するための短縮形)<Judas<後期ラテン語 Judas (of Iscariot // of Thaddaeus)<ギリシャ語 Ioúdās<ヘブライ語 'JUDAH'. 宗教改革後に洗礼名として時々用いられるようになった (Withycombe). ▶Jude Fawley (THOMAS HARDY の小説 *Jude the Obscure*『日陰者ジュード』(1895)の主人公) | Jude LAW (1972– ; 英国の映画俳優). (**2**)女子名. ♦JUDITH の愛称形.

Judith /dʒú:dɪθ/ (**1**)ユディト: «旧約»『ユディト記』の主人公. ♦古英語 Iudith<後期ラテン語 Jūdith<ギリシャ語 Ioudíth<ヘブライ語 Judith(原義)「ユダヤ女」(女性形)<Judah 'JUDAH'. イスラエルの民を苦しめるアッシリア軍の猛将 Holofernes を酒に酔わせ, 寝たすきに首を取り, 民を救った美しい勇敢な寡婦. Judith の物語は古英語詩にも書かれ, アングロ・サクソンの大修道院長 Ælfric は説教集 *Homilies* の題材に用いた. (**2**)ジュディス: 女子名. ♦<(1). 愛称形 Judy, Judi(e), JUDE. ▶Judith BUTLER (1956– ; 米国のポスト構造主義哲学者).

Julia /dʒú:liə/ ジューリア: 女子名. ♦<ラテン語 Iūlia(女性形)<JULIUS. 愛称形 JULIE. ▶Julia ROBERTS (1967– ; 米国の女優; *Erin Prockovich* (2001)で ACADEMY 主演女優賞を受賞).

Julian /dʒú:liən/ ジューリアン: (**1**) 13C 男子名・姓. ♦中英語 Julien<ラテン語 Jūliānus 'belonging to Jūlius 'JULIUS''. St. Julian は旅人の守護聖人. (**2**)女

Juliana 子名. ♦中英語 Julian < 古英語 Iūliāna ∥ ラテン語 Jūliāna 'JULIANA'.

Juliana /dʒùːliáːnə/ ジューリアーナ: 女子名・姓. ♦古英語 Iūliāna < ラテン語 Jūliāna (女性形) < Jūliānus 'JULIAN(1)'. 異教徒との婚約を断り, 304 年に処女のまま Nicomedia で殉教した St. Juliana は古英語詩 *Juliana* にも書かれている. 彼女の名は 12–15 世紀には JULIAN, GILLIAN として, 愛称形 GILL, JILL などとともに最もポピュラーな女子名になり, Gilson, Gillett などの姓もこれから派生した.

Julie /dʒúːli/ ジュリー: 女子名. ♦< フランス語 〜 'JULIA'. 英米の映画女優 Julie HARRIS, Julie ANDREWS, Julie CHRISTIE たちの影響で広まった.

Juliet /dʒúːliət/ ジュリエット: 女子名. ♦< イタリア語 Giulietta (指小形) < Giulia 'JULIA'. SHAKESPEARE 作 *Romeo and Juliet* (1594–95) の女主人公.

Julius /dʒúːliəs/ ジューリアス: 男子名. ♦< ラテン語 Jūlius (ローマの氏族名; Caius Julius Caesar など; (原義)「?Jupiter の子孫」).

Juneau /dʒúːnoʊ/ ジュノー: 1906 ALASKA 州の州都. ♦カナダ出身の金鉱発見者の JOE Juneau (原義「若者」) (1836–99) にちなむ.

Justin /dʒʌ́stɪn/ ジャスティン: 1175–80 男子名・姓. ♦中英語 Justinus, Justyn < 古フランス語 Justin < ラテン語 Jūstīnus < Jūstus 'just' (原義)「公正な」. ▶St. Justin Martyr (c100–65; 初期キリスト教護教家).

Jute(s) /dʒuːt(s)/ ジュート, ジューツ: a1387 ジュート族. ♦中英語 Jutes < 中世ラテン語 Jutae, Jutī (原義)「JUTLAND の住人」. 古英語形は Eotas. 5 世紀にイングランド南部に来襲・定住したゲルマン人.

Jutland /dʒʌ́tlənd/ ユトランド: ドイツ北部とデンマークの大半を成す半島. ♦(原義)「JUTES の国」.

K

Kalamazoo /kæləməzúː/ カラマズー: 米国 MICHIGAN 州の都市. ♦<アルゴンキン語 〜 (原義)「煙い・煙立つ」. Western Michigan University の所在地.

Kamloops /kəmlúːps/ カムループス: 1870 カナダ BRITISH COLUMBIA 州の都市. ♦<シュスワップ語 Kahmoloops (原義)「(南北 Thompson 川の)合流点」.

Kansas /kǽnzəs/ カンザス: 1861 米国の川・州(州都 TOPEKA). ♦<フランス語 〜<(スー族の)カンサ語 Kansa (部族名; 原義「南風の人たち」). ⇨ -s (複数). 部族名>川名>地名>州名への典型的な発達の例. 1803 年米国がルイジアナ購入でフランスから購入した. Kansas, MISSOURI 両州の州境をなす Kansas 川を挟んで向き合う Kansas City, Kansas (1868) と Kansas City, Missouri (1853) があり, 一つの都市圏を構成している.

Karen /kərén/ カレン: 女子名. ♦KATHARINE のデンマーク語. 移民によって米国にもたらされ, 今ではブリテン島にも多い. ▶Karen BLACK (1939– ; 米国の映画女優) | Karen CARPENTER.

Kate /keɪt/ ケイト: 女子名. ♦(略形)<KATHARINE, KATHERINE. 愛称形 Katie, Katy. ▶Kate Winslet (1975– ; 英国の映画女優).

Katherine, Katharine, Catharine, Catherine /kǽθrɪn/ キャサリン: 1100 女子名. ♦中英語 Katerine, Katelin<ラテン語 Katerina, Katharina<ギリシャ語 Aikateríne<? aikíā 'torture' + kathará 'pure'. 307 年に Alexandria で純潔のまま苦しめられ殉教した処女聖者 St. Catherine の名. 英語の -th- の語形は 16 世紀から. Kartherine はイングランド王 HENRY V, CHARLES II, HENRY VIII の王妃の名としても用いられた. 別形 KATHLEEN はアイルランドに多い. Catharine は英語のみ. 愛称形 KITTY, KATE, Katie, Cathy, KAY, Kerry など多数. ⇨ CATHERINE. ▶SHAKESPEARE 作 *Henry V* (1599) でこの王と結婚するフランス王女 Katherine と *The Taming of the Shrew*『じゃじゃ馬ならし』(1593–4) のヒロイン Katherina (後者は Padua が舞台なのでイタリア語).

Kathleen /kǽθliːn, 米 ⌣ ́ ⌣/ キャスリーン: 女子名. ♦(英語化)<アイル語 Caitlin 'CATHERINE'. 愛称形 Kath(y). ▶Kathleen FERRIER (1912–53; 英国のアルト歌手).

Kauf(f)man(n)

Kauf(f)man(n) /kɔ́:fmən, káʊf-, 米 ká:f-/ カウフマン: 姓. ♦<ドイツ語 Kaufmann(原義)「商人」. cf. CHAPMAN. ▶PHILIP Kaufman (1936– ; 米国の映画監督; *Henry and June*(1990)).

Kay /keɪ/ ケイ: (**1**) 1199 姓. ♦中英語 〜<古ウエールズ語 Cai, Key<ラテン語 Caius(ローマ人にふつうの男子名). (**2**) 1199 (de, del, atte) 姓(<場所). ♦中英語 〜(原義)「船着場(のそばの住人・人夫)」<古フランス語 〜 'quay'. (**3**) 1219 姓(<あだ名). ♦中英語 Ca(y)<古ノルド語 ká「コクマルガラス」. おしゃべりな人につけたあだ名から. (**4**) 1197 姓(<あだ名). ♦中英語 〜, Kei<古ノルド語 kei「左利き」. 不器用な人につけたあだ名から. (**5**)男子名. ♦<デンマーク語 Kai (Andersen の童話『雪の女王』の少年). (**6**)女子名. ♦ KATHERINE の愛称形.

Kearney /ká:ni, kɔ́:ni/ カーニー: 姓. ♦(英語化)<アイル語 Ó Ceithearnaigh 'descendant of Ceithearnach (原義「兵士」)'.

Keats /ki:ts/ キーツ: (**1**)姓(<あだ名). ♦中英語 Kete<古英語 cȳta 'kite'. 「鳶(とび)」のように「強欲」な人につけたあだ名から. (**2**)姓(<場所). ♦中英語 Kete(原義)「家畜小屋(のそばの住人)」<古英語 cȳte 'cattleshed'. ⇨ -s(父系). ▶JOHN Keats (1795–1821; 英国のロマン派詩人; 長編詩 *Endymion*(1818), *Ode to a Nightingale*(1819)).

Keene /ki:n/ キーン: OE 男子名 > 1207 姓. ♦中英語 Kene<古英語 Cēn- 'keen'. 「勇猛な」人につけたあだ名から. ▶DONALD Keene (1922– ; 米国の日本文学研究家・翻訳者).

Keighley /kí:θli, kí:li/ キー(ス)リー: 1086 DB West YORKSHIRE の町. ♦中英語 Chichelai(原義)「*Cyhha(人名)の開墾地」. ⇨ -LEY. BRONTË 姉妹の住んだ HAWORTH へ行く拠点 /kí:θli/.

Keira /kí(ə)rə/ キアラ: 女子名. ♦<アイル語 Ciara<ciar 'black'. ▶Keira KNIGHTLEY (1985– ; 英国の映画女優; *Pride and Prejudice* (2005)).

Keitel /káɪtl/ カイテル: 姓. ♦<ドイツ語 〜(別形)<Keidel(原義)「手斧」. 粗野な人につけたあだ名から. ▶HARVEY Keitel (1939– ; 米国の映画俳優; *The Piano*『ピアノ・レッスン』(1993); 両親は東欧からのユダヤ系移民).

Keith /ki:θ/ キース: 1187 スコットランド各地の地名 > 姓 > 19C 男子名. ♦(原義)「森」<中スコット語 Geth, Ket<ブレトン語 cet 'wood'. ▶Keith RICHARDS (1943– ; The Rolling Stones のギタリスト).

Keller /kélə/ ケラー: 姓(<職業). ♦<ドイツ語 〜(原義)「貯蔵室係」. ▶HELEN Keller (1880–1968; 米国の社会事業家; 父親の先祖がスイス人; 聾唖者ながら ANNE SULLIVAN から家庭教育, 盲学校や Radcliffe College から公教育を受け成長, 自伝 *The Story of My Life* (1903)を出版した; *The Miracle Worker*『奇

Kennedy

跡の人』として TV ドラマ化・映画化された；日本を含む世界 39 カ国を訪問，秋田犬を最愛のペットにした）．

Kellogg /kélɔɡ/ ケロッグ：(**1**) 1277 姓．◆中英語 Kyllehog (kill, hog)（原義）「豚殺し」．「肉屋」につけたあだ名．(**2**) [Kellogg's] 1906 米国 Kellogg Company のシリアルの商標．◆創業者 WILL(< WILLIAM) Kellogg (1860–1951) にちなむ．

Kelly /kéli/ ケリー：(**1**) 1194 姓・男子名・女子名．◆＜アイル語 O'Kelly＜Ó Ceallaigh 'descendant of Ceallach 'war''. 男子名は米国では 19 世紀にアイルランド移民に用いられ，20 世紀後半に特に人気があったが今はまれ．スコットランドとイングランドでは同名の地名に由来する姓もある．▶GENE Kelly (1912–96; 米国のダンサー・振付け師・映画監督・男優; *Singin' in the Rain*『雨に歌えば』(1952); 両親ともにアイルランド移民) | GRACE Kelly (1929–82; Monaco 王妃になった米国の映画女優；先祖がアイルランド移民). (**2**) 1995 米国 Mattel 社製の人形の名．◆米国の TV 番組 *Charlie's Angels* のヒロイン Kelly GARRETT にちなむ．同社製の人形 Barbie の妹として登場．

Kelowna /kélóʊnə/ ケロウナ：1892 カナダ BRITISH COLUMBIA 州南部の都市．◆＜オカナガン語（原義）「雌灰色熊」．

Kemble /kémbl/ ケンブル：1130 男子名 > 1185 姓．◆中英語 C(h)embel, Kymbel（原義）「武将」＜古ウェールズ語 Cynbel＜cyn 'chief' + bel 'war'. ▶JOHN MITCHELL Kemble (1807–57; 英国の中世英語の文献学者，父は名優の CHARLES Kemble (1775–1854)).

Kemp(e) /kemp/ ケンプ：OE 姓 (< 職業) > 男子名．◆中英語 Kempe（原義）「武士」＜古英語 Cempa 'warrior'. ▶MARGERY Kempe (c1373–c1440; 英国中世の神秘思想家・著作家; *The Book of Margery Kempe* (1436)) | Kemp MALONE.

Kendal /kéndl/ ケンダル：1090–97 イングランド湖水地方への拠点の町・1332 (de) 姓．◆中英語 Kendale（原義）「Kent 川谷」＜Kent（川名）+ 'dale'. KENT 州とは別語源．

Ken(d)rick /kén(d)rɪk/ ケン(ド)リック：1161 姓・男子名．◆中英語 Kenewrec, ～＜古ウェールズ語 Cynwrig（原義）「大将」＜cyn 'chief' + (g)wr 'man, hero'. (2) 姓．◆スコット語 Kendrick（短縮形）＜MacKendrick＜ゲール語 Mac Eanraig 'Son of HENRY'.

Kennedy /kénədi/ ケネディー：c1180 姓．◆中英語 mac Kenedi＜古アイル語 Ó Ceannéidigh 'descendant of Ceannéidigh（あだ名；原義「不恰好な頭（の人）」)' < ceann 'head' + éidigh 'ugly' (Reaney & Wilson, Hanks). en.wikipedia は異説をあげている：古アイル語 Ó Cinnéide 'descendant of Cinnéide（原

Kenneth

義「兜を頭に被った(人)・武人」)' *I* Ó Ceannéidigh 'descendant of Ceannéidigh (原義)「兜頭・武将」'. 主な違いは éidigh の意味が 'helmet' か 'ugly' かである. 初出例では父系を示す Ó が mac-(⇨ MAC-)になっている. 1014 年にヴァイキングを撃退した BRIAN Boru の父など指導者につけた愛称的あだ名からか. 有力氏族名を姓とする同類に CAMERON, CAMPBELL など. ▶JOHN F(ITZGERALD) Kennedy (1917–63; 米国の第 35 代大統領(1961–63)).

Kenneth /kénəθ/ ケネス: 男子名. ♦(1) スコット語 ～＜ゲール語 Cinaed (原義)「火から生まれた」(cf. ウェールズ語 Cennydd, アイル語 Canice). (2)(英語化)＜ゲール語 Coinneach (原義)「美男」. 愛称形 Ken, Kennie, Kenny. スコットランドでは初代 Kenneth MCALPIN(E) 王(?–858)にあやかり人気があった. ▶Kenneth CLARK (1903–83; スコットランドの裕福な家系の美術史家)｜Kenneth Branagh /brǽnə/ (1960– ; 北アイルランド BELFAST 出身の映画監督・俳優).

Kensington /kénzɪŋtən/ ケンジントン: 1086 DB LONDON の地名. ♦中英語 ～, Chenesitun (原義)「Cynesiġe (人名)一族の屋敷・村」. ⇨ -ING, -TON. ここには 1690 Kensington Palace (Queen Victoria の生誕地), 1822 Kensington Gardens (元 Palace の庭だった公園), 1901 Kensington Square などがある.

Kent /kent/ ケント: (**1**) 51 BC Caesar イングランド南東部の州. ♦古英語 Cent＜ケルト語 *Canto- (cf. ウェールズ語 cant) (原義)「境・縁」. cf. CANTERBURY. (**2**) 1296 (de, a) 姓(＜地名; 原義「Kent から来た人」). ♦＜(1).

Kentucky /kentʌ́ki/ ケンタッキー: 1792 米国の州(州都 FRANKFORT). ♦＜? イロコイ語 kenhtake (原義)「平原」.

Kentucky Fried Chicken /kentʌ́ki fraɪd tʃíkn/ ケンタッキーフライドチキン: 米国のファストフードチェーン店の商標. ♦Colonel HARLAND SANDERS (1890–1980)が 1930 年に KENTUCKY に創業し, 1952 年にチェーンストア化した. 頭文字語 KFC も用いられる. 店の看板のシェフは彼の似姿.

Kenyon /kénjən/ ケニヨン: 1212 (de); 1260 姓(＜イングランド LANCASHIRE の地名). ♦中英語 Kenien＜古ウェールズ語 *crūc Enion (原義)「?Einion (人名)の塚」. ▶J. S. Kenyon (1874–1959; 米国の音声学者; T. A. KNOTT と共著の *A Pronouncing Dictionary of American English* (1944)がある).

Kern /kə:n/ カーン: 姓(＜職業・あだ名). ♦＜ドイツ語 ～ (原義)「果実の仁・種」. 「ナッツ類の売り手・小さい人」につけたあだ名から. ユダヤ人に多い. ▶JEROME Kern (1885–1945; 米国の作曲家; 両親ともドイツ系ユダヤ人).

Kerr /kə:, kɑ:, スコット ker; keə/ カー, ケア: c1200 (de, del, atte) 姓(＜地名・場所)＞男子名. ♦中英語 Ker(r), Car(re) (原義)「茂みのある沼地(の住民)」＜古ノルド語 kiarr 'brushwood, bog'. ▶DEBORAH Kerr (1921–2007; ス

コットランド出身の映画女優; *The King and I*『王様と私』(1956); スコット語の発音は /keə/ だが MGM が /kɔː, kɑː/ にした).

Kerry /kéri/ ケリー: アイルランド南西部 MUNSTER 州の県 (県都 TRALEE). ♦<アイル語 Ciarrai (原義)「Ciar 一族の (土地)」. 周遊景勝地 The Ring of Kerry がある.

Keswick /kézik/ ケジック: イングランド各地の地名. ♦中英語 Kesewik (原義)「チーズ農場」<古英語 cēse (古ノルド語の影響で語頭音は /tʃ/ でなく /k/) 'cheese' + -WICK.

Kevin /kévin/ ケヴィン: 男子名. ♦アイル語 〜<ゲール語 Caoimhín (変形) < Cóemgen (原義)「? 愛し児」< cóem 'gentle' + gein 'birth'. St. Kevin は 6世紀のアイルランドの聖者 (⇨ GLENDALOUGH). 1920年代以降広まった. ▶ Kevin KLINE (1947– ; 米国の映画俳優).

Kew /kjuː/ キュー: 1327 LONDON の西近郊の地名. ♦中英語 Cayho (key, hoo) (原義)「鍵型の突堤」. Kew Gardens (王立植物園) は元の Richmond Park (CHARLES I の猟場) の一部.

Keynes /keɪnz/ ケインズ: 1086 DB 姓 (< NORMANDY の地名). ♦中英語 Caynes, Cahaignes < ノルマンフランス語 Caha(i)gnes (原義)「? ネズミサシの木の生える所」. ▶JOHN Maynard Keynes (1883–1946; 英国の経済学者; ケインズ経済学の提唱者).

Key West /kìː wést/ キーウエスト: 米国 FLORIDA 州の都市・リゾート. ♦(英語訳) <スペイン語 cayo oeste 'west key'. Key (< cayo) は「小島」. スペイン語 Cayo Hueso 'Isle of bone' (昔, 骨が散らばっていたから) からとする異説もある. HAWAII を除く米国最南端の島. 米国の作家 HEMINGWAY が住んだことで有名.

Kia /kíːə/ キア: Kia Motors 起亜自動車 (韓国) の商標: ♦<韓国語 起亜 (原義)「アジアから進出する」. 同社は 1944年創業. 1974年から自動車を製造.

Kia-Ora /kìː-ə-ɔ́ːrə/ キアオラ: 1903 オーストラリアの果汁入りドリンクの商標. ♦<マオリ語 kia ora 'Be well, healthy, i.e. Hello, Goodbye'.

Kid(d), Kyd /kɪd/ キッド: (**1**) 1181 姓 (<あだ名・職業). ♦中英語 Kide (原義)「kid (子山羊) のように跳ね回る人・山羊飼い」. (**2**) 1357 姓. ♦中英語 Kyd (t の有声化) < Kitt (CHRISTOPHER の愛称形). ▶THOMAS Kyd (1558–94; 英国の劇作家).

Kidman /kídmən/ キッドマン: 1221 姓. ♦中英語 Kideman (kid, -MAN) (原義)「子山羊飼育者」. ▶NICOLE Kidman | SIDNEY Kidman (1857–1935; オーストラリアの大牧畜業者; "Cattle King"「牧畜王」の異名をとった).

Kildare /kɪldéə/ キルデア: アイルランド中東部の県・同県の県都. ♦<アイル語

Killarney

Cill Dara（原義）「樫の木教会」. St. Brigid（c453–c525）が建てた修道院の場所に大聖堂が立っている.

Killarney /kɪláːni/ キラニー: アイルランド 南西部 KERRY 県のリゾート地. ◆<アイル語 Cill Airne（原義）「リンボクの教会」. The Ring of Kerry 周遊の拠点.

Kimberley /kímbəli/ キンバリー: 1161 イングランド各地の地名 > 男子名 > 女子名. ◆中英語 Chineburlai（原義）「Cyneburg（人名; 原義「王の砦」）の原」. ⇨ -LEY. 愛称形 Kim, Kimmy, Kimmie, Kimber. 南ア共和国の Kimberley 英国植民地相だった Lord Kimberley（1826–1902）にちなむ. Boer 戦争中（1880–81, 1899–1902）重要だったこの町の名は, 男子名として一時盛んに用いられたがやがて廃れた. 20世紀中頃に今度は女子名として復活したのはこの町がダイヤモンドの産地で有名だからか.

-kin /-kɪn, -kən/ 12C 指小辞. ◆中英語 -ken, -kin <中オランダ語 -kijn, -ken ∥ 中低地ドイツ語 -kīn (cf. ドイツ語 -chen).

King(s) /kɪŋ(z)/ キング（ズ）: 姓. ◆中英語 king <古英語 cyning.「王様然とした」人につけたあだ名や, 中世の道徳劇（Morality play）・野外劇（Pageant）で king の役を演じた人, さらには, 五月祭 May Day で May King（今では May Queen）に選ばれた少年（Reaney & Wilson, Matthews）, またさらには, 王宮に仕える人につけたあだ名から. ⇨ -s（父系）. 称号から派生した姓の同類に BISHOP, EARL, DUKE.

King's Cross /kìŋz krɔ́s/ キングズクロス: LONDON の Camden 地区の十字路. ◆英国王 GEORGE IV（在位 1820–30）の石像がここに立っていたことから. 1852年に開業した駅名にもつけられた.

Kingsley /kíŋzli/ キングスリー: 1216 姓・男子名・女子名. ◆中英語 Kingesle, Kyngesley(e) <古英語 Cyningesléah（地名;「御料林」）< cyninges 'of the king' + léah 'wood, -LEY'.

King's Lynn /kìŋz lín/ キングズリン: 16C イングランド NORFOLK 州の町. ◆（原義）「王の池」<ケルト語 *linn 'pool'.

Kingston /kíŋstən/ キングストン: OE イングランド各地の地名 > 1175 (de) 姓. ◆中英語 Kyngeston <古英語 Cyningestūn（king, -s（所有格）, -TON）'royal manor'「御料地」.

Kipling /kíplɪŋ/ キプリング: ME 姓（<イングランド YORKSHIRE の地名）. ◆中英語 Kepling（原義）「Cyppel（人名）一族（の土地）」. ▶Rudyard Kipling（1865–1936; 英国の作家・詩人; *The Jungle Book* (1894); 両親が二人の出会いの場所であるイングランド STAFFORDSHIRE の湖畔の村名 Rudyard（原義）「ミカン類の木のある庭」を息子の名につけた）.

Kirk /kəːk/ カーク: 1209 姓・男子名. ♦スコット語・中英語 Kyrk（原義）「教会（のそばの住民）」< 古ノルド語 kirkia = 古英語 ćiriće 'church'. 男子名の使用には米国の映画俳優 Kirk DOUGLAS（スコットランド出身を思わせる芸名; 本名は Issur Danielovitch; 両親がロシア系ユダヤ人）の影響があるだろう.

Kirkby /kə́ː(k)bi/ カー（ク）ビー: 1086 DB イングランド各地の地名 > 1121–48 姓. ♦中英語 Kirkebi（原義）「教会のある村」< 古ノルド語 kirkjubý（KIRK, -BY）. EMMA Kirkby (1949– ; 英国のソプラノ歌手)

Kit /kɪt/ キット: (**1**) 男子名. ♦CHRISTOPHER の愛称形. (**2**) 女子名. ♦KATHERINE の愛称形. Kit は Kat の変形.

Kitchen(er) /kítʃən(ə)/ キッチン, キッチナー: 1311 (atte) 姓（<場所・職業）. ♦（原義）「調理場（の係り）・（特に修道院の）料理係」.

Kit-Kat /kít-kæt/ キットカット: 1930 年代後期 チョコレート・ウエハースの商標. ♦（加重形）= ? kit + kat. 特に意味のない kit と kat の加重音がこの菓子を食べるときの擬音になったからだろう (Room). しかし, KIT (2) の Kit, Kat の組み合わせも考えられる.

Kitson /kítsən/ キットソン: 1340 姓. ♦中英語 Kittesson, Kytson 'Son of KIT'.

Kitty /kíti/ キティ: 女子名. ♦KATHERINE, CATHERINE, KATHLEEN の愛称形.

Kiwi /kíːwiː/ キーウィー: ニュージーランド国民の愛称. ♦<マオリ語 〜. 同国の国鳥. 鳥の名は鳴き声の擬声語からか.

Kleenex /klíːnéks/ クリネックス: 1924 ティッシュペーパーの商標. ♦<kleen（変形<clean）+ -ex 'out, away from'.（原義）「きれいにふき取る」. 語頭の K は社名の Kimberly-Clark からか.

Klein, Kline /klaɪn/ クライン: 姓（<あだ名）. ♦<ドイツ語 Klein（原義）「小男・年下」<klein 'small'. ▶ERNEST Klein (1899–1983; ルーマニア生まれのカナダの言語学者; *A Comprehensive Etymological Dictionary of the English Language* (1966–1967)) | KEVIN Kline (1947– ; 米国の映画俳優).

Knightley /náɪtli/ ナイトリー: 1207 姓. ♦中英語 Knitteleg, Knyghtley（地名; 原義「騎士林」）⇨ KNIGHT, -LEY. ▶KEIRA Knightley.

Knight(s) /naɪt(s)/ ナイト, ナイツ: 1086 DB 男子名 > 1221 姓. ♦中英語 Cniht（原義）「騎士」< 古英語 〜 'boy, servant, retainer'. ⇨ -s（父系）.

Knightsbridge /náɪtsbrɪdʒ/ ナイツブリッジ: c1050 LONDON の街路. ♦古英語 Cnihtebriċġe（原義）「使用人たちの（集まる）橋」. 11 世紀には「使用人ギルド」があった. KNIGHT の古英語の意味に注意.

Knott /nɔt/ ノット: (**1**) 1086 DB 男子名. ♦中英語 Cnut, Canut < 古ノルド語 Knútr（人名・あだ名; 原義「がっしりした体格の人」）. (**2**) 1165 姓. ♦中英語 Cnot, Knotte < 古英語 cnotta 'knot'（あだ名; 原義「がっしりした体格の人」）.

Knox

Knox /nɔks/ ノックス: 1260 (de) 姓(<スコットランドの地名). ♦スコット語 Cnoc, Cnox (原義)「小山」<ゲール語 cnoc 'hillock'. ▶JOHN Knox (1510–72; スコットランドの宗教改革者; 長老派教会 (the Presbyterian Church) を創設).

Kodak /kóʊdæk/ コダック: 1892 カメラ・フィルム会社の商標. ♦<? 米国の創業者 GEORGE EASTMAN (1854–1932)がお気に入りの K の文字を用いて短くて他と間違われない意味のない言葉として命名した. シャッター音の擬音でもあると言われている(Room ほか).

Koeppel /képəl/ ケッペル: 姓(<あだ名). ♦<ドイツ語 Köppel (原義)「頭の小さい人」.

Kootenay /kúːtəneɪ/ クートニー: カナダ BRITISH COLUMBIA 州の湖・川・国立公園. ♦<インディアン語 〜 (部族名; 原義「水上部族; ? 水軍」).

Kraft /kræft/ クラフト: 1903 (始めはカナダ, 今は米国の)チーズなどの食品会社 Kraft Foods Inc. の商標. ♦創業者の JAMES L. Kraft (1874–1953; ドイツ系カナダ人; ドイツ語 Kraft「力」)にちなむ. 英語の craft「巧み」, にも通じる命名.

Kylie /káɪli/ カイリー: 女子名. ♦<オーストラリアのヌーンガル語 〜 (原義)「ブーメラン」. オーストラリア出身のポップ歌手 Kylie MINOGUE (1968–)の人気が国外にも広めた.

L

Ladd /læd/ ラッド: c1100 姓(＜職業). ◆中英語 Ladda 'lad' (原義)「下男」(「少年」の意味はa1338から). ▶ALAN Ladd (1913–1964; 米国の映画俳優; *Shane* (1953)).

Ladybird /léɪdibəːd/ レディーバード: (**1**) 1915 英国の児童書出版社 Ladybird Books の商標. ◆＜ ladybird「てんとう虫」. 'Ladybird, ladybird, fly away home'「てんとう虫, てんとう虫, 飛んでお帰り」など英国の伝承童謡で親しまれている派手な模様の昆虫から. (**2**) 英国の子供服(会社)の商標. ◆＜ ladybird. (1)と同じくこの明るい色をした親しみやすい昆虫が明るい色の子供服にふさわしいことから.

Lafayette /là:faɪét, 米 læfiét/ ラファイエット, ラフィエット: (**1**) 1884 LOUISIANA 州の都市. (**2**) 1825 INDIANA 州の都市. ◆いずれも米国独立戦争時に米国を助けて功績のあったフランス貴族 Lafayette 将軍(1757–1834)にちなむ.

Lamb(e) /læm/ ラム: 1161 姓. ◆(1)古英語 lamb.「子羊」のような人につけたあだ名から. (2) LAMBERT の略形. (3)「過越祭の子羊(Paschal lamb)」の看板のある建物近くの住人から. 英国貴族 Barons of Rochester の家名. ▶CHARLES Lamb (1775–1834; *Essays of Elia*『エリヤ随筆集』(1823)).

Lambert /læmbəːt/ ランバート: 1086 DB 姓・男子名. ◆中英語 ～ ＜古英語 landbeorht (land, bright) (原義)「名高い領地・良地(の持主)」/ ＜古フランス語 ～ ＜古高地ドイツ語 ～ (原義は古英語と同じ). 中英語期に広まったのは St. Lambert of Maastricht (c635–c705)への崇敬から.

Lancashire /læŋkəʃə/ ランカシャー: 14C イングランド北西部の州(旧州都 LANCASTER; 現在 PRESTON). ◆中英語 ～ (短縮形)＜ Lancastreshire. ⇨ LANCASTER, -SHIRE.

Lancaster /læŋkəstə/ ランカスター: 1086 DB 地名・イングランド北西部 LANCASHIRE の旧州都＞1175 (de) 姓. ◆中英語 Loncastre, ～ (原義)「清川の畔の城市・Lancaster から来た人」＜ Lune (川の名; 原義「清い」) + -CASTER. ▶イングランドの Lancaster 王家(HENRY IV–VII を出した; 紋章は赤バラ) | BURT Lancaster (1913–94; 米国の映画俳優; *Elmer Gantry* (1960)で ACADEMY 主

Lancelot

演男優賞を受賞).

Lancelot /lǽnslət/ ランスロット: ARTHUR 王伝説の円卓の騎士の一人 > 1506 姓・男子名. ♦< 古フランス語 ~(二重指小形; ⇨ -EL, -OT) <? 古高地ドイツ語 Lanzo ('land' の愛称形; cf.「国男」). ほかに, 古フランス語 l'ancel 'the page' + -OT (指小辞)からとの説 (Cresswell) もある.

-land /-lənd/「陸地・土地・地所・国土」を意味する固有名詞の第2要素になる接尾辞. ♦古英語 ~< land, lond (land はゲルマン語の共通形).

Land's End /lǽndz énd/ ランズエンド: 1337 コーンウォールの地名. ♦中英語 Londeseynde (原義)「本土の末端」.

Lane /leɪn/ レイン: 1176 (de la, in, atte) 姓 (<場所). ♦中英語 ~ (原義)「小道 (のそばの住民)」< 古英語 lanu 'lane'.

Lang(e) /læŋ/ ラング: 姓. ♦中英語 Lang, Long < 古英語 Lang 'tall, long'.「のっぽ」の人につけたあだ名から. Lang はイングランド北部・スコットランドに, Long はそれ以外にと方言的に分布する. この n, m の前で a / o の対比を持つ語はほかに STRANG / STRONG など. ▶JESSICA Lange (1949– ; 米国の映画女優; Tootsie『トッツィー』(1982) で ACADEMY 助演女優賞, Blue Sky (1982)で同主演女優賞を受賞).

Lansing /lǽnsɪŋ/ ランシング: 米国 MICHIGAN 州の州都. ♦そこに土地を購入した NEW YORK 州の Lansing 村 (JOHN Lansing (1754–?1829) にちなむ) の人たちが命名.

Large /lɑːdʒ/ ラージ: 1204 (le) 姓 (<あだ名). ♦中英語 ~<(古)フランス語 ~「気前の良い」. ▶BRIAN Large (1939– ; 英国のオペラ映画の監督).

Lark /lɑːk/ ラーク: (1) 1243 姓 (<あだ名). ♦中英語 Larke 'lark' (短縮形) < Lauerok (> Laverock, Laverick(短縮形でない姓)).「ヒバリ」のように「陽気な人」や「早起きの人」につけたあだ名から. (2) 1963 米国の Liggett Group 社製のタバコの商標. ♦< lark.

Larkin /lɑ́ːkɪn/ ラーキン: (1) 1296 姓. ♦中英語 Larkin, Lorkyn < Lar-, Lor- ((愛称形) < LAWRENCE) + -KIN (指小辞). (2) 姓. ♦アイル語 ~< ゲール語 Ó Lorcáin 'descendant of Lorcán ((指小形) < lorc「獰猛な」)'. ▶PHILIP Larkin (1922–85; 20 世紀後半を代表する英国の詩人・ジャズ評論家).

Larry /lǽri/ ラリー: 男子名. ♦LAURENCE, LAWRENCE の愛称形.

Las Vegas /læs véɪɡəs, 米 lɑ́ːs-/ ラス ヴェガス: 1855 米国 NEVADA 州の都市. ♦< スペイン語 ~ 'The Meadows'. 砂漠の中の「緑地」であることからの命名.

Lauper /láʊpə/ ラウパー: 姓. ♦< スイスドイツ語 ~ (人名; 原義「名高い部族」//「アーケードのある家並の住人」). ▶CYNDI Lauper /lɔ́ːpə/ (1953– ; 米国のポップシンガー; 父親がドイツ・スイス系移民).

Laura /lɔ́(:)rə/ ローラ: 女子名. ♦< イタリア語 Laura（女性形）< 後期ラテン語 Laurus「月桂樹」. 愛称形 Laurie, Lolly, Lori(e), LAUREL, Lora, Lorel, Lorind. ▶Laura Ingalls Wilder (1867–1957; 米国の児童文学作家; *Little House on the Prairie*『大草原の小さな家』(1935)).

Laurel /lɔ́(:)rəl/ ローレル: 19C 女子名. ♦< laurel「月桂樹」. LAURA の愛称形ともみなされる.

Lauren /lɔ́:rən/ ローレン: 姓・男子名・女子名. ♦< スウェーデン語 Laurén < ラテン語 Laurentius 'LAURENCE'. ▶RALPH Lauren (1939– ; ユダヤ系米国人のファッションデザイナー).

Laurence, Lawrence /lɔ́(:)rəns/ ローレンス: 1141–49 姓・男子名. ♦中英語 Lauren(tiu)s, Lorence < ラテン語 Laurentius 'man from Laurenum（イタリアの町）'. ローマの殉教者 St. Laurence (?–258) にちなむ. 7 世紀にその聖遺物が NORTHUMBRIA の Oswiu 王に贈られたこともあって彼への崇敬が広まった. 愛称形 Laulie, LOWRIE, LARRY, Lorry, LARKIN, Lorkin.

Law /lɔ:/ ロー: 1208 (de, del, dela); 1279 姓 (< 場所). ♦中英語 Law(e) < 古英語 hlāw（原義）「丘・塚（のそばの住人）」. 古英語形は中英語でイングランド南部では Low に, 北部では Law になった. 「法律」の law とは無関係. ▶JUDE Law (1972– ; 英国の映画俳優).

Lawler, Lawlor /lɔ́:lə/ ローラー: 姓. ♦アイル語 ～ < ゲール語 Ó Leathlobhair 'descendant of Leathlobhar（原義）「半病人」'. 虚弱な人につけたあだ名から.

Lawman /lɔ́:mæn/ ローマン: 1086 DB 姓 (< 職業). ♦中英語 Laghemannus, Laweman（原義）「法執行人」.

Lawson /lɔ́:sn/ ローソン: 1327 姓・男子名. ♦< LAW(RENCE) + -SON. WILLIAM Lawson (1774–1850; SYDNEY から Blue Mountains を通過する内陸路を発見した英国の探検家) の名声でオーストラリアに特に多い. コンビニエンスストアの LAWSON は米国 OHIO 州に J. J. Lawson が創業した Lawson Milk Co. が起源. 現在は日本の会社で米国にはない.

Layland /léilənd/ レイランド. ♦LEYLAND の別形.

Layton /léitn/ レイトン: 1201 姓. ♦中英語 Lecton, ～（原義）「葱村（の住人）」< 古英語 lēac-tūn 'leek-town'.

Lazarus /lǽzərəs/ (1) ラザロ: 1508 «新約» 1) イエスの奇跡で蘇った, Mary and Martha of Bethany の弟 (『ヨハネ伝』11: 1–44, 12: 1–18); 2) レプラに罹った物乞い (『ルカ伝』16:19–31). ♦< 後期ラテン語 ～ < ギリシャ語 Lázaros < ヘブライ語（原義）「神は我が救い」. (2) ラザルス: 男子名・姓. ♦< (1). 17 世紀にはクリスチャンネームに用いられたが, 今はユダヤ人に多い.

Leah

Leah /líːə/ (**1**) レア: «旧約» JACOB の最初の妻. ♦<ヘブライ語（原義）「? 野牛」. (**2**) リーア: 女子名<(1). 20世紀まではユダヤ人に用いられてきたが，最近は一般に広く人気がある.

Lear[1] /lɪə/ リア: 1642 姓. ♦Leere, ~ <中英語 Legre（地名・川名; 原義不詳; cf. Loire) ∥ 中英語 Lear（フランスの地名の借入）. Reaney & Wilson は古英語 hlēor 'cheek, face' からで「顔・頬」に特徴のある人につけたあだ名から，としている. ▶EDWARD Lear (1812–88; 英国の画家・詩人; *A Book of Nonsense* (c1875)).

Lear[2] /lɪə/ リヤ: ケルトの伝説の王で SHAKESPEARE の悲劇 *King Lear* (1603–06) の主人公. ♦<中世ラテン語・中英語 Leir <古英語 Leḡra, Ligora ('LEICESTER' の名祖) <古ウエールズ語 Leir <ブリトン語 Ligera, Ligora（人名・川名）.

Leavis /líːvɪs/ リーヴィス: OE 男子名 > 1197 姓. ♦中英語 Leuis（原義）「愛息・愛しい若者」<古英語 Lēofhyse 'beloved son'. ▶F. R. Leavis (1895–1978; CAMBRIDGE 大学で教鞭をとった現代英文学者・文芸批評家).

Ledger /lédʒə/ レッジャー: 1192 姓. ♦中英語 Leodegar, Leger <古フランス語 Legier ∥ 古高地ドイツ語 Leodegār（原義）「国民の槍（勇者の美称）」=古英語 lēode 'people' + gār 'spear'. 7世紀の殉教者 St. Leger (= Ledger) への崇敬がフランスからイングランドに広まった. ▶HEATH Ledger (1979–2008; 夭折したオーストラリアの映画俳優).

Lee[1] /liː/ リー: 1148–66 (de, de la, del, atte) 姓 (<地名・場所) >男子名・女子名. ♦中英語 Le(y)gh; Leie, Lee <古英語 lēah (主格); lēa (与格) '-LEY'（原義）「森・林」. この姓には異綴りが非常に多い: LEIGH は古英語 lēah (主格) から; Lea, Ley, Lay, Laye, Lye, (-s を伴った) Lyes などは古英語 lēa (与格) から. 最近英国では男子には Lee を，女子には LEIGH を用いる. ▶ROBERT E. Lee (1807–70; 南北戦争時の将軍) ∣ SIDNEY Lee (1859–1926; *Dictionary of National Biography* の英国人編集者の一人).

Lee[2] /liː/ リー: 中国語の「李」に由来する姓. ▶BRUCE Lee (1940–73; 米国生まれの香港系俳優; *Enter the Dragon*『燃えよドラゴン』(1973) でカンフーブームを起した).

Leech, Leach /líːtʃ/ リーチ: c1250 姓. ♦古英語 lǣce 'leech, physician'.「ヒル」と「医者」とは古英語で同音異義語の別語源だったが，ヒルを医療に用いたことから同化した. ▶GEOFFREY Leech (1936–　; 英国の意味論学者).

Leeds /líːdz/ リーズ: 31 イングランド West YORKSHIRE の商工業都市. ♦古英語 Loidis <ケルト語 Lādenses（原義）「急流のほとりの住人」. 古英語 Hlȳde（原義）「轟々と流れる川」<hlūd 'loud' からとする説もある.

Legge /leg/ レッグ: 1176 姓. ◆中英語 Legge <古ノルド語 Legge 'leg'（人名・あだ名;「俊足・足長」). ▶WALTER Legge (1906–79; 英国のクラシックレコードの制作者).

LEGO /légoʊ/ レゴ: 1932 The LEGO Group 社のブロック組立て式玩具の商標. ◆<デンマーク語 ～ <leg godt /léː go/ 'play well'. 考案者のデンマークの大工 Kirk Kristiansen の造語. 同社のある Billund /bílund/ の町に, 家並みも動物もレゴで作られたテーマパーク LEGOLAND があり人気を集めている.

Lehman /léɪmən, líː-/ レイマン, リーマン: 姓. ◆<ドイツ語 Lehmann（原義）「封土の保有者」<Lehen 'fief' + Mann 'man'. 2008 年に破産した米国の金融サービス会社 Lehman Brothers はドイツ移民の 3 兄弟によって 1850 年に設立された.

Leica /láɪkə/ ライカ: 1925 Ernst Leitz 社製のカメラ・光学機器の商標. ◆<ドイツ語 Lei(tz)（製造会社<Ernst Leitz（父 1843–1920; 子 1871–1956; 経営者の父子)) + ca(mera).

Leicester /léstə/ レスター: 917 イングランド LEICESTERSHIRE の元州都 > 1130 姓. ◆古英語 Liġeraċeaster（原義）「Leġra, Ligore（人名 > 川名（今の Soar))の城市」. ⇨ -CESTER, -CHESTER.

Leicestershire /léstəʃə/ レスターシャー: 1087 イングランド中部の州. ◆古英語 Læġreċeastrescīr. ⇨ LEICESTER, -SHIRE.

Leigh /liː/ リー: 姓・女子名. ◆LEE[1] の別形. ▶JANET Leigh (1927–2004; 米国の映画女優; *Psycho*『サイコ』(1960))｜VIVIEN Leigh (1913–67; 英国の映画女優; *Gone with the Wind*『風と共に去りぬ』(1939); Leigh は芸名).

-leigh /li/ 地名第 2 要素. ◆-LEY の別形.

Leland /líːlənd/ リーランド: 姓 > 男子名. ◆（変形?）<LEYLAND. ▶Leland STANFORD.

Lennon /lénən/ レノン: 姓・男子名. ◆アイル語<(1) ゲール語 Ó Leannáin 'descendant of Leannán（あだ名）'little cloak ∥ sweetheart'; (2) <ゲール語 Ó Lonáin 'descendant of Lonán（あだ名）'little blackbird'. The BEATLES の JOHN Lennon (1940–80) の人気で広まった.

Lennox /lénəks/ レノックス: 1400 姓（<地名）・男子名. ◆中英語 Levenax, ～（スコットランドの地名）<ゲール語 leamhanach（原義）「楡の木の多い土地」. 男子名はスコットランドの貴族 Earls and Dukes of Lennox の称号から.

Leo /líːoʊ/ レオ: 男子名・姓. ◆中英語 ～ <ラテン語 Leō 'lion'. Leo I (c400–61) を始めとして 13 人のローマ教皇の名. 従来, ユダヤ人以外ではあまり用いられなかったが, 最近は一般に用いられる. LEOPOLD の愛称形でもある. ⇨

Leon

Lyon(s).

Leon /líːən/ レオン: (1)1213–15 男子名. ♦中英語 〜 <ラテン語 leōn- (斜格), leō 'Leo'. (2)男子名・姓. ♦<スペイン語 León<ギリシャ語 Léōn 'lion'.

Leona /lióʊnə/ レオーナ: 女子名. ♦<ラテン語 Leōn-, Leō 'Leo' + -a (女性形接尾辞).

Leonard /lénəd/ レナード: 1219 男子名・姓. ♦中英語 Leonardus, 〜 <(古高地)ドイツ語 Leonhard (lion, hard) (原義)「獅子の獰猛さを持った人」. 愛称形 Len(nie), Lenny, Leo. 妊婦・捕虜・囚人の守護聖人, 6世紀のフランク人 St. Leonard への崇敬はイングランドにも及んだが, 姓への影響力はそれほどでない (Reaney & Wilson).

Leonora /lìːənɔ́ːrə/ レオノーラ: 女子名. ♦(変形?) <Eleanor (cf. イタリア語 Leonora, フランス語 Léonore). Beethoven のオペラ *Fidelio* のヒロインの影響がある.

Leopold /líːəpoʊld/ レオポルド: 男子名. ♦<ドイツ語 〜 <古高地ドイツ語 Liutbald (原義)「勇敢な民」<liut 'people' + bald 'bold'. Victoria 女王が叔父のベルギー国王 Leopold にちなんで王子に命名してから広まった (Cresswell). ▶Leopold Stokowski (1882–1977; 英国生まれのポーランド系指揮者) | Leopold Bloom (James Joyce 作 *Ulysses* (1922)の主人公).

Leroy /姓 ləró, 名 líːrɔɪ/ ルロイ: 1268 姓 (<職業・あだ名)・男子名. ♦中英語 le Roy (原義「王の召使い・祭りで王の役になった人」) <古フランス語 le roi 'the king'. ▶Leroy Anderson (1908–75; 米国の軽音楽の作曲家; "Blue Tango" (1951)).

Leslie, Lesley /lézli, 米 lés-/ レズリー, レスリー: 1272 姓・男子名・女子名. ♦中英語 Lescelyn, Leslie <(スコットランドの地名) <ゲール語 leas cuilinn (原義)「柊(ひいらぎ)の園」. かつて男子には Leslie, 女子には Lesley を用いた区別はなくなった. 米国では Leslie が女子に盛んに用いられている (Cresswell).

Lessing /lésɪŋ/ レッシング: 姓. ♦<ドイツ語 Lessig (ドイツ語化) <スラブ語 lĕsnik「森の住人」. ▶Doris Lessing (1919– ; イラン生まれの英国の作家; Nobel 文学賞(2007)を受賞; Lessing は再婚した夫の姓).

Lester /léstə/ レスター: 姓・男子名. ♦Leicester の発音綴り. ▶Lester Young (1909–59; 米国のジャズテナーサックス奏者).

Levi (1) /líːvaɪ/ レビ: «旧約» Jacob と Leah の息子でレビ族の祖. ♦<ヘブライ語 (原義)「加わり・加わる人」. (2) /lévi, líːvi/ レヴィ, リーヴィ: 男子名・姓. ♦<(1). ユダヤ人に多い.

Levin /lévɪn/ レヴィン: (1) 1232 男子名 > 1279 姓. ♦中英語 Levine, Livene (別形) <Leofwini, Lewyn 'Lewin'. (2)姓. ♦<ドイツ語 〜 'Lewin'. (3)ユダ

Liberty

ヤ人の姓. ♦<リトアニア語・ベラルーシ語(原義)「LEVI の」.

Levine /lɪváɪn, ləvíːn/ レヴァイン, レヴィーン: (1)ユダヤ人の姓. ♦LEVIN の別形. (2)姓. ♦(変形)<フランス語 Lavigne (原義)「ぶどう園(の住人・使用人・主人)」<古フランス語 vi(g)ne 'vineyard'. ▶JAMES Levine (1943– ; 米国の指揮者; Metropolitan Opera の音楽監督(1986–)).

Levi's /líːvaɪz/ リーヴァイズ: 1853 ジーンズ会社 Levi Strauss & Co. の商標. ♦< LEVI Strauss (1829–1902; ドイツ移民の仕立屋だった米国の創業者; Gold Rush の時期でテントや幌を作っていたが, その生地で丈夫なズボンを作ったのが始まり(Room)).

Lewin /lúːɪn/ ルーイン: 1010 男子名 > 1230 姓. ♦中英語 Leofwini, Lewyn < 古英語 Lēofwine (原義)「親友」.

Lewis /lúːɪs/ ルーイス: (1) 1166 姓・男子名. ♦中英語 Lowis, ~ <アングロフランス語 ~ <古フランク語 Hlúdwig 'LOUIS' (ドイツ語 Ludwig). (2) 1413 姓・男子名. ♦中英語 ~ (英語化; 短縮形 Llewi に英語の父系を示す -s を添加) <ウェールズ語 Llewelyn (原義「獅子のような人」; 王名でもあった). (3) 男子名. ♦<~(スコットランド Hebrides 諸島の名) <ゲール語 Leòdhas < legach 'marshy' ∥ 古ノルド語 Ljoðahús 'song-house'. 愛称形 Lew(ie). ▶C. S. Lewis (1898–1963; 英国の作家・文学者; *The Chronicles of Narnia*『ナルニア国物語』(1950–56); 北アイルランドの出身; OXFORD 大学で J. R. R. TOLKIEN と同僚だった).

Lexington /léksɪŋtən/ レキシントン: 1713 米国 MASSACHUSETTS 州東部の町で独立戦争の発端の地. ♦(変形)<Laxton (最初の入植者の出身地である英国の村名; 原義「Leaxa (人名)一族の村」). ⇨ -ING, -TON.

-ley /-li/ 「林間地・開墾地」を意味する地名第2要素. ♦古英語 lēah 'an open place in a wood'. 別形 -LEIGH.

Leyland /léɪlənd/ レイランド: イングランド LANCASHIRE の町・1203 (de) 姓. ♦中英語 Leilande (原義)「休閑地(のある地所)」<古英語 lǣge 'fallow' + '-LAND'. 英国の自動車製造会社 Leyland Motors は 1896 年 LANCASHIRE の Leyland に創業した.

Liam /líːəm/ リーアム: 男子名. ♦(略形)<アイル語 Uilliam 'WILLIAM'. ▶Liam Neeson (1952– ; 北アイルランド出身の映画俳優; *Schindler's List* (1993)).

Libby /líbi/ リビー: 1298 女子名 > 1506 姓. ♦中英語 Libbe (愛称形; 小児語から) < ELIZABETH. ⇨ -Y.

Liberty /líbəti/ リバティー: (1)姓・男子名・女子名. ♦< liberty「自由」. 第1次大戦中, 愛国心から米国で人気のあった女子名だったが, その後まれになった. しかし 9.11 後に復活. liberty は米国国家の基本理念. (2) 1875 LONDON

Liddell

の REGENT STREET にある高級デパート Libertry & Co. ◆創業者 ARTHUR Lasenby /láːsnbi/ Liberty (1843–1917) から. Tudor 風にアール・ヌーヴォー様式を加えた建物で有名. これにちなんでイタリア語で Art Nouveau を stile Liberty 'Liberty style' という.

Liddell /lídl/ リドル: 1202–34 姓. ◆中英語 Lid(d)el (スコットランド・イングランド北部の地名) < 古英語 Hlȳdan-dæl (原義)「Hlyde 川の谷」< Hlȳde (原義)「音を立てる (川)」+ dæl 'dale'. ▶HENRY GEORGE Liddell (1811–1898; Oxford 大学副総長; *A Greek-English Lexicon* (1843) の共編者; LEWIS CARROL が *Alice's Adventures in Wonderland* (1865) を彼の娘 ALICE のために書いた).

Liffey /lífi/ リフィー: アイルランド DUBLIN 市内を流れる川. ◆<アイル語 An Life 'The Plain'. この川が平野を流れていたので.

Lil(l)ian /líljən/ リリアン: 女子名. ◆ELIZABETH の愛称形 (ドイツ語 Lili は Elisabeth から) // LILY の指小形. ⇨ -ON. ▶Lillian Hellman (1905–84; 米国の劇作家・左翼思想家 (映画 *Julia* (1977) 参照); Dashiell HAMMETT と 30 年に渡るパートナー).

Lil(l)ywhite /lílihwaɪt/ リリーホワイト: 1376 女子名・男子名. ◆Lylywhyt (lily, white) (原義)「百合のように白い」. 最初は女子に用いられたが, 女子のように肌の白い男子のあだ名に用いられた.

Lily /líli/ リリー: 1296 女子名・1247 姓. ◆中英語 Lilie 'lily'. 純潔の象徴として女子名が年代的に先のはずだが記録では姓のほうが早い. ELIZABETH の愛称形の可能性もある.

Lincoln /líŋkən/ リンカン: (1) 1086 DB イングランドの地名・LINCOLNSHIRE の州都. ◆中英語 Lincolia < 古英語 Lindum colonia 'colony on the pool (of the river WITHAM)' < ウェールズ語 Llyn 'lake, pool'. (2) 米国 NEBRASKA 州の州都. ◆Abraham Lincoln にちなむ. (3) 1086 DB 姓・男子名. ◆中英語 ~ <(1). ▶ABRAHAM Lincoln (1809–65; 米国第 16 代大統領 (1861–65); 奴隷解放を達成したが, 観劇中に南部の支持者に暗殺された).

Lincolnshire /líŋkənʃə/ リンカンシャー: 1016 イングランド東部の北海に臨む州. ◆古英語 Lincolnescīre. ⇨ LINCOLN, -SHIRE.

Linda /líndə/ リンダ: 19C 女子名. ◆? <スペイン語 linda 'pretty'. 愛称形 Lindy. 20 世紀中頃に特にポピュラーになった (Cresswell).

Lindbergh /líndbəːg/ リンドバーグ: 姓. ◆<スウェーデン語 ~ (地名; 原義「シナの木山」). ▶CHARLES Lindbergh (1902–74; 1927 年に NEW YORK から Paris まで単独無着陸飛行を成し遂げた米国の飛行士; 父はスウェーデン移民).

Linden /líndən/ リンデン: 姓. ◆<ドイツ語 ~ (原義)「シナの木 (のそばの住

人)」.

Lindisfarne /líndɪsfɑːn/ リンディスファーン: c700 イングランド NORTHUMBERLAND 州にある島の古名. ◆古英語 Lindisfarnae (1)（原義）「Lindis 川のそばの土地」< 古アイル語 lind 'lake' + ferann 'land'; (2)（原義）「LINDSEY (= LINCOLN) の人々が（巡礼に）来る島」< Lindisfaran 'travellers from Lindsey' + ēg 'island'. St. AIDAN が 635 年に建てた教会と修道院があったが Viking の来襲で廃墟と化した. Holy Island とも呼ばれ，満潮時に島となる.

Lindsey, -say /línzi/ リンジィ: 1207 (de) 姓・男子名・女子名. ◆中英語 Lindesie（地名）< 古英語 Lindon (LINCOLN の旧名) + ēg 'island'. Lincoln は WITHAM 川の沼地が排水されるまでは島のようだったから (Ekwall). 貴族 Sir WALTER de Lindsay から 19 世紀に男子名，さらには女子名に急速に用いられだした. ▶Lindsay Davenport (1976– ; 米国の女子プロテニスプレイヤー).

-ling /-lɪŋ/「…に属する・関係のある人・物」を意味する接尾辞.

Linton /líntən/ リントン: 1208 (de) 姓 > 男子名. ◆中英語 ～（イングランド各地の地名; 原義「亜麻栽培農場」）< 古英語 Līntūne < līn 'flax' + -tūn '-TON'.

Linus /láɪnəs/ ライナス: 男子名. ◆< 後期ラテン語 ～ < ギリシャ語 Línos（原義）「亜麻色の髪の人」. PC の OS, Linux /línəks, láɪnəks/ はフィンランド人の開発者 Linus Torvalds (1969–) の名から. ▶Linus van Pelt (漫画 *Peanuts* に登場する，毛布 (security blanket) を手放さない少年).

Lionel /láɪənl/ ライオネル: 男子名. ◆～ < lion ∥ フランス語 Lion, Léon 'lion' + -EL (指小辞). 原義は「若いライオン」. ARTHUR 王の円卓の騎士の一人 Sir Lionel, GEOFFREY CHAUCER が最初に仕えた Lionel, Duke of Clarence などの名. ▶Lionel HAMPTON (1908–2002; 米国のジャズピアニスト・バンドリーダー).

Lipsey /lípzi/ リプジー: 姓. ◆< ハンガリー語 Lipcsey（原義）「Lipcse, Liptó（いずれも地名）から来た人」.

Lipton /líptən/ リプトン: 1890 紅茶の商標. ◆THOMAS Lipton (1848–1931) が GLASGOW に創業した紅茶の会社から. "direct from the tea garden to the tea pot" をスローガンにした. 現在は UNILEVER 社の商標.

Lisa /líːsə, líːzə, láɪzə/ リーサ, リーザ, ライザ: 女子名. ◆ELIZABETH の愛称形. フランス語 Lise, ドイツ語 Liese の影響がある. 別形 Liza. ▶Liza Minnelli (1946– ; 米国のミュージカル女優).

Little /lítl/ リトル: 姓. ◆古英語 lȳtel 'little'.「小さい (人)・年下の方の (人)」につけたあだ名から. ▶MALCOLM Little (1925–65; 米国の黒人開放運動の戦闘的リーダー Malcolm X の本名).

Little Rock /lítl rɔk/ リトル ロック: 米国 ARKANSAS 州の州都. ◆1772 年にフ

Litton

ランス人の探検家 La Harpe が Arkansas 川の「小岩」のある所に上陸, そこを Petite Roche 'Little Rock' と名づけて交易所にしたことに始まる (en.wikipedia).

Litton /lítn/ リットン: (1) 1212 姓 (<イングランド DORSET 州の地名). ◆中英語 Lideton (原義)「Hlȳde 河畔の村」< 古英語 Hlȳde (原義)「轟々と流れる奔流」+ tūn '-TON'. (2) c1060 姓 (<イングランド SOMERSET 州の地名). ◆中英語 Hlytton (原義)「門のそばの村」< 古英語 hlid 'gate' + tūn '-TON'. (3) 1403 姓 (<イングランド DERBYSHIRE の地名). ◆中英語 Litone (原義)「丘のそばの村」< 古英語 hlið 'slope, hill' + tūn '-TON'.

Liverpool /lívəpu:l/ リヴァプール: イングランド Merseyside 州の港湾都市. ◆中英語 Liverpul (原義)「(船が) 泥で動きにくくなる入り江」< 古英語 lifrig 'clotted' + pōl 'pool'. The BEATLES が結成された地.

Livingston /lívıŋstən/ リヴィングストン: c1150 スコットランドの地名 > 1296 (de) 姓. ◆中英語 Leuineston (原義)「LEVIN (人名) の屋敷」 ⇨ -ING, -s (所有格), -TON. ▶DAVID Livingston (1813–73; スコットランドの説教師・探検家; アフリカで the VICTORIA Falls を発見).

Liz /lız/ リズ: 女子名. ◆ELIZABETH の愛称形.

Llandudno /lændídnə/ ランディドノ: 1291 ウェールズ北西部の Irish 海に臨む海浜リゾート. ◆ウェールズ語 ~ (原義)「St. Tudno (原義不詳) の教会」< Llan「教会」(630 以上ものウェールズの地名要素) + Tudenou 'of St. Tudno'.

Llewel(l)yn /ləwélın/ ルウェリン: 男子名. ◆<ウェールズ語 ~ (原義)「獅子のような人」(王名でもある) < llew 'lion' + eilum 'likeness'. 愛称形 Llew, LYN(N). ウェールズ王名の同類に GRIFFITH, HOWELL, MEREDITH, MORGAN, OWEN など.

Lloyd /lɔıd/ ロイド: 1327 姓 (<あだ名). ◆中英語 ~ <ウェールズ語 llwyd 'grey'. 髪の「白っぽい」人につけたあだ名から. 同類に GOUGH 'red', GWYNN 'white', WYNN 'white' など. ▶Lloyd GEORGE (1863–1945; ウェールズ出身のただ一人の英国の首相 (1916–22)).

Lloyd's /lɔıdz/ ロイズ: [The Society of ~] ロイズ保険組合. ◆<EDWARD Lloyd (?–?1730). 彼が 1688 年ころ LONDON に開業したコーヒー店に商人・船主等が集まり保険取引を話し合ったことから, 保険業務を取り扱う会員制の組合になった. Lloyds Bank とは別. -'s は shop, house の省略を表わす.

Loch Lomond /lɔx lóʊmənd/ ロッホ ローモンド: c1340 スコットランド北西部の湖. ◆スコット語 ~ (原義)「Leven (原義「楡の木川」) の湖」. スコットランド民謡で有名なリゾート.

Loch Ness /lɔ̀x nés/ ロッホ ネス: スコットランド北西部の湖. ◆スコット語 ~

London Bridge

(原義)「Ness 川の湖」< loch 'lake' + Ness 'promontory, ness'.

Locke /lɔk/ ロック: (**1**) 1130 姓(<あだ名). ◆中英語 Loc(c) < 古英語 loc(c) 'lock「髪」' きれいにカールした髪の人につけたあだ名から. (**2**) 1230 (de, atte) 姓(<場所・職業). ◆中英語 Lok(e) (原義)「川の水門(のそばの住人・管理人)」< 古英語 loc(a) 'lock「閘門」'. ▶JOHN Locke (1632–1704; 英国の哲学者; *An Essay Concerning Human Understandings*『人間悟性論』(1690)).

Lockyer /lɔ́kjə/ ロッキヤー: 1221 (le) 姓(<職業). ◆中英語 Lokier (lock, -IER) (原義)「錠前屋」.

Loeb /loʊb/ ローブ: 姓(<あだ名). ◆<ドイツ語 Löb <中高地ドイツ語 Leb(e), Lewe (原義)「ライオン(のように強い人)」(ドイツ語 Löwe). ▶JAMES Loeb (1867–1933; Loeb Classical Library (ギリシャ・ラテンの古典文学対訳叢書)を 1911 年に創刊し, HARVARD 大学に寄付した米国の銀行家・博愛主義者; ドイツ系ユダヤ人).

Lofthouse /lɔ́fthaʊs/ ロフトハウス: 1166 (de) 姓(<イングランド YORKSHIRE の地名). ◆中英語 Lofthus (原義)「ロフトのある家(の住人)」< 古ノルド語 lopthús 'loft-house'.

Loftus /lɔ́ftəs/ ロフタス: 1505 姓. ◆(短縮形)<中英語 Lofthus (⇨ LOFTHOUSE).

Logan /lóʊɡən/ ローガン: 1204 姓・男子名・女子名. ◆中英語 ~ (スコットランド・アイルランド各地の地名; 原義「小窪」)< ゲール語 ~ 'little hollow'. ▶JOSHUA Logan (1908–88; 米国の舞台・映画監督; 映画 *Picnic* (1955)).

Lolita /lɔlíːtə/ ロリータ: 女子名. ◆(指小形)<Lola <(愛称形)< DOLORES. ヒスパニック系の多い米国では人気の女子名だったが, Vladimir Nabokov (1899–1977)の小説 *Lolita* (1955)以降人気は衰えた.

London /lʌ́ndən/ ロンドン: (**1**) 英国の首都. ◆古英語 Lunden < 115–7 (Tacitus)ラテン語 Londinium < *londinos (元は? 人名・部族名; 原義「荒々しい人(たち)」) < 古アイル語 lond 'wild' + -ium (「(住む)場所」の意の接尾辞). Londinium の語源は前ケルト語で, 「(THAMES)川の航行可能な・渡渉不可能な場所」が原義とする説が出された(Richard Coates, 1998). 今の Lon- の o は m, n, u, w の前(後)で u を区別するための綴り字上の便法の一例. (**2**) a988 姓. ◆古英語 Lunden <(1). (**3**)米国 TEXAS 州の地名. ◆<(1). 入植者の命名.

London Bridge /lʌ̀ndən brídʒ/ ロンドンブリッジ: 963–75 the City と THAMES 川南岸地区を結ぶ橋. ◆古英語 Lundene brigce. 元の木造の橋は c1176–1209 年に住居や店が並ぶ石造の橋に架け変えられた. 17 世紀のナーサリーライムで歌われている "London Bridge is falling down" は市内を占拠していた Viking を混乱させるために ETHELRED 王らが落とした 1014 年の出来事への言

Londonderry

及と言われている.

Londonderry /lʌ́ndəndèri/ ロンドンデリー: ⇨ DERRY.

Long /lɔŋ/ ロング: 1121–48 姓. ♦中英語 ～ < 古英語 long, lang 'tall, long'. あだ名の「のっぽ」から. 中・南部英語に多い. 北部・スコットランド英語では LANG(E)が多い. n の前で a / o の対比を持つ語はほかに STRANG / STRONG など. 同類にフランス借入語 grand による「のっぽ」のあだ名に由来する GRANT もある.

Long Beach /lɔ̀ŋ bíːtʃ/ ロングビーチ: 米国 CALIFORNIA 州のリゾート. ♦建設者の名を取った Willmore City を 1888 年に 13.5 km に及ぶ海岸線にちなみ改名.

Longfellow /lɔ́ŋfèlou/ ロングフェロー: 1475 姓. ♦< long + fellow. あだ名「のっぽ野郎」に由来する. 初出年は比較的新しい. ▶HENRY Wadsworth Longfellow (1807–82; 米国の詩人; *Evangeline* (1847)).

Longines /lɔ́ndʒiːn, 米 lɑːndʒíːn/ ロンジン: 1866 スイス Longines 社の時計の商標. ♦<フランス語 Les Longines (原義「長細い土地」; 創業者の Ernest Francillon が工場を建てたスイスの St. Imier 近くの地名).

Long Island /lɔ̀ŋ áɪlənd/ ロングアイランド: 米国 NEW YORK 州南東部の島. ♦(英語化) <オランダ語 Lange Eylandt. 長さ 190 km に及ぶ長い島であることから.

Long Life /lɔ̀ŋ láɪf/ ロングライフ: Allied-Lyons 社製のラガー缶ビールの商標. ♦< long life「長寿」. 缶の中身の長持ち・長いサイズ・乾杯の言葉の "Long Life!" などを絡めた命名 (Room).

Longman /lɔ́ŋmən/ ロングマン: 姓. ♦1275 中英語 Langman, ～.「のっぽ男」につけたあだ名から. ▶THOMAS Longman (1699–1755; 1724 年に英国の出版社 Longman を創業した).

Lord /lɔːd/ ロード: 1198 姓. ♦中英語 loverd (1250 年頃から「貴族」の称号) < 古英語 hlāford 'lord'.「領主・貴族」をふざけてまねた人や Lord の召使につけたあだ名から. 称号から姓になった類語に KING, BARON, EARL など.

Lorraine /ləréɪn/ ロレイン: 1333 (de) 姓 (<地名)・女子名. ♦中英語 Lorreyne < (古) フランス語 ～ (フランス北東部のロレーヌ地方) < Lotharingia 'territory of Lothair (人名; ゲルマンの支配者)'. なぜ女子名に用いられるようになったか定かではないが, 米国で 1918 年に高い頻度で用いられたのは第 1 次大戦に参戦した帰還兵がもたらしたからか (Cresswell). 人気のある歌 "Sweet Lorraine" (1928) に用いられているように音調がよい.

Los Angeles /lɔs ǽndʒəliːz, 米 -ləs/ ロスアンジェルス: 米国 CALIFORNIA 州の都市. ♦<スペイン語 ～ (略形) < El Puebro de la Reyna de los Angeles 'The

Town of the Queen of the Angels'. 1846 年に米国の都市になった.

Louis /lúːi(s)/ ルイ(ス): 1166 男子名. ♦中英語 Lowis < 古フランス語 Louis (口語発音) < Clovis, Clouis < ラテン語 Ludovicus, Chlodovicus < 古フランク語 Hlúdwig (原義)「名将」< hlūd 'fame' + wīg 'battle, warrior' (ドイツ語 Ludwig). 中英語期に英語化した同源の LEWIS 参照. 18 代におよぶフランス国王の名 /lúːi/. 愛称形 Lou, Loui. ▶Louis ARMSTRONG.

Louise /luíːz/ ルイーズ: (**1**) 女子名. ♦<フランス語 ～ (LOUIS の女性形). CHARLES II (在位 1660–85)の愛人 Louise de Kérouaille (1649–1734)の名とともに広まった. 愛称形 Lou, Loulou, Lulu. 別形 Louisa. (**2**) 1884 カナダ BRITISH COLUMBIA 州の湖 Lake Louise > 1916 都市. ♦VICTORIA 女王の四女 Louise CAROLINE ALBERTA (カナダ総督 Marquess of Lorne の妻)にちなむ.

Louisiana /luːìːziǽnə/ ルイジアナ: 1812 米国の州(州都 BATON ROUGE). ♦(ラテン語化) < LOUIS + -iana (人名・地名につけて所属・帰属を表すラテン語に由来する接尾辞). フランスの探検家 René-Robert Cavelier が 1682 年 MISSISSIPPI 川流域をフランス領と宣言し, 当時の国王 Louis XIV にちなんで Louisiane (フランス語形)と名付けた. その後, 拡張された広い Louisiana を Napoleon は軍事費調達のために米国に 1500 万ドルで売却した (Louisiana Purchase).

Louisville /lúːivɪl/ ルイヴィル: 1780 米国 KENTUCKY 州の都市. ♦フランス国王 LOUIS XVI (在位 1774–91)にちなむ. 独立戦争時のフランスの援助に感謝して命名. ⇨ -VILLE. ケンタッキーダービーが毎年 5 月第 1 土曜日に開催される.

Love /lʌv/ ラヴ: OE 女子名・男子名・1177 姓. ♦古英語 Lufu 'love' (女子), Lufa (男子).

Loveday /lʌ́vdeɪ/ ラヴデイ: 1205 男子名・女子名. ♦中英語 Luveday (原義)「和解日」(英語訳) < ラテン語 diēs amōris 'day of love'. 今では主に CORNWALL で女子名として用いられている (Cresswell).

Lowell /lóʊəl/ ローエル: 1130 姓. ♦中英語 Luuel, Lowel (原義)「子狼」< アングロフランス語 lovel 'wolf-cub'. ▶AMY Lowell (1874–1925; イマジズムの米国女流詩人; MASSACHUSETTS の名家の流れをくむ).

Lowry, Lowrie /láʊri/ ラウリー: 1332 姓・1467 男子名. ♦中英語 Lowri(e) (愛称形) < LAWRENCE.

Lucas /lúːkəs/ ルーカス: c1150 姓・男子名. ♦中英語 ～ < ラテン語 Lūcās (= ギリシャ語 Loukâs) (略形) < Lūcānus < Lūcānia (イタリア南部の地名). ▶GEORGE Lucas (1944– ; 米国の映画監督・製作者; *Star Wars* シリーズ).

Luce /luːs/ ルース: 1273 女子名・c1230 姓. ♦中英語 ～ < ノルマンフランス語 ～ < ラテン語 Lūcia 'LUCIA'. ▶HENRY S. Luce (1898–1976; 米国の雑誌王;

Lucia

Time, Fortune, Life などの雑誌を創刊した).

Lucia /lúːʃjə/ ルーシア: 女子名. ♦<ラテン語 Lūcia (女性形) < Lūcius (男子名) < lūx 'light'.

Lucinda /luːsíndə/ ルーシンダ: 女子名. ♦< LUCY + -INDA (女子名接尾辞).

Lucky Strike /lʌ́ki stráɪk/ ラッキーストライク: 1856 American Tobacco Company (現 British American Tobacco) 製のタバコの商標. ♦< 'Lucky strike!' (金鉱の発見時に発する「大当たり!」).

Lucy /lúːsi/ ルーシー: 1196–1215 女子名. ♦中英語 Lucia, ～ <ラテン語 Lūcia 'LUCIA'. 愛称形 LUCE, Lu, Lulu. イタリアの SYRACUSE で殉教した St. Lucia (283–304) への崇敬が 12 世紀以降イングランドに広まり女子名として人気があった.

Lufthansa /lúfthænzə/ ルフトハンザ: ドイツの航空会社の商標. ♦<ドイツ語 ～ < Luft 'air' + Hansa「ハンザ同盟」.

Luke /luːk/ (1) ルカ: «新約»『ルカ福音書』などの記者. ♦中英語 Luk(e) <ラテン語 Lūcās 'LUCAS'. St. PAUL の友人・医者. ユダヤ人ではない. (2) ルーク: 1277 姓・男子名. ♦中英語 Luk(e) <(1). ▶Luke Skywalker (映画 *Star Wars* シリーズの主人公).

Lynch /lɪntʃ/ リンチ: 1228 姓. ♦アイル語 ～ <ゲール語 Ó Loingseacháin 'descendant of Loingseach (原義「水夫」)'. ▶JOHN Lynch (1917–99; アイルランドの首相 (1966–73, 77–79)) | Captain WILLIAM Lynch (1742–1820;「私刑」(lynch) を始めた米国の判事と言われてきたが, 実際は同姓の米国の治安判事 Charles Lynch (1736–96) だったようだ) | DAVID Lynch (1946– ; 米国の映画監督; *Blue Velvet* (1986)).

Lyn(n) /lɪn/ リン: (1) 男子名. ♦LLEWELYN の愛称形. (2) 姓・男子名. ♦<ウェールズ語 llyn 'lake'. (3) 女子名. ♦(略) < LINDA, LINDSAY. ▶Lynn REDGRAVE (1943–2010; 英国の女優; 俳優一家の VANESSA の妹).

Lyon(s) /lájən(z)/ ライオン(ズ): 1170 姓. ♦中英語 Leo, Leon, Lyon 'lion' <ラテン語 leō, leōn- ∥ (古) フランス語 lion. ⇨ LEO, -S (父系).「獅子, ライオン」を「勇猛な」人につけたあだ名から. 実際の使用が少なかったのは, この動物を身近に見たことがなかったからだろう. ユダヤ人の姓 Lyons は「ユダの獅子」(『創世記』49:9) に由来するユダヤ民族の象徴としてのライオンから. ▶JOHN Lyons (1932– ; 英国の言語学者).

Lytton /lítn/ リットン: 1175 (de) 姓 (<地名). ♦中英語 ～. LITTON の別形. ▶EDWARD Bulwer-Lytton (1803–73; 英国の貴族・政治家・作家).

M

Maalox /méɪlɔks/ マーロックス: 1949 スイスの製薬会社 Novartis International AG 社の(胃酸過多を抑える)胃薬の商標. ♦<? ma(gnesium) + al(uminum hydr)ox(ide)(薬の成分).

Mabel /méɪbl/ メイベル: 1189 女子名. ♦中英語 Mabella, ～(頭音消失形) < AMABEL.

Mac /mæk/ マック: APPLE Inc. 社の PC の商標. ♦(略形) < MACINTOSH.

Mac-, Mc- /mək-, mæk-/ マック: ゲール語 (Gailic) の父系 'son of' を示す接頭辞. スコットランドの姓に多用される. Mc- は短縮形.

Macallan /məkǽlən/ マッカラン: 1376 姓. ♦スコット語 ～ < ゲール語 Mac Ailín 'Son of ALLAN'. ▶1824 年創業のスコッチウイスキーの醸造所の一つで, その商標.

McAlpine /məkǽlpaɪn/ マックアルパイン: c1260 姓. ♦スコット語 ～ < ゲール語 Mac Ailpein 'Son of Alpin (<? alp「こぶ」; ピクト族の王名でもあった)'.

M(a)cArthur /məkάːθə/ マッカーサー: 1569 姓. ♦スコット語 ～ < ゲール語 Mac Artair 'Son of ARTHUR'. ▶DOUGLAS MacArthur (1880–1964; 米国の陸軍元帥; 日本占領連合国軍(GHQ)最高司令官(1945–51)).

Macaulay, McAulay /məkɔ́ːli/ マコーリー: 1326 姓. ♦スコット語・アイル語 ～ < ゲール語 (1) Mac Amhalghaidh 'Son of Amhalghadh (人名; 語源不詳)'; (2) Mac Amhlaoibh, Mac Amhlaidh 'Son of OLAF'.

Macbeth /məkbéθ/ マクベス: 姓. ♦スコット語 ～ < ゲール語 Mac Beatha 'Son of Bethad (人名; 原義「生命; 宗教者・修道士」)'. ▶SHAKESPEARE 作 *Macbeth* (1606) の主人公.

McCain /məkéɪn/ マケイン: 姓. ♦McKANE の別形.

M(a)cCarthy /məkάːθi/ マッカーシー: 1285 姓. ♦スコット語・アイル語 ～ < ゲール語 Mackarthi < Mac Cárthaigh 'Son of Cárthach (人名; 原義「愛しい」; スコットランドの氏族名・アイルランドの有力家族名)'. ▶JOSEPH McCarthy (1908–57; 米国共和党上院議員; 容共主義者の疑いのあるメディア・映画・政府関係者を追放する「赤狩り」(McCarthyism; 1948–50 年頃)を指導

McCartney

した).

McCartney /məkáːtni/ マッカートニー: 1529 姓. ◆スコット語 〜 <ゲール語 Mac Altaine // アイル語 Mac Artnaigh (別形) < Mac Artan 'Son of Art (人名; 原義「熊・勇士」)'. ▶PAUL McCartney (1942– ; The BEATLES のメンバーの一人).

McCormac /məkɔ́ːmək/ マコーマック: 1132 姓. ◆スコット語・アイル語 〜 <ゲール語 Mac Cormaic 'Son of Cormac (人名; 原義「鴉」)'.

M(a)cDonald /məkdɔ́nəld/ マクドナルド: 1264 姓. ◆スコット語 〜 <ゲール語 Mac Dhómhnuill 'Son of DONALD'. ▶1940 年に RICHARD and MAURICE McDonald 兄弟が創業したハンバーガーレストランチェーン McDonald's Corporation.

M(a)cDowell, McDowall /məkdáʊəl/ マクダウェル: 姓. ◆スコット語・アイル語 〜 <ゲール語 Mac Dubhghaill 'Son of Dubhgall (人名; 原義「黒いよそ者＝金髪のノルウェー人と区別してデンマーク人」). ▶MALCOLM McDowell (1943– ; 英国の映画俳優; *A Clockwork Orange*『時計じかけのオレンジ』(1971)).

MacDuff /məkdʌ́f/ マクダフ: 1264 姓. ◆スコット語・アイル語 〜 <ゲール語 Mac Dhuibh 'Son of Dubh (スコットランドの有力氏族名; 原義「黒い」)'. ▶MacDuff (SHAKESPEARE 作 *Macbeth* (1606)の主要な登場人物; 英国に逃亡, 家族は殺されるが最後に MACBETH に復讐する).

McElwain /mǽklweɪn, məkél-/ マックルウェイン: 姓. ◆スコット語 〜 <ゲール語 Mac Gille Bheathain (原義)「St. Beathan (< beatha「生命; 宗教者・修道士」)の帰依者の息子」. ⇨ MELVIN.

McEnroe /mǽkɪnroʊ/ マッケンロー: 姓. ◆アイル語 〜 <ゲール語 Mac Conchradha 'Son of Conchradha (人名; 原義「猛犬」)'. ▶JOHN McEnroe (1959– ; アイルランド系ドイツ生まれの米国のテニスプレイヤー; US Open (1979, 80, 81, 84), WIMBLEDON (1981, 83, 84)の優勝者).

MacFail /məkféɪl/ マクフェイル: 姓. ◆スコット語 〜 <ゲール語 Mac Phàil 'Son of PAUL'.

McGill /məgíl/ マギル: 1231 姓. ◆スコット語 〜 <ゲール語 Mac an Ghoill 'Son of the Lowlander or stranger'.

M(a)cgregor, McGregor /məgrégə/ マグレガー: 1292 姓. ◆スコット語 〜 <ゲール語 Mac Griogair 'Son of Griogar 'GREGORY". ▶米国のゴルフ用品メーカー MacGregor Golf | EWAN McGregor (1971– ; スコットランド出身の映画俳優; *Trainspotting* (1996)).

McGuire, McGwire /məgwájə/ マグワイアー: 姓. ◆アイル語・スコット語

Mclaughlin

〜＜ゲール語 Mag Uidhir 'Son of Odhar（人名；原義「青白い顔の(人)」）. 元アイルランドの氏族名で, 移民とともにスコットランドに広がった (Dorward). ▶MARK McGwire (1963– ；アメリカンリーグのホームラン王 (1987, 96, 98 (70 本), 99)；引退後, 薬剤の使用を告白).

McIlwaine /mǽklweɪn/ マッキルウェイン：姓. ♦(1) スコット語 〜. MCELWAIN の別形. (2) アイル語 〜＜ゲール語 Mac giolla bháin 'Son of white-haired (one)'.

M(a)cIntosh, Mackintosh /mǽkɪntɔʃ/ マッキントッシュ：(1) 1382 姓. ♦スコット語 〜＜ゲール語 Mac an toisich 'Son of the chieftain'. ▶CHARLES Rennie Mackintosh (1868–1928；スコットランドのアールヌーボーの建築家) | CAMERON Mackintosh (1946– ；ミュージカル *Cats* (1981) などの英国の製作者；父親がスコットランド系). (2) [Macintosh] APPLE Inc. 社の PC の商標. ♦この PC の開発者 Jef Raskin (1943–2005) が自分の好きな林檎の品種 McIntosh (旭) にちなんで命名. 第 1 号機は 1984 年の発売. ⇨ MAC.

M(a)cIntyre /mǽkɪntajə/ マッキンタイアー：1268 姓. ♦スコット語 〜＜ゲール語 Mac an tsaoir 'Son of the carpenter'. ▶DONALD McIntyre (1934– ；ニュージーランド出身のオペラ歌手).

Mack /mæk/ マック：姓・男子名. ♦(1) ＜古ノルド語 Makkr ＜ラテン語 MAGNUS. (2) M(a)c- で始まる語の略形.

McKane, McCain /məkéɪn/ マケイン：姓. ♦スコット語 〜＜ゲール語 Mac Iain 'Son of JOHN'. ▶JOHN McCain (1936– ；2008 年の米国大統領選で民主党の Barack OBAMA に敗れた共和党候補者).

Mackay(e), MacKay(e) /məkáɪ/ マカイ：1098 姓. ♦スコット語 〜＜ゲール語 Mac Aodha 'Son of Aodh（人名；原義「火(の神)」)'.

McKenna /məkénə/ マッケナ：1544 姓. ♦アイル語 〜＜ゲール語 Mac Cionaodha 'Son of Cionaodh（人名；原義「火の神に愛された(人)」)'. アイルランドの氏族名.

M(a)ckenzie /məkénzi/ マッケンジー：1264 姓. ♦スコット語 〜＜ゲール語 Mac Coinnich 'Son of Coinneach（人名；原義「端正な顔立ちの(人)」)'. ▶Sir ALEXANDER Mackenzie (1764–1820；スコットランドの探検家；白人として初めて北米大陸を踏査してカナダで Mackenzie 川を発見した (1789)).

M(a)ckinlay, M(a)cKinley /məkínli/ マッキンリー：姓・地名. ♦スコット語 〜＜ Mac Fionnlaigh 'Son of Fionnlaoch（人名；原義「美戦士」)'. ▶WILLIAM McKinley (1843–1901；暗殺された米国第 25 代大統領 (1897–1901)；米国 ALASKA 州にある北米最高峰 Mount McKinley (6194 m) は彼の名にちなむ).

M(a)cLachlan /məklóxlən, -lóklən/, **Mclaughlin** /məklóxlɪn, -lóklɪn/ マクラ

MacLean

クラン: 姓. ♦スコット語 〜＜ゲール語 Mac Lachlainn 'Son of Lachlann（人名; 原義「よそ者」）'. スコットランドの有力氏族名. ▶Kyle MacLachlan (1959– ; スコットランド系米国人の映画俳優; *Blue Velvet* (1986)).

MacLean, Maclane, MacLain(e) /məkléɪn, -líːn/ マクレイン, マクリーン: 1436 姓. ♦アイル語・スコット語 〜＜ゲール語 M'Gilleon ＜ Mac Gille Eoin 'Son of the servant of St. JOHN'. ▶Shirley MacLaine (1934– ; 米国の映画女優; *The Apartment*『アパートの鍵貸します』(1960)で ACADEMY 主演女優賞を受賞; WARREN BEATTY の姉; ミドルネームの MacLean を変形して姓に使用, Shirley はアイドル女優 Shirley Temple (1928–) にちなむ).

M(a)cLeish /məklíːʃ/ マクリーシュ: 姓. ♦スコット語 〜＜ゲール語 Mac Gille Íosa 'Son of the servant of JESUS'.

M(a)cleod /məkláʊd/ マクラウド: 1227 姓. ♦スコット語 〜＜ゲール語 Mac Leòid 'Son of Leòd（人名; 原義「醜い（男）」）'. ▶JOHN Macleod (1876–1935; スコットランド生まれのカナダの生理学者; インシュリンを発見 (1921) し, NOBEL 生理学・医学賞 (1923) を受賞).

Macmillan, McMillan /məkmílən/ マクミラン: 1454–87 姓. ♦＜スコット語 〜＜ゲール語 Mac Mhaoláin 'Son of Mhaoláin（人名; 原義「剃髪にした」）'. スコットランドの氏族名. ▶HAROLD Macmillan (1894–1986; 英国の首相 (1957–63); 引退後 Macmillan Publishers Ltd (ARRAN 島出身の兄弟 DANIEL and ALEXANDER Macmillan が 1843 年に創業) の社長になった).

M(a)cNamara /mæknəmáːrə, 米 mæknəmǽrə/ マクナマラ: 1311 姓. ♦アイル語 〜＜ゲール語 Mac Conmara 'Son of Cú Mhara（人名; 原義「海の猟犬」）' ＜ cú 'hound' + muir 'sea''. アイルランドの有力氏族名.

McNeal, McNeil, McNiel /məkníːl/ マクニール: 1289 姓. ♦中英語・アイル語・スコット語 〜＜ゲール語 mac Néill 'Son of NEAL'.

MacPherson /məkfɔ́ːsn/ マクファーソン: c1447 姓. ♦スコット語 〜＜ゲール語 Mac an Phearsain 'Son of the Parson（人名;「教区牧師」）'. ▶JAMES Macpherson (1736–96; 3 世紀ゲールの伝説的勇士・詩人 Ossian 作と称する叙事詩を翻訳出版したスコットランドの文学者).

McQueen /məkwíːn/ マクウィーン: 1271 姓. ♦スコット語 〜＜ゲール語 Mac Shuibhne 'Son of Suibhne（人名; 原義「楽しい（人）」）' *l* Mac Cuinn 'Son of Conn（人名; 原義「首が長い」）'. ▶STEVE McQueen (1930–80; 米国の映画俳優; *The Getaway* (1972)).

M(a)cRae /məkréɪ/ マクレイ: a1200 姓. ♦アイル語・スコット語 〜＜ゲール語 Macraith 'Son of Crath（人名; 原義「優美」）'. ▶CARMEN McRae (1920–94; 米国の女性ジャズシンガー).

Macy /méɪsi/ メイシー: (**1**) 1086 DB 男子名・姓. ◆中英語 Mathiu, Maci (MATTHEW の愛称形). (**2**) 1086 DB (de) 姓. ◆中英語 Masci < 古フランス語 Macey (NORMANDY の地名; 原義「Maccius (人名) の土地」). (**3**) 1086 DB (de) 姓. ◆中英語 Marci < 古フランス語 Marcy (Normandy の地名; 原義「Marcius (人名) の土地」). ▶ROWLAND Hussey Macy (1822–77; 米国の実業家; 米国初の百貨店 Macy's を開いた (1858)).

Madden /mǽdn/ マッデン: 1264 姓. ◆アイル語 〜 < ゲール語 Ó Madáin 'descendant of Madán (人名; 指小形 < madadh 'dog')'. ▶Frederic Madden (1801–73; 英国の古文書学者).

Mad(d)ison /mǽdɪsn/ マディソン: 1426 姓・男子名. ◆中英語 Madyson (1) (別形) < Mathison 'Son of MATTHEW'; (2) < Maddy (MAUD, MAGDALEN の愛称形) + -SON. ▶JAMES Madison (1751–1836; 米国第 4 代大統領 (1809–17); 米国には彼の名にちなむ都市が多数ある).

Madel(e)ine /mǽdəlɪn/ マデリン: 1221 女子名. ◆中英語 〜 < (古) フランス語 Madeleine < 後期ラテン語 (Maria) Magdalēnē 'MAGDALENE'. ▶Madeline STOWE (1958– ; 米国の映画女優).

Madonna /mədɔ́nə/ マドンナ: 女子名. ◆< イタリア語 〜 'My Lady = the Virgin Mary'. 米国では 20 世紀初めから用いられていたが, 歌手の Madonna (1958–) が人気に拍車をかけた.

Magdalen /mǽgdələn/ マグダレン: 女子名. ◆(変形) < MAGDALENE (2). OXFORD 大学 Magdalen College の発音 /mɔ́:dlən/ は転訛による.

Magdalene /mǽgdəlí:ni, mǽgdəli:n/ マグダリーン: (**1**) 《新約》マグダラのマリア. ◆中英語 (Marie) 〜 < 後期ラテン語 (Maria) Magdalēnē < ギリシャ語 (María) Magdalḗnē < アラム語 (地名; 原義「塔の町」). (**2**) 女子名. ◆< (1). CAMBRIDGE 大学 Magdalene College の発音 /mɔ́:dlən/ は転訛による.

Maggie /mǽgi/ マギー: 女子名. ◆MARGARET の愛称形. スコットランドで好まれる. ▶Maggie SMITH (1934– ; 英国の映画女優; 母親はスコットランドの出身).

Magg(s) /mǽg(z)/ マッグ(ズ): 1200 姓・1246 女子名. ◆中英語 Magge (MARGARET の愛称形). ⇨ -s (父系).

Magnus /mǽgnəs/ マグナス: c1114 男子名・姓. ◆中英語 〜 < 古ノルド語 〜 < ラテン語 Magnus 'great'. NORWAY 王 (在位 1035–47)・DENMARK 王 (在位 1042–47) だった Magnus I (1024–47) がシャルル大帝 (Carolus Magnus) に倣って用いた後, 北欧諸王の名になり, スコットランドやデインロー地区にも広がり, MacManus や Manson といった姓も派生させた.

Magson /mǽgsən/ マグソン: 1327 姓. ◆中英語 Maggessone 'MAGG's son'.

Mailer

M　**Mailer** /méɪlə/ メイラー: (**1**) 1160 姓. ◆中英語 Mailer(us)（頭音消失）<amaillur「エナメル細工師」<古フランス語 esmailleur 'enameller'. (**2**) 1296（de) 姓（<スコットランド PERTHSHIRE の地名). ◆中英語 Malere（原義）「禿山」<ゲール語 maol 'bare' + ard 'height'. (**3**) 姓. ◆<古ウェールズ語 Meilyr <*Maglorīx（原義）「首長」. ▶NORMAN Mailer (1923–2007; 米国の作家; *The Naked and the Dead*『裸者と死者』(1948)).

Maine /meɪn/ メイン; 1820 米国北東端の州（州都 AUGUSTA). ◆<フランス語 Le Maine（フランス北西部の旧州・その州都; <? 川名; 原義「大河」). 1604 年フランスの入植地になったときの命名.

Maitland /méɪtlənd/ メイトランド: 1170 姓（あだ名 // 地名). ◆中英語 Maltalant <古フランス語 maltalent「行儀の悪い者・癇癪持ち」// Mautalant（フランスの地名; 原義「無愛想な・痩せた土地」). 語尾は -LAND に同化. ▶Frederic WILLIAM Maitland (1850–1906; 英国の法制史家; *Domesday Book Beyond* (1897)).

Major, Mauger /méɪdʒə/ メイジャー: 1086 DB 男子名 > 1150–60 姓. ◆中英語 Malgeri, Mauger <古フランス語 Maugier <古高地ドイツ語 Madalgār（原義)「槍の・勇敢な顧問官」. ▶JOHN Major (1943–　; 英国保守党党首・首相 (1990–97); MARGARET THATCHER と TONY BLAIR との間の首相).

Makepeace /méɪkpiːs/ メイクピース: 1219 姓（<あだ名). ◆中英語 Makepais (make, peace)（原義）「仲裁者」.

Malcolm /mǽlkəm/ マルカム: 1086 男子名・姓. ◆中英語 Malcolumbe・スコット語〜<ゲール語 Maol Choluim（原義）「St. COLUMBA の帰依者」// maolColumb（原義）「Columb (スコットランド王 4 人の名) に仕える者」. SHAKESPEARE 作 *Macbeth* (1606) で MACBETH を倒し王になる Malcolm I から Malcolm IV までのスコットランド王の名. DUNCAN などとともにスコットランドで人気がある男子名. ▶Malcolm FORBES (1919–90; スコットランド出身の米国人; 父親 B. C. FORBES の創刊した雑誌 *Forbes* の発行者).

Maldon /mɔ́ːldən/ モールドン: 913 イングランド ESSEX 州の町. ◆古英語 Mǽldūne（原義）「十字架のある丘」< mǽl 'cross' + dūn 'hill, -DON'. 991 年 ESSEX の長官 Bryhtnoth の率いる軍が, BLACKWATER 川を船で遡ってきた Viking の侵略軍を迎え撃って, 敗北した古戦場.

Maligne /məlíːn/ マリーン: Canadian Rockies 最大の氷河湖（<川名). ◆<フランス語 maligne「邪悪な・危険な」. 川の形容から.

Malleson /mǽləsən/ マラソン: 1332 姓. ◆中英語 〜（原義）「Mall (MARY の愛称形) の息子」.

Mallet(t) /mǽlət/ マレット: (**1**) 1086 DB 姓. ◆中英語 Malet <古フランス語

Manchester

Malet (愛称的指小形) < Malo < ? ケルト語 megalos 'leader'. 6世紀のウェールズ出身の St. Malo がフランスに宣教した. (**2**) 1219 姓. ♦中英語 Malet (指小形) < Mall (MARY の愛称形). 同類の MOLL, 指小辞の -ET 参照. (**3**) 1230 姓 (< あだ名). ♦中英語 Malait < 古フランス語 maleit「呪われた(奴)」.

Mal(l)ory /mǽləri/ マロリー: 1086 DB 姓 (< あだ名). ♦中英語 Maloret, Mallorei (原義)「不幸な人・不運な人」< 古フランス語 maloret, maloré 'the unfortunate'. ▶Sir THOMAS Malory (c1405–71; 英国の中世後期の作家; *Le Morte D'Arthur*『アーサー王の死』(1470)) | GEORGE Mallory (1886–1924; 英国の登山家; Everest の第3次遠征(1924)で行方不明になり, 1995年にその遺体が発見された).

Malmesbury /mɑ́:mzbəri/ マームズベリ: 685 イングランド WILTSHIRE 州の町. ♦古英語 Maldumesburg (原義)「Maeldub (アイルランドの人名) の砦」. ▶WILLIAM of Malmesbury (c1080–c1143; Malmesbury Abbey の修道士・歴史家; *Gesta Regum Anglorum*『英国王の事績』(1125) などをラテン語で著した).

Malone /məlóʊn/ マローン: 男子名・姓. ♦アイル語 〜 < ゲール語 Ó Maoileoin 'descendant of Maoil Eoin ('Servant of St. John')'. ▶KEMP Malone (1889–1971; 米国の英語英文学者).

Malthus /mǽlθəs/ マルサス: 1297 (atte) 姓 (< 場所). ♦中英語 Malthuse (malt, house) (原義)「麦芽製造所 (の住人)」. ▶THOMAS ROBERT Malthus (1766–1834; 英国の政治経済学者; *An Essay on the Principle of Population* (1798–1826) で人口論を展開した).

Malvern /mɔ́:lvən/ モールヴァン: c1030 イングランド WORCESTERSHIRE の地名. ♦古英語 Mælfern (原義)「禿山」< ケルト語 *meļ 'bare' + *brinn 'hill'. 英国中世の詩人 WILLIAM Langland はその寓意物語詩 *Piers the Plowman* (A-Text 1362) 冒頭で 'on a Maye morninge on Malverne hylles'「五月のある朝モールヴァンの丘で」と歌って, この丘に詩作の霊感を得ている.

-man /mən/「…の国民・住民・職業の人」を意味する複合語第2要素.

Man /mǽn/ [the Isle of 〜] マン島: Irish 海の島. ♦(英語訳) < マンクス語 Ellan Vannin ((属格) < Mannin) 'Island of Mannin (ケルト神の名)'. 英国王室の保護自治領. 現存する世界最古の議会 Tynwald /tínwəld, táin-/ (< 古ノルド語 Þingvöllr 'parliament-field') を持つ.

Manchester /mǽntʃəstə/ マンチェスター: (**1**) 1086 DB イングランド北西部の大商工業都市. ♦中英語 Mamecestre (原義)「(女性の) 胸の形をした城市」< 古ケルト語 Mamucion 'breast-shaped hill'. (**2**) 1) 1810 米国 NEW HAMPSHIRE 州の都市; 2) 1823 米国 CONNECTICUT 州の都市. ♦<(1). 英国の

Manhattan

都市の繁栄振りにあやかった命名.

Manhattan /mænhǽtn/ マンハッタン: NEW YORK のマンハッタン島. ♦<アルゴンキン語 〜（原住民の部族名; 原義「? 島丘」). カクテルの名のもと.

Manitoba /mænɪtóʊbə/ マニトーバ: 1870 カナダ中東部の州 (州都 WINNIPEG). ♦<オジブワ語 Manito-Bah（原義）「霊魂のひしめき合う瀬戸」. Manitoba 湖の瀬戸にある Manitoba 島の岸辺で小石がぶつかり合って立てる音から (Rayburn).

Manning /mǽnɪŋ/ マニング: 1086 DB 姓. ♦中英語 〜<古英語 〜（原義）「男らしい人の子」<mann 'hero, man' + -ING（父系）. ▶ROBERT Manning (or Mannyng) (c1275–c1338; 英国の修道士; *Handlyng Synne*『罪の扱い方』(1303)).

Mansfield /mǽnsfìːld/ マンスフィールド: 1209 (de) 姓 (<NOTTINGHAMSHIRE の地名). ♦中英語 Ma(u)nsfeld, Mamesfeld<Maun, Mam（丘の名; 原義「女性の胸の形をした丘」) + -s（属格) + feld 'field'. ▶KATHERINE Mansfield (1888–1923; *The Garden Party*『園遊会』(1922) のニュージーランド生まれの短編小説家).

Manx /mæŋks/ マンクス（語）・マン島人. ♦（変形）<Manks 'Mannish'「MAN 島の言語・住民」(sk → ks (x) の音位転換) <古ノルド語 Mannisk.

Marble Arch /màːbl áːtʃ/ マーブルアーチ: LONDON の HYDE PARK 北東隅にある門. ♦NELSON 提督の戦勝記念に 1827 年に建てられた大理石 (marble) の凱旋門 (arch).

Marchant /máːtʃənt/ マーチャント: 1202 (le) 姓 (<職業). ♦中英語 Marchand, 〜 'merchant'.

Marcus /máːkəs/ マーカス: 男子名. ♦<ラテン語 〜 'MARK'.

Margaret /máːg(ə)rət/ マーガレット: 1189 女子名. ♦中英語 Margarete<古フランス語 Margarete（フランス語 Marguérite) <ラテン語 Margarīta<ギリシャ語 Margarítēs 'pearl' <? ペルシャ語. St. Margaret of Scotland は 11 世紀後半の Malcolm III の妃で信仰厚く, 貧者を助け, 夫・子どもに義なる生き方を説いた聖女で, スコットランドとイングランドで大いに崇敬され, 女子名 Margaret とその愛称形 Magot, Margot, MEG, MAGGIE などを普及させ, Meg から韻を踏んだ PEG(GY) を派生させた. ▶Margaret MITCHELL ｜ Margaret THATCHER.

Margery, Marjorie /máːdʒəri/ マージョリー: 1219 女子名. ♦中英語 Margeria, Margery(e) <古フランス語 Margerie（愛称形) <Margarete 'MARGARET'. 18–19 世紀に消滅しかかったが, 今では再び一般的. スコットランドでは Marjorie 形がふつう. ▶Margery KEMPE.

Marlborough

Maria /mərí:ə, mərájə/ マリーア, マライア: 女子名. ♦< 後期ラテン語 Maria 'MARY'. 18 世紀に英国ではやり出し, 19 世紀に入っても用いられた. 今日の流行は Maria /mərí:ə/ 名の 'au-pair girl' がイタリア, スペインから来たことと, *West Side Story* (ミュージカル(1957), 映画(1958)) の歌の人気にもよる (Withycombe).

Marian /mǽrjən/ マリアン: 女子名. ♦MARION の別形. 18 世紀に Mary + Ann (最初の二重名) と解され 19 世紀初期まで流行した. ▶Marian ANDERSON.

Marianne /mæriǽn, 米 mèriǽn/ マリアンヌ: 女子名. ♦<フランス語 ～ (指小形) < Marie 'MARY'. ▶Marianne MOORE (1887–1972; 米国の女性詩人).

Marilyn /mǽrılın/ マリリン: 女子名. ♦< MARY + ELLEN, LYN. 18 世紀から記録はあるが, 人気が出たのは, 特に米国では 20 世紀から (Cresswell). ▶Marilyn MONROE (1926–62; 米国の映画女優; *Some Like It Hot*『お熱いのがお好き』(1959); 本名 NORMA Jeane Mortensen (後に BAKER); Monroe は母親の姓).

Marion /mǽrjən/ マリオン: 1379 女子名・男子名 > 姓. ♦<フランス語 ～ (指小形) < Marie 'MARY'. ⇨ -ON. 中英語期以降ずっと人気がある.

Marjorie /má:dʒəri/ マージョリー: 女子名. ♦MARGERY の別形.

Mark(s) /ma:k(s)/ (**1**) [Mark] マルコ: «新約»『マルコ伝』の記者といわれる福音伝道者. (**2**) マーク(ス): 1207 男子名・1148 姓. ♦中英語 Mark(es) <ラテン語 Mārcus (ローマ人の第 1・3 名) < Mārs「軍神マルス」. (**3**) マーク(ス): 1208 姓・男子名. ♦中英語 Merc, Merke (原義)「境界(のそばの住人)」< 古英語 mearc 'boundary, mark'. ⇨ -s (父系). 現代英語では (1) と (2) は融合. (1) は福音書の記者 St. Mark の名でもあるにもかかわらず男子名としての使用はまれであったが, 19 世紀に少し増えた (Withycombe).

Marks & Spencer /mà:ks ənd spénsə/ マークスアンドスペンサー: 1884 英国の百貨店チェーンの商標. ♦< MICHAEL MARKS (1859?–1907; ポーランド(当時, 現在はベラルーシ) からのユダヤ系移民で創業者), THOMAS SPENCER (1852–1905; 共同創業者). 下着類の商標 St Michael は前者から.

Marlboro /má:lbərə/ マールボロ: 1902 Philip Morris International 社のタバコの商標. ♦(略形) < MARLBOROUGH. 元, 工場のあった LONDON の Great Marlborough Street から.

Marlborough /mɔ́:lbərə, 米 má:lbəroʊ/ モールバラ, マールボロ: (**1**) 地名・1086 DB イングランド WILTSHIRE の町. ♦古英語 Merleberge (原義)「リンドウの丘」< meargealla 'gentian' + beorg 'hill, -BOROUGH'. 1642 年内乱で王党派が包囲した. (**2**) c1710 LONDON の街路 Great Marlborough Street・米国 CONNECTICUT 州の町・ニュージーランドの町. ♦BLENHEIM で勝利した将軍

Marlene

JOHN CHURCHILL, 1st Duke of Marlborough (1650–1722)にちなむ.

Marlene /mάːliːn, ドイツ語 mɑːléɪnə/ マーリーン, マレーネ: 女子名. ◆ドイツ生まれの米国の映画女優 Marlene /mɑːléɪnə/ DIETRICH の Marlene は彼女が Maria Magdalena (= MAGDALENE)を縮約して造語した名.

Marlon /mάːlən/ マーロン: 男子名. ◆<フランス語 Marc 'MARK' + -l (< -EL (指小辞) + -ON (指小辞)). 米国の映画俳優 Marlon BRANDO の人気で広まった.

Marlow(e) /mάːloʊ/ マーロウ: 1086 DB (de) 姓 (<イングランド BUCKINGHAMSHIRE の地名). ◆中英語 Merlaue (原義)「干拓地」<古英語 mere 'lake, pool' + lāf 'remains'. CHRISTOPHER Marlowe (1564–93; 英国の劇作家) | PHILIP Marlowe (RAYMOND CHANDLER (1888–1959)の小説に登場する私立探偵).

Marriott /mǽrjət/ マリオット: 1185 姓・1195 女子名. ◆中英語 Mariota (MARY の指小形). ⇨ -OT. ホテルチェーン Marriott International は米国の事業家 J. Willard Marriott (1900–85)が創業したレストランチェーンから発展.

Marsden /mάːzdən/ マーズデン: 1246 (de); 1459 姓 (<イングランド West YORKSHIRE の地名). ◆中英語 Marchesden, ~ (原義)「境谷」<古英語 mercels 'boundary' + denu 'valley'.

Marshal(l) /mάːʃəl/ マーシャル: 1084 姓 (<職業). ◆中英語 Marescal 'marshal' <古フランス語 Mareschal「軍馬頭・馬獣医・蹄鉄屋」. ▶GEORGE Marshall (1880–1959; 米国国務長官 (1947–49) として Marshall Plan を実施し, NOBEL 平和賞 (1953)を受賞).

Martha /mάːθə/ (1) [~ of Bethany] «新約» (ベタニアの)マルタ. ◆中英語 ~ <後期ラテン語 ~ <ギリシャ語 Mártha <アラム語 (原義)「貴婦人」. キリストの訪問中家事で忙しく, 妹の MARIA のように教えを聴けなかった. (2) マーサ: 女子名. ◆< (1). ピューリタンの女性に人気があった. 愛称形 Marthy, Mat, Matty, Patty. ▶Martha GRAHAM (1894–1991; 米国のモダンダンスのパイオニアの一人).

Martina /mɑːtíːnə/ マルティナ: 女子名. ◆ (女性形) < MARTIN. ⇨ -A. 愛称形 TINA, TEENA. ▶Martina Navratilova (1956– ; チェコ出身の米国のテニスプレイヤー; 18 回の Grand Slam 優勝を達成した).

Martin(s) /mάːtɪn(z)/ マーティン(ズ): 1066 男子名 > 1166 姓. ◆中英語 Martin, Martinus < (古)フランス語 Martin ∥ 中世ラテン語 Mārtīnus (指小形) <ラテン語 Mārtius 'of Mars' < Mārs 'MARK'. ⇨ -S (父系). Tours の司教 St. Martin はフランスのみならずイングランドでも人気があり, 12 世紀から宗教改革まではポピュラーな洗礼名だった. 愛称形 Martie, Mart(y).

Marvell /máːvl/ マーヴェル: (**1**) 1275 姓 (<あだ名). ◆中英語 Merveyle (原義)「奇跡・素晴らしい(人)」<古フランス語 merveille 'marvel'. (**2**) 1306 (de) 姓 (<NORMANDY の地名). ◆中英語 Mereville <古フランス語 Merville (原義)「小村」. ▶ANDREW Marvell (1621–78; 英国の風刺詩人).

Mary /méəri/ (**1**) ≪新約≫ 聖母マリア. ◆古英語 Marie, Maria <後期ラテン語 Maria <ギリシャ語 María, Mariám <ヘブライ語 MIRIAM (原義)「待望の子」. ギリシャ語七十人訳聖書では Mariám は Virgin Mary と Lazarus の妹の Mary に, María はその他の Mary に用いられたが, Vulgata のラテン語訳は Mariám の -ám を対格と誤解し, すべての Mary に María を用いた. (**2**) メアリー: 女子名. ◆< (1). Virgin Mary は神聖すぎるとして, その名は用いられなかったが, イングランドでは 12 世紀末の初出以後 3 世紀間増え続け, 指小辞のついた MARION, Mariot (⇨ MARRIOTT) や愛称形の MOLL が生じた. 宗教改革後に廃れ, エリザベス朝にはまれになったが, 17 世紀に復活し始め, 18 世紀中ごろまでに女子の 2 割近くが Mary になった (Withycombe). 愛称形 Maisie, Mamie, Mini, MAY, Mimi, Molly, Polly.

Maryland /méərɪlənd/ メリーランド: 1788 米国の州 (州都 ANNAPOLIS). ◆(Henrietta) MARIA (イングランド王 CHARLES I の王妃) にちなむ.

Mason /méɪsn/ メイスン: c1130 姓 (<職業)・男子名. ◆中英語 Macun, Mas(s)on (原義)「石工」<ノルマンフランス語 Machun <古フランス語 masson 'mason'. 男子名は近年米国で非常に人気がある (Cresswell). 愛称形 Mace. ▶JAMES Mason (1909–84; アイルランド出身の映画俳優; *Odd Man Out*『邪魔者は殺せ』(1947)).

Mason-Dixon Line /méɪsn-díksn laɪn/ メイスン - ディクスン ライン: MARYLAND 州と PENNSYLVANIA 州の境界争いを解決するために, 英国の測量師で天文学者の CHARLES MASON (1728–86) と JEREMIAH DIXON (1733–79) が 1763–67 年に縦横直線的に引いた境界線. 事実上, 米国の南北の文化的境界線にもなった. 米国の作家 THOMAS PYNCHON (1937–) は小説 *Mason & Dixon*『メイスン & ディクスン』(1997) でこの 2 人を取り上げた.

Massachusetts /mæsətʃúːsəts/ マサチューセッツ: 1788 米国の州 (州都 BOSTON). ◆<アルゴンキン語 Massachusett「大丘に(ある村)」< massa 'big' + wadchu 'hill' + set 'at'.

Massey /mǽsi/ マッシー: 姓. ◆MACY の別形.

Math(i)eson /mǽθəsən/ マシソン: 1392 姓. ◆中英語・スコット語 Mathyson (原義) < Mathi (MATTHEW の愛称形) + -s (父系) + -SON.

Matilda /mətíldə/ マチルダ: 1189 女子名. ◆中英語 〜 <古高地ドイツ語 Mahthilda (女性形) < Mahthildis (原義)「強い戦士」< mahti 'might' + hildi

Matthew(s)

'battle'. 愛称形 Mat(ie), Matty, Patty, TILLY, Tillie, Tilda.

Matthew(s) /mǽθju:(z)/ (**1**) [Matthew] マタイ: «新約» 十二使徒の一人. ◆中英語 Matheus, Mathew＜古フランス語 Matheu（フランス語 Mathieu）＜後期ラテン語 Matthaeus＜ギリシャ語 Mathaîos, Matthías＜ヘブライ語（原義）「神の贈物」. (**2**) マシュー（ズ）: 1086 DB 男子名・姓. ◆＜(1). ノルマン人によって持ち込まれて人気になり, 愛称形 MACY, Mat(t), Matty, Mathi, MAYHEW などが生じた.

Maud(e) /mɔ:d/ モード: 1314 女子名. ◆中英語 ～（発音綴り）＜MATILDA. ▶ TENNYSON の長編物語詩 *Maud*（1855）のヒロイン.

Maugham /mɔ:m/ モーム: 1330 姓. ◆中英語 Malghum（地名 Malham（en.wikipedia, s.v. Maugham; 原義「石村」））＜古ノルド語 makigr 'stony, gravelly' + -HAM[1]. ▶SOMERSET Maugham（1874–1965; 英国の作家; *Of Human Bondage*『人間の絆』(1915)).

Maura /mɔ́:rə/ モーラ: 女子名. ◆（英語化）＜アイル語 Maire 'MARY'.

Maureen /mɔ́:ri:n/ モーリン: 女子名. ◆（英語化）＜アイル語 Máirín（愛称形）＜Maire 'MAURA'. ▶Maureen O'HARA.

Maurice /mɔ́rıs, mɔrí:s/ モリス: c1176 男子名＞1252 姓. ◆中英語 ～＜古フランス語 Meurisse（フランス語 ～）＜ラテン語 Mauritius（あだ名; 原義「ムーア人のような, 色の黒い」）＜Maurī「ムーア人」. 東ローマ帝国皇帝 Maurice (c539–602) の名は中英語期に人気があったが, 後に下火. 20 世紀の復活はフランスの歌手・俳優 Maurice Chevalier（1888–1972）の人気に負うところが大きい（Hanks & Hodges）. 愛称形 Mo. MORRIS と二重語. ラテン語 Maurī は西アフリカの国 Mauritania の名祖でもある.

Mauritius /mərı́ʃəs, 米 mɔ:-/ モーリシャス: インド洋南西部にある海浜リゾートの島国・共和国. ◆オランダ総督 Maurice of Nassau（1585–1625）にちなむ. Mauritius は MAURICE のラテン語形.

Maverick /mǽvərık/ マヴェリック: 男子名. ◆自分の牛に焼印を押さなかった Texas の独立独行の牧場主ということになっているが, 実際は有能な弁護士・政治家 SAMUEL Maverick（1803–70）から. TV シリーズ (1957–62)・映画 (1994) *Maverick* の主人公になったギャンブラーの Bret Maverick の影響から米国で増えている（Cresswell）.

Max /mæks/ マックス: 男子名. ◆MAXIMILIAN, MAXWELL の略形. MAXIM の愛称形.

Max Factor /mǽks fǽktə/ マックス ファクター: 1909 米国の化粧品会社の商標. ◆創業者のポーランド移民の米国人 MAXIMILIAN Faktorowicz（1877–1938）の英語名から.

Maxim /mǽksɪm/ マキシム: (**1**)男子名・姓. ♦<ラテン語 Maximus (古代ローマ人の名前の第 3 名(家族名; 例 Gaius Julius Caesar の Caesar (原義)「最も偉大な」)の一つ). ビザンチンの神学者 St. Maxim (c580–662)やロシアの劇作家 Maxim Gorki (1868–1936)の影響でロシアに多い. (**2**)男子名. ♦Maximilian の略形. 愛称形 Max.

Maximilian /mæksɪmíljən/ マクシミリアン: 男子名. ♦<ラテン語 Maximiānus < Maximus 'Maxim'. 神聖ローマ帝国皇帝 Frederick III (1452–93)が長子の名付けに 2 人のローマの将軍 Maxim(us) と (Ae)miliānus から混成した. この名は Habsburg 家や選挙侯に何代かに渡って用いられた.

Maxwell /mǽkswel/ マックスウェル: 1144 スコットランドの地名・1190 姓・男子名. ♦中英語 Makeswell (原義)「Mack(人名)の池」. Tweed 川を遡上する鮭の集まる所.

May /meɪ/ メイ: (**1**) 1274 姓(<あだ名). ♦中英語 mai <(古)フランス語 mai.「五月」を比喩的に「紅顔の美少年・美少女」につけたあだ名から. (**2**)女子名. ♦Mabel, Margaret, Mary の愛称形. ノルマンフランス語 Mahieu 'Mayhew' の愛称形 May に由来する姓もある(Reaney & Wilson).

Mayfair /méɪfeə/ メイフェア: London の一地区. ♦1686 年からそこで開かれた May Fair「五月市」から.

Mayflower /méɪflàʊə/ [the 〜] メイフラワー. ♦(原義)「サンザシ号」. 1620 年 9 月に Pilgrim Fathers (英; 米では Pilgrims とも)を英国 Plymouth から新大陸へ運んだ船.

Mayhew /méɪhju:/ メイヒュー: 12C 男子名・姓. ♦中英語 〜, Maheu <ノルマンフランス語 Mahieu (=古フランス語 Matheu 'Matthew'). 愛称形 May.

Mayo /méɪoʊ/ メイヨー: 現在世界最大級の医療センター Mayo Clinic. ♦1880 年代に Minnesota 州 Rochester に 2 人の息子とともにこのセンターの基礎を築いた米国人医師 William Worrall Mayo (1819–1911)にちなむ. 姓 Mayo は Mayhew の別形.

Mazda /mǽzdə/ (**1**) (アフラ・)マズダー: ゾロアスター教の最高神. ♦<Ahura Mazda <アヴェスタ語 Ahuramazda (原義)「賢王」. (**2**)マツダ: 1984 マツダ社製の自動車の商標. ♦<Matsuda Jujiro (松田重次郎; 同社の前身, 東洋工業社の事実上の創業者)と Ahura Mazda 神の名から.

Mc- ⇨ Mac-.

Meg /meg/ メグ: 女子名. ♦Margaret, Megan の愛称形. 愛称形 Meggie. ▶ Meg Ryan (1961– ; 米国の映画女優).

Megan /mégən, 米 míːgən/ メガン, ミーガン: 女子名. ♦Margaret のウェールズ語の愛称形. 今ではウェールズ以外にも広がっている.

Mel

Mel /mel/ メル: 男子名・女子名. ♦(1) MELVIN, MELANIE など Mel- で始まる名の愛称形. (2) < St. Mél of Adragh (?–488; St. PATRICK とともにアイルランドに布教したという聖者). ▶Mel GIBSON (1956– ; 米国生まれのオーストラリアの映画俳優・監督; 母がアイルランド人で St. Mél of Adragh の帰依者. そのため米国とアイルランドの二重国籍を得ている).

Melanie /mélǝni/ メラニー: mid17C 女子名. ♦<フランス語 Mélanie <ラテン語 Melania <ギリシャ語 mélaina 'black'. 貧者に富を分け与えた5世紀のローマの聖者 St. Melania にちなむ (Cresswell). ▶Melanie GRIFFITH (1957– ; 米国の映画女優; *Working Girl* (1988)).

Melbourne /mélbɔːn/ (1) メルボーン: 地名. 1) 1086 DB イングランド YORKSHIRE の町. ♦中英語 Middelburne (middle, -BURN)（原義）「中流」. 2) 1086 DB イングランド DERBYSHIRE の町. ♦中英語 Milelburne (mill, -burn)（原義）「粉ひき場の小川」. (2) / 豪 mélbən/ メルバン, メルボルン: オーストラリア VICTORIA 州の州都. ♦< 2nd Viscount Melbourne (1779–1848; 英国 Whig 党の政治家・首相 (1834; 1835–41); VICTORIA 女王の顧問). (3) メルボーン: 1431 姓. ♦中英語 Meleburne < (1).

Melchior /mélkiɔː/ メルキオー(ル): 1592 男子名. ♦<ヘブライ語 (キリスト降誕に訪れた東方の三博士の一人; 原義「神・王は光; 光の王」). 18世紀にはアイルランドでよく用いられた.

Melissa /məlísə/ メリッサ: (1) «ギ神» 幼い Zeus の乳母をしたニンフ. (2) 女子名. ♦<ギリシャ語 Mélissa（原義）「蜜蜂」. 18世紀に英国・フランスで用いられた. 愛称形 Lissa, Missie.

Melvill(e) /mélvɪl/ メルヴィル: 1161–63 (de) 姓. ♦(1) 中英語 Melville (スコットランド Midlothian 旧州の地名) <ノルマンフランス語 Malleville (地名; 原義「瘠地村」) < mala 'bad, infertile, mal-' + ville 'settlement, -VILLE'. (2) アイル語 ～<ゲール語 Ó Maoil Mhichíl（原義）「St. MICHAEL の帰依者の息子」. ▶HERMAN Melville (1819–91; 米国の作家; *Moby-Dick*『白鯨』(1851)).

Melvin /mélvɪn/ メルヴィン: 姓. ♦(1) 1550 (変形) < MELVILL(E) (2); (2) スコット語 ～<ゲール語 Mac Gille Bheathain 'MCELWAIN'; (3) アイル語 ～<ゲール語 Ó Maoil Mhín（原義）「St. Mín（原義「優しい(人)」）の帰依者の息子」. 愛称形 Mel. 別形 Melvyn.

Memphis /ménfɪs/ メンフィス: 1826 米国 TENNESSEE 州の都市. ♦古代 Egypt の首都にちなむ. 壮大さを表す異国風な名づけが流行. ILLINOIS 州の Cairo /kéɪroʊ/ (1818) も同様の命名. 米国のロック歌手 ELVIS PRESLEY の生まれ育った都市.

Meryl

Mendes /méndes/**, -dez** /-dez/ メンデス，メンデズ: 姓．◆<ポルトガル語 Mendes∥スペイン語 Mendez 'Son of Mendo (人名; 原義「完全な貢ぎ物」)'．▶SAM Mendes (1965– ; 英国の舞台・映画監督; ポルトガル系).

Mercedes /məséɪdɪz/ マーセデズ，メルセデス: 女子名．◆<スペイン語 (Maria de las) Mercedes '(Mary of) Mercies'. 愛称形 Mercy, SADIE. 高級車 Mercedes-Benz の Mercedes は旧 Daimler 社のパトロン E. Jellinek の娘の名から．この車の名が女子名の人気に影響した(Cresswell).

Mercer /mə́ːsə/ マーサー: 1168 (le) 姓 (<職業). ◆中英語 Mercier, Merchier (原義)「高級服地商」<古フランス語 Mercier, Merchier 'mercer'.

Mercia /mə́ːsjə, -ʃə/ マーシャ: イングランド古代七王国の一つ．◆<中世ラテン語 ～<古英語 M(i)erċe (原義)「境の住民・国」<mearc 'border, mark'.

Meredith /mérədɪθ/ メレディス: 1191 姓・男子名．◆中英語 Meredich<中ウェールズ語 Meredydd, Maredudd<古ウェールズ語 Morgetiud (原義)「豪華王」<morgeti 'splendour' + udd 'lord'．▶GEORGE Meredith (1828–1909; 英国の作家; *The Egoist*『我意の人』(1879)).

Merlin /mə́ːlɪn/ マーリン: 男子名・女子名．◆中英語 ～<古フランス語 ～<ウェールズ語 Myrddin (地名; 原義「砦」). ▶ARTHUR 王に仕える魔法使い．

Merriam /mérjəm/ メリアム: 1296 (de) 姓 (<地名). ◆中英語 Meryham, Merriams (merry, -HAM¹) (イングランド KENT 州の地名; 原義「楽しい・陽気な村」). ▶GEORGE Merriam (1803–80; 弟 CHARLES (1806–87)とともにG. & C. Merriam Company を設立, WEBSTER 系の辞書を出版した).

Merrill /mérəl/ メリル: 姓．◆(イングランド各地の地名; 原義「楽しい丘」) <MERRY + HILL.

Merrill Lynch /mèrəl ríntʃ/ メリルリンチ: 1914 米国の金融総合サービス会社の商標．◆CHARLES E. MERRILL (1885–1956) と EDMUND C. LYNCH (1885–1938)が 1914 年に設立したが, 2009 年 Bank of America に買収された．

Merry /méri/ メリー: 12C (le) 姓 (<あだ名). ◆中英語 Myrie (原義)「陽気な(人)」<古英語 myrġe 'merry'.

Mersey /mə́ːzi/ マーズィ: 1002 イングランド Peak District に発し LIVERPOOL で Irish 海に注ぐ川．◆古英語 Mǣrsē (原義)「境川」<古英語 mǣre 'boundary' + -s (属格) + ēa 'river'. CHESHIRE と旧 LANCASHIRE の境を流れるから．

Mervyn /mə́ːvɪn/ マーヴィン: 男子名．◆(英語化)<ウェールズ語 Merfin (9世紀の王名). ▶Mervyn LEROY (1900–87; 米国の映画監督 *Random Harvest*『心の旅路』(1942)).

Meryl /mérɪl/ メリル: 女子名．◆(別形)<? MURIEL. 最近の造語か. Hanks &

Messenger

Hodges, Cresswell ともに例に米国の映画女優 Meryl Streep を挙げているが，Meryl は芸名で本名は Mary Louise Streep であることから，Mary Louise を1語に短縮した造語とみられる．米国の若いアイスダンス選手 Meryl DAVIS (1987–)の名は Streep の影響であろう．

Messenger /mésndʒə/ メッセンジャー: 1193 (le) 姓(<職業)．◆中英語 Messagier, ～ (原義)「伝令」．

Messiah /məsájə/ (1) メサイア:《キリスト教》救い主イエス．(2) メシア:《ユダヤ教》救世主．◆中英語 Messias <後期ラテン語 Messīās <ギリシャ語 Messíās <ヘブライ語(原義)「油を塗られた者」．⇨ CHRIST.

Miami /maɪǽmi/ マイアミ: 米国 FLORIDA 州南東部の川・都市．◆<マスコギ語(川名; 原義「大河」) ∥ (部族名; 原義「半島の住民」).

Michael /máɪkl/ (1) 《旧約》大天使ミカエル．◆中英語 ～<後期ラテン語 Michāēl <ギリシャ語 Mikhaél <ヘブライ語(原義)「だれぞ神に似給うか?」．神の軍勢の長としてサタンの龍を滅ぼしたため中世では戦う教会のシンボルと兵士の守護聖人になった．8人のビザンチン皇帝の名に用いられた(Hanks & Hodges). (2) マイケル: 男子名．◆<(1). 愛称形 Mike, Mick, Mick(e)y, Mikey, Mich, Midge.

Michaelmas /míklməs/ ミクルマス: a1121–60 ミカエル祭(9月29日)．◆中英語 (Sanct) Michaeles mæsse (MICHAEL + -mas) '(St.) Michael's mass'. 英国の大学の秋季学期の名に Michaelmas term として用いる．

Michigan /míʃɪɡən/ ミシガン: 1837 米国の州(州都 LANSING). ◆<アルゴンキン語(原義)「大湖」．

Microsoft /máɪkroʊsɔft/ マイクロソフト: 米国のコンピュータソフトウェア会社 Microsoft Corporation の商標．◆< micro(computer) + soft(ware). 創業者の BILL GATES と PAUL ALLEN が 1975 年の創業に際して命名．

Mildred /míldrəd/ ミルドレッド: 女子名．◆中英語 ～<古英語 Mildþrȳð (原義)「優しい力」< milde 'mild' + þrȳð 'power'. 8世紀の St. Mildred への崇敬が中世にこの名を広めた．▶S. MAUGHAM の小説 *Of Human Bondage* (1915) のアンチヒロイン．

Miles /maɪlz/ マイルズ: 男子名・姓．◆(1) 中英語 ～<アイル語 Milo, Mylo, ～< Maoileas「イエスに仕える者」．(2) 中英語 Mihel <古フランス語 Mihel (短縮形) < MICHAEL. (3) 中英語 ～<ラテン語 miles 'warrior'. ⇨ -S (父系). ▶Miles DAVIS (1926–91; 米国のジャズトランペッター).

Miller /mílə/ ミラー: 1296 姓(<職業)．◆中英語 Muller (原義「粉屋」; ll の同化形) < 1275 (le) Mulnare, Milner <古英語 mylnere ∥ 古ノルド語 mylnari 'miller'. ARTHUR Miller (1915–2005; 米国の劇作家; *Death of a Salesman*

『セールスマンの死』(1949)).

Millicent /mílɪsənt/ ミリセント: 女子名. ♦<中英語 ~<ノルマンフランス語 ~<(古)フランス語 Melisande<古高地ドイツ語 Amalswint (原義)「力技」. 愛称形 MILLIE, MILLY.

Millie, Milly /míli/ ミリー: 女子名. ♦CAMILLA, EMILY, MILDRED, MILLICENT など mil を含む女子名の愛称形から.

Mill(s) /mɪl(z)/ ミル(ズ): 1200 (de la, atte) 姓(<場所). ♦中英語 Melle, Mille (原義)「水車小屋(のそばの住民)」<古英語 mylen 'mill' (現在の語形の ll は同化による). ⇨ -S(父系). ▶JOHN STUART Mill (1806–73; 功利主義を唱えた英国の経済学者).

Millward /mílwəd/ ミルワード: 1279 (le) (<職業). ♦中英語 Milleward (mill, WARD) (原義)「水車小屋の主人・粉屋」<古英語 mylenweard. ▶ROGER Millward (1947– ; 英国の元ラグビー選手・コーチ; MBE (大英帝国五等勲爵士)).

Milner /mílnə/ ミルナー: 1275 (le) 姓(<職業). ♦中英語 Mulnare, ~ (原義)「粉屋」<古ノルド語 mylnari. MILLER と二重語.

Milton /míltən/ ミルトン: 972 (on, de) 姓(<イングランド各地の地名). ♦古英語 (on) Mylatūne (原義)「中村」<middel 'middle' + -tūn '-TON'). ▶JOHN Milton (1608–74; 英国の詩人; *Paradise Lost*『失楽園』(1667)).

Milwaukee /mɪlwɔ́ːki/ ミルウォーキー: 米国 WISCONSIN 州南東部の商工業都市. ♦<アルゴンキン語(原義)「良き土地」/「川辺の集会場」. MILLER ビール工場があり, HARLEY-DAVIDSON 博物館が 2008 年に開館した.

Minneapolis /mìniǽpəlɪs/ ミネアポリス: 米国 MINNESOTA 州の都市. ♦~ (原義)「滝市」<スー語 Minnehaha 'water-fall' + -POLIS. 隣接する州都 ST. PAUL と双子都市(twin cities)をなす.

Minnesota /mìnɪsóʊtə/ ミネソタ: 1858 米国の州(<川名) (州都 ST. PAUL). ♦<スー語 Minisota (Minnesota River; 原義「白雲色の川・水面」)<mini, minne 'water' + sota 'sky-tinted, somewhat clouded'.

Minogue /mɪnóʊg/ ミノーグ: 姓. ♦アイル語 ~<ゲール語 Ó Muineog 'descendant of Muineog (原義)「小修道士」(指小形)<monach 'monk'. ▶KYLIE Minogue.

Minton /míntən/ ミントン: 1209 姓. ♦中英語 Muneton (イングランド各地の地名; 原義「丘村」)<ウェールズ語 mynydd 'hill' + 古英語 -tūn '-TON'. ▶THOMAS Minton (1765–1836; 英国の陶工; 高級陶磁器会社 Mintons Ltd. の前身 Thomas Minton & Sons を創業(1793)).

Miranda /mɪrǽndə/ ミランダ: 女子名. ♦<ラテン語 mīranda (女性形)<

Miriam

mīrandus「賞賛に値する，すばらしい」. SHAKESPEARE が *The Tempest* (1611) のヒロインの名にラテン語を借入した. 彼の作中人物 CORDELIA, IMOGEN, JULIET などとともに広く用いられている.

Miriam /mírjəm/ ミリアム: 女子名. ♦<ヘブライ語 'MARY'. イングランドでは宗教改革後に洗礼名として用いられるようになりユダヤ人に多い (Withycombe).

Mississippi /mìsɪsípi/ ミシシッピ: 1817 米国の川・州 (州都 JACKSON). ♦<オジブワ語 (原義)「大河」.

Missouri /mɪzúə(ə)ri/ ミズーリ: 1821 米国の州 (州都 JEFFERSON City). ♦<スー語 Ouemessourita (川名 > 部族名; 原義「カヌーを所有している人たち (の川)」).

MIT /èmaɪtíː/ [the ～] エムアイティー: マサチューセッツ工科大学. ♦(頭文字語) < M(ASSACHUSETTS) I(nstitute of) T(echnology). WILLIAM BARTON ROGERS (1804–82) が米国の工業化に対応するために米国 CAMBRIDGE に 1861 年に創立した大学. 2010 年 9 月現在 76 人の NOBEL 賞受賞者を出している.

Mitchell /mítʃəl/ ミッチェル: 1205 姓・1327 男子名. ♦中英語 Michel <古フランス語 Michel <後期ラテン語 Michāēl 'MICHAEL'. ▶ MARGARET Mitchell (1900–49; 米国の作家; *Gone with the Wind*『風と共に去りぬ』(1936)).

Mitcheson /mítʃɪsən/ ミッチソン: 1348 姓. ♦中英語 Micheson < Miche, Michie (MICHAEL の愛称形) + -SON.

Moby Dick /mòʊbi dík/ モービーディック. ♦< Moby「巨大な」+ DICK「奴」. H. MELVILLE の小説 *Moby-Dick*『白鯨』(1851) の AHAB 船長が追いかける鯨.

Moffat(t) /mɔ́fət/ モファット: a1232 (de) 姓 (<地名). ♦スコット語 Mufet, Moffet (スコットランド DUMFRIES 旧州の地名; 原義「長い原」) <ゲール語 magh 'plain' + fada 'long'. ▶ JAMES Moffat (1870–1944; GLASGOW 出身の聖書学者).

Moira /mɔ́ɪrə/ モイラ: 女子名. ♦アイル語・スコット語 ～<ゲール語 Máire 'MARY'. ▶ Moira SHEARER (1926–2006; スコットランド出身のバレリーナ; 映画 *The Red Shoes*『赤い靴』(1948)).

Moll /mɔl/ モル: 1203 姓. ♦中英語 Molle (MARY の愛称形). ▶ D. DEFOE の小説 *Moll Flanders*『モル・フランダーズ一代記』(1722) のヒロイン.

Monica /mɔ́nɪkə/ モニカ: 女子名. ♦St. Augustine of Hippo の母 St. Monica (332–87; 語源不詳) から. 愛称形 Mona.

Monk /mʌŋk/ モンク: c1045 姓. ♦(1) <古英語 munuc 'monk'. 最初は「修道士」の職業名から，次にあだ名からきた姓. (2) (英語化) <アイル語 manach 'monk'. (3) (英語訳) < MINOGUE. ▶ Thelonious Monk (1917–82; 米国の

ジャズピアニスト).

Monks /mʌnks/ モンクス: (1) 1274 (le) 姓 (< 職業). ♦中英語 Monekes (原義)「特定の修道士の(召使)」. 語尾 -es は単数所有格. (2) 1332 (de del) 姓 (< 場所・職業). ♦中英語 Munkes (原義)「修道士たちの居所・修道院の(召使)」. 語尾 -es は複数所有格. Monks の -s は父系の場合もある.

Monmouth /mónməθ/ モンマス: 1086 DB ウェールズ南東部の町. ♦中英語 Monemude (原義)「Monnow 川の河口」(英語訳) < ウェールズ語 Aper Mynwy 'the mouth of the Monnow'. ▶GEOFFREY of Monmouth (c1100–c55; *Historia Regum Brittania* "History of the Kings of Britain" (c1136)を著した当地の学僧).

Monro(e), Munro(e) /mənróʊ/ モンロー: 姓. ♦< ゲール語 Munrotha (北アイルランドの地名; 原義「Roe (原義「赤い川」) 川の河口」). ▶JAMES Monroe (1758–1831; 米国第 5 代大統領 (1817–25); 米国と欧州諸国との相互不干渉主義 (Monroe Doctrine) を唱えた) | MARILYN Monroe は頭韻を踏んだ芸名.

Montagu(e) /móntəgjùː/ モンタギュー: (1) 1086 DB 姓 > 19C 男子名. ♦中英語 Montagu(d) < (古)フランス語 Montaigu (NORMANDY ほかの地名; 原義「針山」) < mont 'mount' + aigu 'pointed'. Normandy の貴族 Baron de Montaigu の名から. (2) 姓 (< あだ名). ♦アイル語 ～ < ゲール語 Mac Taidhg 'Son of Tadhg (原義)「哲学者・詩人」'.

Montana /montǽnə/ モンタナ: (1) 1889 米国の州 (州都 HELENA). ♦< スペイン語 Montaña < ラテン語 Montāna (原義)「山地」(mountain). (2) 男子名・女子名. ♦< (1). 1990 年代以降に用いられ始め, 男子名より女子名に多い (Cresswell).

Montfort /móntfət/ モントフォート: 1086 DB (de) 姓. ♦中英語 ～ < (古)フランス語 ～ (NORMANDY ほかの地名; 原義「城山」) < mont 'mount' + fort 'fort'.

Montgomery /mən(t)gáməri, -góm-/ モン(ト)ゴメリー: 姓・男子名. ♦中英語 Montgomeri < 古フランス語 ～ (地名; 原義「王山」) < mont 'mount' + Gomeric 'powerful man, lord' (ドイツ語人名; 古英語 Gumrīċe). NORMANDY の貴族 Baron de Montgomery の名から. 男子名の使用は, 第 2 次世界大戦で武勲をたてた英国の陸軍元帥 BERNARD Montgomery (1887–1976), 米国の映画俳優 Montgomery CLIFT (1920–66)の人気の影響が大きい. (2)米国 ALABAMA 州の州都. ♦独立戦争時の指揮官 RICHARD Montgomery (1738–75)にちなむ.

Montpelier /mən(t)píːljə, 米 mɑːnt-/ モン(ト)ピーリア: 米国 VERMONT 州の州都. ♦< フランス語 ～ (フランス南部の都市) < 中世ラテン語 Mons pestellarius (原義)「大青(たいせい)の山」. 独立戦争で援助を受けたフランスに感謝してその町の名をつけた.

Montreal

Montreal /mɔntriɔ́:l/ モントリオール: 1575 カナダ南東部 QUEBEC 州最大の都市. ♦< 古フランス語 Mont Réal (原義)「王山」(mount, royal). 町の丘がフランス国王 François I にちなんで Mont Royal と命名されたが, 後に同義の Mont Réal に置き換えられ, これを 1 語にした Montreal が都市名に用いられた.

Monument Valley /mɒ̀njumənt vǽli/ モニュメントヴァリー: UTAH 州と ARIZONA 州にまたがる記念碑 (monument) のように形のよい岩山がそびえる谷間. 西部劇のロケに用いられる.

Mood(e)y /mú:di/ ムーディー: c1100–30 姓. ♦中英語 Modi, Mudy (原義)「大胆な人」< 古英語 mōdiġ 'bold, moody'. ▶JOHN Moody (1868–1958; 債券の格付けを行う Moody's (Investors Service) を 1909 年に創業した).

Moor(e) /mʊə/ ムーア, **More** /mɔ:/ モア: (**1**) 1185 男子名 > 姓. ♦中英語 Morus, 〜 < 古フランス語 Maur < ラテン語 Maurus (人名; 原義「ムーア人」). ⇨ MAURICE, MORRIS. (**2**) 1086 DB (de, del, de la, atte) 姓 (< イングランド各地の地名). ♦中英語 〜, Mora 'moor' (原義)「沼 (のそばの住民)」. ▶ THOMAS More (1478–1535; 英国の政治家; *Utopia* (1516);「首長令」に署名せず HENRY VIII に処刑された) | HENRY Moore (1898–1986; 英国の彫刻家).

Moorhouse /mʊ́əhaʊs/ ムーアハウス: 1180 (de, del, atte) 姓 (< 地名・場所). ♦中英語 Morhouse (原義)「沼地にたつ家」.

Moorman /mʊ́əmən/ ムーアマン: 1287 (le) 姓 (< あだ名). ♦中英語 Morman (原義)「沼地の住民」.

Mor(e)ton /mɔ́:tn/ モートン: 891 イングランド各地の地名. ♦古英語 Mōr-tūn (moor, -TON) (原義)「沼地のそばの村」. ▶COTSWOLDS の Moreton in the Marsh.

Morgan /mɔ́:gən/ モーガン: 1159 男子名・1214 姓. ♦中英語 〜 < 古ウェールズ語 Morcant (王名も含まれる人名; 原義不詳). 王の名を姓とした同類に GRIFFITH, HOWELL, LLEWELLYN, MEREDITH, OWEN など. ▶Sir HENRY Morgan (1635–88; ウェールズ生まれの海賊) | J. P. Morgan (1837–1913; 米国の金融資本家; 1895 年に J. P. Morgan & Company を設立).

Mormon /mɔ́:mən/ モルモン (書・教). ♦モルモン教の経典 *The Book of Mormon* を編纂したとされる 4 世紀の預言者・歴史家. 1823 年米国人 JOSEPH SMITH, Jr. (1805–44) が天使のお告げでこの書の金属板を発掘, 1827 年に英語に翻訳出版し, Mormon 教を創始した. ⇨ SALT LAKE CITY.

Morpeth /mɔ́:pəθ/ モーパス: c1200 イングランド NOTHUMBERLAND 州の州都. ♦中英語 Morthpath, 〜 (原義「殺人が起こった道」) < 古英語 morð 'murder' + pæð 'path'.

Morris /mɔ́rɪs/ モリス: 1297 男子名・姓. ◆中英語 Mauricius, Morys＜ラテン語 Mauritius 'Moorish, dark'＜Maurī 'Moors'.「(ムーア人のように)色黒の」人につけたあだ名から. Morris (＜Morys)はラテン語の卑俗化した語形から. ラテン語に近い語形の MAURICE と二重語. ▶WILLIAM Morris (1834–96; 英国の詩人・美術工芸家; Arts and Crafts 運動を主導した).

Morrison /mɔ́rɪsən/ モリソン: 1379 姓. ◆中英語 Morisson 'Son of MAURICE'.

Mortimer /mɔ́:tɪmə/ モーティマー: 1086 DB (de) 姓 (＜地名). ◆中英語 Mortemer ＜ (古)フランス語 〜 (NORMANDY の地名; 原義「死んだ海・淀んだ池」)＜morte 'dead, stagnant' + mer 'pond, lake, sea'. ウェールズ国境地帯の有力一族の名になる.

Morton /mɔ́:tn/ モートン: 1130 (de) 姓(＜イングランド各地の地名). ◆中英語 Morton(e) (moor, -TON) (原義)「沼村」.

Moses /móʊzəz/ (1) モーセ: «旧約» ユダヤの指導者. ◆古英語 Moyses ＜後期ラテン語 Moysēs ＜ギリシャ語＜Mōusēs ＜ヘブライ語(原義)「? 息子」∥「水から引き上げたもの」. (2) モーゼズ: 男子名. ◆＜(1).

Moss(e) /mɔs/ モス: (1) 1286 (del, atte) 姓 (＜場所). ◆中英語 Mos(se)(原義)「沼地(の住民)」＜古英語 mōs 'morass; moss'(「苔」の意味は後の発達). (2) 1513–68 姓・男子名. ◆中英語 Mosse 'MOSES'. ユダヤ人に多い姓.

Mo(u)lton /móʊltn/ モールトン: c975 姓. ◆古英語 Mūlatūn (mule, -TON)(原義)「? ラバ村」.

Mount Rushmore /màʊnt rʌ́ʃmɔː/ マウントラッシュモア, ラッシュモア山: 米国 SOUTH DAKOTA 州の山. ◆所用で現地を訪れた NEW YORK の弁護士 C. E. Rushmore に山の名を尋ねられた人が冗談に Rushmore と答えたことから. 山肌に WASHINGTON, JEFFERSON, T. ROOSEVELT, LINCOLN の 4 人の大統領の巨大な頭像が 1927–41 年に彫られた.

Mount Vernon /màʊnt vɔ́:nən/ 1743 マウントヴァーノン: 米国 VIRGINIA 州北東部, POTOMAC 河畔にある GEORGE WASHINGTON の晩年の邸宅・墓所. ◆George の義兄 LAWRENCE が英国海軍提督 EDWARD VERNON にちなんで命名.

-mouth /-məθ/「河口・港口」などを意味する地名要素. ◆＜mouth.

Muir /mjʊə/ ミューア: 1291 (de la, en le) 姓 (＜場所). ◆中英語 More, Mure (原義)「沼地の住人」. MOOR のスコット語形. ▶JOHN Muir (1838–1914; スコットランド DUNBAR 出身の米国初期の自然保護運動家; 国立公園法(1899)の成立に寄与した).

Mulcaster /mʌ́lkəstə/ マルカスター: 1219 (de) 姓. ◆中英語 Mulecaster (mule, -CASTER)(原義)「「ラバ」とあだ名のついた人の砦」. ▶RICHARD Mulcaster (c1531–1611; 英国の教育者; ラテン語が学問語の時代に英語も学問語になり

うると説いた).

Mulliner /málɪnə/ マリナー: 1275 姓（＜職業）. ◆中英語 Moliner（原義）「粉屋」＜古フランス語 molinier 'miller'.

Munro(e) /mənróʊ/ モンロー: 姓. ◆MONRO(E) の別形.

Munster /mʌ́nstə/ マンスター: アイルランド南西部の州. ◆＜アイル語 Mumu（部族名）＋古ノルド語 -s（所有格）＋tír 'district'. CLARE², CORK, KERRY, Limerick, Tipperary, Waterford の諸県からなる.

Murdoch /mə́:dək/ マードック: 1086 DB 男子名・1130 姓. ◆中英語・スコット語 Murdoc＜ゲール語 Muireadhach（原義）「水夫」. ▶IRIS Murdoch (1919–99; アイルランド生まれの英国の作家; The Bell『鐘』(1958)).

Muriel /mjʊ́(ə)rjəl/ ミュリエル: 1188 女子名＞1184–88 姓. ◆中英語・スコット語 Miriel, ～＜ゲール語 Muireall（原義）「晴朗な海」＜muir 'sea' + geal 'bright'. 別形 Meryl, Meirill, Meriel. ▶Muriel SPARK (1918–2006; スコットランド出身の作家・詩人; The Prime of Miss Jean Brodie『ミス・ブロウディの青春』(1961)).

Murphy /mə́:fi/ マーフィー: 姓. ◆アイル語＜ゲール語 Ó Murchadha 'descendant of Murchadh (人名; 原義「海兵」)'. ▶EDDIE (＜EDWARD) Murphy (1961– ; 米国の映画俳優; Beverly Hills Cop (1984)).

Murray /mʌ́ri/ マリー: (**1**) 1203 姓. ◆中英語・スコット語 Morauia, Moray（スコットランドの地名; 原義「浜村」）＜古英語 Moreb＜ゲール語 *mori- 'sea' + *treb 'settlement'. ▶JAMES Murray (1837–1915; スコットランド出身の辞書編纂者; The Oxford English Dictionary (1884–1928; 1933)). (**2**) 姓. ◆アイル語＜ゲール語 Mac Giolla Mhuire 'descendant of GILMORE'.

Murrow /mʌ́roʊ/ マロー: 姓（＜場所）. ◆＜Morrowe (moor, row)（原義）「沼地の家並み（の住民）」. ▶EDWARD Murrow (1908–65; 米国のニュースキャスターの草分け).

Murton /mə́:tn/ マートン: 1221 (de); 1375 姓. ◆中英語 Murton(e)（イングランド各地の地名; 原義「沼地のそばの村」）＜古英語 Mōr-tūn 'moor-TON'. MORTON と同語源. ▶Matt (＜MATTHEW) Murton (1981– ; 米国のプロ野球選手; 2009 年に阪神タイガースに入団, 2010 年にシーズン最多安打数 (214本) の新記録を達成).

Mustard /mʌ́stəd/ マスタード: 1191 姓（＜あだ名・職業）. ◆～（原義）「マスタードのように辛辣な口をきく人・マスタード商人」.

N

Nabisco /nəbískoʊ/ ナビスコ: 1901 米国 Kraft Foods Inc. 傘下の Nabisco 社のクッキー・スナック類の商標. ♦(頭文字語)<Na(tional) Bis(cuit) Co(mpany)(旧社名).

Nadal /nədál/ ナダル: 姓. ♦<スペイン語 〜 (人名; 原義「クリスマス」)<ラテン語 natālis '(Christ's) birthday'. NOËL と比較. ⇨ NATALIE. ▶Rafael Nadal /スペイン語 rafaél naðál/ (1986– ; スペインのテニスプレイヤー; 2010 年の US Open に優勝し, 7 人目の career Grand Slam を達成した).

Nader /néɪdə/ ネーダー: 姓. ♦<ドイツ語 Nader (別形)<Näher「仕立て屋・テーラー」<nähen 'to sew'. ▶RALPH Nader (1934– ; 米国の消費者運動家).

Nanaimo /nənáɪmoʊ/ ナナイモ: 1860 カナダ VANCOUVER 島の港町. ♦(近似音綴り)<サリッシュ語 Sne-ny-mo (原義)「大きい・強い部族」.

Nancy /nǽnsi/ ナンシー: 女子名. ♦(異分析)<mine ANNE ‖ ANNA ‖ ANNIS + -Y (愛称的指小辞). もと母音で始まる単語に「私の」を付ける場合 my ではなくて mine を用いた結果, 子音 n が母音側に移り nan- となった(異分析). ▶Nancy REAGAN (1921– ; RONALD REAGAN 大統領夫人) | Nancy WILSON (1937– ; 米国のジャズシンガー).

Naomi /néɪəmi, neɪóʊmi/ ナオミ: «旧約» RUTH の義母 > 17C 女子名. ♦<後期ラテン語 Noemi<ギリシャ語 Nōemín<ヘブライ語(原義)「わが喜び; cf. 喜子」. ▶Naomi WATTS (1968– ; 英国の映画女優; *Mulholland Drive* (2001)).

Napa Valley /nǽpə vǽli/ ナパヴァレー: 米国 SAN FRANCISCO 北東部にある CALIFORNIA Wine の産地. ♦<Napa (? 先住民族名) + valley.

Napier /néɪpjə/ ネイピア: (**1**) 1148 (le) 姓(<職業). ♦中英語 〜 (原義)「テーブルクロス係り」<古フランス語 napier<nappe 'table-cloth'. (**2**) 1856 ニュージーランド北島東部の港町. ♦英国の将軍・インド総督の CHARLES Napier (1782–1853) にちなむ.

Nash /nǽʃ/ ナッシュ: 1296 姓・男子名. ♦中英語 Nasche (異分析)<(at a)n Ash「トネリコの木のそばの(住人)」<古英語 æsċ 'ash'. ▶JOHN Nash (1752–

Nashville

1835; 英国の建築家; BUCKINGHAM Palace, MARBLE ARCH を設計した).

Nashville /nǽʃvɪl/ ナッシュヴィル: 米国 TENNESSEE 州の州都. ♦独立戦争の英雄 FRANCIS NASH 将軍(1742–77)にちなむ. ⇨ -VILLE.

Nat /næt/ ナット: 男子名・女子名. ♦NATHANIEL, NATHAN, NATALIE の愛称形. ▶Nat (< Nathaniel) KING COLE (1919–1965; 米国のジャズピアニスト・シンガー).

Natalie /nǽtəli/ ナタリー: 女子名. ♦<ラテン語 (diēs) nātālis (dominī)「(キリストの)降誕の(日); クリスマス」. 中世ヨーロッパではこのシーズンに生まれた男子に Natalis, 女子に Natalia とつけた. 愛称形 NAT, Nattie, Talia, Tallie. ▶Natalie WOOD.

Natasha /nətǽʃə, 米 -táː-/ ナターシャ: 女子名. ♦<ロシア語 〜. Natasha は Natalia 'NATALIE' の愛称的指小形. 愛称形 Tasha. ブリテン島ではトルストイ作『戦争と平和』(1865–89)の BBC ドラマ(1972)の人気からこのヒロインの名が広まった(Cresswell).

Nathan /néɪθn/ ネイサン: 男子名・姓. ♦<後期ラテン語 〜<ギリシャ語 Náthan<ヘブライ語(DAVID 王をいさめた預言者; 原義「(神の)贈物」). 愛称形 NAT, Nate, Natty. ユダヤ人に多い.

Nathaniel /nəθǽnjəl/ ナサニエル: 男子名. ♦<後期ラテン語 Nathaniēl<ギリシャ語 Nathanaél<ヘブライ語(原義)「神の贈物」. NATHAN とは「神」(el) が明示されている点で異なる. 愛称形 NAT, Nate, Natty. 宗教改革後に一般化した. ▶米国の作家 Nathaniel HAWTHORNE.

Navaho, Navajo /nǽvəhoʊ/ ナヴァホ: 1780 北米最大のインディアン部族. ♦<スペイン語 (Apaches de) Navajó '(People of) Navajó'<タノ語 Navahú (原義)「大農耕地」. Tewe 族の「大農耕地」に侵入したナヴァホ族を指す名になった.

Nayler, -lor /néɪlə/ ネイラー: 1231 (le) 姓(<職業). ♦中英語 〜 (nail, -ER)(原義)「釘作り工」.

NBC /ènbiːsíː/ エヌビーシー: 1926 米国最初のラジオ・テレビネットワーク会社の商標. ♦(頭文字語)<N(ational) B(roadcasting) C(ompany).

Neal, Neil, Niel /niːl/ ニール: 1086 DB 男子名 > 1260 姓. ♦中英語 Neel, Nel(e), Neil<古アイル語 Niall<ゲール語 Niáll (原義「戦士・勇士・勝利者」; cf. 古ノルド語 Njáll (Njál's saga の主人公)). ⇨ O'NEILL. ▶Neil JORDAN (1950– ; アイルランドの映画監督; *The Crying Game* (1992)).

Nebraska /nəbrǽskə/ ネブラスカ: 1863 米国の州(州都 LINCOLN)・川. ♦<オト語 Nebrathka (原義)「平瀬」.

Ned /ned/ ネッド: 男子名. ♦(異分析・略形)<中英語 min EDWARD // EDMUND //

EDWIN // EDGAR. 男子名の前に Min /miːn/ (= My, Mine) をつけて呼んだとき，異分析で Mi Ned- になったため生じた愛称形．⇨ NANCY．

Nell[1] /nel/ ネル：1274 姓．◆中英語 Nel(le) (別形) < NEAL．

Nell[2] /nel/ ネル，**Nellie, Nelly** /néli/ ネリー：女子名．◆ (異分析・略形) < 中英語 min ELEANOR // ELLEN // HELEN．女子名の前に Min /miːn/ (= My, Mine) をつけて呼んだとき，異分析で Mi Nel(l)- になったため生じた愛称形．⇨ NANCY, NED．▶Nelly Furtado /fətáːdoʊ/ (1978– ；カナダのシンガーソングライター)．

Nelson /nélsən/ ネルソン：1324 姓・男子名．◆中英語 Nelleson < NEAL // NELL[1] + -SON．▶Admiral Lord HORATIO Nelson (1758–1805; Trafalgar の海戦の英雄ネルソン提督；南極の Nelson 島，AUSTRALIA の Nelson 岬，1842 年にニュージーランド南島で初の入植が行われた北端の都市 Nelson などすべて彼にちなむ)．

Nescafé /néskæfèɪ/ ネスカフェ：1938 Nestlé S.A. のインスタントコーヒーの商標．◆< Nestlé + フランス語 café 'coffee'．同社は Henri Nestlé (1814–90) が 1866 に創業した．姓 Nestlé はスイスドイツ語の (1) (指小形) < Nast (地名；原義「森(の住人)」) // (職業；原義「樵」); (2) (変形) < Nestel (職業；原義「リボン・紐の作り手」) から．英語 nest, nestle には直接関係がないが，英語の連想から Nestlé 社のロゴには小鳥の巣が描かれているものがある．

Nevada /nəváːdə, 米 nɪvǽdə/ ネヴァダ：1864 米国の州 (州都 CARSON CITY)．◆< スペイン語 ～ (原義)「冠雪した」．Sierra Nevada「雪の山脈」への言及．

Nevill(e) /névɪl/ ネヴィル：1086 DB (de) 姓・17C 初頭 男子名．◆中英語 Neuilla < アングロノルマン語 Néville (NORMANDY の地名；原義「新しい村」)．▶英国の中世文学者 Nevill COGHILL．

New Brunswick /n(j)uː bránzwɪk/ ニューブランズウィック：1784 カナダ南東部の州 (州都 FREDERICKTON)．◆< Brunswick = ドイツ語 Braunschweig (ドイツ中北部の旧公国；英国 Hanover 王家の元)．NOVA SCOTIA から分離．英国王 GEORGE II, Duke of Brunswick にちなむ命名．

Newcastle upon Tyne /n(j)úːkæsl əpən táɪn/ ニューカッスルアポンタイン：イングランド Tyne and Wear 州の州都．◆(原義)「TYNE (原義「流れ・川」) 川のほとりの新城」．上記の発音は地元のもの (Longman)．

Newcomb(e) /n(j)úːkəm/ ニューカム：1175 (le) 姓 (<あだ名)．◆中英語 Neucumen (原義)「新参者」< 古英語 nīwe 'newly' + cumen (過去分詞) 'come'．-b- の追加は地名要素の -co(o)mbe (原義)「峡谷」との連想からか．

New England /n(j)uː íŋglənd/ ニューイングランド：1614 米国北東部の諸州からなる地域．◆ここの提督 JOHN SMITH 船長 (1580–1631) が祖国 ENGLAND に

ちなんで命名. 最初の入植者が MASSACHUSETTS に入植した 1620 年に国王 JAMES I が承認した.

Newfoundland and Labrador /n(j)ùːf(ə)ndlənd ənd lǽbrədɔː/ ニューファンドランドアンドラブラドール: 2001 カナダ東端の新州で島と半島からなる（州都 ST. JOHN'S）. ♦1502 Newfoundland < 1497 Newfound Isle（原義「新発見の島」; イタリア生まれの英国の航海家 JOHN Cabot（c1405–c1499）の命名か）+ 1498 Labrador（原義「地主」; < João Fernandes Lavrador（ポルトガルの探検家で発見者））.

Newgate /n(j)úːɡeɪt/ ニューゲート: 1275 LONDON の街路. ♦中英語 〜（原義）「新門」. ローマ時代に建てられ西から City に入る主要な門だった. Anglo-Saxon 時代は 'Westgates' と呼ばれていたが, その後建て替えられて 'Newgate' になったもの. 悪名高い Newgate Prison があったところ.

New Hampshire /n(j)u: hǽmpʃə/ ニューハンプシャー: 1788 米国の州（州都 CONCORD）. ♦イングランドの HAMPSHIRE から.

New Haven /n(j)u: héɪvn, ――/ ニューヘイヴン: 1638 米国 CONNECTICUT 州の町. ♦（原義）「新港」. 良港のある新植民地を求めてやって来た入植者が見つけた港. YALE University の所在地.

New Jersey /n(j)u: dʒə́ːzi/ ニュージャージー: 1787 米国の州（州都 TRENTON）. ♦Channel 諸島最大の島 Jersey 島から.

Newman /n(j)úːmən/ ニューマン: 1166 (le, the) 姓（<あだ名）. ♦中英語 Nieweman, 〜（new, man）（原義）「新参者・新来者」. ▶J. H. Newman（1801–90; Oxford Movement の指導者）| PAUL Newman（1925–2008; 米国の映画俳優）.

New Mexico /n(j)u: méksɪkoʊ/ ニューメキシコ: 1912 米国の州（州都 SANTA FE）. ♦Mexico: <スペイン語 México<ナワトル語 Mēxihco（原義）「Mēxitli（アステカ族の軍神・守護神）が住み給う所」∥（原義）「月の臍に当たる所」（< Mētztli 'Moon' + xictli 'navel' + -co 'place'; Mexico City の近くの大湖 Texcoco が, 月に見られる兎の形と同じ形をした湖水系の中心になることから; en.wikipedia）. メキシコ・アメリカ戦争で 1848 年までにメキシコ領から米国領になった広大な領土の一部に命名した.

New Orleans /n(j)u: ɔ́ːljənz, n(j)ùː ɔːlíːnz/ ニューオーリンズ: 1718 米国 LOUISIANA 州の港湾都市. ♦（英語化）<フランス語 Nouvelle Orléans. フランス人が故国の Orléans 市とさらには当時故国の摂政だった Duc d'Orléans「オルレアン公」にちなんで命名.

New South Wales /n(j)ùː saʊθ wéɪlz/ ニューサウスウェールズ: オーストラリア南東部の州. ♦Captain COOK が 1770 年に, 海岸線がウェールズ南部のそ

れに似ていることから命名.

Newton /n(j)úːtn/ ニュートン: 1086 DB (de) 姓. ◆中英語 Niwetuna, Neweton (イングランド各地の地名; 原義「新村」; ⇨ -TON). ▶ISAAC Newton (1642–1727; 英国の数学者・物理学者; 万有引力の発見者; 力の単位 newton の名祖).

New York /n(j)uː jɔ́ːk/ ニューヨーク: 1788 米国の州・1664 都市. ◆(置換) <オランダ語 Nieuw Amsterdam. 1664 年英国軍が Nieuw Amsterdam を攻略, New York に変えた. YORK は故国北部の大都市からとったとも考えられるが, CHARLES II がこの植民地をゆだねた Duke of York「ヨーク公」(後の JAMES II) を称えた命名.

New York Times /n(j)ùː jɔːk táimz/ [The ~] ニューヨークタイムズ: 1851 NEW YORK で創刊・発行されているハイブラウな日刊紙.

New Zealand /n(j)uː zíːlənd/ ニュージーランド: 1947 国名. ◆<オランダ語 Nieuw Zeeland 'New Sea-land'. Zeeland はオランダ南西端の州. デンマークの Zealand とは別.

Niagara Falls /naɪǽgərə fɔ́ːlz/ ナイアガラ瀑布. ◆イロコイ語(原義)「頚部にある・頚部で交差した・二つに分かれた土地」. Niagara 川が Goat Island でカナダ側と米国側に分かれて落下するから.

Nicholas /níkələs/ ニコラス: 1086 DB 男子名・1198 姓. ◆中英語 Nic(h)olaus, ~ <(古)フランス語 Nicholas <ラテン語 Nicholaus <ギリシア語 Nīkólāos (原義)「人民に勝利(をもたらす人)」. St. Nicholas は 4 世紀, 古代小アジア南部の都市 Myra の司教で, 子ども・船乗りなどの守護聖人. サンタクロース伝説の人. 中世で最も崇敬された司教の一人(Cresswell). 短縮・愛称形 NICK, COLIN, COLLET. 別形 NICOL, Nichol(l).

Nicholson /níklsən/ ニコルソン: 1443 姓. ◆中英語 Nycholson < NICHOLAS + -SON. ▶JACK Nicholson (1937– ; 米国の俳優; *One Flew Over the Cuckoo's Nest*『カッコーの巣の上で』(1975)).

Nick /nɪk/, **Nicky** /níki/ ニック, ニッキー: 男子名・女子名. ◆NICHOLAS, NICOLA の愛称形.

Nicodemus /nìkədíːməs/ (**1**) ニコデモ: «新約» 裁判でイエスを弁護しその埋葬に立ち会ったパリサイ人. ◆<ギリシャ語 Nikódēmos (原義)「人民に勝利(をもたらす人)」<níkē 'victory' + dêmos 'people'. (**2**) ニコディーモス: 男子名. ◆<(1). 男子名はブリテン島では 17–19 世紀によく用いられた(Cresswell).

Nicol /níkl/ ニコル: 1273 男子名・c1270 姓. ◆中英語 Nicol(e). NICHOLAS の愛称的短縮形で中英語期の口語形.

Nicola /níkələ/ ニコラ: 女子名. ◆(ラテン語化女性形) < NICHOLAS. ⇨ -A.

Nicole /nɪkóʊl/ ニコール: 女子名. ◆<フランス語 ~ (女性形) < NICHOLAS. ▶

Nicole KIDMAN (1967– ；米国生まれのオーストラリアの映画女優；*The Hours*『めぐり合う時間たち』(2002)で ACADEMY 主演女優賞を受賞).

Niel /niːl/ ニール. ♦NEAL の別形.

Nigel /náɪdʒəl/ ナイジェル: 男子名. ♦＜中世ラテン語 Nigellus（ラテン語 niger 'black' の指小形と誤解）＜ノルマンフランス語 Ni(h)el ＜古ノルド語 Njáll ＜古アイル語 Niall 'NEAL'. イングランドとウェールズに多い. ▶Nigel KENNEDY (1956– ；英国のヴァイオリニスト).

Nightingale /náɪtɪŋɡeɪl/ ナイチンゲール: 1170 姓. ♦中英語 nightingale（鼻音化による n の添加）＜古英語 nihtegale.「ナイチンゲール・小夜鳴鳥」を歌の上手な人につけたあだ名から. 鳥の名に由来する姓はほかに FINCH, HAWKE(S), JAY, PARTRIDGE, WILCOX, WREN など. ▶FLORENCE Nightingale (1820–1910; 看護婦養成に功績を残した英国の看護婦).

Nike /náɪki/ (1) ニケ:《ギ神》勝利の女神(《ロ神》VICTORIA). ♦＜ラテン語 ～＜ギリシャ語 Nī́kē 'victory'. (2) ナイキ: 1978 米国のスポーツ用品会社 Nike Inc. の商標. ♦＜(1). swoosh mark (✓)で有名.

Nikon /níkɔn/ ニコン: カメラ・レンズ製造会社 Nikon Corporation の商標. ♦旧社名のローマ字表記 Nippon Kogaku から Ni, ko, n を組み合わせた.

NIVEA /nívjə/ ニベア: 1911 ドイツの Beiersdorf 社のスキンクリーム・ボディケア製品の商標. ♦＜ラテン語 nivea（女性形）＜niveus 'snow-white'.

Nixon, Nickson /níksən/ ニクソン: 1309 姓. ♦＜NICK + -SON. ▶RICHARD Nixon (1913–94; 米国第 37 代大統領(1969–74); WATERGATE 事件で辞任).

Noah /nóʊə/ ノア: (1)《旧約》ユダヤ人の父祖. ♦古英語 Noe＜ラテン語 Nōē＜ギリシャ語 Nôe＜ヘブライ語（原義）「? 憩い・慰め・長生きした」. Noah の語形はヘブライ語から. (2) 男子名. ♦＜(1). ▶Noah WEBSTER (1758–1843; 米国の辞書編纂者).

Noam /nóʊəm, 米 nóʊm/ ノーム: 男子名. ♦＜現代ヘブライ語 ～（原義）「喜び」. ▶Noam CHOMSKY.

Nobel /noʊbél/ ノーベル: 姓. ♦スウェーデン語 ～（略形）＜Nobelius（ラテン語化）＜Nöbbelöv（地名）. ▶ALFRED Nobel (1833–96; スウェーデンの化学者; ダイナマイトの発明・製造により富を得て, Nobel 賞を設ける; 生理学・医学賞, 化学賞, 物理学賞, 文学賞, 平和賞の 5 賞は Nobel が設けたもので, 第 1 回の授与は 1901 年, 経済学賞はスウェーデン中央銀行が 1969 年から Nobel 賞の一つとして授与する).

Noël /nóʊəl/ ノエル: 1130 姓・男子名・女子名. ♦中英語 Nouel＜(古)フランス語 Noël＜ラテン語 (diēs) nātālis (Dominī) '(the day) of birth (of the Lord), Christmas'. クリスマスころに生まれた子につけた. ⇨ NATALIE. ▶英国の劇

Northamptonshire

作家 Noël COWARD.

Nolan /nóʊlən/ ノーラン：姓. ♦アイル語 〜 < ゲール語 Ó Nulláin 'descendant of Nullán（人名；（指小形）< nuall（原義）「名高い・気高い」）'. ▶CHRISTOPHER Nolan（1970–　；英国の映画監督）.

Nora(h) /nɔ́ːrə/ ノーラ：女子名. ♦ELEANOR, HONORA, LEONORA の愛称形. ▶Norah JONES.

Norfolk /nɔ́ːfək/ ノーフォーク：(1) 1086 DB イングランド東部の州（州都 NORWICH）. ♦中英語 Nordfolk (north, folk)（原義）「（East Anglia の）北方民（の領土）」. (2) /nɔ́ːfɔːk/ 米国 VIRGINIA 州南東部の港市・NEBRASKA 州北東部の都市. ♦<(1).

Norma /nɔ́ːmə/ ノーマ：女子名. ♦NORMAN の女性形と考えられているが，イタリアのオペラの題名・ヒロインの Norma が広まったものか. ▶Norma Jeane Mortensen（後に BAKER）（MARILYN MONROE の本名）.

Norman /nɔ́ːmən/ ノーマン：姓 > 男子名・女子名. ♦(1) 1086 DB 中英語 Normannus, 〜 < 古英語 Norðmann (north, man)（原義）「北欧人」. (2) c1216 中英語 Normand < 古フランス語 Normand（原義）「ノルマン人」. ▶Norman MAILER.

Normandy /nɔ́ːməndi/ ノルマンディー：フランス北西部の地方・旧州. ♦<フランス語 Normandie < Normand 'NORMAN' + -ie '-Y'（国名を造る接尾辞）. 911 年以降 Viking が「北から来た人」NORMAN として定住しノルマン公国を造る. 1066 年のノルマン征服により多数のノルマン人がイングランドに定住し母国と交流した.

Norrington /nɔ́rɪŋtn/ ノリントン：1227 (de) 姓 (<イングランド各地の地名). ♦中英語 Norinton, Northington（原義）「村の北側（の住人）・村北」< 古英語 norð in tūne 'north in town'. -in の -ing への変化は一種の音便. ▶ROGER Norrington（1934–　；英国の指揮者）.

Norris /nɔ́rɪs/ ノリス：1148 姓 > 男子名. ♦中英語 Norreis（イングランド各地の地名；原義「北から来た人（の居住地）」）< アングロフランス語 noreis 'northerner'. 男子名は 19 世紀後半によく用いられたが，今はまれ（Cresswell）. ▶FRANK Norris（1870–1902；米国の自然主義作家）.

North /nɔːθ/ ノース：1230 (de) 姓 (<イングランド各地の地名). ♦中英語 〜（原義）「北（から来た人の）村・（村の）北側（の人の住い）」.

Northampton /nɔːθǽm(p)tən/ ノーサンプトン：1165–71 イングランド NORTHAMPTONSHIRE の州都. ♦中英語 Northantona（原義）「北の家付き農場」< 古英語 norð hām tūn (north, -HAM¹, -TON). -p- は挿入.

Northamptonshire /nɔːθǽm(p)tənʃə/ ノーサンプトンシャー：1086 DB イン

North Carolina

グランド中部の州 (州都 NORTHAMPTON). ◆中英語 Northantoneshire. ⇨ NORTHAMPTON, -SHIRE

North Carolina /nɔ́ːθ kærəláɪnə/ ノースカロライナ: 1789 米国の州 (州都 RALEIGH). ◆<ラテン語 Carolina (女性形) < Carolus 'CHARLES'. ⇨ -A. イングランド王 CHARLES I, II にちなむ. 植民地名として North と South に別れたのは 1710 年.

Northcliffe /nɔ́ːθklɪf/ ノースクリフ: 1307 (de, del) 姓. ◆中英語 Northclyf (north, cliff) (原義)「北壁 (の住人)」.

Northcote /nɔ́ːθkət/ ノースコート: 1199 姓 (<イングランド各地の地名). ◆中英語 〜 (north, cot) (原義)「北の小屋 (の住人)」.

North Dakota /nɔ̀ːθ dəkóʊtə/ ノースダコタ: 1889 米国中北部の 39 番目の州 (州都 BISMARCK). ◆Dakota <スー語 (原義)「(スー族間の) 盟友」.

North Downs /nɔ̀ːθ dáʊnz/ [The 〜] ノース ダウンズ: イングランド南部中央 WILTSHIRE, BERKSHIRE, BUCKINGHAMSHIRE を西から東に横断する低い丘陵地帯. ◆⇨ SOUTH DOWNS.

Northrop /nɔ́ːθrəp/ ノースロップ: 1219 (de) 姓・男子名 (<イングランド YORKSHIRE の地名). ◆(r 音位転換) < 中英語 Northorp (north, thorp) (原義)「北農場」. ▶Northrop FRYE.

Northumberland /nɔːθʌ́mbələnd/ ノーサンバーランド: 1130 イングランド北東部の州 (州都 NEWCASTLE UPON TYNE). ◆中英語 〜 < Northhymbre (⇨ NORTHUMBRIA) + '-LAND'. 南部に HADRIAN'S WALL の遺跡がある.

Northumbria /nɔːθʌ́mbrjə/ ノーサンブリア: ANGLO-SAXON 時代の七王国 (Heptarchy) の一つ. ◆中英語 〜 < 古英語 Northhymbre (原義)「HUMBER 川以北の民」+ -IA (領土を示す接尾辞).

Northwest Territories /nɔ̀ːθwest térɪtəriz/ ノースウェストテリトリーズ: 1870 カナダ西部の準州. ◆< North-West Territories. 地理的位置から.

Norton /nɔ́ːtn/ ノートン: 男子名・1086 DB (de) 姓. ◆中英語 〜 (north, -TON) (イングランド各地の地名; 原義「北村」). ▶MARY Norton (1903–92; 英国の児童文学者; *The Borrowers*『床下の小人たち』(1952) で児童文学賞の Carnegie Medal を受賞).

Norway /nɔ́ːweɪ/ ノルウェー: 北欧の王国. ◆<古ノルド語 Norvegr < *Norðverge 'Northern way' (cf. 古英語 Norðweġ).

Norwich /nɔ́rɪdʒ/ ノリッジ: イングランド東部 NORFOLK 州の州都. ◆古英語 Norþwīc (north, -WICH) (原義)「北村」. 大聖堂や East Anglia 大学がある. 米国 CONNECTICUT 州の Norwich の発音は /nɔ́ːwɪtʃ/.

Nottingham /nɒ́tɪŋəm/ ノッティンガム: 9C イングランド NOTTINGHAMSHIRE の

州都．◆古英語 Snottingahām（原義）「Snot（人名；原義不詳）一族の屋敷」< Snot + -inga '-ING' + hām '-HAM¹'．ノルマン語の影響で12世紀に s が消失．1642年に CHARLES I が挙兵して清教徒革命の端緒となったところ．

Nottinghamshire /nɔ́tɪŋəmʃə/ ノッティンガムシャー：11C イングランド中北部の州（州都 NOTTINGHAM）．◆古英語 Snoting(a)hāmsćīr．⇨ NOTTINGHAM, -SHIRE．

Nova Scotia /nòʊvə skóʊʃə/ ノヴァスコシア：カナダ東南部の州（州都 HALIFAX）．◆< 新ラテン語 〜 'New SCOTLAND'．

Nowell /nóʊəl/ ノーエル：1248 姓．◆中英語 Nowel（別形）< NOËL．▶LAURENCE Nowell（c1515–c71；英国最初の ANGLO-SAXON 学者；*Beowulf* 写本を含む Nowell Codex (Cotton Vitellius A. xv) の 16 世紀中頃の所有者）．

Noyce /nɔɪs/ ノイス，**Noyes** /nɔɪz/ ノイズ：姓（< あだ名）．◆中英語 Noe, Noysse < NOAH．語尾の -ce, -es は父系を示す -s の別形．

Nullabor Plain /nʌ́ləbɔː pléɪn/ ナラボー プレーン：オーストラリア Western AUSTRALIA 州南東部の平原．◆Nullabor < ラテン語 nulla 'no' + arbor 'tree'．

Nunavut /núːnəvuːt/ ヌーナヴート：1999 カナダ北部の準州．◆< イヌイット語（原義）「わが土地」．

Nunn /nʌn/ ナン：1155–66 姓（< 職業・あだ名）．◆中英語 Nunne, Nonne（原義）「修道女（のようにおとなしい人）」．女性に用いた場合は職業，男性に用いた場合はあだ名（Reaney & Wilson）．▶TREVOR Nunn（1940– ；英国の舞台・映画監督）．

Nutt /nʌt/ ナット：1181 姓（< あだ名）．◆中英語 Nutte（原義）「堅果(nut)のように頭が丸く顔色が茶色の人」．

O

O'- /oʊ-, ə-/ 父系（descendant of）を示す接頭語. ◆アイル語 〜＜ゲール語 Ó.

Oahu /oʊáːhuː/ オアフ: HAWAII の島. ◆ハワイ語 Oʻahu. 原義は「集いの場」であるとか、ポリネシアの航海者の Hawaiʻ-colag からとかの説がある.

Oak /oʊk/ オーク: 1273 (atte) 姓（＜場所）. ◆中英語 Oke 'oak'（原義）「樫の木（のそばの住人）」

Oakden /óʊkdən/ オークデン, **Ogden** /ɔ́gdən/ オグデン: 1246 (de) 姓（＜イングランド各地の地名）. ◆中英語 Akeden, Aggeden（原義）「樫の木谷」＜古英語 āc 'oak' + denu 'valley'.

Oamaru /ɔ́məruː/ オマルー: ニュージーランド南島の海沿いの町. ◆＜マオリ語 〜（原義）「Maru の居場所 ∥ 避難所」＜o 'place' + a 'of' + maru（人名 ∥「避難」）.

Oates /oʊts/ オーツ: 1086 DB 男子名 ＞ 1213 姓. ◆中英語 Ode(s), 〜＜古フランス語 Ode(s), 〜＜古高地ドイツ語 Odo, OTTO（原義）「富」. ⇨ -s（父系）. ▶ JOHN Oates (1949– ; DARYL HALL とデュオを組んだ米国のシンガーソングライター) | JOYCE CAROL Oates (1938– ; 米国の女流作家).

Obama /oʊbáːmə/ オバマ: 姓（＜あだ名）. ◆ルオ語 (Kenya) 〜（原義）「? 背中の曲がった人」. ▶Barack /bərúːk/ Obama, Jr. (1961– ; 米国第 44 代大統領 (2009–)).

Oban /óʊbən/ オーバン: 1643 スコットランド西部の港町. ◆スコット語 〜＜ゲール語 ò ban（原義）「小さい入り江」.

O'Brian, O'Bryan, O'Brien, O'Bryen /oʊbrájən/ オブライエン: 姓. ◆アイル語 〜＜ゲール語 Ó Briain 'descendant of BRIAN'. ▶EDNA O'Brien (1930– ; アイルランドの作家; *The Country Girls* (1960)).

O'Casey /oʊkéɪsi/ オケーシー: 姓. ◆アイル語 〜＜ゲール語 Ó Cathasaigh 'descendant of Cathasach（人名; 原義「用心深い（人）」)'. ▶SEAN O'Casey (1880–1964; アイルランドの劇作家).

Occam, Ockham /ɔ́kəm/ オッカム: 1327 姓（＜イングランド各地の地名）. ◆中英語 Ocham (OAK, -HAM¹)（原義）「樫村」. ▶WILLIAM of Occam / Ockham

Olaf

(c1288–c1348; 英国中世のスコラ哲学者).

O'Connell /oʊkɔ́nl/ オコンネル: 姓. ♦アイル語 ～ <ゲール語 Ó Conaill 'descendant of Conall (人名; 原義不詳)'. Conall は con (<cú 'hound') + gal 'valour' =「勇敢な猟犬」か. ⇨ CONNELL. ▶DANIEL O'Connell (1775–1847; アイルランド独立運動の指導者).

O'Connor /oʊkɔ́nə/ オコナー: 姓. ♦アイル語 ～ <ゲール語 Ó Conchobhair 'descendant of Conchobhar (原義「猛犬」; 王名でもある)'. この姓の人たちは10世紀の Connaught 王の子孫だと主張. ▶Flannery O'Connor (1925–64; 米国の短編作家).

O'Donnell /oʊdɔ́nl/ オドンネル: 姓. ♦アイル語 ～ <ゲール語 Ó Domhnaill 'descendant of Domhnall'. ⇨ DONALD.

O'Dono(g)hue /oʊdɔ́nəhju:/ オドナヒュー: 姓. ♦アイル語 ～ <ゲール語 Ó Donnchadha 'descendant of Donnchadh'. ⇨ DONO(G)HUE.

O'Donovan /oʊdɔ́nəvən/ オドノヴァン: 姓. ♦アイル語 ～ <ゲール語 Ó Donndubháin 'descendant of Donndubhán'. ⇨ DONOVAN.

Offa's Dyke /ɔ́fəz dáɪk/ オッファズ ダイク: 859 ANGLO-SAXON 時代の MERCIA 王 Offa が8世紀に築いた防壁. ♦古英語 Offan dīc 'Offa's Dyke'. ウェールズとイングランドの境界となっていた. ウェールズ語の Clawdd Offa も同義.

Ogden /ɔ́gdən/ オグデン: 姓. ♦OAKDEN の別形.

Ogilvie /óʊglvi/ オーグルヴィ: a1232 (de) 姓 (<ウェールズの地名). ♦中英語 Oggoluin, Oglevy (原義)「高丘」<古ウェールズ語 ugl 'high' + ban 'hill'.

O'Hara /oʊháːrə/ オハラ: 姓. ♦アイル語 ～ <ゲール語 Ó Eaghra 'descendant of hEaghra (人名; 原義不詳). ▶MAUREEN O'Hara (1920– ; アイルランド出身の映画女優; *The Quiet Man*『静かなる男』(1952) ほかで JOHN WAYNE と共演した).

Ohio /oʊháɪoʊ/ オハイオ: 1803 米国の州 (州都 COLUMBUS). ♦<イロコイ語 (原義)「大河・美川」.

Okanagan /oʊkənáːgən/ オカナーガン: カナダ BRITISH COLUMBIA 州の渓谷・湖・川. ♦<インディアン語 (原義)「? (鮭が遡上する) 終点」. Wine Route として有名な地域.

O'Keeffe /oʊkíːf/ オーキーフ: 姓. ♦<アイル語 Ó Keeffe <ゲール語 Ó Caoimh 'descendant of Caomh (原義「温和な(人)」)'. ▶GEORGIA O'Keeffe (1887–1986; アメリカ近代絵画の先駆者).

Oklahoma /òʊkləhóʊmə/ オクラホマ: 1866 米国の州 (州都 1881 Oklahoma City). ♦<チョクトー語「赤い人々」<okla 'people' + humma 'red'.

Olaf /óʊləf/ オーラフ: 男子名. ♦<古ノルド語 Óláfr, Anleifr (原義)「世

Old Bailey

継」< anu 'ancestor' + leifr 'heir'. NORWAY, SWEDEN, DENMARK の王名.

Old Bailey /òʊld béɪli/ オールドベイリー: 1444 LONDON の街路. ♦中英語 Old Baily (原義)「古い防壁」. bailey は「城の外壁・防壁」. 1774 Central Criminal Court「中央刑事裁判所」がある.

Old(s) /oʊld(z)/ オールド, オールズ: c980 (þe (= the), le) 姓(<あだ名). ♦古英語 Eald 'old' (原義)「(老齢ではなく,同姓の若い人(YOUNG)に対し)年上の人」. ⇨ -s (父系).

Old Vic /òʊld vík/ [the ～] オールドヴィック(座): 1818 LONDON の WATERLOO にある劇場. ♦Princess VICTORIA (後の女王)にちなむ. SHAKESPEARE 劇の上演で有名.

Oliphant /ɔ́lɪfənt/ オリファント: 1141 姓. ♦中英語 Olyfant, Olifaunt <(古フランス語) olifant 'elephant'. 語義由来は: (1)「不恰好な大男」へのあだ名; (2)「象牙商人・細工師」; (3) (del)「象の看板のそばの(住民)」.

Olive /ɔ́lɪv/ オリーヴ: 1202 女子名・姓. ♦中英語 Olyve <ラテン語 olīva 'olive'. 植物名に由来する女子名の中で最もポピュラーなもので, 19 世紀に流行した. 聖書の時代以来, オリーヴの枝が平和の象徴として用いられてきたからか. ⇨ OLIVIA.

Oliver /ɔ́lɪvə/ オリヴァー, **Olivier** /oʊlíviei/ オリヴィエ: 1086 DB 男子名・姓. ♦中英語 Oliverus, Oliv(i)er <古フランス語 Olivier (*La Chanson de Roland*『ローランの歌』の登場人物) <古ノルド語 Óláfr 'OLAF'. 愛称形 Ol(l)ie, Olly, Noll(ie). ▶Oliver Twist (C. DICKENS の同名の小説(1839)の主人公) | LAURENCE Olivier (1907–89; 英国の俳優・監督・演出家;映画 *Hamlet* (1948)).

Olivia /əlívjə/ オリヴィア: 18C 女子名. ♦<イタリア語 ～<ラテン語 olīva 'olive'. Olivia は SHAKESPEARE 作 *Twelfth Night*『十二夜』(1601–2) の登場人物で侯爵に求婚される豊かな女相続人. ▶Olivia Newton-John (1948– ;英国生まれのオーストラリアのポップシンガー).

Olympia /əlímpjə/ オリンピア: (**1**) 1207–15 女子名. ♦<ラテン語 ～ (女性形) < Olympius <ギリシャ語 Ólumpos (オリュンポス;「神々の座」). 中英語 Olimpias はアレキサンダー大王の母の名, ギリシャ語 Olumpiás 'of Olympus' から. (**2**) 米国 WASHINGTON 州の州都. ♦近くの Olympic Mountains にちなむ.

Omaha /óʊməhɑː/ オマハ: 米国 NEBRASKA 州の都市. ♦(先住民の部族名) <スー語 U-Mo'n-Ho'n (原義)「断崖の住人たち ‖ 川を遡行する人たち」.

Omega /óʊmɪɡə, oʊmíːɡə, 米 oʊméɪɡə/ オメガ: 1894 スイスの時計メーカー Omega 社の商標. ♦<ギリシャ語 ô méga 'large or long o' (ギリシャ語アルファベットの最後の文字 Ω). 品質の決定版を意味する.

-on /-ən/ 指小辞. ♦フランス語 ～. ▶ALISON.

O'Neil(l), O'Neal(l), O'Neel /oʊníːl/ オニール: 姓. ♦アイル語 〜 < ゲール語 Ó Néill 'descendant of Niall 'NEIL''. ▶EUGENE O'Neill (1888–1953; 米国の劇作家; NOBEL 文学賞 (1936) を受賞; *Mourning Becomes Electra*『喪服の似合うエレクトラ』(1931)).

Onion(s) /ʌ́njən(z)/ アニアン(ズ): 姓. ♦(1) < ウェールズ語 Einion (原義)「鉄床」 *l* Uniawn (原義)「実直な」. (2) 1279 中英語 Onoiun, Onnyon (原義)「玉葱売り」< (古) フランス語 oignon 'onion'. ⇨ -s (父系). ▶C. T. Onions (1873–1965; *OED* などの英語辞書編纂者).

Ontario /ɔntéərioʊ/ オンタリオ: 1641 カナダ南東部の湖 > 1763 州 (州都 TORONTO). ♦< イロコイ語 Oniatario (原義)「大湖・美しい湖」.

Ophelia /əfíːljə, oʊ-/ オフィーリア: 女子名. ♦? < イタリア語 Ofelia (? ラテン語女性形化) < ギリシア語 Ōphelíā「助け・援助」. Ophelia は SHAKESPEARE 作 *Hamlet* (1600–1) の登場人物. Ofelia はイタリアの詩人 J. Sannazzaro 作 *Arcadia* (1504) の登場人物. 19 世紀に英国とフランスで流行した.

Opie /óʊpi/ オーピー: 姓. ♦< コーンウォール語 Oppy, Obby (愛称形) < OSBORN, Osbert, Osbald (人名). ▶JOHN Opie (1761–1807; コーンウォール生まれの英国の肖像画家) | IONA (1923–) and PETER (1918–82) Opie (英国の伝承童謡の研究家夫妻; *The Oxford Dictionary of Nursery Rhymes* (1959)).

Oppenheimer /ɔ́pənhaɪmə/ オッペンハイマー: 姓. ♦< ドイツ語 〜 'man from Oppenheim (ドイツの地名; 原義「? 沼村」)'. ▶J. ROBERT Oppenheimer (1904–67; 米国の理論物理学者; 原爆の開発者; 父親はドイツ系ユダヤ移民).

Oregon /ɔ́rəgən/ オレゴン: 1859 米国の州 (州都 SALEM). ♦〜 (COLUMBIA 川の元の名) < ? フランス語 Ouragan (原義)「暴風」*l* ? アルゴンキン語 (原義)「美しい川」*l* ? ショーショーニア語 (原義)「西川」.

Oregon Trail /ɔ́rəgən tréɪl/ オレゴントレイル: 米国 MISSOURI 河畔から OREGON 州の COLUMBIA 河畔に至る開拓者・牧夫・探鉱家などが移動に利用した街道. ♦< OREGON + trail.

Orfeo /ɔːféɪoʊ/ オルフェオ: 男子名. ♦< イタリア語 〜 < ラテン語 Orphēus < ギリシャ語 Orpheús < ? 中世英語ロマンスにギリシャ神話のオルフェウス伝説とケルトの妖精伝説を混ぜた *Sir Orfeo* (c1330) がある.

Orkney /ɔ́ːkni/ [the 〜 s, the 〜 Islands] オークニー: 970 スコットランド北部の諸島. ♦古英語 Orkneya (原義)「海豹の諸島」< 古ノルド語 Orkeyjar < orkn 'seal' + eyjar 'islands'.

Orlando /ɔːlǽndoʊ/ オーランド: (1) 男子名. ♦< イタリア語 〜 'ROLAND'. ルネッサンス期にヨーロッパに広く知られたのは, イタリアの叙事詩 *Orland Furioso* (1516–33) の影響であろう. ▶Orlando GIBBONS (1583–1625; 英国の

Or(r)in

作曲家) | Orlando BLOOM (1977– ; 英国の俳優; 名は前者にちなむという).
(2) 1857 米国 FLORIDA 州の都市. ◆戦死した歩哨 Orlando REEVES にちなんだ命名. WALT DISNEY World がある.

Or(r)in /ɔ́rɪn/ オリン: 男子名. ◆＜アイル語 (Saint) Odran /ɔ́:drɪn/ (原義)「青白い(顔色の人)」. St. Odran は St. PATRICK の身代わりになって殉教した. 18世紀以来, 米国で用いられてきた.

Orson /ɔ́:sn/ オーソン: 男子名. ◆＜フランス語 Ourson (原義)「子熊」. ▶Orson WELLES.

Ortiz /ɔ:tí:z/ オーティズ: 姓. ◆＜スペイン語 ～ 'Son of Orti (人名; 原義「幸運」)'.

Orton /ɔ́:tn/ オートン: OE 地名 > 1357 姓. ◆古英語 Ofertune (原義)「高地農場 ‖ 川端農場」＜ufera tūn 'higher farm' ‖ ōfer tūn 'bank farm'. ⇨ -TON. ▶BETH Orton (1970– ; 英国のシンガーソングライター).

Orwell /ɔ́:wel/ オーウェル: (1) 1066 (de) 姓(＜イングランド CAMBRIDGESHIRE の地名). ◆中英語 Ordwelle, Orewell (原義)「尾根端の泉」＜古英語 ord 'point' + wella 'well'. (2) 1314 SUFFOLK 州の川. ◆中英語 Orewell ＜古英語 Ore (川名; 原義不詳) + wella 'stream, well'. ▶GEORGE Orwell (1903–50; 英国の小説家・批評家; *1984* (1949)).

Osama /oʊsá:mə/ オサマ: 男子名. ◆＜アラビア語 ～ (原義)「ライオン」. ▶Osama bin Laden (1957– ; サウジアラビアのテロリスト; アルカイダ (al-Qaeda) を組織した).

Osborn(e) /ɔ́zbɔ:n/ オズボーン: 1086 DB 男子名・1260 姓. ◆中英語 Osbern(us) ＜古ノルド語 Asbiörn (原義)「神熊」. ▶JOHN Osborne (1929–94; 英国の劇作家; *Look Back in Anger*『怒りをこめてふりかえれ』(1956)).

Oscar /ɔ́skə/ オスカー: 1086 DB 男子名. ◆中英語 Oscar(us) ＜古英語 Ōsgār ‖ 古ノルド語 Asgeirr 'god-spear' (原義)「神槍」. ノルマン征服後は長くは残らなかったが, アイルランドで Ossian の息子の名に用いられてから復活. 元は, Viking がアイルランドにもたらした名. ACADEMY 賞の Oscar 像の命名の由来ははっきりしないが, 十字軍の剣を持った騎士像は語源となんらかの関係があるかもしれない. 愛称形 Os, Ossie, Oz, Ozzie. 英国の作家 Oscar WILDE はスウェーデン国王 Oscar II が名づけ親.

Osgood /ɔ́zɡʊd/ オズグッド: 1086 DB 男子名・1213 姓. ◆古英語 Ōsgod, Ōsgot (人名) ＜古ノルド語 Ásgautr (原義)「Gaut 族の神」.

Oswald /ɔ́zwəld/ オズワルド: 1086 DB 男子名 > 1279 姓. ◆中英語 Osuuald ＜古英語 Ōsweald (原義)「統べる神」＜ ōs 'god' + weald 'rule' ‖ 古ノルド語 Ásvaldr (原義)「統べる神」. 7世紀と 10 世紀の ANGLO-SAXON の聖者の

名. 19世紀に Anglo-Saxon 時代の他の人名とともに復活.

Oswell /ɔ́zwel/ オズウェル: 1540 男子名. ♦OSWALD の well との連想による変形.

-ot /-ət/ 指小辞. ♦＜(古)フランス語 ～ ＜後期ラテン語 ～ ＜ラテン語 -et-.

Othello /oʊθéloʊ/ オセロ: SHAKESPEARE 作 *Othello* (1604) の主人公. ♦＜イタリア語 Otello 'on the grave'.

Otis /óʊtɪs/ オーティス: 1086 DB 男子名 ＞ 1275 姓. ♦中英語 Otho, Otes (原義)「富んだ男」＜古フランス語 Otes ＜ (古高地) ドイツ語 OTTO. ▶JAMES Otis (1725–83; 米国独立戦争の英雄)｜Otis Redding (1941–67; 米国のソウルシンガー). 男子名はこの2人の影響で特に米国に多い.

O'Toole /oʊtúːl/ オトゥール: 姓. ♦アイル語 ～ ＜ゲール語 Ó Tuathail 'descendant of Tuathal (原義)「支配民族」'. ▶PETER O'Toole (1932– ; アイルランド出身の英国の舞台・映画俳優; *Lawrence of Arabia* (1962)).

Ottawa /ɔ́təwə/ オタワ: 1857 カナダの首都. ♦＜アルゴンキン語 otaawaa「交易人」.

Otter /ɔ́tə/ オター: 1086 DB 姓. ♦(1)中英語 Other ＜古ノルド語 Óttar (原義)「猛軍・敵軍」＝古英語 Ōhthere 'terrible army'. (2)中英語 Oter ＜古英語 otor 'otter'.「カワウソ」に似た人につけたあだ名あるいはそれを捕る人から.

Otto /ɔ́toʊ/ オットー: 男子名. ♦＜ドイツ語 ～ (原義「富んだ男」; cf. 古英語 ēad 'riches'). ⇨ OTIS. ▶神聖ローマ帝国を築いた Otto the Great (912–73)｜Otto Preminger (1906–86; オーストリア-ハンガリー系の米国の映画監督).

Otway /ɔ́tweɪ/ オットウェイ: 1202 姓. ♦中英語 ～, Otewi ＜古フランス語 Otewi ＜古高地ドイツ語 Otwich (原義)「戦勝」＜ od 'prosperity' + wīg 'war'.

Ouse /uːz/ ウーズ: イングランドの川. ♦古英語 Ūse (原義)「水」. イングランドには主要な Ouse 川が3本ある: 1) 中東部を流れて WASH 湾に注ぐ. 2) 北東部を流れて TRENT 川に合流する. 3) 南東部を流れて英国海峡に注ぐ.

Owen(s) /óʊən(z)/ オーエン(ズ): 男子名・姓. ♦ウェールズ語 ～ (原義)「若武者」. 王名でもある. ⇨ GRIFFITH, HOWELL, LLEWELLYN, MEREDITH. ▶ROBERT Owen (1771–1858; ウェールズの空想的社会主義者)｜Wilfred Owen (1893–1918; 英国の詩人; フランス戦線で戦死した)｜JESSE (＜JAMES) Owens (1913–80; 米国の陸上競技選手).

Oxenholme /ɔ́ksnhoʊm/ オクセンホーム: 1274 イングランド CUMBRIA 州の地名. ♦中英語 Oxinholme (原義)「川中島の牛の放牧場」＜古英語 oxna ((複数属格) ＜ oxa 'ox') + 古ノルド語 holmr 'river-meadow'. 湖水地方への拠点の一つ.

Oxford /ɔ́ksfəd/ オックスフォード: 10C イングランドの大学町. ♦古英語 Ox-

Oxfordshire

naforda（原義）「牡牛たちの渡渉場」< oxena（(複数属格)）< oxa 'ox'）+ -FORD.

Oxfordshire /ɔ́ksfədʃə/ オックスフォードシャー: 11C イングランド中南部の州（州都 OXFORD）. ♦古英語 Oxnafordsċīr. ⇨ OXFORD, -SHIRE.

Oxford Street /ɔ́ksfəd striːt/ オックスフォードストリート: 1718 LONDON 中心部の街路. ♦元は The Road to Oxford (1682), Oxford Road (1720) と呼ばれていた（OXFORD 方面に向かう街道の起点だったので）.

Oz /ɔz/ オズ: 男子名. ♦Os- で始まる男子名の愛称形. 別形 Ozzie. ▶米国の児童文学者 L. FRANK Baum 作 *The (Wonderful) Wizard of Oz*『オズの魔法使い』(1900) に登場する大王.

P

Pacific Ocean /pəsìfɪk óʊʃən/ パシフィックオーシャン: 太平洋. ♦ポルトガルの航海家 Ferdinand Magellan が 1520–21 年に荒れたマゼラン海峡から「太平洋」に出たときに，その穏やかさにちなんで命名したラテン語 Tepre Pācificum 'Peaceful Sea' の英語訳.

Pacino /pətʃíːnoʊ/ パチーノ: 姓. ♦＜イタリア語 ～（指小形）＜ Pace（愛称形）＜ Bonapace（原義）「良き平和」＜ bona 'good' + pace 'peace'. ▶AL Pacino (1940– ; イタリア系米国人の映画俳優; *Scent of a Woman* (1992) で ACADEMY 主演男優賞を受賞).

Paddington /pǽdɪŋtən/ パディントン: 998 LONDON 西部の区域. ♦古英語 ～（原義）「Padda 一族の村」＜ Padda + -ING（部族を示す接尾辞）+ -TON. イングランド南西部・南ウェールズに向かう列車の発着駅 Paddington Station がある.

Paddy /pǽdi/ パディ: 1780 男子名. ♦（転訛・愛称形）＜アイル語 Padraig 'PATRICK'. アイルランド人に多用されることから，イングランドでは 19 世紀以来アイルランド人の軽蔑的総称になった. 同類に SAWNEY, TAFFY.

Page /peɪdʒ/ ペイジ: 1230 姓・男子名. ♦中英語 ～（原義）「小姓」＜（古）フランス語 ～ 'page'. ▶FREDERICK Handley Page (1888–1962; 英国の航空機製造会社 Handley Page Limited を 1909 年に創業した; 第 2 次世界大戦中の Halifax 爆撃機は有名; West Riding of YORKSHIRE の都市 HALIFAX にちなむ命名).

Paine /peɪn/ ペイン: 男子名・姓. ♦PAYNE の別形.

Paisley /péɪzli/ ペーズリ: 1161 スコットランド南西部の都市＞c1199 姓. ♦中英語 Passeleth, Passele（原義）「教会（のある場所）」＜中アイル語 baslec ＜ラテン語 basilica. ペーズリ織の発祥地として有名.

Paley /péɪli/ ペイリ: (**1**) 1249 姓. ♦中英語 Pally (pale, eye)（あだ名; 原義「色の薄い目（の人）」）. (**2**) 1246 (de) 姓（＜イングランド YORKSHIRE, HAMPSHIRE の地名）. ♦中英語 ～＜ノルド語 Palli (pole)（原義「杭で仕切られた林（のそばの住人）」）. (**3**) 姓. ♦＜スラブ語（原義）「酒造家」＜ palit 'to burn' + -ej（名詞を造る接尾辞）. ロシア系ユダヤ人の姓.

Palgrave

Palgrave /pǽlgrèɪv, pɔ́ːl-/ パルグレイヴ, ポールグレイヴ: 1199 姓（イングランド SUFFOLK 州の地名）. ♦中英語 Palegrave (原義)「柱材の採れる林」< 古英語 pāla 'of the poles' + grāf 'glove'. ▶FRANCIS TURNER Palgrave (1824–97; 英国の詩人; 詞華集 *The Golden Treasury* (1861)を編んだ).

Palin /péɪlɪn/ ペイリン: (**1**) 姓 (< 職業). ♦ウェールズ語 〜 < AP Heilyn 'Son of Heilyn (原義)「給仕」'. (**2**) 1086 DB イングランド NORFOLK 州, SUSSEX 州の地名 > 1156–58 (de, of) 姓. ♦中英語 Palling (原義)「Pælli, Pāl (人名; いずれも原義不詳) 一族 (の定住地)」. ⇨ -ING. ▶SARAH Palin (1964– ; 米国 ALASKA 州知事に在任中の 2008 年に共和党の副大統領候補に指名された).

Pall Mall (**1**) /pæl mæl, 以前 pèl mél/ パルマル, ペルメル: 1650 LONDON の TRAFALGAR 広場から St. James Palace にいたるクラブ街. ♦ < pall mall (木球を打って鉄輪をくぐらせる球技). この球戯場があったことから. (**2**) /pɔ́ːl mɔ́ːl, 近時は pèl mél/ ポールモール, ペルメル: 1899 米国のタバコの商標. ♦ < (1). 今は米国内向けには R. J. REYNOLDS Tobacco Co. が, 国外向けには British American Tobacco が製造している. 日本では「ポール・モール」が商品名.

Palmer /pɑ́ːmə/ パーマー: 姓. ♦中英語 〜 < アングロフランス語 palmer ∥ 古フランス語 palmier. 聖地 JERUSALEM 巡礼者が参詣の印に「棕櫚」(palm)の葉・枝で作った十字架を持ち帰ったことから. ▶ARNOLD Palmer (1929– ; 米国のプロゴルファー).

Pamela /pǽmələ/ パメラ: 女子名. ♦ギリシャ語 pán 'all' + méli 'honey' = 'all sweetness'. 英国の詩人 PHILIP SIDNEY (1554–86) が *Arcadia* (1590) で造語した女子名 (Cresswell). 後に SAMUEL RICHARDSON が書簡体小説 *Pamela* (1740)のヒロインの名として使用. HENRY FIELDING の小説 *Joseph Andrews* (1742) で 'a very strange name' と作中人物に言わせているが, 最近は音がいいのか人気がある (Withycombe). ▶Pamela ANDERSON (1967– ; カナダ系米国人の女優).

Pancras /pǽŋkrəs/ パンクラス: 1642 姓. ♦ < ラテン語 Pancratius < ギリシャ語 Pankrátios (人名; 原義「すべてを支配する者・全能者」). St. Pancras of Rome (c289–c304) は 14 歳頃に殉教し, 後に遺物の一部が NORTHUMBRIA に運ばれイングランドでも崇敬された. ⇨ ST. PANCRAS

P&G /pìː ən(d) dʒíː/ ピーアンドジー: 米国 CINCINNATI 市に本社を置く化粧品・洗剤・日用衛生品を扱う多国籍企業の商標. ♦ (頭文字語) < P(rocter) & G(amble Company). 同社は英国移民の WILLIAM PROCTER とアイルランド系米国人の JAMES GAMBLE が 1837 年に創業した.

Paris /pǽrɪs/ パリス: (**1**) 1158 (de) 姓 (< 地名). ♦中英語 〜 (原義)「パリ (から

来た人)」<(古)フランス語 ～. (**2**) 1157–63 姓. ◆中英語 Parisius, ～ <古フランス語 Parisius, ～ (変形) < (St.) PATRICK. ▶MATTHEW Paris (1200?–59; 英国の学僧・歴史家; *Historia Anglorum*『英国民の歴史』(c1253)).

Parker(s) /páːkə(z)/ パーカー(ズ): 1086 DB 姓(<職業). ◆中英語 Parkeres, Parch(i)er (原義)「猟場番・狩猟園管理人」<アングロフランス語 parker ∥ 古フランス語 parchier (park, -er). ⇨ -S (父系). ▶MATTHEW Parker (1504–75; CANTERBURY の大司教で *Anglo-Saxon Chronicle A* など初期写本の収集に努めた) | CHARLIE Parker (1920–55; 米国のジャズアルトサックス奏者; 愛称 'Bird').

Park(es) /paːks/ パーク(ス): 1272 (del, atte) 姓(<場所). ◆中英語 Park(es) (原義)「囲い地・猟場(の住人)」<(古)フランス語 parc 'park'. ⇨ -S (父系). ▶HENRY Parkes (1815–96; 英国生まれのオーストラリアの政治家; "Father of Federation"『連邦化の父』と呼ばれた).

Parkin(s) /páːkɪn(z)/, **Perkin(s)** /pə́ːkɪn(z)/ パーキン(ズ): 1327 姓. ◆中英語 Perkyn(s), Parkyn(es) < Pere, Pier(s) 'PETER'(<古フランス語 Piers)+ -KIN(指小辞) (+ -S(父系)). ⇨ PIERCE, PIERS. ▶ANTHONY Perkins (1932–92; 米国の映画俳優; *Psycho* (1960)).

Parkinson /páːkɪnsən/ パーキンソン: 1379 姓. ◆中英語 Parkynson < PARKIN + -SON. ▶C. NORTHCOTE Parkinson (1909–93; 英国の経済学者;「パーキンソンの法則」(1955, 58)) | JAMES Parkinson (1755–1824; 英国の医師・薬剤師;「パーキンソン病」の症例を 1817 年に初めて報告).

Parnell /paːnél, páːnl/ パーネル: 1249 女子名・1250 姓. ◆中英語 Peronele <ラテン語 Petrōnilla (女性指小形) < Petrōnius (ローマの氏族名). ⇨ -EL (指小辞). 中英語では初め女子名として (St.) PETER の女性形のように用いられ、その後男子にあだ名(女ピーター)のようにつけられて姓になった. ▶CHARLES STEWART Parnell (1846–91; アイルランド独立運動の指導者).

Parr /paː/ パー: (**1**) 1275 姓. ◆中英語 Perre <古フランス語 Perre, Pierre 'PETER'. (**2**) 1284 (de, del) 姓(<イングランド LANCASHIRE の地名). ◆中英語 ～ (原義)「囲い地(の住人)」. ▶CATHERINE Parr (1512–48; HENRY VIII の 6 番目の王妃) | Old Parr (c1483–1635; 152 歳まで生きたという英国の伝説的長寿者; 国王 CHARLES I の計らいで WESTMINSTER 寺院に埋葬され、墓碑銘がある; スコッチウィスキーの Old Parr は彼にちなむ).

Parrott /pǽrət/ パロット: 1246 男子名・1086 DB 姓. ◆中英語 Perot, Peret < Pier 'PETER' + -ET, -OT (指小辞).「駒鳥」(robin; 1549 初出)が男子名の ROBIN からであるのと同様、「オウム」(parot; c1525 初出)も男子名の Parrott からだろう.

Parry

Parry /pǽri/ パリー: 1407 姓. ◆中英語・ウェールズ語 < AP- + HARRY. ▶HUBERT Parry (1848–1918; 英国の作曲家; 国民に親しまれている BLAKE の詩による賛歌 *Jerusalem* を作曲した).

Parson(s) /pá:sn(z)/ パーソン(ズ): (**1**) 1197 (la, le) 姓 (< 職業). ◆中英語 Persun, 〜 (原義)「牧師」< 古フランス語 Persone 'parson'. (**2**) 1323 姓. ◆中英語 Parsones (原義)「牧師の(使用人)」< parson + -s (所有格; servant を略す). (**3**) 1297 (del, ate (= at the)) 姓. ◆中英語 Parson's (原義)「牧師の館(のそばの住人・で働く人)」< parson + -s (所有格; house を略す).

Partridge /pá:trɪdʒ/ パートリッジ: 1176 姓. ◆中英語 pertrich 'partridge' < 古フランス語 perdriz.「イワシャコ(猟鳥)」を「太った人」につけたあだ名から. 現代英語語末の -dge は中英語語末の -ch の有声音化. ⇨ GREENWICH. ▶ERIC Partridge (1894–1979; ニュージーランド生まれの英国の辞書編集者).

Pasadena /pæ̀sədí:nə/ パサディーナ: 1875 米国 CALIFORNIA 州の都市. ◆そこの地形を表す「谷間の王冠」を意味するインディアン語の採取を求められた宣教師が報告した長い4語の同義語の語末の -pa, -sa, -de, -na のみを取り入れた造語.

Paston /pǽstən/ パストン: 1202 (de) 姓(<イングランド各地の地名). ◆中英語 〜 (原義)「溜まり村」< 古英語 *pæsc(e) 'muddy place, pool'. *Paston Letters* (1422–1509)で知られる地主の Paston 家の姓は居住地の NORFOLK の Paston 村から.

Pat /pæt/ パット: 男子名・女子名. ◆PAT(T)RICK, PATRICIA の愛称形. ▶Pat (< Patrick) Metheny /məθí:ni/ (1954– ; 米国のジャズギタリスト).

Pater /péɪtə/ ペイター: 姓. ◆<オランダ語 〜 'father, superior in religious order'.「上位聖職者」のように「いかめしい・もったいぶった」人につけたあだ名から. ▶WALTER Pater (1839–94; 英国の文人・批評家; 評論 *The Renaissance* (1873)).

Patience /péɪʃəns/ ペイシァンス: 女子名. ◆中英語 〜 (原義)「忍」< (古)フランス語 〜 < ラテン語 patientia < patī 'to suffer'. ピューリタンの愛好した女子名. 本来の「苦難」の意味を, 不平も言わず信仰も失わず「忍耐」の意味に転じた.

Paton /péɪtn/, **Patton** /pǽtn/ ペイトン, パットン: 1332 男子名・1230 姓. ◆中英語 Paton (指小形) < PAT. ▶GEORGE S. Patton (1885–1945; 米国の将軍・戦車軍団長; 映画 *Patton*『パットン大戦車軍団』(1970)に描かれる).

Patricia /pətrí:ʃə/ パトリーシア: 女子名. ◆<ラテン語 〜 (女性形) < Patricius 'PATRICK'. ⇨ -IA. 愛称形 PAT, Patsy, Patty, Pattie, Tish(a), Tricia, Trish(a).

Patterson /pǽtəsən/ パターソン: 1446 姓. ◆中英語 Patrison 'Son of PATRICK'.

Peak District

Pat(t)rick /pǽtrɪk/ パトリック: 1175 男子名・1130 姓. ♦中英語 Patricius, Patric < 古アイル語 Pátraicc < ラテン語 Patricius（原義）「（古代ローマの）貴族の一員」< pater 'father'. 愛称形 PAT, PADDY, Patsy. 男子名は 5 世紀のアイルランドの守護聖人 St. Patrick への崇敬で広まったが，始めはイングランド北部やスコットランド西部にとどまり，アイルランドではようやく 1600 年以降に人気のある洗礼名になった（Reaney & Wilson）.

Paul /pɔ:l/ (1) パウロ: ≪新約≫ キリストの使徒. ♦中英語 Pole, Paulus, ～ < ラテン語 Paulus（ローマの家族名; 原義「小さい人」）. St. Paul は最初はキリスト教徒を迫害していたが回心し，異教徒への伝道に生涯をささげ，64 年頃ローマで殉教. (2) ポール: c1260 男子名・1182 姓. ♦ < (1). ▶Paul MCCARTNEY.

Paula /pɔ́:lə/ ポーラ: 女子名. ♦ < ラテン語 ～（女性形）< Paulus 'PAUL'. ⇨ -A.

Paul Bunyan /pɔ̀:l bʌ́njən/ ポール バニヤン: カナダの伝説による樵の巨人. ♦ < PAUL（男子名）+ Bunyan（英語化）< カナダフランス語 Bonyenne 'Good grief, My goodness（驚きの叫び声からつけられた彼のあだ名）'. 1837 年に QUEBEC で起きた英国の植民地支配に対する反乱で，反抗する樵たちの立役者として伝説化された人物（en.wikipedia）.

Paulin /pɔ́:li:n/, **Pauling** /pɔ́:lɪŋ/ ポーリン（グ）: (1) 1086 DB 男子名. ♦中英語 Paulinus < ラテン語 Paulīnus（指小形）< Paulus 'PAUL'. (2) 1169 女子名. ♦中英語 Paulina < ラテン語 Paulīna（女性形）< Paulīnus. ⇨ -ING（父系）. ▶LINUS Pauling (1901–94; NOBEL 化学賞(1954)と平和賞(1962)をダブル受賞した米国の化学者).

Paxton /pǽkstən/ パクストン: 1439 (de) 姓（< イングランド HUNTINGDONSHIRE, CAMBRIDGESHIRE の地名）. ♦中英語 ～（原義）「Pæcc（人名）の村」. 所有格の -s が -x に隠れている. ▶JOSEPH Paxton (1801–65; 英国の建築家; 水晶宮（Crystal Palace）を設計).

Payne, Paine, Payn(s) /peɪn(z)/ ペイン（ズ）: 1086 DB 男子名・1086 姓. ♦中英語 Pagen, Pay(e)n < (古)フランス語 Paien < ラテン語 Pāgānus 'pagan'「異教徒」. ⇨ -S（父系）. まだ洗礼を受けていない子や不信心者につけたあだ名から. 12, 3 世紀にはその意味に頓着せず非常によく用いられた男子名だった（Reaney & Wilson）.

Peacock /pí:kɔk/ ピーコック: 1086 DB 男子名・1194 姓（< あだ名）. ♦中英語 Pecoc < 古英語 *pēacock 'peacock'.「雄の孔雀」のように派手な人につけたあだ名から. ▶THOMAS LOVE Peacock (1785–1866; 英国の作家・詩人; P. B. SHELLEY の友人).

Peak District /pí:k dɪ́strɪkt/ ピークディストリクト: 7C DERBYSHIRE にある PENNINES 南端の高地. ♦古英語 pēcsætna land 'peak dwellers' land'.

Pearce

Pearce /pɪəs/ ピアス: 男子名・姓. ♦PIERCE の別形.

Pearl /pəːl/ パール: 1259 姓・女子名. ♦中英語 Perle＜(古)フランス語 perle 'pearl'. 女子名は 19 世紀に宝石類から造られた一群の女子名の一つ. しかしユダヤ人の名前としてはイディッシュ語 Perle の英語名としてもっと以前から用いられている (Hanks & Hodges). cf. MARGARET. ▶Pearl BUCK (1892–1973; 米国の作家; NOBEL 文学賞 (1938) を受賞; *The Good Earth*『大地』(1931)).

Pears(e) (1) /pɪəz/ ピアズ: 男子名・姓. ♦PIERS, PEARCE の別形. (2) /peəz/ ペアズ: ME 姓(＜職業). ♦中英語 Pere(s) 'pear' (原義)「梨農家・梨屋」. ⇨ -s (父系). (3) /peəz/ ペアズ: 透明石鹸の商標. ♦ANDREWS Pears (1766–1845) が 1789 年に LONDON で製造発売した.

Pearson /píəsn/ ピアソン: 1332 姓. ♦中英語 Piersson 'Son of PIERS, PEARS'.

Peck /pek/ ペック: 1187 姓. ♦中英語 Pecke (原義)「丘・峰」(短音化)＜古英語 *pēac 'peak'. ▶GREGORY Peck (1916–2003; 米国の映画俳優; *To Kill a Mockingbird*『アラバマ物語』(1962) で ACADEMY 賞を受賞).

Peel(e) /piːl/ ピール: 1202 姓(＜あだ名). ♦中英語 Pele, 〜 (原義)「杭・棒(のように細い人)」＜古フランス語 pel 'stake'. (2) 1199 (de, de la) 姓(＜場所). ♦中英語 Pele (原義)「矢来(のそばの住人)」＜古フランス語 pel 'palisade'. ▶ROBERT Peel (1788–1850; 英国首相 (1834–35; 1841–46); 内務大臣 (1829) のとき警察制度を改革したことから, 警察を俗称する bobby (＜Robert), peeler が生じた).

Peg(gy) /pég(i)/ ペッグ, ペギー: 女子名. ♦(韻を踏んだ変形)＜MEG (愛称形)＜MARGARET. 同様の変形例: DICK ← RICK ← RICHARD, BOB ← Rob ← ROBERT; Patty ← Matty ← MARTHA, Polly ← Molly ← MARY. ▶Peggy ASHCROFT (1907–91; 英国の舞台・映画女優).

Peirce /pəːs/ パース: 男子名・姓. ♦PIERCE の別形. ▶CHARLES Peirce (1839–1914; 米国の哲学者; Pragmatism の祖).

Pembroke /pémbrʊk/ ペンブルック: c1150 ウェールズ西南端の港湾都市・PEMBROKESHIRE 旧州の州都. ♦中英語 Pennbro, Pembroch (原義)「最果ての地」＜ウェールズ語 Penfro＜pen 'end' + bro(g) 'land'. イングランド王 HENRY VII (1485–1509) の生まれた中世の城がある.

Pembrokeshire /pémbrʊkʃə/ ペンブルックシャー: ウェールズ南西部の旧州. ♦⇨ PEMBROKE, -SHIRE.

Penelope /pənéləpi/ (1) ペネロペ: 《ギ神》Odysseus の妻. ♦＜ギリシャ語 Pēnelópē (原義)「? 織女」. 20 年に及ぶ夫の不在中, 義父の棺衣を織り終えるまでと言って求婚者から貞節を守り続けた. (2) ペネロピ: 女子名. ♦＜(1). 愛

称形 Pen, Penny.

Penn /pen/ ペン: (**1**) 1176 (de, dela, ate (= at the)) 姓(イングランド各地の地名・場所). ◆中英語 Penne (原義)「家畜檻(のそばの住人)∥丘(の住人)」<古英語 penn 'fold, pen ∥ hill'. (**2**) 1277 姓. ◆中英語 Penne (? 愛称形) <Pernel 'PARNELL'. 男子名は WILLIAM Penn (⇨ PENNSYLVANIA)にちなむ.

Pennines /pénaɪnz/ [the ~] ペナインズ(山脈): 18C イングランドのスコットランドとの境界付近から南北に連なる高地. ◆(類推) <? Apennines (イタリアの山脈). イングランド北部の多くの川の水源.

Pennsylvania /pènslvéɪnjə/ ペンシルバニア: 1787 米国の州(州都 HARRISBURG). ◆< WILLIAM PENN (1644–1718; Pennsylvania 植民地の創設者) + -sylvania <ラテン語 silvānia 'woodland'.

Penrose /pénroʊz/ ペンローズ: コーンウォール・ウェールズ各地の地名 >姓. ◆コーンウォール語・ウェールズ語 ~(原義)「ヒースの丘」<ケルト語 pen 'top' + ros 'heath'. ▶ROGER Penrose (1931–   ; 英国の数学者・物理学者; ブラックホールの研究に貢献).

Pentagon /péntəgən/ [the ~] ペンタゴン: 1943 米国国防総省本部・その建物. ◆< pentagon「5 角形」. POTOMAC 川を挟んで WASHINGTON D.C. の対岸に建てられた 5 角形の大建造物.

Penzance /penzǽns/ ペンザンス: 1284 コーンウォール州の港町・リゾート. ◆中英語 Pensans (原義)「聖岬」<コーンウォール語 pen 'cape' + sans 'holy'.

Pepper /pépə/ ペパー: 1197 姓(<職業). ◆中英語 Peper 'pepper' (原義)「胡椒屋」.

Pepsi-Cola /pèpsi-kóʊlə/ ペプシコーラ: 1903 PepsiCo Inc. の清涼飲料の商標. ◆< Pepsi-(< pepsin「ペプシン(タンパク質分解酵素)」) + kola (nuts). ⇨ COCA-COLA.

Pepys /piːps/ ピープス, ペピス: 1279 姓. ◆中英語 Pepes, Pepis (主格; cf. 斜格 Pepin(カロリング朝王家の祖先)) <古フランス語 Pepin <古高地ドイツ語 Pepin (原義)「畏怖」. ▶SAMUEL Pepys (1633–1703; 英国の海軍大臣; *The Diary*『(ピープスの)日記』(1660–69)で有名).

Percival /pə́ːsɪvl/ パーシヴァル: 1224 男子名 > 1229 姓. ◆中英語 Pereval, ~ <古フランス語 perce-val (原義)「谷間を貫ける(人); 猟師 ∥ 神秘のヴェイルを剥がす(人)」<percer 'to pierce' + val 'valley' ∥ 'veil'. ARTHUR 王伝説の聖杯の騎士の一人の名でもある. ドイツ語 Parzifal. 愛称形 PERCY.

Percy /pə́ːsi/ パーシー: 男子名・1086 (de); 1185 姓(<地名). ◆中英語 Perci <ノルマンフランス語 Perci (NORMANDY 各地の地名) <後期ラテン語 Perciācum <Percius (人名) + -ācum(地名要素). NORTHUMBERLAND 公爵家の

Perkin(s)

名.その子孫またはそれにあやかる人の男子名になる.詩人 SHELLEY も Percy 家と遠戚なので名に Percy を用いた.

Perkin(s) /pə́:kɪn(z)/ パーキン(ズ): 姓.♦PARKIN(S)の別形.

Perry /péri/ ペリー: 1176 (de, dela, atte) 姓(<場所).♦(1)中英語 Per(r)ie (原義)「梨の木(のそばの住民)」<古英語 pere 'pear'. (2) <ウェールズ語 AP-(父系) + Herry (変形) < HENRY. (3) <ヘブライ語 peri 'fruit, reward'. ▶ MATTHEW C. Perry (1794–1858; 米国艦隊の提督; 1853 年浦賀に来航して開国を迫った).

Perth /pə:θ/ パース: (1) c1128 スコットランド中部の都市.♦中英語 Pert (原義)「藪(地)」<ゲール語 perta 'thicket'. "Heart of Scotland" と言われる. (2) オーストラリア Western AUSTRALIA 州の州都.♦<(1).

Perthshire /pə́:θʃə/ パースシャー: スコットランド中部の旧州(州都 PERTH).♦< Perth + -SHIRE.

Pete /pi:t/ ピート: 男子名.♦PETER の愛称形.▶Pete ROSE (1941– ; 米国のメジャーリーガー(1963–86); 最多安打数 4,192 本の記録を持つ; 野球賭博に関わったとして永久追放される).

Peterborough /pí:təbərə/ ピーターバラ: (1) 1333 イングランド中部 CAMBRIDGESHIRE の (St. Peter ほかの聖者に献堂された) 大聖堂のある町.♦< PETER + -BOROUGH. (2) 1849 カナダ南東部 ONTARIO 州の都市.♦<(1).

Peter Pan /pì:tə pǽn/ ピーター パン.♦< PETER (男子名) + ? Pan (ギリシャ神話の牧羊神). J. M. BARRIE の同名の戯曲(1904)・小説の主人公; 空中を飛ぶことができ,決して成長しない少年.仲間と Neverland に住む.

Peter Rabbit /pí:tə rǽbɪt/ ピーターラビット.♦英国の作家 BEATRIX POTTER の童話 *The Tale of Peter Rabbit* (1902)の主人公でいたずら好きな兎.

Peter(s) /pí:tə(z)/ (1) [(St.) Peter] ペテロ: «新約» キリストの十二使徒の首位.♦中英語 Petre, Petrus <後期ラテン語 Petrus <ギリシャ語 Pétros (原義)「磐」(アラム語のなぞり; イエスが SIMON につけた名). (2) ピーター(ズ): 1086 DB 男子名・1195 姓.♦<(1). ⇨ -s (父系). PIERCE, PIERS の語源参照.20 世紀における急増は PETER PAN の影響(Withycombe).愛称形 PETE, Peet, Peat. Peters はウェールズ人によって多く用いられた.

Petra /pétrə/ ペトラ: 女子名.♦PETER の女性形.⇨ -A.

Pevensey /pévnsi/ ペヴェンシー: 947 イングランド East SUSSEX 州の村.♦古英語 Pefenesēa (原義)「Pefen (人名)の川」< *Pefen + -es '-s (所有格)' + ēa 'river'.

Pfizer /fáɪzə/ ファイザー: 米国の製薬会社 Pfizer Inc. の商標.♦同社はドイツ移民の Charles Pfizer (1824–1906) が 1849 年に NEW YORK に創業した.今では

Picton

売上世界 No.1; VIAGRA の開発会社としても有名. Pfizer はドイツ人姓 Pfitzer, Pfützner (原義)「池・泉のそばの住人」の英語化.

Phelps /felps/ フェルプス: (別形) < PHILIPS. ▶MICHAEL Phelps (1985– ; 米国の水泳選手; 北京オリンピックで史上最多の 8 個の金メダルを獲得した).

Phil /fɪl/ フィル: 男子名・女子名. ♦PHILIP, PHYLLIS の愛称形. ▶Phil (< Philip) COLLINS (1951– ; 英国のシンガーソングライター・ドラマー).

Philadelphia /fɪlədélfjə/ フィラデルフィア: 1681–2 米国 PENNSYLVANIA 州南東部の都市. ♦< 後期ラテン語 ～ < ギリシャ語 Philadélpheia (Lydia の古代都市の名; 原義「兄弟愛」) < phílos 'loving' + adelphós 'brother'. 命名者の WILLIAM PENN が入植地につけたいと念じていた名.

Phil(l)ip(s) /fílɪp(s)/ (1) [Philip] ピリポ:《新約》キリストの十二使徒の一人. (2) フィリップ(ス): 1142–53 男子名・1275 姓. ♦中英語 Philip, Philipus < (古)フランス語 Phélip / ラテン語 Philippus < ギリシャ語 Phílippos (原義)「馬好き」. ⇨ -s (父系). 愛称形 PHIL, Fill, Filkin, PHILPOT, Pot, Pottell, Potkin.

Philpot(s) /fílpət(s)/ フィルポット, フィルポッツ: 1377 男子名・1327 姓. ♦中英語 Phelipot, Philipot < PHILIP + -OT(指小辞).

Phoenix /fíːnɪks/ フェニックス: 米国 ARIZONA 州の州都. ♦(原義)「不死鳥」. 先住民の定住地跡に自分たちの新しい町が「不死鳥」のようによみがえることを入植者たちが期待した命名(Stewart).

Phyllis, Phillis /fílɪs/ フィリス: 16C 女子名. ♦< ギリシャ語 Phúllis (原義)「葉のよく茂った」.

Piccadilly /pìkədíli/ ピカディリー: 1743 LONDON 中心部の大通り・繁華街. ♦そこにあった Piccadilly Hall (1626)にちなむ. piccadilly はそこの服屋が販売して人気を得た「襞襟」のことでオランダ語・スペイン語から借入した pickadil (原義)「切れ目を入れたもの・小穴をあけたもの」の変形. 通りの東端に Piccadilly Circus (1819)がある.

Pickering /píkərɪŋ/ ピッカリング: 1165 姓(< YORKSHIRE の地名). ♦中英語 Pikeringes < 古英語 *Pīcer (人名) + -ingas (部族名を造る接尾辞; cf. Scyldingas「Shyld 族」).

Pict /pɪkt/ ピクト: スコットランド北東部に 3–9 世紀に定住していた民族の成員. ♦中英語 ～ < Pictes (複数形) < 後期ラテン語 Pictī (原義)「? 刺青をした人たち」< ラテン語 pingere 'to paint'.

Picton /píktən/ ピクトン: 1191–94 姓(< YORKSHIRE の地名). ♦中英語 Piketon (原義)「*Pīca (人名)の農場」. ▶THOMAS Picton (1758–1815; ウェールズ生まれの英国海軍中将; Duke of WELLINGTON の下で武功をあげた; カナダ ON-

Pie

TARIO 州の町とニュージーランド南島北端の町はいずれも彼にちなむ).

Pie /paɪ/ パイ: 姓. ◆PYE の別形.

Pierce /pɪəs/ ピアス: 1292 男子名・1198 姓. ◆中英語 Peres ＜古フランス語 Piers (主格) ＜ Pier (斜格) 'PETER' (フランス語 Pierre). 別形 PEARCE, PEARSE, PIERS. ▶FRANKLIN Pierce (1804–69; 米国第 14 代大統領 (1853–57)).

Pierre /pɪə/ ピア: 1880 米国 SOUTH DAKOTA 州の州都. ◆＜ Fort Pierre「ピア砦」＜フランス語 Pierre 'PETER'. Pierre Chouteau, Jr. (1789–1865; フレンチカナダ系の米国人毛皮貿易商; 砦を建設した)にちなむ.

Piers /pɪəːz/ ピアズ: 1237 男子名. ◆中英語 ～ ＜古フランス語 ～ 'PETER'. ⇨ 別形 PIERCE, PEARCE, PEARSE. ▶英国中世文学の Langland 作, 寓意詩 *Piers Plowman*『農夫ピアズ』(c1360–87) の主人公.

Pike /paɪk/ パイク: (1) 1086 DB 姓 (＜あだ名). ◆中英語 Pic, ～ (pike): 1)「つるはし, 穂先」を「のっぽ, やせ」の人につけたあだ名から; 2)「カワカマス」を漁師や魚屋につけたあだ名から. (2) 1220 (del) 姓 (＜場所). ◆中英語 Pic, Pik (原義)「尖った丘 (のそばの住民)」＜古英語 pīc 'point'.

Pilgrim /pílgrɪm/ ピルグリム: 1189–98 姓 (＜あだ名). ◆中英語 Pilegrim 'pilgrim' (原義)「聖地巡礼者・よそ者」.

Pine /paɪn/ パイン: 1011–17 姓 (＜あだ名). ◆中英語 ～ 'pine' (原義)「松 (のように背の高い人)」.

Pink /pɪŋk/, **Pinch** /pɪntʃ/ ピンク, ピンチ: 1100–30 (le) 姓 (＜あだ名). ◆中英語 Pinca, Pinch (原義)「ズアオアトリ (鳴鳥) のようにしゃべる人」＜古英語 pinca, pinċ.

Pinter /píntə/ ピンター: 姓 (＜職業). ◆＜ドイツ語方言 ～ (変形) ＜ Pinder (原義)「桶屋・樽屋」. cf. COOPER. ▶HAROLD Pinter (1930–2008; 英国の劇作家・脚本家; NOBEL 文学賞 (2005) を受賞; ポーランド系ユダヤ人).

Piper /páɪpə/ パイパー: 1185 (le) 姓 (＜職業). ◆中英語 ～ 'piper' (原義)「笛吹き」.

Pitt /pɪt/ ピット: 1395 姓 (＜地名). ◆中英語 Pitt, Pett (地名; 原義「窪地」) ＜古英語 pytt 'pit'. ▶WILLIAM Pitt, the Elder (1708–78; 18 世紀後半に活躍した英国の政治家・首相 (1756–61, 66–68)) と WILLIAM Pitt, the Younger (1759–1806; その子; 首相 (1783–1801, 1804–06)) | BRAD(LEY) Pitt (1963– ; 米国の映画俳優; *The Curious Case of Benjamin Button*『ベンジャミン・バトン 数奇な人生』(2008)).

Pittsburgh /pítsbəːg/ ピッツバーグ: 1758 米国 PENNSYLVANIA 州南西部の工業都市. ◆当時の英国首相 WILLIAM PITT, the Elder にちなむ. ⇨ -BURGH. ここの出身の ANDY WARHOL 美術館がある.

Pollock

Plain /pleɪn/ プレイン: 1293 姓. ◆中英語 Playne 'plain'（原義）「平野 ∥ 素直な人」.

Plantagenet /plæntǽdʒənət/ プランタジネット: イングランド中世王家の名. ◆＜ラテン語 planta 'twig' + genista「えにしだ」. HENRY II から RICHARD III まで(1154–1485). その紋章から.

Plath /plæθ/ プラス: 姓. ◆＜ドイツ語 〜（地名; 原義「浅瀬」）. ▶SYLVIA Plath (1932–63; 米国の詩人・作家; 父親はドイツ移民).

Plowman /pláʊmən/ プラウマン: 1223 (le) 姓（＜職業）. ◆中英語 Plouman 'plowman'（原義）「農夫」. ⇨ PIERS.

Plummer /plʌ́mə/ プラマー: 1176 姓（＜職業）. ◆中英語 Plumberre, Plum(m)er（原義）「鉛管工」＜古フランス語 Plommier, Plombier 'plumber'. ▶CHARLES Plummer (1851–1927; 英国の歴史家; ラテン語原文の BEDE の『英国民教会史』や古英語原文の『アングロ - サクソン年代記』を編集した).

Plymouth /plíməθ/ プリマス: (**1**) 1231 イングランド DEVON 州南西部の港市. ◆中英語 Plummuth (plum, -MOUTH)（原義）「Plym（原義「プラムの木」）川の河口」. 1620 年 MAYFLOWER 号がアメリカに向け出帆した港. 海軍基地がある. (**2**) 米国 MASSACHUSETTS 州南東部の都市. ◆＜(1). 1620 年 Pilgrim Fathers が建設した New England 最古の町. 同地名は米国 25 州に広がっている (Stewart).

Pocari Sweat /pòkəri swét/ ポカリ スエット: 1980 大塚製薬のスポーツドリンク. ◆＜Pocari（響きと語呂の良さからつけた名だが, 後でネパール語の「湖」と同じ語だと分かったネーミング) + sweat「汗」. AQUARIUS に先駆けた商品. 発汗により失われる電解質を補給する意味から,「汗」を商品名に用いる発想は英語のネイティヴにはない.

Poe /poʊ/ ポー: 姓. ◆中英語 pā＜古ノルド pó 'peacock'.「雄の孔雀」のような派手な人につけたあだ名から. ▶EDGAR ALLAN Poe (1809–49; 米国の詩人・推理作家; "The Raven"『大鴉』(1845), *The Murders in the Rue Morgue*『モルグ街の殺人』(1841); 両親はスコットランド系アイルランド人).

-polis /-pəlɪs/ 都市名に用いる名詞連結形. ◆＜ギリシャ語 pólis 'city'. ▶INDIANAPOLIS.

Pollard /pólə:d/ ポラード: (**1**) 1201 男子名. ◆中英語 Pollardus＜Poll (PAUL の当時の発音による綴り) + -ARD（軽蔑的に「…な人」を意味する接尾辞). (**2**) 1181 姓（＜あだ名). ◆中英語 〜（原義）「坊主頭, 頭でっかち」＜poll「切り株, 頭」+ -ard.

Pollock /pólək/ ポロック: c1172–8 (de) 姓（＜スコットランドの地名). ◆スコット語 〜（原義）「小池」＜ゲール語 poll 'pool' + -ock（指小辞).

Poole

Poole /puːl/ プール: 1176 (de, del, de la, atte) 姓(＜場所). ♦中英語 Pole 'pool'(原義)「池・潮湖(のそばの住民)」

Pope /poʊp/ ポープ: c1230 男子名・1296 姓. ♦中英語 ～ 'pope'.「教皇」然とした尊大な人につけたあだ名からか. ▶ALEXANDER Pope (1688–1744; 英国の詩人・評論家) | HARRISON Pope (1947– ; 米国の精神医学者; 'body image'「身体心象」を研究).

Popeye /pópaɪ/ ポパイ: 1929 米国の人気漫画の主人公. ♦(逆成)＜popeyed「出目・驚いて目を見開いた」.

Porter /pɔ́ːtə/ ポーター: 1183 姓(＜職業). ♦中英語 Potarius, Port(i)er (原義)「守衛・門番」＜古フランス語 Portier 'doorkeeper, porter' ∥ 1263 中英語 Port(o)ur (原義)「運搬人」＜古フランス語 Porteour 'carrier, porter'. ▶COLE Porter (1891–1964; 米国の作曲家; "Night and Day"(1932)) | KATHERINE ANNE Porter (1890–1980; 米国の作家; *Flowering Judas (and Other Stories)*『花咲くユダの木』(1930)).

Portland /pɔ́ːtlənd/ ポートランド: (**1**) [the Isle of ～] 862 イングランド DORSET 州にある石灰岩の半島. ♦古英語 Portlande (port, land)(原義)「港のそばの土地」. (**2**) 米国 MAINE 州の都市. ♦＜(1). (**3**) 米国 OREGON 州の都市. Portland にするか Boston にするかコインを投げて決めた.

Portobello /pɔ̀ːtəbéloʊ/ ポートベロー: 1822 LONDON の街路. ♦Puerto Bello (パナマの港湾都市; 英国の VERNON 提督が 1731 に勝利した地)にちなむ. 骨董市で有名な通り.

Portsmouth /pɔ́ːtsməθ/ ポーツマス: (**1**) 9C イングランド HAMPSHIRE 南部の港市. ♦古英語 Portesmūþan (原義)「港の口」. ⇨ -s(所有格), -MOUTH. 英国海軍の主要基地. (**2**) 1623, 1653 米国 NEW HAMPSHIRE 州南東部の港市. ♦＜(1). 海軍基地があり, 1905 年の日露講和条約(Treaty of Portsmouth)の締結地. (**3**) 1752 米国 Virginia 州南東部の港市. ♦＜(1).

Potomac /pətóʊmæk/ ポトマック: 米国 WASHINGTON D. C. を流れる川. ♦＜アルゴンキン語 ～ (短縮形)＜Patawomeke (部族名; 原義「? 交易所・貢物運搬所」(en.wikipedia)). 河畔の桜並木は有名. 実際はいくつもの州を流れる 616 km の長江.

Potter /pɔ́tə/ ポター: 1172 姓(＜職業). ♦中英語 Poter (原義)「陶工」＜古英語 pottere 'potter'. ▶BEATRIX Potter (1866–1943; 英国の作家; *The Tale of Peter Rabbit* (1902)) | HARRY Potter (J. K. ROWLING 作のファンタジー小説 Harry Potter シリーズ(1997–2007)の主人公の魔法使いの少年).

Pound /paʊnd/ パウンド: (**1**) 1242 (de, atte) 姓(＜場所). ♦中英語 Punda (原義)「囲い地・動物柵(のそばの住人)」＜古英語 pund 'enclosure'. (**2**) 1206 姓

Princeton

(< 職業). ◆中英語 Po(u)nd (原義)「秤の分銅(の作り手・売り手)」< 古英語 pund 'weight'. ▶EZRA Pound (1885–1972; 米国の詩人; "Imagist Movement" の指導者).

Powell /páʊəl, póʊəl/ パウエル: 姓. ◆< AP- + HOWELL (cf. PRICE). ▶Bud Powell (1924–66; 米国のジャズピアニスト) ∣ COLIN Powell (1937– ; 米国の国防長官(2001–05); 両親はジャマイカ移民; 祖先はスコットランド系).

Pratt /præt/ プラット: c1080 (le) 姓(< あだ名). ◆中英語 Prat, Pret (原義)「抜け目のない人」< 古英語 *prætt 'cunning'.

Presley /présli/ プレスリー: 1311 姓. ◆中英語 Presle (短縮形) < Presteley 'PRIESTLEY'. ▶ELVIS Presley (1935–77; 米国のロックンロールミュージシャン; "King of Rock and Roll" と謳われた).

Preston /préstn/ プレストン: 1086 DB イングランド LANCASHIRE 州の州都・イングランド各地の地名. ◆中英語 Prestune (priests, -TON) (原義)「聖職者たちの屋敷」.

Price /praɪs/ プライス: 姓. ◆ウェールズ語 ～ < AP- + RHYS. ▶MARGARET Price (1941– ; ウェールズ出身のソプラノ歌手).

Priestley /príːstri/ プリーストリー: 1198 姓. ◆中英語 Presteleia, Presteley (priest, -LEY) (原義)「牧師・教会林(の住人)」. ▶J. B. Priestley (1894–1984; 英国の作家; *The Good Companion* (1929)).

Prince Edward Island /prɪns édwəd àɪlənd/ プリンス エドワード アイランド: 1798 カナダの州(州都 CHARLOTTETOWN). ◆Prince EDWARD, Duke of Kent (1767–1820; GEORGE III の 4 男で VICTORIA 女王の父)にちなむ. LUCY MAUD MONTGOMERY (1874–1942)作 *Anne of Green Gables*『赤毛のアン』(1908)の舞台.

Prince George /prɪns dʒɔ́ːdʒ/ プリンス ジョージ: 1807 カナダ BRITISH COLUMBIA 州の都市. ◆英国王 GEORGE III (1738–1820; 在位 1760–1801)にちなむ.

Prince of Wales /prɪns əv wéɪlz/ プリンス オヴ ウェールズ: 1301 英国皇太子の称号. ◆WALES を征服した EDWARD I が, WALES の王たちに時折用いられてきたこの称号(Tywysog Cymru)を世継の Prince EDWARD (後の II)に与えたことに始まる.

Prince Rupert /prɪns rúːpət/ プリンス ルーパート: 1906 カナダ BRITISH COLUMBIA 州の都市. ◆イングランド王 JAMES I の孫で Hudson's Bay Company の初代会長 Prince RUPERT (1619–82)にちなむ.

Princeton /prínstən/ プリンストン: 1724 米国 NEW JERSEY 州中西部の町. ◆< Prince GEORGE (1683–1760; 後の英国王 GEORGE II (1727–60)) + -TON.

Pri(t)chard

Princeton University (1746年創立)の所在地.

Pri(t)chard /prítʃəd/ プリッチャード: 1521 姓. ♦<ウェールズ語 Ap Richard 'Son of Richard'.

Probert /próʊbət/ プロバート: 1538 姓. ♦<ウェールズ語 Ap Robert 'Son of Robert'.

Probyn /próʊbɪn/ プロビン: 1550 姓. ♦<ウェールズ語 Ap Robin 'Son of Robin'.

Procter, Proctor /próktə/ プロクター: 1301 姓(<職業). ♦中英語 Prok(e)tour (原義)「代理人・代訴人」(短縮形)<ラテン語 prōcūrātor.

Prodger /próʊdʒə/ プロジャ: 1538 姓. ♦<ウェールズ語 Ap Roger 'Son of Roger'.

Proudfoot /práʊdfʊt/ プラウドフット: 1114–30 姓(<あだ名). ♦中英語 〜 (原義)「偉そうな歩き方をする人」.

Providence /próvɪdəns/ プロヴィデンス: 1636 米国 Rhode Island 州の州都. ♦<providence. Massachusetts のピューリタンから追放された神学者 Roger Williams (c1603–83)が建設し,「神の摂理」を願って命名した. Brown University (1764年創立)の所在地.

Pugh /pju:/ ピュー: 1563 姓. ♦<ウェールズ語 Ap Hugh 'Son of Hugh'.

Pulitzer /p(j)ú:lɪtsə/ ピューリッツァ: 姓. ♦<ドイツ語 〜 (原義)「毛皮職人・商人」. ⇨ Joseph Pulitzer (1847–1911; ハンガリー出身の米国のジャーナリスト; ピューリッツァ賞創設を遺言した; 発音は /pú:lɪtsə/ が正しいとされる).

Pullman /púlmən/ プルマン: 1525 姓(<場所). ♦中英語 Pul(l)man (原義)「池(のそばの住人)」<古英語 pull 'pool' + -man. ▶George Pullman (1831–97; 米国の技師; 車両会社 Pullman Company を起こし豪華寝台車両を製造した).

Punch /pʌntʃ/ パンチ: 英国の絵入り風刺週刊誌(1841–1992; 1996–2002). ♦滑稽な人形劇 Punch-and-Judy show に登場する反体制的な言辞を吐く Punch から.

Purcell /pá:sl/ パーセル: 1130 姓(<あだ名). ♦中英語 Purcell(uys) (原義)「子豚」<古フランス語 pourcel 'little pig'. ▶Henry Purcell (1659–95; 英国の作曲家; 英国音楽の確立者).

Pye, Pie /paɪ/ パイ: (**1**) 1177 姓(<職業). ♦中英語 Pie (原義)「パイの作り手・売り手」. (**2**) 1296 姓(<あだ名). ♦中英語 Pye 'magpie'.「カササギ」のように「おしゃべりな人・こそ泥をする人」につけたあだ名から. ▶W. G. Pye (1869–1948; イングランド Cambridge にテレビ・ラジオの製造会社 W. G. Pye & Co. Ltd. を 1896 年に創業した; 1988 年廃業).

Pynchon /píntʃən/ ピンチョン: 1166 姓・1121 男子名(ともにあだ名から). ♦中

英語 Pynchoun, Pinchun＜ノルマンフランス語 pinchon（古フランス語 pinson）'finch'.「フィンチ（鳥）」のように陽気な人につけたあだ名から. ▶ THOMAS Pynchon（1937– ；米国の小説家: *Mason & Dixon*(1997)；祖先が MASSACHUSETTS に植民した名門一家の出).

Pyrex /páɪreks/ パイレックス: 1915 米国 Corning Inc. 社の耐熱ガラス製品の商標. ♦＜pie (plate)「パイ皿」＋r（音調のための挿入）＋-ex（商標に多用されている語尾）. 会社はギリシャ語 pûr 'fire' ＋ラテン語 rēx 'king'（＝「？火王」）説を否定しているという(en.wikipedia).

Q

Quaker /kwéɪkə/ クエイカー: 1651 クエイカー教徒. ♦ < quake + -ER. Society of Friends の創立者, 英国人の GEORGE FOX (1624–91) の 'tremble at the Word of the Lord'「主の御言葉に震えおののく」からきた呼び名.

Quayle /kweɪl/ クエイル: 1540 姓. ♦MACFAIL のマンクス語形. ▶ANTHONY Quayle (1913–89; 英国の舞台・映画俳優・演出家; MANX の家系).

Quebec /kwɪbék, kəbék/ ケベック: 1867 カナダ東部の州・1608 その州都. ♦ <フランス語 Québec <アルゴンキン語 Kébec (原義)「川が狭まるところ」. Saint LAWRENCE 川が狭まる Quebec City のあたりを指した. カナダで唯一, フランス語が公用語の州.

Queen Charlotte Islands /kwìːn ʃɑ́ːlət àɪlənd/ クイーンシャーロットアイランズ: カナダ BRITISH COLUMBIA 州の群島. ♦GEORGE III の王妃 CHARLOTTE にちなんだ船名から船長が命名.

Queens /kwiːnz/ クイーンズ: NEW YORK 市の自治区. ♦イングランド王 CHARLES II の王妃, CATHERINE Braganza (1638–1705) にちなむ. ⇨ -s (所有格).

Queensland /kwíːnzlənd/ クイーンズランド: 1859 オーストラリア北東部の州 (州都 BRISBANE). ♦当時の英国女王 Queen VICTORIA にちなむ.

Quentin /kwéntɪn/ クウェンティン: 1086 DB 男子名. ♦中英語 Quintinus <古フランス語 Quentin <ラテン語 Quintīnus (原義)「第 5 子」. 3 世紀に北フランスに伝道した St. Quentin にちなむ. 中世にはフランスを中心に広く用いられた. ブリテン島では 19 世紀に復活. ▶Quentin Tarantino (1963– ; 米国の映画監督; *Pulp Fiction* (1994) で ACADEMY 脚本賞を受賞; 父親がイタリア系).

Quinc(e)y /kwínsi/ クインシー: 1153–63 (de) 姓・男子名. ♦中英語・アングロノルマン語 Quinchy (NORMANDY の地名) <ラテン語 Quintus (人名; 原義「5 番目」). ▶Quincy JONES, Jr. (1933– ; 米国のポピュラー音楽のプロデューサー・作曲家).

Quine /kwaɪn/ クワイン: 1027 姓. ♦ <中英語・アイル語 Mac Cuinn, Mac

Quyn 'Son of Conn (人名; 原義「大将」)'. ⇨ McQueen.

Quinn /kwɪn/ クイン: 1027 姓＞男子名. ◆中英語・アイル語 ～＜ゲール語 Ó Cuinn 'descendant of Conn (原義)「大将」'. ▶Anthony Quinn (1915–2001; 米国の映画俳優; Academy 助演男優賞を 2 度受賞; 父親がアイルランド系メキシコ人).

R

Rach(a)el /réɪtʃəl/ (1) ラケル: «旧約» JACOB の愛妻で JOSEPH と BENJAMIN の母親. ♦ < 後期ラテン語 〜 < ギリシャ語 Rhakhḗl < ヘブライ語（原義）「雌羊」. (2) レイチェル: 女子名. ♦ < (1). 愛称形 Rach, RAE, RAY, Shel, SHELLEY. イングランドでは宗教改革後に用いられだした.

Rackham /rǽkəm/ ラッカム: 1166 イングランド SUSSEX 州の地名 > 1524 姓. ♦ 中英語 Recham（原義）「干草堆のある農場・囲い地」< 古英語 hrēac 'rick(s)' + hām '-HAM[1]', hamm '-HAM[2]'. ▶ARTHUR Rackham (1867–1939; 英国の挿絵画家; PETER PAN をはじめ多くの文学作品の挿絵を描いた).

Radcliff(e) /rǽdklɪf/ ラドクリフ: 1182 (de); 1496 姓 (< イングランド各地の地名). ♦ 中英語 Radecliua, Radeclyf (red, cliff)（地名; 原義「赤壁」）. ▶DANIEL Radcliffe (1989– ; 英国の映画俳優; 映画 *Harry Potter* シリーズ (2001–) の主役).

Rae /reɪ/ レイ: 女子名. ♦ (1) RACH(A)EL の愛称形. (2) RAY, RAYMOND の女性形. (3) < ray「日光」. (4) < スコット語 〜（姓）< MacRae（原義）「恵みの息子」(Hanks & Hodges).

Raeburn /réɪbəːn/ レイバーン: 1331 (of, de) 姓 (< スコットランドの地名). ♦ < スコット語 Ra(e)burn (roe, -BURN)（原義）「ノロ鹿の棲む小川」. ▶HENRY Raeburn (1756–1823; スコットランドの肖像画家).

Raffle(s) /rǽfl(z)/ ラッフル（ズ）: 1375 姓. ♦ 中英語 Raffel (指小形) < Raff = RALPH. ⇨ -S（父系）. ▶STAMFORD Raffles (1781–1826; 英国の政治家; SINGAPORE を建設した; 同地の Raffles Hotel も彼の名にちなむ).

Raleigh /rɔ́ːli, rɑ́ːli/ ローリー: (1) 1164 姓 (< イングランド DEVON 州の地名). ♦ 中英語 Ralega, Raleye < Radeleia（原義）「赤い林」< 古英語 rēada lēah 'red grove' ⇨ -LEY. ▶Raleigh Bicycle Company (英国に 1887 年に創業した世界最古の自転車メーカーの一つ; 発音は /rǽli, 米 rɑ́ːli/). (2) 米国 NORTH CAROLINA 州の州都. ♦ ここの入植地化を志した WALTER Raleigh (c1552?–1618; ELIZABETH I の寵臣で北米・南米遠征を試みたが失敗した) にちなむ.

Ralph, Ralf /rælf, reɪf/ ラルフ, レイフ: 1086 DB 姓. ♦ 中英語 Raulf, Radulf-

Random House

(us)＜ノルマンフランス語 Ra(d)ulf＜古高地ドイツ語 Radulf「(王の)相談役・顧問官」＜rād (=古英語 rǣd) 'counsel' + wulf 'wolf'. 現在の Ralph 形は18世紀からだが，発音はいまだ /reɪf/ もある．最近の綴り字発音 /rælf/ はスコットランド，米国ではふつうで，イングランドでも広まりつつある(Withycombe). ▶Ralph Waldo Emerson (1803–82; 米国の哲学者).

Ramirez /rəmí(ə)rez/ ラミレス: 姓. ◆＜スペイン語 ～ 'Son of Ramon (人名; 原義「賢王・明王」)'. ▶Alex Ramirez (1974– ; Venezuela 出身の読売ジャイアンツの野球選手).

Ramos /rá:mɔs, 米 -moʊs/ ラモス: (1) 姓. ◆＜スペイン語・ポルトガル語 ～ ((複数)＜ramo 'branch') (原義)「木の生い茂った場所の住民」. (2) 男子名. ◆＜スペイン語・ポルトガル語 ～ (人名; 原義「棕櫚(の聖日)」). 復活祭直前の日曜日の棕櫚の聖日ころに生まれた子につけた. ▶Ruy Ramos (1957– ; Brazil 出身の日本に帰化した元サッカー選手).

Ramsay, Ramsey /rǽmzi/ ラムジー: (1) 1036 姓(＜イングランド Huntingdonshire の地名)・男子名. ◆古英語 (H)ramesegė (原義)「野生蒜(ﾋﾙ)島(の住人)」＜hramsa 'garlic' + īeġ 'island'. (2) 1257 姓(＜Isle of Man の地名). ◆中英語 Ramsa (原義)「野生蒜の生える小川(の住人)」＜古ノルド語 hramsa 'garlic' + á 'stream'. Ramsay はスコットランドの語形. ▶Allan Ramsay (1713–84; スコットランドの肖像画家) | William Ramsay (1852–1916; スコットランドの化学者; 希ガスを発見し 1904 年に Nobel 化学賞を受賞).

Ramsgate /rǽmzgeɪt/ ラムズゲイト: 1275 イングランド Kent 州北東部の港町・海辺保養地. ◆中英語 Remmesgate (raven, gate) (原義)「鴉山の山峡」.

Rand /rænd/ ランド: (1) 1299 男子名・1275 姓. ◆中英語 ～ (Randolph の愛称形). (2) 1176 (de) 姓(＜イングランド各地の地名). ◆中英語 Rande (原義)「村はずれ・堤(の住人)」＜古英語 rand 'rim, bank'.

Randal(l) /rǽndl/ ランダル: 1204 男子名・1250 姓. ◆中英語 Randal (Rand (1)の指小形). ⇨ -el(指小辞). 愛称形 Randy. ▶Randy Johnson (1963– ; 米国の大リーグの投手).

Randolf, Randolph /rǽndəlf/ ランドルフ: c1095 男子名＞1260 姓. ◆中英語 Randulf, Randuph (原義)「盾狼・猛者」(ノルマンフランス語 Randolf＜古ノルド語 Rannúlfr 'shield-wolf') // 中英語 Rannulf (原義)「鴉狼」(＜古高地ドイツ語 Rannulf). 愛称形 Ran(dy), Dolph, Dolf. ▶Randolph Scott (1898–1987; 米国の西部劇映画の俳優).

Random House /rǽndəm haʊs/ ランダム ハウス: 1925 米国の辞書・一般書の出版社 Random House, Inc. の商標. ◆創業者たちが「副業にランダムに 2, 3 冊本を出版してみよう」と話し合ったことから. 現在はドイツの Bertelsmann

Ransom(e)

社の所有.

Ransom(e) /rǽmsəm/ ランサム: 1347 姓. ◆中英語 Randesson 'Son of RAND (1)'. 中英語の /n－n/ の現代英語 /n－m/ への変化は異化. ▶ARTHUR Ransome (1884–1967; 英国の児童文学者; *Swallows and Amazons*『ツバメ号とアマゾン号』(1930)).

Raphael, Rafael /rǽfeɪəl/ ラファエル: (1) 大天使の一人. ◆<後期ラテン語 Raphaēl<ギリシャ語 Raphaḗl<ヘブライ語 (原義)「神は癒し給うた」. (2) 男子名. ◆<(1). 南欧から英語圏に広まってきた.

Rapid City /rǽpɪd sítɪ/ ラピッド シティ: 1876 米国 SOUTH DAKOTA 州の都市. ◆「急流」で有名な Rapid Creek の河畔にできたことから. Mt. RUSHMORE への最寄の都市.

Ray /reɪ/ レイ: (1) 男子名. ◆(愛称形)<RAYMOND. (2) 1195 姓(<あだ名). ◆中英語 ~, Rei, Raie<古フランス語 rei, roi「王」. 競技の優勝者や王様然とした人につけたあだ名から. ▶Ray CHARLES (ROBINSON) (1930–2004; 米国の盲目のシンガーソングライター).

Rayleigh /réɪli/ レイリィ: (1) 姓. ◆(別形)<RALEIGH. (2) 1509 姓. ◆Rayley, ~ (roe, -LEY) (イングランド ESSEX 州の地名; 原義「ノロ鹿林」).

Raymond /réɪmənd/ レイモンド: 1086 DB 男子名・姓. ◆中英語 Raimundus<古フランス語 Raimund<古高地ドイツ語 Raginmund 'counsel-protection'「顧問官・強い保護者」. 愛称形 RAY. いったん廃れたが, 19 世紀中頃, 他のアングロ-サクソン人やゲルマン人の名前とともに復活.

Read(e) /riːd/ リード: 姓. ◆REED の別形.

Reading /rédɪŋ/ レディング: c900 イングランド南部の市. ◆古英語 Readingum (原義)「Rēad 一族 (の定住地)」<Rēad (人名) + -ingas 'family, followers' (複数)<-ING (所属者を示す接尾辞).

Re(a)gan /ríːgən/ リーガン: 1264 姓. ◆中英語・アイル語 Regane<ゲール語 Ó Ríagáin 'descendant of Riagán (原義)「? 小王 ∥ 怒りっぽい (人)」'. ▶RONALD Reagan (1911–2004; 米国の第 40 代大統領 (1981–89); 大統領就任に当たって自分の姓 Reagan の発音を /ríːgən/ から /réɪgən/ に変え, その理由は祖先のアイルランド語では後者の発音に近いからと述べた).

Reaney /réɪni, ríːni/ レイニー, リーニー: 13C (de) 姓 (<イングランド北部の地名). ◆中英語 Ravenhowe, Ranoe (原義)「鴉が丘」<古ノルド語 hrafnhaugr 'raven-hill'.

Rebecca /rɪbékə/ (1) リベカ: ≪旧約≫ ISAAC の妻. ◆<後期ラテン語 ~<ギリシャ語 Rebékka<ヘブライ語 (原義不詳; 通俗語源では「結びつける・絆」). (2) レベッカ: 女子名. ◆<(1). 愛称形 BECKY, Beck, Becca. ユダヤ人の間で

は常に用いられてきたが，イングランドでは旧約聖書中の他の人物名とともに宗教改革期に用いられだした．20世紀の後半には宗教の違いを問わず人気が出た (Hanks & Hodges)．

Redgrave /rédgreɪv/ レッドグレイヴ：1179 (de) 姓．◆中英語 〜 (イングランド SUFFOLK 州の地名；原義「葦の生えた溝」/「赤森」) < 古英語 hrēod 'reed' + græf 'grave, ditch' / rēad 'red' + grāf 'grove'．▶VANESSA Redgrave (1937– ；英国の俳優一家の一員; OSCAR, EMMY², TONY, Cannes, Golden Globe, Actors Guild 賞を一人で全部受賞した唯一の女優; LYNN (1943–2010) は妹)．

Reed, Reid, Read(e) /riːd/ リード：姓 (< あだ名)．◆中英語 reed, etc. < 古英語 rēad 'red'．「赤ら顔・赤毛」の人につけたあだ名から．現代英語の red は 15–16 世紀に短音化したもの．姓には本来の長音が残った．reed「葦」とは無関係．▶CAROL Reed (1906–1976; 英国の映画監督; *The Third Man*『第三の男』(1949))．

Reeves /riːvz/ リーヴズ：(**1**) 1332 (del) 姓 (< 場所)．◆中英語 Reves (原義)「reeve「代官」(の家の召使)」．⇨ -s (所有格)．(**2**) 1327 姓 (< 場所)．◆中英語 atte Reuese (異分析) < atter evese (原義)「山際の (住民)」 < 古英語 efes 'edge, eaves'．

Regent's Park /rìːdʒənts páːk/ リージェントパーク：1817 LONDON 中心部の公園．◆開設時に英国王 GEORGE IV が摂政皇太子 (Prince of Regent (1811–20)) だったことにちなむ．

Regent Street /ríːdʒənt striːt/ リージェントストリート：c1820 LONDON 中心部 OXFORD Circus と PICCADILLY Circus を結ぶ高級ブランド店が立ち並ぶ通り．◆Prince of Regent (⇨ REGENT'S PARK) にちなむ．

Regina /rɪdʒáɪnə/ リジャイナ：カナダ SASKATCHEWAN 州の州都．◆<ラテン語 Regīna (原義)「女王」．VICTORIA 女王の王女 Princess LOUISE 夫妻による命名．

Reginald /rédʒɪnld/ レジナルド：15C 男子名．◆(ラテン語化) < 古高地ドイツ語 Raginald 'REYNOLD'．愛称形 Reg(gie), REX．

Reith /riːθ/ リース：姓．◆スコット語 〜 (略形) < McCreath 'Son of Rath (原義)「慈悲・繁栄 (の人)」'．

René /rénei, 米 rənéɪ/ ルネ：男子名．◆<フランス語 〜 (原義)「新生」<ラテン語 renātus 'born again'．イタリア語では Renato．

Renée /rénei, 米 rənéɪ/ ルネイ：女子名．◆<フランス語 〜 (女性形) < RENÉ．▶Renée FLEMING (1959– ；米国のソプラノ歌手)．イタリア語では Renata．

Rennie /réni/ レニ：姓．◆スコット語 〜 (別形) < Rainey <ゲール語 Ó Raighne 'descendant of Raighne (人名；原義「顧問官」)'．▶JOHN Rennie (1761–1821; スコットランド出身の土木技師; WATERLOO Bridge などを建造した)．

Reno

Reno /ríːnoʊ/ リノ，リーノー：(**1**) 姓．♦ (変形) <フランス語 Renaud 'REYNOLD'．(**2**) 米国 NEVADA 州の都市．♦ 南北戦争中の北軍の JESSE L. RENO 将軍 (1823–62) にちなむ．

Reuben /rúːbən/ (**1**) ルベン：«旧約» JACOB の長男でイスラエル十二支族の一つの祖．♦ <ギリシャ語 Roubén <ヘブライ語 (原義)「息子を見よ」．(**2**) ルーベン：男子名．♦ <(1)．▶Reuben GOLDBERG (1883–1970; 米国の漫画家；毎年優秀なプロの漫画家に与えられる Reuben Award の創設者)．

Reuter /rɔ́ɪtə/ ロイター：姓 (<場所・あだ名)．♦ <ドイツ語 〜 (原義)「林間の空き地・開墾地 (の住民・開墾者)」∥「追いはぎ」．▶PAUL Reuter (1816–99; LONDON に本拠を置く Reuters News Agency (現 Thomson Reuters Corporation) を 1851 年に創業したユダヤ系ドイツ人で英国に帰化した)．

Revere /rɪvíə/ リヴィア：(**1**) 1255 姓 (<あだ名)．♦ 中英語 Reuere 'reiver' (原義)「強盗」．(**2**) 1296 (atte) 姓 (<場所)．♦ 中英語 atte Revere (原義)「丘の上・中腹 (の住人)」 (異分析) <atter Eure <古英語 *yfer 'edge'．⇨ REEVES．(**3**) 姓 (<地名・場所)．♦ <フランス語 Rivoire (フランス各地の地名・場所；原義「川岸・堤 (のそばの住民)」) <古フランス語 rivier 'bank'．▶PAUL Revere (1735–1818; 米国の愛国者；独立戦争中の 1775 年 4 月 18 日，夜を徹して BOSTON から LEXINGTON まで馬を飛ばし英軍の進撃を知らせた；フランスから来たユグノー教徒の子孫)．

Revlon /révlɒn/ レブロン：1932 米国の化粧品会社 Revlon Inc. の商標．♦ <CHARLES Revson (1906–75; 創業者)．Revson の s を l にしたのは共同経営者の CHARLES Lachman の l をとったため．

Rex /reks/ レックス：男子名．♦ (1) <ラテン語 Rēx 'king'．(2) REGINALD の愛称形．▶Rex HARRISON (1908–90; 英国の映画俳優)．

Reynard /rénəːd/ レナード：1086 DB 男子名・1205 姓．♦ 中英語 Rainard, Renard <古フランス語 Re(i)nart <古高地ドイツ語 Raginhard (原義)「? 勇気のある忠告者・国王顧問官」(ドイツ語 Reinhard) <ragin 'counsel' + hard 'brave, hard'．フランス語ではこの Renart が，普通名詞化して renard「狐」になった．Reynard, Renold の語頭の発音 /re/ はフランス語の綴りの影響か．*Reynard the Fox*『狐物語』などの中世寓話に出てくる狐の名．

Reynold(s) /rénld(z)/ レノルド，レノルズ：1086 DB 男子名・1272 姓．♦ 中英語 Rennaldus, Reynaud, Reynold <古フランス語 Reinald, Reynaud (フランス語 Renaut) <古高地ドイツ語 Raginald (原義)「? 強力な顧問官」(ドイツ語 Reinwald) <ragin 'counsel' + gewalt 'strength'．⇨ -s (父系)．▶JOSHUA Reynolds (1723–92; 英国の肖像画家；Royal Academy 初代院長 (1768))．

Rhode Island /ròʊd áɪlənd/ ロードアイランド：1790 米国の州 (州都 PROVI-

DENCE). ♦＜Rhode（エーゲ海のロードス島；Rhodes）＜ギリシャ語 Rhódos＜rhódon 'rose'. ほかにフェニキア語 erod 'snake'「蛇島」からとの説もある.

Rhys /riːs/ リース：1052 姓. ♦中英語 Re(e)s, Rise＜（古）ウェールズ語 Rīs, Rhys（原義）「熱誠」.

Rice /raɪs/ ライス：1524 姓. ♦RHYS の別形. ▶Condoleezza Rice（1954– ；GEORGE W. BUSH 米国大統領第 2 期目の国務長官（2005–9）；女性としてもアフリカ系米国人としても国務長官としては二人目；珍しい名の Condoleezza /kɔ̀ndəlíːzə/ はイタリア語の音楽用語 Con Dolcezza「甘美に」から).

Richard(s) /rítʃəd(z)/ リチャード，リチャーズ：1086 DB 男子名・1276 姓. ♦中英語 Richard, Ricard(es)＜アングロノルマン語 Ricard, Richard＜古フランス語 Richard＜（古）高地ドイツ語 Richard（原義）「高貴で勇敢な（支配者）」＜*rīc 'noble, powerful' + hard 'brave'. ⇨ -s（父系）. 愛称形 Rich(ie), Ritchie, RICK, DICK. ▶イングランド王 Richard I -III.

Richardson /rítʃədsən/ リチャードソン：1359 姓. ♦＜RICHARD ＋ -SON. ▶SAMUEL Richardson（1689–1761；英国の小説家；書簡体小説 *Pamela*（1740–41））.

Richmond /rítʃmənd/ リッチモンド：(1) LONDON の地名. ♦イングランド王 HENRY VII（1485–1509）が王になる前の称号 Earl of Richmond（YORKSHIRE の町；原義「豊かな山」）にちなんで命名. (2) 米国 VIRGINIA 州の州都. ♦町の建設者 WILLIAM BYRD II（1674–1744）が 1733 年に故郷の(1)にちなんで命名.

Rick /rɪk/ リック：男子名. ♦ERIC, RICHARD の愛称形.

Rickman /ríkmən/ リックマン：c1216–20 姓＞1279 男子名. ♦中英語 Richeman, Rickman (rich, -MAN).「金持ち」につけたあだ名から. ▶ALAN Rickman（1946– ；英国の映画俳優）.

Rider, Ryder /ráɪdə/ ライダー：1204 (le) 姓（＜職業）. ♦中英語 ～ 'rider'（原義）「騎士・騎手」.

Ridley /rídli/ リドリー：1227 (de); 1300 姓（＜イングランド各地の地名）. ♦中英語 Rydeleye（原義）「（林間の）開墾地（の住民）」＜古英語 rydde 'cleared' + lēah '-LEY'. ▶Ridley SCOTT（1937– ；英国の映画監督；Ridley を男子名に用いた珍しい例）.

Riley /ráɪli/ ライリー：1284 (de); 1488 姓（＜地名）. ♦中英語 Ryley (rye, -LEY)（原義）「ライ麦畑」. ▶BRIDGET Riley（1931– ；英国の画家；op art「視覚錯覚絵画」の代表者）.

Rio Grande /ríːoʊ grǽndə/ リオグランデ：米国 COLORADO 州に発してメキシコ湾に注ぐ川. ♦＜スペイン語 ～（原義）「大河」＜rio 'river' + grande 'big,

Rita

grand'.

Rita /ríːtə/ リタ: 女子名. ♦MARGARET の愛称形. ▶Rita HAYWORTH (1918–87; 米国の映画女優; グラマー女優として一世を風靡した).

Rivkin /rívkɪn/ リヴキン: 姓. ♦(変形) <イディッシュ語 Rifkin 'Son of Rifke (女子名; 'REBECCA')' + -in (母系の接尾辞).

Rix /rɪks/ リクス: 1274 (de la, atte) 姓 (<場所). ♦中英語 Rixe (原義)「藺草(いぐさ)のそばの(住人)」(音位転換) < risc 'rush'.

Roberta /rəbɚːtə/ ロバータ: 女子名. ♦(女性形) < ROBERT. ⇨ -A (女性語尾). 1870 年代に使われ始め, 20 世紀に入っても続いた. ▶Roberta Flack (1937– ; 米国のジャズシンガー).

Robert(s) /rɔ́bət(s)/ ロバート, ロバーツ: 1086 DB 男子名 > 1279 姓. ♦中英語 ~ <(古)フランス語 ~ <古高地ドイツ語 Hrōdberht (原義)「輝く誉」< hrōd 'renown' + berht 'bright'. ⇨ -s (父系). 愛称形 Rob(e), Robbie, ROBIN, BOB, BOBBY, BERT. ▶Robert the BRUCE (1274–1329; スコットランド王 (1306–29); スコットランドをイングランドの支配から解放した).

Robertson /rɔ́bətsən/ ロバートソン: 1327 姓. ♦中英語 Robertsone 'Son of ROBERT'.

Robeson /róʊbsən/ ロブスン: 1633 姓. ♦Robesoun 'Son of Robe ((愛称形) < ROBERT)' / (略形) < ROBERTSON, ROBINSON. ▶PAUL Robeson (1898–1976; アフリカ系米国人の歌手・市民権運動の指導者).

Robin Hood /rɔ̀bɪn hʊ́d/ ロビン フッド: 英国中世伝説のヒーロー. ♦< ROBIN + Hood (姓; 原義「フード作り職人」). NOTTINGHAMSHIRE の SHERWOOD の森を仲間 (Merry Men) と根城にした義賊で弓と剣の達人. 初期のバラッドから多く歌われ続けた.

Robin(s) /rɔ́bɪn(z)/ ロビン(ズ): 1198 男子名・女子名 < c1248 姓. ♦中英語 Robin(us) < (古) フランス語 Robin (指小形; ⇨ -IN) < Rob (ROBERT の愛称形). ⇨ -s (父系).「駒鳥」(1549 年初出) の robin は男子名から.

Robinson /rɔ́bɪnsən/ ロビンソン: 1324 姓. ♦中英語 Roby(n)son. ⇨ ROBIN, -SON. ▶Jackie Robinson (1919–72; アフリカ系米国人初の大リーガー) | Robinson CRUSOE.

Robson /rɔ́bsən/ ロブソン: (1) 1379 姓. ♦中英語 ~ 'Son of Rob (愛称形) < ROBERT' / (短縮形) < ROBERTSON, ROBINSON. (2) 1820 Canadian Rockies の最高峰 (3954 m). ♦Hudson's Bay Company の測量技師・探検家 COLIN ROBERTSON (= Robson) にちなむ.

Rochester /rɔ́tʃəstə/ ロチェスター: (1) 731 イングランド KENT 州北部の都市 > 1086 DB 姓. ♦古英語 Hrofesċester (原義)「Hrofi (人名) の砦」. ⇨ -s (所

有格), -CHESTER. (2) EASTMAN KODAK 社のある米国 NEW YORK 州西部の都市. ♦ < Col. NATHANIEL Rochester (地主). (3) MAYO Clinic のある米国 MINNESOTA 州南東部の町・1722 米国 NEW HAMPSHIRE 州南東部の都市. ♦いずれも Earl of Rochester (イングランド王 JAMES II の義弟) にちなむ.

Rockefeller /rɔ́kfelə/ ロックフェラー: 姓. ♦ < ドイツ語 〜 (原義)「ライ麦畑の住人」< Rockenfeld (Rheinland の地名) < 中ドイツ語 rocke 'rye' + feld 'field'. ▶JOHN D. Rockefeller (1839–1937; Standard Oil Company を創業した米国の大富豪; 祖先はドイツ移民).

Rocky Mountains /rɔ̀ki máʊntənz/ ロッキーマウンテンズ: 米国西部を南北に走る大山脈. ♦ ? Rocky(形容詞化) < Rockies (英語訳) < オジブウェー語 Asiniibwaan (原義「岩のスー族」; この山脈を望むカナダ西部の大草原に住む先住民族名) (en.wikipedia). 一般語の rocky「岩だらけの」はこの山脈の全体的な形容に合わない.

Rod /rɔd/ ロッド: 男子名. ♦ < RODERICK, RODNEY の愛称形. ▶Rod (< Rodney) Steiger (1925–2002; 米国の映画俳優) | Rod (< Roderick) Stewart (1945–; 英国のロックシンガーソングライター).

Roderick /rɔ́dərɪk/ ロデリック: 男子名. ♦ (1) 中英語 〜 < 古フランス語 〜 // 古ノルド語 〜 (原義)「名君」< 古高地ドイツ語 hrōd 'fame' + rīc 'rule, power'. (2) (英語化) < スコット語 Rory < ゲール語 Ruairidh (原義)「赤毛王」. (3) (英語化) < ウェールズ語 Rhydderch 'reddish brown' (あだ名). 愛称形 ROD, Rodie.

Rodney /rɔ́dni/ ロドニー: 1304 (de) 姓 (< 地名) > 男子名. ♦中英語 Rodeneye (イングランド SOMERSET 州の地名; 原義不詳). 愛称形 ROD, Rodie.

Roger(s) /rɔ́dʒə:(z)/ ロジャー(ズ): 1071–5 男子名・1086 DB 姓. ♦中英語 Roger(us), Rog(g)er < 古フランス語 Rogier < 古高地ドイツ語 Hrōdgēr (原義)「槍の名手」(Beowulf のデネの王 Hrōðgār も同族語). ⇨ -s (父系). 愛称形 Rodge. ▶RICHARD Rogers (1902–79; 米国の作曲家; ミュージカル *The Sound of Music* (1959)).

Roland /róʊlənd/ ローランド: 男子名・姓. ♦ROWLAND の別形. Charlemagne の武将で武勲詩 *La Chanson de Roland*『ローランの歌』(1140–70) に歌われた英雄 Roland は有名.

Rolex /róʊleks/ ロレックス: 1908 スイス Rolex SA 社の腕時計の商標. ♦ドイツ生まれの創業者 Hans Wilsdorf (1881–1966) 自身は Rolex の由来を具体的には述べていないが, 響きが良く, 短くて字面が良く, 発音しやすい語を求めたという. そのため語源の推測が種々なされているが, フランス語の (ho)ro-lo(gerie) ex(quise)「精巧な時計」, 英語の (ho)rol(ogical) ex(cellence)「優秀

Rolf

な時計」説が有力である．特に意味を持たない造語とも言われている．

Rolf /rɔlf/ ロルフ: 1086 DB 男子名＞1242 姓．♦中英語 Rolf＜古ノルド語 Hróflr（短縮形）＜*Hróðwulf（原義）「名高き狼」(＝古英語 Hrōðulf (*Beowulf* のデネの王 Hrōðgār の甥))．

Rolle /roʊl/ ロール: 1279 姓．♦中英語 ～＜ノルマンフランス語 Rou(l)＝Rolf．▶Richard Rolle of Hampole (c1290–1349; 英国中世の隠遁者・宗教家)．

Roll(e)s /roʊlz/ ロールズ: 姓．♦中英語 ～＜Rollo＋-s（父系）．

Rolling Stones /ròʊlɪŋ stóʊnz/ ローリングストーンズ: 1962 英国のロックバンド．♦米国の "Father of Chicago Blues" と言われた Muddy Waters (1915–83) の曲 "Rollin' Stone" (1950) から．

Rollo /rɑ́loʊ/ ロロ: 男子名・姓．♦中英語 ～（ラテン語化）＜ノルマンフランス語 Rou(l)＝Rolf．▶Rollo (846–931; William 征服王の祖先に当たる Viking の王)．

Rolls-Royce /ròʊlz-rɔ́ɪs/ ロールス・ロイス: 英国の自動車製造会社 Rolls-Royce Motor Cars 社の自動車の商標．♦同社の前身 Roll-Royce Limited は 1906 年に Charles Rolls (1877–1910) と Henry Royce (1863–1933) によって創業された．

Romeo /róʊmjoʊ/ ロメオ: 男子名・姓．♦＜イタリア語 ～＜後期ラテン語 Romaeus（原義）「ローマへの巡礼者」．Shakespeare 作 *Romeo and Juliet* (1594) で有名になった．

Romer /róʊmə/ ローマー: 1274 (la) 姓（＜あだ名）．♦中英語 Romere (Rome, -er)（原義）「ローマへの巡礼者」．

Romero /roʊmé(ə)roʊ/ ロメロ: 姓．♦＜スペイン語 ～ 'Romeo'．

Romney /rɑ́mni/ ロムニー: 1086 DB (de) 姓（＜イングランド Kent 州の地名）．♦中英語 ～（原義）「広い川」＜古英語 rūmen 'broad'＋ēa 'river'．

Ronald /rɑ́nəld/ ロナルド: 1463 姓・男子名．♦中英語 ～ (Reynold のスコット語形)．今ではスコットランド系以外の人にも使われる．▶Ronald Reagan．

Roosevelt /róʊzvelt/ ローズヴェルト: 姓．♦＜オランダ語 (Van) Rose(n)velt (rose, field)（原義）「バラ園（から来た人）」．▶Theodore Roosevelt（愛称 Teddy）(1858–1919; 米国第 26 代大統領 (1901–09); Nobel 平和賞を受賞 (1906)) | Franklin D. Roosevelt (1882–1945; 米国第 32 代大統領 (1933–45))．両 Roosevelt の祖先が 1649 年にオランダから移住した．互いに直接の血縁関係はないが，Theodore は Franklin の妻 Eleanor の叔父．

Roper /róʊpə/ ローパー: 1219 姓（＜職業）．♦中英語 Raper（南部），Ropere（北部）'roper'（原義）「縄ない工」．

Rosalind /rɑ́zəlɪnd/ ロザリンド: 女子名. ◆中英語 ~ <古フランス語 ~（原義）「おとなしい馬」<古高地ドイツ語 hros 'horse' +lind 'tender'. 本来「薔薇」とは無関係だが民間語源でラテン語 rosa linda 'lovely rose' と解した. 別形 Rosalin, Rosaline, Rosalyn. 愛称形 Ros. ▶SHAKESPEARE 作 *As You Like It* (1599) の登場人物. そこでは別形の Rosaline とも呼ばれる.

Rosamund, Rosamond, Rosamunde /rɑ́zəmənd/ ロザムンド, ロザムンデ: 1205 女子名. ◆中英語 ~ <ノルマンフランス語 Rosemunde <古高地ドイツ語 Rosamunda（原義）「右馬頭(うまのかみ)」<hros 'horse' + munda 'protection'. 本来「薔薇」とは無関係だが民間語源でラテン語 rosa munda 'pure rose' と解した. Rosamond は筆記に際し -mund の u を隣の m, n と区別するために o を用いる綴り字上の便法. 愛称形 Ros, Roz. ▶Rosamunde Pilcher (1924–   ; 英国の作家; *The Shell Seeker* (1988)).

Roscommon /rɑskɑ́mən/ ロスコモン: アイルランド中部の県・その県都. ◆<アイル語 Ros Comáin（原義）「Comán (人名) の森」.

Rose /roʊz/ ローズ: 1279 女子名. ◆中英語 ~ 'rose'. 一般に花に由来する女子名の使用は 19 世紀に多いが, Rose は早い例 (Hanks & Hodges). ラテン語形に由来する Rosa もある.

Rosemary /róʊzməri/ ローズマリ: 19C 女子名. ◆花の rosemary「マンネンロウ」の転用. rose + MARY と解するのは民間語源. ▶Rosemary Clooney (1928–2002; 米国のポピュラーシンガー).

Rosencran(t)z /róʊznkrænts/ ローゼンクランツ: 姓. ◆<オランダ語・ドイツ語・デンマーク語 ~（原義）「花輪(を作る人) ∥ 花輪(の看板のある家のそばの住人)」. ▶SHAKESPEARE 作 *Hamlet* (1601–4) の主人公の旧友. Guildenstern とともに国王 Claudius の命を受けて Hamlet を裏切るが, 見破られて殺される.

Rosenthal /róʊznθɔːl, -tɑːl/ ローゼンタール: 姓. ◆<ドイツ語 ~（ドイツ各地の地名・場所; 原義「薔薇の谷間(のそばの住人)」). ユダヤ人が姓に採用.

Rosier /róʊzjə/ ロージア: 姓 (<場所). ◆<フランス語 ~（原義）「薔薇の茂み(のそばの住人)」.

Ross /rɔs/ ロス: (**1**) 1086 DB 男子名・1195 姓. ◆中英語 Rosce, Rosse <古高地ドイツ語 Rozzo (Hrōd- 'renown' で始まる人名の愛称形). (**2**) 1086 DB 姓. ◆中英語 Ros(se) (地名; 原義「沼地・岬」) <古ウェールズ語 rhôs 'moor, promontory'. スコットランドの氏族名. ▶DIANA Ross (1944–   ; 米国のポピュラーシンガー) ∣ JOHN Ross (1777–1856; 英国の北極探検家) ∣ JAMES Ross (1800–62; JOHN の甥で同じく北極探検家).

Rossetti /rəzéti, 米 roʊ-, -séti/ ロゼッティ: 姓. ◆<イタリア語 ~（指小形） <Rosa 'rose'（原義）「野薔薇(の生える場所の住人) ∥ 薔薇(のような顔色の

Roth

人)」. ▶Dante Gabriel Rossetti (1828–82; 英国の画家・詩人; ラファエル前派) | CHRISTINA Rossetti (1830–94; D. G. の妹で詩人).

Roth /rɔθ/ ロス: (**1**) 1346 (atte) 姓 (<場所). ◆中英語 〜 (原義)「開墾地(のそばの住民)」<古英語 *roþ 'clearing'. (**2**) 姓 (ユダヤ人に多い; <あだ名). ◆<ドイツ語 〜 (原義)「赤毛・赤ひげ(の人)」<rot 'red'. ▶PHILIP Roth (1933– ; ユダヤ系の米国の作家; *Goodbye, Columbus* (1959)).

Rothschild /róθstʃaɪld/ ロスチャイルド: 姓. ◆<ドイツ語 〜 (ROTH (2), shield) (原義)「赤い盾(の看板のある家のそばの住人)」. 英語の発音はドイツ語の綴り字発音. ▶Mayer (Meyer を改名) Rothschild (1744–1812; ドイツのRothschild 銀行の創始者; ユダヤ人) | NATHAN Rothschild (1777–1836; 英国の銀行家; Mayer の子でドイツ生まれ; 英国に帰化した(1804)).

Rotorua /ròʊtərúːə/ ロートルーア: ニュージーランド北島中央部にある湖・観光地. ◆<マオリ語(原義)「第2の湖」<roto 'lake' + rua 'second'.

Rotten Row /rɔ̀tn róʊ/ ロトンロー: 1781 LONDON の HYDE PARK 内の通路. ◆(原義)「腐った・ぬかるみの並木道」. フランス語の Route du Roi 'way of the king' (WILLIAM III が用いたとされる) の転訛とする説に Mills, LPN は転訛が極端すぎると否定的.

Routledge /ráʊtlɪdʒ/ ラウトリッジ: 1494 姓 (<? イングランドの地名). ◆中英語 Routlage. ▶GEORGE Routledge (1812–88; 英国の同名の出版社の創業者).

Ro(w)land /róʊlənd/ ローランド: 1086 DB 男子名 > 1218 姓. ◆中英語 Rolland(us) <古フランス語 Rolant <古高地ドイツ語 Rodland (原義)「名高き国」.

Rowlandson /róʊləndsən/ ローランドソン: 1332 姓. ◆中英語 〜 <ROWLAND + -SON.

Rowling /róʊlɪŋ/ ローリング: 1194 男子名 > 姓. ◆中英語 Roulin (愛称形) <ROWLAND. 語尾は -ING と同化. ▶J. K. Rowling (1965– ; 英国の作家; J. K. は本名の JOANNE を出版社の意向で変えたペンネーム; ベストセラー小説 *Harry Potter* シリーズ(1997–2007)).

Roy /rɔɪ/ ロイ: (**1**) 1181 男子名・1268 姓 (<あだ名). ◆中英語 〜 <古フランス語 roy 'king' (フランス語 roi). 王様然とした人・劇で王の役を演じた人につけたあだ名から. (**2**) 姓 (<あだ名). ◆<スコット語 〜 <ゲール語 Ruadh 'red'. 「赤毛」の人につけたあだ名から. (**3**) 男子名・姓. ◆(略形) <LEROY.

Royce /rɔɪs/ ロイス: 1086 DB 女子名 > 1302 姓. ◆中英語 Rothais, Roys <ノルマンフランス語 Ro(h)ese <古高地ドイツ語 Hrōdohaidis (原義)「名高き類(の人)」. 中英語期には rose「薔薇」と混同された. ▶HENRY Royce (⇨ ROLLS-ROYCE).

Ryder

Ruby /rúːbi/ ルビー: 女子名. ♦ < ruby. 宝石の名を女子名に用いるのは最近の流行で同類に Diamond, Emerald, Pearl などがある.

Rugby /rʌ́gbi/ ラグビー: 1200 イングランド中部 Warwickshire の工業都市. ♦中英語 Rokebi (原義)「Hrōca (人名) の村」. ⇨ -by. 球技のラグビーはこの地の public school, Rugby 校で 1823 年頃に始められた.

Rupert /rúːpət/ ルーパート: 男子名. ♦Robert の低地ドイツ語形. ▶Prince Rupert (1619–82; 清教徒革命のとき叔父のイングランド王 Charles I を助けに駆けつけたボヘミア王の息子で武人).

Rush /rʌʃ/ ラッシュ: 1332 (atte) 姓 (< 場所). ♦中英語 Russh (原義)「藺草 (に囲まれた住居)」. ▶Geoffrey Rush (1951– ; オーストラリアの舞台・映画俳優; *Shine* (1996) で Academy 主演男優賞を受賞).

Rushmore /rʌ́ʃmɔː/ ラッシュモア: 1206 (de) 姓 (< イングランド Suffolk 州, Kent 州の地名). ♦中英語 Rushmere (rush, mere) (原義)「藺草 (いぐさ) の生えた池」. more は mere の変形. 米国 South Dakota 州の The Mount Rushmore は New York の弁護士 C. E. Rushmore にちなむ.

Ruskin /rʌ́skɪn/ ラスキン: 1220 男子名 > 1389 姓. ♦中英語 Rosekyn, Ruskyn (指小形) < Rosce 'Ross'. ▶John Ruskin (1819–1900; 英国の美術評論家・画家; Turner などを擁護).

Russell /rʌ́səl/ ラッセル: c1095 男子名 > 1115 姓. ♦中英語 Russel < 古フランス語 rousel < rous 'red' + -el (指小辞).「赤ら顔・赤毛」の人につけたあだ名から. ▶Bertrand Russell (1872–1970; 英国の数学者・哲学者) | Russell Crowe (1964– ; 英国の映画俳優).

Ruth /ruːθ/ (1) ルツ: «旧約» 姑 Naomi につくす嫁で David 王の曾祖母. ♦ < 後期ラテン語 ～ < ギリシャ語 Roúth < ヘブライ語 (原義)「友愛」. (2) ルース: 1180 姓 (< あだ名)・女子名. ♦中英語 reuthe 'pity, ruth'. 哀れみ深い人につけたあだ名から. 女子名としては 16 世紀にピューリタンが用いだした. ▶Babe Ruth (1895–1948; 大リーガー (1914–35); 生涯ホームラン 714 本で, 歴代 3 位).

Rutherford /rǽðəfəd/ ラザフォード: a1200 (de) 姓 (< スコットランド Roxburghshire, イングランド Yorkshire の地名). ♦中英語 ～ (原義)「家畜の渡り場」< 古英語 hrȳðer 'cattle' + -ford. ▶Ernest Rutherford (1871–1937; ニュージーランド 生まれの英国の核物理学者; Nobel 化学賞を受賞 (1908)).

Ryan /rájən/ ライアン: 姓・男子名. ♦アイル語 Rian (Rí 'King' の愛称形か). 男子名は米国では映画俳優 Ryan O'Neal (1941–) の影響で人気が出た (Cresswell).

Ryder /ráɪdə/ ライダー: 姓. ♦Rider の別形. ▶Albert Pinkham Ryder (1847–

Rye

1917; 米国の画家; 風景画・人物画・寓意画を描いた).

Rye /raɪ/ ライ: 1169 (de) 姓 (<イングランド各地の地名). ◆中英語 ~ (原義)「島 (の住民)」< at the rye (異分析) < at there ye < 古英語 æt þære īeġ 'at the island'. 地名としてはイングランド East Sussex 州にある町が観光地として有名. 元は島だった.

Ryeland(s) /ráɪlənd(z)/ ライランド, ライランズ: 1232–45 (de) 姓 (<場所). ◆中英語 Riland (rye, -LAND) (原義)「ライ麦の自生地 (のそばの住民)」. ⇨ -s (父系).

S

-s /-s, -z/ (**1**)父系(son of)を示す接尾辞.イングランド北部・低地スコットランドに多い.同類の -SON はイングランド南部・中部とウェールズに多い.(**2**)所有格を示す接尾辞.(**3**)複数を示す接尾辞.

Sabrina /səbríːnə/ サブリナ: 女子名. ♦~(ラテン語化)<古ウェールズ語 Habren 'SEVERN'. ケルト伝説で継母に Severn 川に投げ込まれ溺死した王女の名.この川名の語源になったと伝えられているが, 実際は逆で, 川名が王女の名になったのであろう.

Sacramento /sækrəméntoʊ/ サクラメント: 1848 米国 CALIFORNIA 州の州都. ♦<スペイン語 ~<ラテン語 sacrāmentum「秘蹟」. そこを流れる川の名 Sacramento (1808)から命名された.「秘蹟」との関係は不明.

Sadie /séɪdi/ セイディー: 19C 女子名. ♦SARAH, MERCEDES の愛称形.米国に多い.

Sadler's Wells Theatre /sǽdləz wélz θìətə/ サドラーズ ウェルズ シアター: LONDON の古い劇場の一つ. ♦<RICHARD Sadler. 彼が鉱泉(wells)を発見した修道院跡に王政復古後の 1683 年に開設した劇場.

Saint John /sənt dʒɔ́n, 米 seɪnt-/ セイントジョン: 1785 カナダ NEW BRUNSWICK 州の商工業都市. ♦Saint (通例 St. と略記) John (River) (<フランス語 Fleure Saint-Jean)の河畔に位置することから.川名はフランス人探検家 Samuel de Chaplain (1567–1635)が同川に到達した(1604 年) 6 月 24 日が洗礼者ヨハネの祝日であることにちなんで命名.

St. John's /sənt dʒɔ́nz, 米 seɪnt-/ セイントジョンズ: 1832 カナダ NEWFOUNDLAND AND LABRADOR 州の州都. ♦<St. John's Harbour. 英国の航海家 JOHN Cabot が 1497 年 6 月 24 日(洗礼者ヨハネの祝日)に入港して命名した.1583 年英国の最初の入植地.

Saint Louis /sənt lúːɪs, 米 seɪnt-/ セント ルイス: 1764 米国 MISSOURI 州の都市. ♦<フランス人移住者によるフランス国王 St. LOUIS IX (在位 1226–70)にちなむ命名.この聖者が当時の国王 LOUIS XV の守護聖人だったことから.

St. Pancras /sənt pǽŋkrəs, 米 seɪnt-/ セントパンクラス: LONDON 中心部の一地

St. Paul

域. ◆St. PANCRAS に捧げられた教会 St. Pancras Old Church があった場所. 鉄道駅 St. Pancras Station は 1860 年代の建造.

St. Paul /sənt pɔ́ːl, 米 seɪnt-/ セントポール: (**1**) «キリスト教» 聖パウロ. ◆＜ラテン語 Sanctus Paulus 'St. PAUL'. (**2**) 1858 米国 MINNESOTA 州の州都. ◆カナダ人の宣教師 Lucian Galtier 神父が St. Paul に捧げた礼拝堂を 1841 年にこの地に建てたことから.

St. Paul's Cathedral /sənt pɔ́ːlz kəθíːdrəl, 米 seɪnt-/ セントポールズカテドラル: LONDON の司教座大聖堂. ◆＜ St. PAUL「聖パウロ」. 現在の聖堂は 604 年以来 5 度目の建築で CHRISTOPHER WREN の設計になる.

Salem /séɪləm/ (**1**) サレム: «旧約» Canaan の古都 (JERUSALEM と言われる). ◆＜ヘブライ語 Sharōm (原義「平和」). ⇨ SALOME. (**2**) セイラム: 1) 米国 MASSACHUSETTS 州北東部の港町. ◆＜(1) // (略形) ＜ Jerusalem. 1692 年に魔女裁判が行われた. 2) 米国 OREGON 州の州都. ◆＜(1) // (略形) ＜ Jerusalem.

Salinger /sǽlɪndʒə/ サリンジャー: 姓. ◆(**1**) ＜フランス語 Saint-Léger (7 世紀の Autun の司教・殉教者 Saint Léger にちなむ地名). (**2**) ＜? ドイツ語 Solingen (刃物製造で有名なドイツ西部の町) ＋英語 -ER. ▶J. D. Salinger (1919–2010; 米国の作家; *The Catcher in the Rye*『ライ麦畑で捕まえて』(1951)).

Salisbury /sɔ́ːlzbəri/ ソールズベリー: c900 イングランド WILTSHIRE 州南部にある同州の州都. ◆古英語 Searobyrġ (原義)「Servio (ケルト語の地名) の砦」. ⇨ -BURY. 今の語形の l は r－r の異化による. 13 世紀中頃に建立された高い尖塔で有名な大聖堂がある.

Sally, Sallie, Sali /sǽli/ サリー: 女子名. ◆SARAH の愛称形. 17 世紀末まで用いられたが, 間をおいて 20 世紀に人気復活. r → l の変化は類例が多い: MARY → Molly (Cresswell). 愛称形 Sal. ▶Sally FIELD (1946– ; 米国の TV・映画女優; *Norma Rae* (1979), *Places in the Heart* (1984) で ACADEMY 主演女優賞を 2 度受賞).

Salome /səlóʊmi/ サロメ: (**1**) Herod 王の後妻 Herodias の娘. ◆＜後期ラテン語 ～＜ギリシャ語 Salōmḗ ＜ヘブライ語 (原義)「平和; cf. 和子」. 洗礼者 JOHN に婚姻関係を非難された母親 Herodias のそそのかしにのって, 幽閉中の John の首を Herod 王に所望した. (**2**) 女子名. ◆＜(1). ユダヤ人によくある女子名. (1) からの連想でずっとタブー視されてきたが 19 世紀以降, 特に WILDE の戯曲 *Salomé* (フランス語版 1891; *Salome* (英語版 1894)) の影響で, 因習に捕らわれない人たちが用い始めた (Hanks & Hodges).

Salomon /sǽləmən/ サロモン: (**1**) «旧約» SOLOMON の別形. ◆ギリシャ語 Solomṓn 'Solomon'. (**2**) 1086 DB 男子名 ＞ 1210 姓. ◆中英語 Sal(o)mon 'Solomon'. Salomon は Vulgata, Tyndale, Cranmer, Rheims versions などの

San Diego

語形. Solomon は Geneva Bible, Authorized Version の語形.

Salt Lake City /sɔ́ːlt leɪk síti/ ソルトレイクシティー: 米国 UTAH 州の州都. ♦ < Great Salt Lake City. 迫害を逃れてこの地に来た MORMON 教徒によって 1847 年に「大塩水湖」の南東端に建設された都市. 1868 年に市名からは Great が落ちた.

Sam /sæm/ サム: 男子名・女子名. ♦SAMUEL, SAMANTHA の愛称形. 愛称形 Sammy, Sammie. ▶Sam (< Samuel) MENDES.

Samantha /səmǽnθə/ サマンサ: 18C 女子名. ♦? < SAM(UEL) + -antha < ギリシャ語 ánthos 'flower'. Samuel の女性形として意図された造語. 米国では 1988–2006 年にトップテン入りしていた人気のある女子名 (en. wikipedia). 1964–72 年に放送された TV ドラマ *Bewitched*『奥さまは魔女』のヒロインの名 Samantha STEPHENS の人気に負うところが大きい.

Sampson /sǽm(p)sən/ サム(プ)ソン: c1170 男子名・1130 姓. ♦中英語 ～ < 後期ラテン語 ～ 'SAMSON'.

Samson /sǽmsən/ サムソン: (1) 《旧約》怪力無双の士師. ♦中英語 ～ < 後期ラテン語 Sam(p)son < ギリシャ語 Sampsṓn < ヘブライ語 (原義)「太陽神の子」. (2) 1086 DB 男子名; 姓. ♦中英語 Sansun, ～ < (1). 6 世紀のウェールズの司教 St. Samson への崇敬のためケルト語圏に広まった.

Samuel(s) /sǽmjuəl(z)/ (1) [Samuel] サムエル: 《旧約》ヘブライの預言者. ♦中英語 ～ < 後期ラテン語 Samuēl < ギリシャ語 Samouḗl < ヘブライ語 (原義)「神は (祈りを) 聴き給うた」. (2) サミュエル (ズ): 1198 男子名・c1160 姓. ♦中英語 ～ < (1). ⇨ -s (父系). 愛称形 SAM, Sammy. ▶Samuel JOHNSON (1709–84; 英国の文人・辞書編纂者).

San Antonio /sæ̀n æntóʊnioʊ/ サンアントニオ: 米国 TEXAS 州の都市. ♦ < スペイン語 ～ 'St. ANTHONY'. 1691 年 5 月 19 日, Padua の聖者の祝日に, ここの川に最初の探検家たちがやって来たことから. ALAMO 砦の跡がある.

Sandel /sǽndl/ サンデル: 姓. ♦ < ドイツ語 ～ (ユダヤ人名; 原義「白壇」). ▶MICHAEL Sandel (1953– ; 米国の政治哲学者・Harvard 大学教授; *Justice: What's the Right Thing to Do?*『これからの「正義」の話をしよう―いまを生き延びるための哲学』(2009); NHK 教育テレビ『ハーバード白熱教室』に出演).

Sander(s) /sǽndə(z)/ サンダー (ズ): c1248 男子名 > 1275 姓. ♦Sander (愛称形) < ALEXANDER. ⇨ -s (父系).

San Diego /sæ̀n diéɪgoʊ/ サンディエゴ: 1602 米国 CALIFORNIA 州の都市. ♦ < スペイン語 ～ 'St. JAMES'. スペインの守護聖人にちなんだスペイン人による命名.

Sandra

Sandra /sǽndrə/ サンドラ: 女子名. ◆(1)(略形) <イタリア語 Alessandra 'ALEXANDRA'. (2) CASSANDRA の愛称形. ▶Sandra BULLOCK (1964– ；米国の映画女優).

Sandringham /sǽndrɪŋəm/ サンドリンガム: 1086 DB イングランド NORFOLK 州の村. ◆中英語 ～ (原義)「Dēorsiġe 一族の砂地の村」<古英語 sand + Dēorsiġe (人名) + -inga 'of the people' + hām '-HAM¹'. 英国王室の御用邸 Sandringham House がある.

Sandwich /sǽn(d)wɪdʒ, -wɪtʃ/ サン(ド)ウィッジ, サンウィッチ: c710–20 イングランド KENT 州の地名 > 1221 (de) 姓. ◆中英語 Sandwyche <古英語 Sandwiċæ (原義)「砂村」. パンに肉を挟んだサンドイッチは, JOHN Montagu, 4th Earl of Sandwich (1718–92) がトランプゲーム中に手を汚さずに肉を食べられるようにパンに挟むよう命じたという逸話から.

Sandy /sǽndi/ サンディ: (1)男子名. ◆ALEXANDER の愛称形. 特にスコットランドに多い. (2)女子名. ◆ALEXANDRA, CASSANDRA, SANDRA の愛称形. ⇨ -Y (愛称的指小辞). (3)男子名・女子名. ◆<sandy.「砂色の・薄茶色の」髪の毛の人につけたあだ名から.

San Francisco /sæn frənsískoʊ/ サンフランシスコ: 1847 米国 CALIFORNIA 州の港湾都市. ◆<スペイン語 ～ 'St. FRANCIS'. そこにあったフランシスコ会の伝道所にちなむ.

Santa Claus /sǽntə klɔːz, ＿ ＿/ サンタクロース: 1773. ◆<オランダ語 Sante Klaas <中オランダ語 Sint Nicolaes 'St. NICHOLAS'. 4 世紀の小アジアの主教 St. Nicholas が貧しい娘たちに窓から持参金用に財布を投げ入れ恵んでやったという New Amsterdam のプロテスタントの間に広まった伝説から.

Santa Cruz /sǽntə krúːz, 米 ＿ ＿/ サンタクルーズ: 1886 米国 CALIFORNIA 州西部の港湾都市・観光地. ◆<スペイン語 ～ 'Holy Cross'. スペイン人がこの地を聖十字架の日 (9 月 14 日) に発見したから.

Santa Fe /sǽntə féɪ/ サンタフェ: fl609 NEW MEXICO 州の州都 (1912). ◆<スペイン語 ～ 'Holy Faith' (原義)「聖なる信仰」(略) <La Villa Reál de la Santa Fe de San Francisco 'The Royal City of the Holy Faith of St. Francis'. 鉄道開業までの産業交易道路として有名な Santa Fe Trail「サンタフェ街道」がある.

Santana /sæntǽnə/ サンタナ: 姓. ◆<スペイン語 ～ (スペイン各地の地名) <Santa Ana 'St. ANNA' (聖母マリアの母). ▶CARLOS Santana (1947– ；メキシコ系米国人のロックギタリスト; Santana バンドのリーダー).

Sarah /sé(ə)rə/ (1)サラ: 旧約 ABRAHAM の妻で ISAAC の母. ◆<後期ラテン語 ～ <ギリシャ語 Sárra <ヘブライ語 (原義)「王女」. (2)女子名: セアラ, セー

ラ．♦ <(1)．愛称形 Sadie, SALLY． ▶Sarah VAUGHAN (1924–90; 米国のジャズシンガー)．

Sargent /sá:dʒənt/ サージェント: 姓(<職業)．♦SERG(E)ANT の別形．

Saskatchewan /səskǽtʃəwən/ サスカチェワン: 1813 カナダ南西部の川 > 1882 州(州都 REGINA) > 1967 山．♦<クリー語 Kisiskatchewan (原義)「急流」．

Sassoon /səsú:n/ サスーン: 姓．♦<(別形)<Sasson (ユダヤ人名) <ヘブライ語 Sason (原義)「喜び」．▶Siegfried Sassoon (1886–1967; 英国の詩人・自伝作家; 父親がユダヤ系)．

Satan /séɪtən/ サタン: «キリスト教» 悪魔．♦中英語 Sat(h)an <古英語 ～ <後期ラテン語 Satān <ギリシャ語 Satán <ヘブライ語 (原義)「(神の)告発者・敵対者」．

Saturn /sǽtə:n/ サトゥルヌス: «ローマ神話» 農耕の神．♦中英語 ～ <古英語 Saturnus <ラテン語 Sāturnus (通俗語源「種蒔の神」) <satus (過去分詞形) 'sown, sowed'. Saturday は「Saturn の日」の意．

Saul /sɔ:l/ (1) サウル: «旧約» SAMUEL に油を注がれたイスラエル初代の王．♦中英語 Sawle <後期ラテン語 Saūl <ギリシャ語 Saoúl <ヘブライ語 (原義)「請われた(人)」．(2) ソール: 1198 男子名・1255 姓．♦中英語 Sawle <(1)．中英語期にはまれ．

Saville /sǽvɪl/ サヴィル: 1246 (de) 姓 (<地名)．♦中英語 Sayvill <古フランス語 Sauville, Sainville (北フランスの地名; 原義「? サクソン族の村」)．LONDON, REGENT STREET 近くにある高級注文服店が並ぶ Savile Row は「背広」の語源と言われている．この Savile は 3rd Earl of Burlington の妻, Lady Dorothy Savile (1699–1785) にちなむ．

Savoy Theatre /səvɔɪ θíətə/ サヴォイシアター: LONDON の劇場．♦STRAND 街にあった中世の貴族 JOHN of GAUNT の館 Savoy Palace 跡に建てられ 1881 年にオープンした．GILBERT, SULLIVAN の喜歌劇の上演で有名．

Sawney /sɔ́:ni/ ソーニー: a1704 男子名・女子名．♦スコット語 ～ (別形) <SANDY (1), (2)．スコットランドで多用されることから, スコットランド人の軽蔑的通称になった．同類に PADDY, TAFFY．

Saxon(s) /sǽksnz/ サクソン(ズ): ?a1200 サクソン人．♦中英語 Saxon <後期ラテン語 Saxōn-, Saxōnēs (複数) <ゲルマン語 (原義)「sax「ナイフ」を持った武士たち」．

Sayers /séɪəz/ セイヤーズ: (1) 1147–53 男子名・姓．♦中英語 Saheri, Sayer <ノルマンフランス語 Seyer <古高地ドイツ語 Sigeheri (原義)「勝軍」．(2) 1270 (le) 姓 (<職業)．♦中英語 Sayher, Sawyere (原義)「木挽き・裁縫師」．⇨ -S (父系), -ER. ▶DOROTHY L. Sayers / 本人 sé:z/ (1893–1957; 英国のミステ

リー作家).

Scarborough /skǽbərə/ スカバラ: c1160 イングランド North YORKSHIRE の保養地. ♦中英語 Escardeburg (原義)「Skarthi (北欧人名<あだ名; 原義「口唇裂(の人)」)の砦」. ⇨ -BOROUGH.

Scarlet(t) /skáːlət/ スカーレット: 1185 姓(<職業). ♦中英語 Scarlet (原義)「緋色布の染色工・売買業者」(頭音消失形)<古フランス語 escarlate 'scarlet'. M. MITCHELL の小説 *Gone with the Wind*『風と共に去りぬ』(1936, 映画化 1939) のヒロイン Scarlett O'HARA の人気で女子名として広がった.

Schae(f)fer /ʃéɪfə/ シェイファー: 姓. ♦(英語化)<ドイツ語 Schäfer 'shepherd'. 18 世紀後期から 19 世紀初期にユダヤ人に多く用いられた.

Schick /ʃɪk/ シック: 1931 Schick Wilkinson-Sword 社のカミソリの商標. ♦<Jacob Schick (1877–1937; 考案者). ドイツ語 Schick<フランス語 chic「シック, 粋(いき)」を連想させる.

Schneider /ʃnáɪdə/ シュナイダー: 姓. ♦<ドイツ語 ~ 'tailor' < schneiden 'to cut'.

Schul(t)z /ʃʊlts/ シュルツ: 姓. ♦<ドイツ語 ~ (原義)「村長」. ▶CHARLES M. Schulz (1922–2000; 米国の漫画家; *Peanuts* (1950–2000); 父親がドイツ移民; ⇨ SNOOPY).

Schwartz /ʃwɔːts/ シュウォーツ: 姓. ♦<ドイツ語 ~ 「あだ名; 黒い(人)」. ドイツ系に多いが, 中欧・東欧に広がっている.

Schweppes /ʃweps/ シュウェップス: 1783 英国製の炭酸ミネラル飲料水の商標. ♦<JACOB Schweppe (1740–1821; スイスを経て英国に来たドイツ人の創業者). Schweppes は偶然にも発泡性飲料の擬音効果(シュワシュワ)を持つ. 今は世界各地で製造販売されている. ドイツ語の姓 Schweppe の原義は「鞭(職人)」.

Scot /skɔt/ スコット: スコット族の一員・スコットランド人. ♦中英語 Scot (単数形)<Scottes (原義)「SCOTLAND (から来た)人たち」<古英語 Scottas「アイルランド人」. ⇨ SCOTT(s).

Scotland /skɔ́tlənd/ スコットランド: OE 国名・地名. ♦古英語 ~ (原義)「スコット族の国」<Scottes 'SCOTS' + -LAND.

Scotties /skɔ́tiːz/ スコッティーズ: ティッシュペーパーの商標. ♦<E. Irwin SCOTT, Clarence Scott (創業者の兄弟). -IES は名詞につけて商品を示す接尾辞 -Y の複数形.

Scott(s) /skɔt(s)/ スコット, スコッツ: c1124 男子名・c1150–60 姓. ♦(転用)<中英語 Scot(tes) (アイルランドから 6 世紀に移住したスコット族)<古英語 Scottas「アイルランド人」(原義「? 刺青を彫った人たち」(Hanks &

Sellotape

Hodges)〃「? 放浪者」(研究社英語源辞典)). ⇨ -s (父系). ▶Walter Scott (1771–1832; スコットランドの作家; *Ivanhoe* (1819)).

Scrooge /skrúːdʒ/ スクルージ: Charles Dicken 作 *A Christmas Carol* (1843) の主人公. ♦<? Ebenezer Scroggie (実在した墓造り職人) < Scroggie (スコットランド Perthshire の地名に由来する姓). 人嫌いの貪欲で非情な老人が改心して慈悲深くなる.

Seamus, -mas /ʃéɪməs/ シェイマス: 男子名. ♦アイル語 〜 <ゲール語 Séamus 'James'. ▶Seamus Heaney.

Sean /ʃɔːn/ ショーン: 男子名. ♦(アイル語化)<ノルマンフランス語 Jean 'John'. John に当たる本来のアイルランド語は Eoín で復活の可能性がある. ▶Sean Connery ‖ Sean Penn (1960– ; 米国の映画俳優; *Mystic River* (2003) と *Milk* (2008) で Academy 主演男優賞を受賞; 母親がイタリア・アイルランド系, 父親の祖先はユダヤ系; 姓の Penn はユダヤ人の姓 Piñón からか).

Se(a)ton /síːtn/ シートン: c1194–1214 (de) 姓(<イングランド各地の地名). ♦中英語 Seton (sea, -ton) (原義)「海浜の町」. ▶Ernest Thompson Seton (1860–1946; 英国生まれの米国の作家;「シートンの動物記」で知られる).

Seattle /siǽtl/ シアトル: 1853 米国 Washington 州の港湾都市. ♦入植者に親切にした先住民の族長 Seathl にちなむ. Seattle Mariners の本拠地 Safeco Field 球場や University of Washington の所在地.

Sebastian /səbǽstʃən, -tjən/ (1) セバスティアヌス:《キリスト教》3 世紀のローマの殉教者. ♦<ラテン語 Sebastiānus <ギリシャ語 Sebastianós (原義)「Sebastē (小アジアの町; 原義「尊い」) の出身者」. (2) セバスチャン: 男子名 > 姓. ♦<(1).

Sedgefield /sédʒfiːld/ セッジフィールド: c1040 地名. ♦古英語 Ceddesfeld, Secġesfeld (原義)「Cedd / Secġ (人名) の平野」. ⇨ -field.

Segar /síːgə/, **Sagar** /séɪgə/ シーガー, セイガー: 1086 DB 姓. ♦中英語 〜 (原義)「海槍」<古英語 *Sægār 'Sea-spear'. ▶Elzie Segar (1894–1938; 米国の漫画家; *Popeye* シリーズの作者).

Selkirk /sélkəːk/ セルカーク: c1120 スコットランド Borders 旧州の地名 > 姓. ♦中英語 〜, Selechiriche (原義)「館のそばの教会」<古英語 sele 'hall' + ċiriċe 'church'. kirk はイングランド北部方言形・スコット語形. ▶Alexander Selkirk (1676–1721; スコットランドの船乗り; Robinson Crusoe のモデルと言われる).

Sellotape /séloʊteɪp/ セロテープ: 1937 英国の粘着テープの商標. ♦<cellophane + tape. 当時 Cellophane が商標登録されていたので C を S に変えた.

Sequoia

Sequoia /sɪkwóɪə/ [~ National Park] セコイア国立公園: 米国 CALIFORNIA 州中部の国立公園. ♦ < sequoia「セコイアメスギ」. このスギ科の巨木を保護するために 1890 年に国立公園に制定された.

Serena /sərí:nə/ セリーナ: 女子名. ♦ < ラテン語 serēna (原義)「晴朗な・静かな (女)」(女性形) < serēnus 'bright, clear (of sky), serene'. これまではまれだが米国のテニスプレイヤー Serena WILLIAMS の人気で増えるかもしれない.

Serg(e)ant /sá:dʒənt/ サージャント: 1185 姓 (< 職業). ♦ 中英語 Seriant, Sergant (原義)「役人」< 古フランス語 sergent, serjant 'servant'. 中英語期に knight の下の階級の従士, 宮廷・法廷の役人などの意味が生じた.

Serg(e)antson /sá:dʒəntsən/ サージャントソン: 1379 姓. ♦ 中英語 Sergantson 'SERG(E)ANT' + -SON.

7-Eleven /sèvn-ɪlévn/ セブンイレブン: 米国に生まれたコンビニエンスストアの商標. ♦ 米国 TEXAS 州 DALLAS で JOE C. THOMPSON が創業し, 当初 7 a.m–11 p.m. に営業したことにちなむ. 2005 年日本の Seven & i Holdings Co., Ltd. の子会社になった.

Severn /sévn/ セヴァン: (**1**) イングランドの川. ♦ 古英語 Sæferne < ラテン語 SABRINA < ブリトン語 Hafren. ウェールズ中部に発し, イングランド西部を南流し BRISTOL 湾に注ぐ. (**2**) カナダの川. ♦ < (1). ONTARIO 州を流れ HUDSON 湾に注ぐ.

Seward /sí:wəd, sjú:əd/ シーワド, シューアド: 1086 DB 男子名 > 1275 姓. ♦ 中英語 Seward < 古英語 Sæweard (sea, ward) (人名; 原義「海を守る人」).

Sewell /s(j)ú:əl/ シューエル: 1086 DB 姓. ♦ 中英語 Sewale (変形) < Sawaldus < 古英語 Sæweald (sea, wield) (人名; 原義「海上支配・泳力・漕力」).

Seymour /sí:mɔ:/ シーモア: 1159 (de) (< 地名). ♦ 中英語 Seimor < 古フランス語 Saint Maur (フランスの地名; 原義「St. Maur」). ▶JANE Seymour (1509?–37; HENRY VIII の 3 番目の妃).

Shackleton /ʃǽkltən/ シャクルトン: 1246 (de) 姓 (< イングランド YORKSHIRE の地名). ♦ 中英語 Schacheliton (原義)「長地村」< 古英語 *sċacol 'tongue of land' + tūn '-TON'.

Shaffer /ʃǽfə/ シャファー: 姓. ♦ (英語化) < ドイツ語 Schäfer 'SHEPHERD'. ユダヤ人に多い姓. 別形 SCHAEFFER. ▶PETER Shaffer (1926– ; 英国の劇作家; *Amadeus* (1979 劇, 1984 映画); 両親はユダヤ人).

Shaftesbury /ʃá:ftsbəri/ シャフツベリー: 877 イングランド DORSET 州北部の町. ♦ 古英語 Sċeaftesburi (原義)「Sċeaft (人名; 原義「矢柄・槍」) の砦」< Sċeaft + -es '-s (所有格)' + byrġ '-BURY'. 貴族の称号, Earl of Shaftesbury に用いられる.

Shakespeare /ʃéɪkspɪə/ シェイクスピア: 1248 姓(<あだ名). ♦中英語 Shakespere (shake, spear) (原義)「槍を振り回す(乱暴者)」. ▶WILLIAM Shakespeare (1564–1616; 英国の劇作家; *Hamlet* (1601)).

Shamrock /ʃǽmrək/ シャムロック: 1577 アイルランドの国花. ♦<アイル語 seamróg (指小形) < seamar 'trefoil, clover'. St. PATRICK が三位一体を説くのに三つ葉のクローバーを用いた.

Shane /ʃeɪn/ シェイン: 1540 姓・男子名. ♦<(英語化)<ゲール語 Mac Seáin 'Son of Seán (= JOHN)'. ▶Shane (J. SCHAEFER の小説 *Shane* (1949, 映画化『シェーン』1953) のヒーロー).

Sharp(e) /ʃɑːp/ シャープ: 1026 姓(<あだ名). ♦古英語 Sċearpa (原義)「切れ者」<sċearp 'sharp'. ▶BECKY Sharp (THACKERAY の小説 *Vanity Fair*『虚栄の市』(1847–48) のアンチヒロイン).

Shaw /ʃɔː/ ショー: (**1**)1333 姓. ♦中英語 Shaga, Shawe (イングランド各地の地名; 原義「藪・森」) < 古英語 sċeaga. (**2**)姓. ♦スコット語・アイル語 ~ <ゲール語 Sitheach (姓<人名; 原義「狼」). ▶GEORGE BERNARD Shaw (1856–1950; アイルランド生まれの英国の劇作家; *Pygmalion* (1912); NOBEL 文学賞 (1925) を受賞).

Shearer /ʃíərə/ シアラー: 1231 (le) 姓(<職業). ♦中英語 Sherer (原義)「羊毛刈り取り職人・ラシャのケバ取り職人」. ▶MOIRA Shearer (King) (1926–2006; スコットランド生まれのバレリーナ; 映画 *The Red Shoes*『赤い靴』(1948)).

Sheffield /ʃéfiːld/ シェフィールド: 1086 DB イングランド South YORKSHIRE の工業都市. ♦中英語 Scafeld (原義)「Sheaf 川のそばの平野」<古英語 Sċeaf (川名; 原義「境川」) + feld 'field'.

Sheila /ʃíːlə/ シーラ: 女子名. ♦(英語化)<アイル語 Síle (アイル語化) <CECILIA.

Shell /ʃel/ シェル: 1904 国際石油メジャー Royal Dutch Shell plc の商標(帆立貝の貝殻). ♦<shell「貝殻」. ユダヤ人の MARCUS SAMUEL(1853–1927) が各地のリゾートの貝殻を集めた店(Shell Shop) を開き成功したのに始まる.

Shelley /ʃéli/ シェリー: 1473–4 姓(<イングランド各地の地名)・男子名・女子名. ♦中英語 Shelley < 古英語 Scylflēah (原義)「丘林」<scylf 'slope' + -lēah '-LEY'. 本来, 男子名だが女子名にも用いられるのは, SHIRLEY と女性語尾 -(e)y との連想からか(Hanks & Hodges). ▶PERCY Bysshe Shelley (1792–1822; 英国のロマン派詩人; *Prometheus Unbound*『縛めを解かれたプロメテウス』(1820)).

Shenandoah /ʃènəndóʊə/ シェナンドア: 米国 VIRGINIA 州の川. ♦<アルゴン

キン語 ～（原義）「? きれいな川 ‖ 星々の娘 ‖ 森鹿（族長の名）」. Shenandoah Valley は南軍が北軍に敗北した激戦地. 南北戦争は映画 *Shenandoah*（1965）に描かれ，同川はカントリーソング "Oh Shenandoah" に歌われている.

Shepherd(s) /ʃépəd(z)/ シェパード，シェパーズ: 1279 姓（＜職業）. ♦中英語 shepherd「羊飼い」＜古英語 scēaphyrd (sheep, herd).

Sheridan /ʃérɪdən/ シェリダン: 姓＞男子名＞女子名. ♦アイル語 ～＜ゲール語 Ó Sirideáin 'descendant of Sirideán (人名)'. ▶PHILIP Sheridan (1831–88; 米国南北戦争時の北軍の将軍；両親はアイルランド移民; 1864 年南軍を SHENANDOAH Valley で破り，翌年 ROBERT LEE[1] 将軍を降伏させた) | RICHARD Sheridan (1751–1816; アイルランド生まれの政治家・劇作家).

Sherlock /ʃɔ́:lək/ シャーロック: 男子名・1002–19 姓（＜あだ名）. ♦中英語 Shirloc「金髪」＜古英語 scīr 'bright' + loc 'lock (of hair)' (= 'fair-haired'). ▶CONAN DOYLE が創作した名探偵 Sherlock HOLMES.

Sherman /ʃɔ́:mən/ シャーマン: 1207 姓（＜職業）. ♦中英語 Shereman（原義）「羊毛刈り取り職人・ラシャのケバ取り職人」＜古英語 scēarra 'shears, scissors' + mann '-MAN'. 同義語 SHEARER.

Sherry /ʃéri/ シェリー: 女子名. ♦CHERIE の別形. SHIRLEY, SHERIDAN の愛称形. 愛称形 Sherri(e). 今では Sherry（シェリー酒）との連想が強い (Hanks, BN).

Sherwood /ʃɔ́:wʊd/ シャーウッド: (1) イングランド NOTTINGHAMSHIRE の森 (ROBIN HOOD の根城). ♦古英語 *Scīrwuda（原義）「管理林・御料林・王の猟場」＜scīr 'care, shire' + wuda 'wood'. Sherwood Forest の Forest は余分か. (2) 1219 男子名・1219 姓. ♦中英語 Shirewude（原義）「明るい森」＜古英語 scīr 'bright' + wuda 'wood' ‖＜(1). ▶米国の作家 Sherwood ANDERSON.

Sheryl /ʃérɪl/ シェリル: 女子名. ♦(別形)＜Cheryl＜? Cherry + Beryl（原義）「緑柱石」. ▶Sheryl CROW (1962– ; 米国のロック歌手).

Shetland Islands /ʃétlənd aɪləndz/ シェットランドアイランズ: c1100 スコットランド北東沖の諸島. ♦中英語 Hjaltland（原義）「柄(?)島国」＜古ノルド語 Hjaltland＜hjalt 'hilt' + -LAND. 島の配列が刀の柄の形をしていることからか.

Shippey /ʃípi/ シッピー: 1524 姓. ♦(1)（原義）「羊島（の住民）」＜古英語 scēap 'sheep' + īeġ 'island'. (2)（原義）「羊囲い（のそばの住民）」＜古英語 scēap 'sheep' + (ġe)hæġ 'enclosure'. ▶THOMAS Shippey (1943– ; 英国の中世英文学者; TOLKIEN 研究者).

-shire /-ʃə/ 1064 英国の州名に用いる. ♦中英語 ～＜古英語 scīr「行政区・州」. -shire のつかない州名も KENT, SURREY, SUSSEX, ESSEX, SUFFOLK, NORFOLK ほか多数ある.

Shirley /ʃɔ́:li/ シャーリー: 1086 DB 英国各地の地名＞1219 (de) 姓＞男子

Silver

名>女子名. ◆中英語 ～ (地名; 原義「明るい・州の林間地」)<古英語 scīr 'bright, shire' + lēah '-LEY'. CHARLOTTE BRONTË 作 *Shirley* (1849) のヒロイン Shirley は両親が男子を望んでつけた名. このように以前は男子名に用いられた (Hanks, BN).

Short /ʃɔːt/ ショート: 1176 姓 (<あだ名). ◆中英語 Scort, ～ <古英語 sċeort 'short'. 「背が低い」人につけたあだ名から. LONG, LANG と比較.

Shrewsbury /ʃrúːzbəri/ シュルーズベリ: 11C イングランド SHROPSHIRE の州都. ◆古英語 Sċrobbesbyriġ (原義)「雑木林地帯の砦」<sċrybb 'shrub' + -es '-S (所有格)' + byriġ '-BURY'.

Shropshire /ʃrɔ́pʃə/ シュロップシャー: 1006 イングランド西部のウェールズに接する州 (州都 SHREWSBURY). ◆中英語 Sciropescire (短縮形) <古英語 Sċrobbesbyriġsċīr (原義)「Shrewsbury のある州」. ⇨ -SHIRE.

Shylock /ʃáilɔk/ シャイロック: SHAKESPEARE 作 *The Merchant of Venice* (1596–97) の高利貸しのユダヤ人. ◆語源不詳. ヘブライ語 Shallach「強欲者」あるいは英語廃語 Shullock (原義)「ぶらぶら歩きをする(奴)」からとする説がある.

Sidney, Sydney /sídni/ シドニー: (1)姓 (<場所). ◆中英語 Sydenye, Sydny (原義)「広い島 (の住民)」<古英語 sīd 'wide' + īeġ 'island'. (2) オーストラリアの都市. ◆⇨ SYDNEY. (3) 男子名. ◆(転訛形) <St. DENIS.

Sigmund /sígmənd/ シグムンド: 北欧伝説の英雄・男子名. ◆<古ノルド語 Sigmundr (=古英語 Siġemund, ドイツ語 Siegmund) (原義)「勝利(の保護)者」<sigr 'victory' + mund 'hand, protection'. 早くから SIMON と混同され, ノルマン征服後は Simon のアングロフランス語形 Simund が多く用いられた. ⇨ SIMMON(D)S.

Silas /sáiləs/ サイラス: 男子名. ◆<ラテン語 ～ <ギリシャ語 Sílas (短縮形) <Silouanós (原義「森の住人; cf. 森夫」; «新約» St. PAUL の仲間の名) = ラテン語 Silvānus <silva 'wood'. ▶G. ELIOT の小説 *Silas Marner* (1861) の主人公の名. «新約» St. PAUL の仲間 Silouanus の名でもある.

Sillitoe /sílitoʊ/, **Shillito(e)** /ʃílitoʊ/ シリトー: 1374 姓. ◆中英語 Shillito <? 語源不詳. YORKSHIRE に見られる姓. ▶ALAN Sillitoe (1928–   ; 英国の作家; YORKSHIRE の隣の NOTTINGHAMSHIRE の出身; *Saturday Night and Sunday Morning*『土曜の夜と日曜の朝』(1958)).

Silver /sílvə/ シルヴァ: (1) 1205–13 姓 (<職業・あだ名). ◆中英語 Siluer (原義)「銀細工職人・金持ち・灰色の髪の人」<古英語 silfor 'silver'. (2) 1327 姓. ◆中英語 Siluer (イングランド各地の地名; 原義「(銀色の)白川 (のそばの住人)」). ▶JOHN Silver (STEVENSON 作 *Treasure Island*『宝島』(1883) に登場す

Silvester

る片足の海賊).

Silvester, Sylvester /sɪlvéstə/ シルヴェスター: 1204 男子名・1212 姓. ♦＜ラテン語 ～(原義)「森の住人」＜ silva 'wood'. この名の教皇は 3 人いるが, 有名なのは Constantinus 皇帝に洗礼を施しレプラを治したと伝えられる St. Silvester. 大晦日 (ドイツ語で Silvester /zɪlvéstə/; この聖者の命日) に行われる音楽会を Silvester Concert と呼ぶ. ▶Sylvester STALLONE.

Silvia /sílvjə/ シルヴィア: 女子名. ♦＜ラテン語 ～(女性形)＜ Silvius ＜ silva 「森」. ⇨ -A. 愛称形 Silvie.

Sim /sɪm/ シム. ♦SIMON の略形・愛称形; SIMMS の別形. ⇨ SIMPSON.

Simeon /símjən/ (**1**) シメオン: «旧約» JACOB と LEAH の子ほか何人かの人物の名. ♦古英語 ～＜後期ラテン語 ～＜ギリシャ語 Sumeṓn ＜ヘブライ語 (原義)「(通俗語源)聴く」(『創世記』29:33). 新約聖書では幼な子イエスを祝福した老人の名 (『ルカ伝』2:25). (**2**) 1219 男子名・1254 姓. ♦中英語 ～＜(1). 愛称形 SIM. ⇨ SIMON.

Simkin(s) /símkɪn(z)/ シムキン(ズ): 1378 姓. ♦＜ SIM ＋ -KIN. ⇨ -S (父系). 別形 Simpkins.

Simmon(d)s /símən(d)z/ シモンズ: 1086 DB 男子名・1222 姓. ♦中英語 Simund(es) (変形) ＜ SIGMUND. ▶JEAN Simmons (1929–2010; LONDON 生まれの米国の映画女優; *Hamlet* (1948) の OPHELIA を演じた).

Sim(ms) /sɪm(z)/ シムズ: 1446 男子名・1317 姓. ♦中英語 Simme(s) (SIMON, SIMEON の愛称形). ⇨ -S (父系).

Simon /sáɪmən/ (**1**) シモン: «新約» 数人の人物の名. ♦中英語 ～＜ラテン語 Simōn ＜ギリシャ語 Símōn (変形; Sī́mōn (人名; 原義「獅子鼻」の影響か))＜ Sumeṓn 'SIMEON'. (**2**) サイモン: 1134–40 男子名・1291 姓. ♦中英語 ～＜(1). Simon は新約聖書中の数人の人物の名だが, 主に St. PETER の元の名にちなむ. 愛称形 SIM.

Simpson /sím(p)sn/ シンプソン: 1353 姓. ♦中英語 Symson ＜ SIM ＋ -SON. -p- は添加; 発音しない時もある. ▶Bessie WALLIS Simpson (1896–1986; 英国王 EDWARD VIII が退位 (1936) して結婚 (1937) した米国の社交界の婦人; 結婚後 Wallis, Duches of Windsor となる).

Sinatra /sɪnáːtrə/ シナトラ: 姓. ♦＜イタリア語 ～(あだ名; 原義「(旧イタリア諸国の)執政(のように偉そうにした人)」) ＜ senātor (古代ローマの元老院議員). ▶FRANK Sinatra (1915–98; 米国のジャズ・ポピュラー歌手・映画俳優; 両親がイタリア移民).

Sinclair /sínkleə, —́ —́/ シンクレア: 1086 DB (de) 姓 (＜地名)・男子名. ♦中英語 Sancto Claro, Sencler 'St. CLAIR' ＜古フランス語 Saint-Clair-sur-Elle

Smith

(NORMANDY の地名; 原義「Elle 河畔の St. Clair 教会」). ▶Sinclair LEWIS (1885–1951; 米国人で初めて NOBEL 文学賞を受賞 (1930); *Babbitt* (1922)).

Singapore /síŋəpɔ́ː/ シンガポール: マレー半島最南端の島の共和国 (1965)・その首都. ◆＜マレー語 Singapura (原義)「ライオン都市」. マレー半島にはライオンはいないのでトラと思われる (Everett-Heath). ⇨ RAFFLE(S).

Singer /síŋə/ シンガー: (1) 1296 (le) 姓 (＜あだ名・職業). ◆中英語 Synger 'singer' (原義)「歌のうまい人・歌手」につけたあだ名から. (2) 姓. ◆(変形) ＜ドイツ語 Sänger (原義)「ユダヤ教礼拝の独唱者」.

Skeat(s) /skiːt(s)/ スキート, スキーツ: 1086 DB 男子名・姓. ◆中英語 Scet, Ske(e)t ＜古ノルド語 skjótr 'swift, fleet'. 「俊足」の人につけたあだ名から. ▶WALTER WILLIAM Skeat (1835–1912; 英国の語源学者).

Skelton /skéltən/ スケルトン: c1160–93 (de) 姓 (＜イングランド北部の地名). ◆中英語 ～ (原義)「岩棚の農場」＜古英語 scelf 'ledge' + tūn '-TON'. イングランド北部では古英語 sc /ʃ/ が古ノルド語の影響で sk /sk/ になる. ▶JOHN Skelton (1460–1529; 英国の詩人).

Skinner /skínə/ スキナー: 1263 (le) 姓 (＜職業). ◆中英語 Skinnere 'skinner' (原義)「皮はぎ・なめし職人」. ▶B. F. Skinner (1904–90; 米国の行動主義心理学者).

Skye /skaɪ/ [the Isle of ～] スカイ (島): 1266 スコットランド北西部 HEBRIDES 諸島最大の島. ◆スコット語 ～ (原義)「羽を広げた (島)」. 島の形から.

Slater /sléɪtə/ スレイター: 1255 (le) 姓 (＜職業). ◆中英語 S(c)later 'slater' (原義)「スレート工・屋根屋」. ▶CHRISTIAN Slater (1969– ; 米国の映画俳優).

Sledd /sled/ スレッド: 1275 (de); 1296 姓 (＜場所). ◆中英語 Sled(d)e (原義)「谷間 (の住人)」＜古英語 slæd 'valley'.

Sledge /sledʒ/ スレッジ: 1327 姓 (＜職業). ◆中英語 ～, Slech 'sledge' (原義)「大ハンマー (を振るう人・作る人)」.

Sloan(e) /sloʊn/ スローン: 姓. ◆スコット語 ～＜ゲール語 Sluaghadhán (人名; 指小形) ＜ Sluaghadh (原義)「探検家・略奪者」. ▶ALFRED P. Sloan (1875–1966; GM の会長 (1937–56) を務めた).

Slough /slaʊ/ スラウ: (1) 1195 イングランド BERKSHIRE の町. ◆中英語 Slo (原義)「沼地」＜古英語 slōh 'slough'. (2) 1196 (de la, dil, atte) 姓 (＜場所) ＜中英語 Slo(we), Slouh, Slogh ＜ (1).

Smith /smɪθ/ スミス: c975 姓 (＜職業). ◆古英語 smið 'smith'. 「鍛冶屋」は中世においては重要な職業だったのでヨーロッパ各国語でも同様に姓として用いられる: スペイン語 Herrara, イタリア語 Ferrari, フランス語 (定冠詞 le を伴い) Lefevre, ドイツ語 Schmitt, オランダ語 Smidt, ハンガリー語 Kovacs,

Smither(s)

ポーランド語 Kowalski など.

Smither(s) /smíðəz/ スミザー(ズ): 1379 姓(<職業). ◆中英語 Smythiere (原義)「巡回鍛冶屋」. ⇨ SMITH, -ER, -S (父系).

Smithfield /smíθfi:ld/ スミスフィールド: c1145 LONDON の地名. ◆中英語 Smethefelda (原義)「平地」<古英語 smēðe 'smooth' + feld '-FIELD'. 12世紀以来家畜市場, 1868年からは食肉市場. smith「鍛冶屋」とは無関係.

Smithson /smíθsən/ スミッソン: 1296 (le) 姓(<あだ名). ◆中英語 Smythessone, 〜 (原義)「鍛冶屋の息子」. ⇨ -SON. ▶JAMES Smithson (英国の化学者・鉱物学者; 彼の遺産と遺志のもとに the Smithsonian Institution が WASHINGTON D. C. に 1846 年に創設された).

Smollett /smɔ́lət/ スモレット: 1332 姓(<あだ名). ◆中英語 Smalheued (small, head) (原義)「小頭」. ▶Tobias GEORGE Smollett (1721–71; 英国の小説家).

Smythe /smáɪð, -θ/ スマイズ: 1313 (atte, dela) 姓(<場所). ◆中英語 Smithe (与格) (原義)「鍛冶屋(の仕事場の職工)」<古英語 smið 'SMITH'.

Snell /snel/ スネル: 1185 姓・1196 男子名. ◆中英語 Snel(l) (原義)「俊敏」<古英語 snel(l) 'snell'.

Snoopy /snú:pi/ スヌーピー: CHARLES M. SCHULZ の漫画 *Peanuts* の主人公 CHARLIE BROWN のペットの犬. ◆(愛称形)<ノルウェー語 Snuppa. 作者がノルウェー人の母親と犬を飼ったらその名をつけようと話していた(en.wikipedia).

Snow /snoʊ/ スノー: 1221 (<あだ名) 姓. ◆中英語 〜<古英語 snāw 'snow'.「雪のように白い髪」の人につけたあだ名から. 同類に WHITE, FROST, SWAN など. ▶C. P. Snow (1905–80; 英国の物理学者・小説家; *The Two Cultures*『二つの文化』(1959)) | EDGAR P. Snow (1905–72; 米国の新聞記者; *Red Star Over China*『中国の赤い星』(1937)).

Snowdon /snóʊdn/ スノードン: 1095 ウェールズの最高峰(1,085 m). ◆中英語 Snawdune (原義)「雪丘」. ⇨ -DON.

Soane /soʊn/ ソーン: 1203 (le) 姓. ◆中英語 Soane (変形)<Sone 'son' (原義)「若い方, ジュニア」.

Soho /sóʊhoʊ, ー＿ー/ ソーホー: 1632 LONDON の盛り場. ◆So Ho (猟師が猟犬にかける掛け声; tallyho と比較). この地区は狩猟場だったことからか. イングランド王 CHARLES II の庶子で王位を求めて反乱を起こした Duke of MONMOUTH の支持者の鬨(とき)の声でもあった(Mills, LPN).

Solomon /sɔ́ləmən/ ソロモン: (**1**) 《旧約》紀元前10世紀の賢人として知られる ISRAEL の王で DAVID 王の息子. ◆<ギリシャ語 Solomṓn<ヘブライ語 Shalom (原義)「平和」. (**2**) 男子名. ◆<(1).「賢い」人や奇蹟劇で Solomon 王

South Carolina

の役をやった人につけたあだ名から. ⇨ SALOMON.

Solway Firth /sɔ̀lweɪ fɔ́ːθ/ ソロウェイファース: 1218 イングランドとスコットランドの境にある Irish Sea の入江. ♦中英語 Sulewad < 古ノルド語 súl 'pillar' // súla「白鰹鳥」+ vað 'ford'. ⇨ FIRTH². そこの浅瀬にスコットランド側の境界を示す花崗岩の丸石(pillar)が置かれていたか,白鰹鳥がよく見られたから.

Somerset /sʌ́məset/ サマセット: 12C (de) イングランドの地名・州 > 1545 姓・男子名. ♦中英語 ~(短縮形) < Sumersæton (地名; 原義「夏だけ住む農場」). ▶ Somerset MAUGHAM.

Som(m)ers /sʌ́məz/ サマーズ: 1203 姓. ♦中英語 Sumer, Somer (原義)「荷役用のラバ使い」< 古フランス語 somier 'sumpter'. ⇨ -s (父系).

-son /-s(ə)n/ 父系(son of)を示す接尾辞. イングランド南部・中部とウェールズに多い. 同類の -s はイングランド北部・低地スコットランドに多い.

Sony /sóʊni/ ソニー: 1958 商標. ♦< ラテン語 sonus 'sound' + 英語 sonny /sʌ́ni/「坊や」.

Soper /sóʊpə/ ソーパー: 1138–60 (le, la) 姓(<職業). ♦中英語 Sapere, Sopere 'soaper' (原義)「石鹸作り・売り」.

Sophia /səfáɪə, soʊfíːə/ サファイア, ソフィーア, **Sophie** /sóʊfi/ ソフィ: 17C 女子名. ♦< ギリシャ語 sophíā「知恵」. Sophia は 18 世紀にふつうに用いられ, Sophie と英語化されたが, 19 世紀後期に流行遅れになった (Withycombe).

Sotheby, Sutheby /sʌ́ðəbi/ サザビー: 1194 (de); 1297 姓(<場所(イングランド北部に多い)). ♦中英語 Suthiby (原義)「村の南, 南村」< 古ノルド語 suðr í bý 'south in the village'. ▶ LONDON のオークション会社 Sotherby's (創業者 SAMUEL BAKER (?–1778)を引き継いだ甥の JOHN Sothebyにちなむ). -s (所有格)は店などの省略を表す. 同業の CHRISTIE's 参照.

Sousa /súːzə/ スーザ: 姓. ♦<ポルトガル語 ~(ポルトガル各地の地名; 原義「?塩水の沼」). ▶ JOHN PHILIP Sousa (1854–1932; 米国の作曲家; "The March King"「行進曲の王」と謳われた; 父親がポルトガル人).

South /saʊθ/ サウス: 1297 姓. ♦中英語 ~ (原義)「南(から来た人)」.

Southampton /saʊθǽm(p)tən/ サウサン(プ)トン: (**1**) 962 イングランド HAMPSHIRE の港町. ♦古英語 sūþamtūnam (原義)「南岸村」< sūþ 'south' + hamm 'river-land' + tūn '-TON'. (**2**) 米国 NEW YORK 州南東部の保養地. ♦< (1). -p- は音調上の添加.

South Carolina /sàʊθ kæ̀rəláɪnə/ サウスキャロライナ: 1788 米国の州(州都 COLUMBIA). ♦Carolina < ラテン語 Carolīna(女性形) < Carolus 'CHARLES'. イ

South Dakota

ングランド王 Charles I（在位 1625–49）と II（在位 1660–85）にちなむ.

South Dakota /sàʊθ dəkóʊtə/ サウスダコタ：1889 米国 40 番目の州（州都 PIERRE）. ♦Dakota＜スー語（原義）「（スー族間の）盟友」.

South Downs /sàʊθ dáʊnz/ [the ～] サウスダウンズ：イングランド南東部 HAMPSHIRE から East SUSSEX まで東西に広がる丘陵地帯. ♦＜south + down 'hill' + -s（複数）. ⇨ NORTH DOWNS.

Spark /spɑːk/ スパーク：1202 姓. ♦中英語 Sparke＜古ノルド語 sparkr 'lively'.「元気な」人につけたあだ名から. ▶MURIEL Spark (1918–2006; 英国の作家; Spark は離婚した夫の姓).

Sparrow /spǽroʊ/ スパロー：1160–5 姓（＜あだ名）. ♦中英語 Sparewe（原義）「雀のように元気にとび回る人・チュンチュンさえずる人」.

Sparrowhawk /spǽroʊhɔːk/ スパローホーク：OE 男子名＞1221 姓. ♦古英語 Spear-hafoc 'sparrowhawk'（原義）「ハイタカ・コノリ（のように獰猛な人）」.

Speaker's Corner /spìːkəz kɔ́ːnə/ スピーカーズコーナー：LONDON, MARBLE ARCH のそばの HYDE PARK 北東隅にある演説台. ♦誰でもなんについても演説してよい. 1872 年公認.

Speight /speɪt/ スペイト：1297 姓（＜あだ名）. ♦中英語 Speght（原義）「啄木鳥（きつつき）（のようにけたたましい人）」＜古英語 *spe(o)ht 'wood-pecker'. ▶JAMES Speight（ニュージーランド Dunedin に 1876 年 Speight's の商標で知られるビール醸造所を創業）.

Speke /spiːk/ スピーク：1086 DB 姓（＜あだ名）. ♦中英語 Spec, Espec（原義）「啄木鳥（きつつき）（のようにけたたましい人）」＜古フランス語 espec 'wood-pecker'.

Spence /spens/ スペンス：1300 (del, de la, atte) 姓（＜場所）. ♦中英語 ～, Spense（原義）「ワイン・食料品貯蔵室（で働く人）」. ⇨ SPENSER.

Spender /spéndə/ スペンダー：1214 (le) 姓（＜職業）. ♦中英語 Spendur（頭音消失形）＜Despendur＜古フランス語 despendour「貴族の館の家令・財産管理人」. ▶STEPHEN Spender (1909–95; 英国の詩人・作家).

Spenlow /spénloʊ/ スペンロー：1219 姓（＜あだ名）. ♦中英語 Spendeluue (spend, love)（原義）「愛情を振りまく・多情な人」.

Spenser, Spencer /spénsə/ スペンサー：男子名・1204 (le) 姓（＜職業）. ♦中英語 ～∥ Despenser（原義）「給仕頭・執事」＜アングロフランス語 espenser ∥ 古フランス語 despensier 'dispenser of provisions; butler, steward'. ▶EDMUND Spenser (1552?–99; 英国の詩人; *The Faerie Queene* (1590, 96)) ∣ HERBERT Spencer (1820–1903; 英国の哲学者).

Spicer /spáɪsə/ スパイサー：1302 (le) 姓（＜職業）. ♦中英語 Specier 'spicer'（原

義)「香辛料商人・薬屋」

Spielberg /spílbəːg/ スピルバーグ: (**1**) 姓. ◆ < ドイツ語 ～ (ドイツ各地の地名; 原義「見晴らしのよい山」) < Spiegel 'lookout point' + berg 'mountain, hill'. (**2**) ユダヤ人の姓. ◆ < ドイツ語 ～ (原義)「遊びのための山」< Spiel 'play' + berg 'mountain, hill'. ▶STEVEN Spielberg (1946– ; ユダヤ系の米国人の映画監督・製作者; *Schindler's List* (1993), *Saving Private Ryan* (1998) で ACADEMY 監督賞を受賞).

Springfield /spríŋfiːld/ スプリングフィールド: 米国 ILLINOIS 州の州都. ◆～ (原義)「泉の湧く原」. 入植者にとって良い飲み水・灌漑用水は重要だったため Spring- を要素に持つ多くの地名がある (Stewart).

Squire /skwajə/ スクワイア: 1100–21 (se, le) 姓 (< 職業). ◆中英語 Squier 'squire' (原義)「盾持ち・騎士見習い」(頭音消失形) < 中英語 esquire. CHAUCER 作 *The Canterbury Tales* の騎士の息子もこの身分.

Stac(e)y /stéisi/ ステイシー: 女子名 > 1270 姓 > 19C 男子名. ◆中英語 Staci, Stace (女子名; 愛称形) < EUSTACE. 米国では女子名は 1950 年代に登場し 1970 年代に非常に人気が出た. Stacy は米国, Stacey はブリテン島で好まれる (Cresswell).

Stafford /stǽfəd/ スタッフォード: (**1**) 913 イングランド中西部 STAFFORDSHIRE の州都. ◆古英語 Stæfford (原義)「荷揚げ場のそばの浅瀬」(ff の同化形) < stæþford < stæþ 'landing-place' + ford '-FORD'. (**2**) 1265 イングランド DORSET 州の町. ◆中英語 ～ (stone, -ford) (短縮形) < 古英語 Stān-ford (原義)「石の多い浅瀬」. (**3**) 1086 DB; 1423 (de) 姓 (< 地名). ◆中英語 ～ < (**2**).

Staffordshire /stǽfədʃə/ スタッフォードシャー: 11C イングランドの州. ◆中英語 ～ . ⇨ STAFFORD, -SHIRE.

Stallone /stəlóʊn/ スタローン: 姓. ◆ < イタリア語 ～ 'stallion' (原義)「種馬」. あだ名か飼育業者に由来する. ▶SYLVESTER Stallone (1946– ; 米国の映画俳優; イタリア系; *Rocky* シリーズ (1976–) の Rocky 役を演じる).

Stamford /stǽmfəd/ スタムフォード: イングランド各地の地名・姓・男子名. ◆ (変形) < STANFORD. 米国 CONNECTICUT 州南西部の都市 (1642) はイングランド LINCOLNSHIRE の町にちなむ.

Standridge /stǽnridʒ/ スタンリッジ: 姓 (< イングランド LANCASHIRE の地名). ◆～ (原義)「岩尾根」< 古英語 stān 'stone' + hryċġ 'ridge'. -d- は綴り字上の挿入.

Stanford /stǽnfəd/ スタンフォード: 1035 イングランド各地の地名 > 1190–1 (de) 姓. ◆中英語 ～ (stone, -FORD) (原義)「石の多い浅瀬・渡り場」. ▶LELAND Stanford (1824–93; 米国の政治家・実業界の大物; CALIFORNIA 州に

Stanford 大学を創設した).

Stanhope /stǽnəp, 米 stǽnhoʊp/ スタナップ, スタンホープ: 1242 (de) 姓 (< イングランド DURHAM 州の地名・場所). ♦中英語 Stanhop(e)(原義)「石谷」< 古英語 stān 'stone' + hop 'valley'.

Stanley /stǽnli/ スタンリー: 1086 DB (de) イングランド各地の地名 > 1130 姓 > 男子名. ♦中英語 Stanlei, ～ (stone, -LEY)(原義)「石林」. 1880 年代から男子名として確立. 愛称形 Stan. ▶EDWARD GEORGE GEOFFREY SMITH Stanley, 14th Earl of DERBY (1799–1869; 短期間だが 3 度英国首相を務めた).

Stanton /stǽntən/ スタントン: c1055 (æt, de); 1395–6 姓 (< 場所・イングランド各地の地名). ♦中英語 ～ (stone, -TON)(原義)「石村」. ▶ELIZABETH Stanton (1815–1902; 米国の第一次フェミニズム運動の指導者).

Staple(s) /stéɪpl(z)/ ステイプル(ズ): 1275 (de, atte) 姓 (< イングランド KENT 州, SOMERSET 州の地名・場所). ♦中英語 ～ (原義)「(境界の)石柱・杭が立っている(所)」.

Starbucks /stáːbəks/ スターバックス: 1971 コーヒーチェーン店の商標. ♦< Starbuck (H. Melville 作 *Moby-Dick* (1851) に登場する一等航海士の名). 米国の 3 人の教師・作家の仲間が SEATTLE に 1971 年に開いたコーヒー店が元. -S (所有格) は店・会社・教会などの省略を表す.

Staten Island /stǽtn áɪlənd/ スタテンアイランド: NEW YORK 市の自治区を構成する島. ♦(英語化) < オランダ語 Staaten Eylandt < Staaten-General「全国会議・国会」. オランダ国会にちなんだ命名.

Steele /stiːl/ スティール: 1206 姓 (< あだ名). ♦中英語 Ste(e)l 'steel'. 「鋼鉄」のように堅い・信頼できる人につけたあだ名から. ▶RICHARD Steele (1672–1729; 英国の文人; 雑誌 *Tatler* を 1709 年に創刊し, 後に J. ADDISON とともに日刊紙 *The Spectator* (1711–12, 14) を創刊, 執筆した).

Steinbeck /stáɪnbek/ スタインベック: 姓. ♦< ドイツ語 ～ (地名; 原義「石の多い小川」) = Steinbach. ▶JOHN Steinbeck (1902–68; 米国の作家; 父方の祖父がドイツ移民; *The Grapes of Wrath*『怒りの葡萄』(1939); NOBEL 文学賞 (1962) を受賞).

Stella /stélə/ ステラ: 女子名. ♦< ラテン語 stella「星」. P. SIDNEY, E. WALLER, J. SWIFT など文学者が作品中の人物に用いたことによる (Withycombe).

Stephanie /stéfəni/ ステファニ: 女子名. ♦< フランス語 ～ < ラテン語 Stephania (女性形) < Stephanus 'STEPHEN'.

Stephen(s), Steven(s) /stíːvən(z)/ スティーヴン(ズ): 1086 DB 男子名 > 1134–40 姓. ♦中英語 Stephanus, Stevene(s) < ラテン語 Stephanus < ギリシャ語 Stéphanos (人名; 原義「王冠」). ⇨ -S (父系). 愛称形は STEVE, STEVIE.

Stephen の初期の普及にはハンガリーをキリスト教に改宗した Stephen 王や石投げの刑で殉教した最初の聖者 St. Stephen (聖ステパノ) の影響があった. ラテン語の -ph- は英語化して /v/ の発音になり, Steven(s) 形が生じたが, -ph- 綴りも残った. ▶Stephen HAWKING | Steven SPIELBERG.

Stephenson /stíːvənsn/ スティーヴンソン: 姓. ♦STEVENSON の別形. ▶GEORGE Stephenson (1781–1848; 英国の技師; 蒸気機関車の完成者).

-ster /-stə/ 「…する(のを職業とする)人」を意味する動作主名詞を造る接尾辞. ♦中英語 ～ < 古英語 -estre. 元来, -ster は -ER に対する女性形として用いられたが, 中英語期以降, 男女両性に用いられるようになり, 女性形に -ess が導入された. 近年は男女同一の観点から職業名は -ER に統一された.

Stern(e) /stəːn/ スターン: ドイツ人の姓. ♦ < ドイツ語 ～ (原義「星」; 英語の star と同族語). ▶OTTO Stern (1888–1969; ドイツ生まれの米国の物理学者; NOBEL 物理学賞受賞(1943)を受賞) | ISAAC Stern (1920–2001; ロシア生まれの米国のバイオリン奏者).

Sterne /stəːn/ スターン: 1297 姓. ♦中英語 stern(e) 'stern'. 「頑固な」人につけたあだ名から. LAURENCE Sterne (1713–68; 英国の小説家; *The Life and Opinions of Tristram Shandy, Gentleman*『トリストラム・シャンディー』(1759–67)).

Steve /stiːv/ スティーヴ: 男子名. ♦STEPHEN, STEVEN の愛称形. ▶Steve MCQUEEN.

Steven(s) /stíːvən(z)/ スティーヴン(ズ): 1279 姓. ♦STEPHEN(S)の別形.

Stevenson /stíːvnsən/ スティーヴンソン: 1327 姓. ♦中英語 ～. ⇨ STEPHEN, STEVEN, -SON. ▶ROBERT LOUIS Stevenson (1850–94; スコットランド生まれの英国の小説家・詩人; *Treasure Island*『宝島』(1883)).

Stevie /stíːvi/ スティーヴィ: 男子名・女子名. ♦STEPHEN, STEVEN, STEPHANIE の愛称形.

Stewart, Stuart /stjúːət/ スチュアート: (1) 1148 姓(<職業). ♦中英語 Stewart, Steward < 古英語 stīweard 'steward'「家屋敷の管理人・執事・家令・家老」. Steward から Stewart への -d > -t の変化はスコットランド語 Stewart, Stuart による. スコットランド王 ROBERT II が 1371 年に Stuart と名乗ってからは, それがスコットランド王家の名称になった. この王家はさらに JAMES VI が 1603 年にイングランド王 James I となってから ANNE 女王の 1714 年まで, 一時中断の時期はあったがイングランドを統治した. (2) 19C 男子名. ♦<(1). 19 世紀後半から男子名として王家やスコットランドにゆかりのない人々にも広まった.

Stewart Island /stjùːət áɪlənd/ スチューアトアイランド: ニュージーランド南

Stirling

島最南端の島．♦1809 年そこを半島ではなく島だと認めた英国の捕鯨船の船長 Captain WILLIAM Stewart にちなむ．

Stirling /stə́ːlɪŋ/ スターリング: 1124 スコットランドの城市．♦スコット語〜, Strevelin <? 恐らく今の Forth 川を指す川名からだろう．

Stoddart /stɔ́dət/ ストッダート: 1195 姓（<職業）．♦中英語 Stodhyrda (stud, herd)（原義）「馬番」．

Stoke /stoʊk/ ストーク: 1086 DB イングランド各地の地名．♦中英語 〜 <古英語 stoc「離れた農場・第二定住地」．⇨ Stoke-on-TRENT.

Stoker /stóʊkə/ ストーカー: 1227 (le) 姓（地名）．♦中英語 Stoker（原義）「STOKE（地名）から来た人」．▶BRAM Stoker (1847–1912; アイルランドの作家; *Dracula* (1897)).

Stonehenge /stòʊnhéndʒ/ ストーンヘンジ: c1130 イングランド WILTSHIRE, SALISBURY 平原にある環状巨石遺跡．♦中英語 Stanenges（原義）「石の絞首台」<古英語 stān 'stone' + henngen 'hanging'. 2 本の石柱に横石を渡した形が絞首台を連想させたことから (Mills, BPN).

Stone(s) /stoʊn(z)/ ストーン: 1212 (del, atte, in le) 姓（<場所・地名）．♦中英語 Ston(e) 'stone'.「（百戸村などの）目印の石のそばの住人 ∥ 岩間の住人 ∥ 各地の Stone（地名）から来た人」などの意味を持った．▶OLIVER Stone (1946– ; 米国の映画監督; *Platoon*『プラトーン』(1986); *Born on the Fourth of July*『7月4日に生まれて』(1989) で ACADEMY 監督賞を受賞).

Stoppard /stɔ́pɑːd/ ストッパード: 1204 姓．♦（短縮・変形）<中英語 Stokeport（地名; 原義「定住地の市場」）<古英語 stoc 'stoke' + port 'market place, port'. ▶Tom Stoppard (1937– ; チェコ生まれの英国の劇作家・脚本家; 義父の姓).

Stour (1) /stʊə/ ストゥア: イングランド南東部 SUFFOLK 州と ESSEX 州の境を流れて北海に注ぐ川．(2) /stʊə, staʊə/ ストゥア, スタウア: KENT 州の川．(3) /staʊə/ スタウア: HAMPSHIRE, DORSET 州の川．♦(1)–(3) すべて中英語〜（原義）「? 激流」<古英語 Stūr 'strong, stour'.

Stow(e) /stoʊ/ ストウ: 姓．♦古英語 Stoue（原義）「聖所・教会（のそばの住人）」< stōw '(holy) place, monastery'. ▶HARRIET Stowe (1811–96; 米国の作家; *Uncle Tom's Cabin*『アンクル・トムの小屋』(1852)).

Strachey /stréɪtʃi/ ストレイチー: 1508 姓．♦< Strachy (S を加えた変形?) < TRAC(E)Y. ▶LYTTON Strachey (1880–1932; 英国の伝記作家; *Queen Victoria* (1921)).

Strand /strænd/ ストランド: 1185 LONDON の THAMES 川に並行して走る大通り．♦中英語 Stronde（原義）「川岸」<古英語 strand 'shore, strand'.

Sullivan

Strang /stræŋ/ ストラング: 1379 姓(< あだ名). ♦中英語 ～ (イングランド北部形) < STRONG. Strang と Strong の n の前の a/o の違いは方言による. ⇨ LONG.

Stratford /strǽtfəd/ ストラットフォード: (**1**) a672 イングランド各地の地名. ♦古英語 Strǽtford (street, -FORD) (原義)「ローマ人の道路が横切る浅瀬」. (**2**) 米国各地の地名. ♦<(1). (**3**) カナダ ONTARIO 州の都市. ♦<(1). (3)では毎年 Stratford Shakespeare Festival が開かれる. 同名の地名の多くは SHAKESPEARE の生没地 Stratford-upon-Avon にちなんだ命名.

Strathclyde /stræθkláɪd/ ストラスクライド: (**1**) スコットランド南西部の旧州 (州都 GLASGOW). (**2**) CLYDE 川以南とイングランド北西部にまたがる 6–11 世紀のブリトン人の王国. ♦(1)(2) ～ (原義「Clyde 川の流域」) < ゲール語 strath 'valley' + Clyde.

Strong /strɔŋ/ ストロング: 1185 姓(< あだ名). ♦中英語 ～ (イングランド南部形; 原義「強い・強健な人」) ⇨ STRANG.

Stuart /stjúːət/ スチュアート: 男子名・姓. ♦STEWART の別形.

Stubbs /stʌbz/ スタッブズ: (**1**) c1000 姓(< あだ名). ♦古英語 Stybb 'stub'. 「切り株」のように「ずんぐり太った人」のあだ名から. (**2**) 1199 (de, del, de la, ate) 姓(< 場所). ♦中英語 Stubbe(s) (原義)「切り株(のそばの住人)」< 古英語 stybb, stub(be) 'stub'. ⇨ -S (父系). ▶WILLIAM Stubbs (1825–1901; 英国の歴史家; *Constitutional History of England*『英国憲法史』(1874–78)).

Stults /stʌlts/ スタルツ: 姓. ♦(英語化) < ドイツ語 Stultz (あだ名; 原義「足長の人」).

Sturges /stə́ːdʒəs/ スタージェス: 1086 DB 男子名 > 1210 姓. ♦中英語 Sturgis (語頭音 s の添加) < Turgis < 古ノルド語 Þorgils (原義)「THOR (トール神) の人質」. ⇨ -S (父系). ▶JOHN Sturges (1910–92; 米国の映画監督; *Gunfight at the O.K. Corral*『OK 牧場の決闘』(1957)).

Sturt /stəːt/ スタート: (**1**) 1167 (de le, de la, de) 姓(< 場所). ♦中英語 Sterte (原義)「岬」< 古英語 steort 'promontory'. 地名・姓の Start も同語源. (**2**) オーストラリア各地の地名(町・砂漠・山・川). ♦英国の軍人・探検家 CHARLES Sturt (1795–1869) にちなむ.

Suffolk /sʌ́fək/ サフォーク: 895 イングランド東部北海に臨む州(州都 IPSWICH). ♦古英語 Sūþfolchi (south, folk) (原義)「(East Anglia の) 南方民(の土地)」. 古英語の語尾 i はラテン語化した単数属格を表す.

Sullivan /sʌ́lɪvən/ サリヴァン: 姓. ♦アイル語 ～ < ゲール語 Ó Súileabháin 'descendant of Súileabhán (人名; 原義「黒い瞳」)'. ▶ANNE Sullivan (1866–1936; HELEN KELLER の教師) | ARTHUR Sullivan (1842–1900; 英国の作曲家; WILLIAM GILBERT と組んで喜歌劇を作り SAVOY THEATRE で興行した).

Summer(s)

Summer(s) /sʌ́mə:(z)/ サマー(ズ): 1203 姓(<あだ名). ◆中英語 Sumer, Sommer<古英語 sumor 'summer'. ⇨ -s（父系）.「夏」のように陽気な人や「夏」に生まれた子につけたあだ名から. しかし Reaney & Wilson は上記「夏」の語源を認めず, 古フランス語 somier「荷馬」の借入語 simmer, somer をそれに似た人または持ち主につけたあだ名に由来すると主張している. ⇨ SOM(M)ERS.

Sumner /sʌ́mnə/ サムナー: 1199 (le) 姓(<職業). ◆中英語 ～（別形）< Sumonour 'summoner'（原義）「召喚吏」.

Suntory /sʌ́ntɔ:ri/ サントリー: 1963 日本の洋酒メーカーの商標. ◆旧「壽屋」時代の主力商品「赤玉ポートワイン」の赤玉を太陽に見立てた Sun と創業者の鳥井信次郎の鳥井を英語化した tory とを合成したもの.

Surrey /sʌ́ri/ サリー: 722 イングランド南東部内陸の州. ◆古英語 Sūþriġē（原義）「南方地帯」< sūþer 'southerly' + ġē 'district'. Sūþriġē は部族名かもしれない.

Susan /sú:zən/ スーザン: 1200 女子名. ◆中英語 Susanna<ヘブライ語（原義）「（谷間の）百合；（現代ヘブライ語では）薔薇」. 旧約外典には Susannah が, 新約（『ルカ伝』8:3）には Susanna が用いられた. Susan が一般形. 18 世紀に非常に人気がでたが, 19 世紀に衰え, 20 世紀中頃に復活した. 最近はまれ. 愛称形 Sue, Susie, Sukey, Sukie.

Sussex /sʌ́sɪks/ サセックス: 9C イングランド南東部の旧州. ◆古英語 Sūþ Seaxe (south, SAXONS)（原義）「南サクソン族（の土地）」. アングロ-サクソン時代の七王国（Heptarchy）の一つ.

Sutcliff(e) /sʌ́tklɪf/ サトクリフ: 1274 姓(<イングランド West YORKSHIRE の地名). ◆中英語 Suthclif (south, cliff)（原義）「南壁・南堤防（のそばの住人）」. ▶ROSEMARY Sutcliff (1920–92; 英国の児童文学者; 歴史物を得意とした).

Sutherland /sʌ́ðələnd/ サザランド: 1332 (de) 姓(<スコットランド, ハイランドの地名). ◆中英語 ～（原義）「南国」. ORKNEY 伯の支配下にあったとき, Orkney から見て「南国」だったことから命名. ▶JOAN Sutherland (1926– ; オーストラリアのソプラノ歌手).

Sutton Hoo /sʌ̀tn húː/ サットンフー: イングランド SUFFOLK 州の遺跡. ◆古英語 sūþtūn hū（原義）「南村の突堤」< sūþ 'south' + tūn '-TON' + hū 'spur of land'. 1939 年ここの丘陵墓地の一角から 7 世紀中頃の王と思われる貴人の船墓が発掘された. 発掘品の武器・武具の多くはレプリカにされ British Museum に展示さている.

Swan(n) /swɔn, 米 swɑ:n/ スワン: (1)姓(<あだ名). ◆中英語 ～<古英語 swan「白鳥」.「（白鳥のように）白髪・色白」の人につけたあだ名から. 同類に WHITE,

Frost, Snow など. (**2**) 姓(＜職業). ◆中英語 Swon ＜ 古英語 swān「豚飼い」.

Swansea /swɔ́nziː/ スウォンジー: ウェールズの港湾産業都市. ◆中英語 Sweynesse (原義)「Sveinn (人名) の島」＜ 古ノルド語 Sveinn + -s (所有格) + ey 'island'.「白鳥の海」ではない.

Sweden /swíːdn/ スウェーデン: 北欧の王国 (首都 Stockholm). ◆＜ 古英語 Swēoþēod (原義)「スウェーデン人 (の国)」＜ Swēonas 'Svear, Swedes'.

Sweet /swiːt/ スウィート: 姓 (＜ あだ名). ◆中英語 Swete 'sweet' ＜ 古英語 Swēta (男性形), Swēte (女性形).「甘い・かわいい」を女子とその息子にも用いたあだ名から. ▶Henry Sweet (1845–1912; 英国の英語学者・音声学者).

Sweeting /swíːtɪŋ/ スウィーティング: OE 人名 ＞ 1185 姓. ◆古英語 Swēting (原義)「感じの良い人」.

Swift /swɪft/ スウィフト: 1160 姓 (＜ あだ名). ◆中英語 ～ ＜ 古英語 ～.「足の速い (人)」につけたあだ名から. ▶Jonathan Swift (1667–1745; 英国の風刺作家; *Gulliver's Travels* (1726)).

Swinburne /swínbəːn/ スウィンバーン: 1382 姓. ◆中英語 Swynbourn (原義)「広川」＜ 古英語 swīn 'big' + burn 'brook'. ▶Algernon Charles Swinburne (1837–1909; 英国の詩人).

Sydenham /sídənəm/ シデナム: 1202 (de) 姓 (＜ イングランド各地の地名). ◆(1) 中英語 Side(n)ham (原義)「幅広の牧場」＜ 古英語 sīde 'wide' + hamm 'meadow, -ham²'. (2) 中英語 ～ (変形) ＜ Chippenham. Ch- ＞ S- はノルマンフランス語の影響; -p- ＞ -d- は後の変化.

Sydney /sídni/ シドニー: (**1**) 1788 オーストラリア最大の都市で New South Wales 州の州都. (**2**) 1983 カナダ Nova Scotia 州の町. ◆いずれも英国の内務大臣 (1783–89) Thomas Townshend, 1st Viscount Sydney (1732–1800) にちなんだ命名. (**3**) 姓・男子名. ◆Sidney の別形.

Sykes /saɪks/ サイクス: 1160 (de, del, in le) 姓 (＜ 場所). ◆中英語 Sich (南部形), Sik (北部形) (原義)「平野・沼地を流れる小川・窪地 (のそば住人)」＜ 古英語 sīċ ∥ 古ノルド語 sík. ⇨ -s (複数). Sykes は Yorkshire に多い.

Sylvester /sɪlvéstə/ シルヴェスター: 男子名・姓. ◆Silvester の別形.

Sylvia /sílvjə/ シルヴィア: 女子名. ◆Silvia の別形.

Symantec /sɪmǽntek/ シマンテック: 米国のセキュリティソフトのメーカー Symantec Corporation の商標. ◆＜ sym- 'together' + (hu)man + -tec「専門技術」, 原義は「人間と共にある専門技術」か. 同社は Gary Hendrix が SRI (Stanford Research Institute) International に所属した後, 独立して 1982 年に設立した.

Symonds /símǝndz/ シモンズ: 姓. ◆Simmonds の別形.

Synge

Synge /sɪŋ/ シング: 姓. ♦ <(? 転用・古形) < sing「歌う」. 動詞を名詞に転用したものか. SINGER と同様, 歌のうまい人につけたあだ名からか. ▶J. M. Synge (1871–1909; アイルランドの劇作家; *Riders to the Sea*『海に騎りゆく人々』(1904)).

Syracuse (**1**) /sáɪrəkju:z/ シラクサ: c734 BC イタリア Sicily 島の都市. ♦イタリア語 〜 <フェニキア語 suraku 'salt water' / serah 'to feel ill'. 海水の沼地の瘴気で気分が悪くなるからか. (**2**) /sírəkju:s/ シラキュース: 米国 NEW YORK 州の都市. ♦ <(1). 近くに沼地があり, 初めは居住が嫌われたが, シラクサに似た環境を評価して居住し命名した (Everett-Heath).

T

Tabard /tǽbɑːd/ タバルド: 1275 姓(＜あだ名). ◆中英語 Tabart, 〜 'tabard'(原義)「陣羽織(着用者)」. The Tabard は CHAUCER 作 *The Canterbury Tales* で巡礼者たちが集まった LONDON の Southwark にあった陣羽織の看板を掲げる宿屋.

Taffy /tǽfi/ タフィ: a1700 男子名. ◆ウェールズ語 Teifi (変形) ＜ Dafydd, Dewi 'DAVID'. ウェールズ人に多用されることからイングランドではウェールズ人の軽蔑的通称になった. 同類に PADDY, SAWNEY.

Taft /tæft/ タフト: 1340 姓. ◆中英語(変形) ＜ TOFT. ▶WILLIAM HOWARD Taft (1857–1930; 米国第 27 代大統領(1909–13)).

Talbot /tɔ́ːlbət, 米 tǽlbət/ トールボット, タルボット: 1121–38 姓. ◆中英語 Talebot(us) ＜? 古フランス語 talebot「山賊;(原義)煤を塗った顔」.

Tallahassee /tæləhǽsi/ タラハッシー: 1824 米国 FLORIDA 州の州都. ◆マスコギアン語 〜 (原義)「古町」＜ talla 'town' ＋ hasi 'old'.

Tallboy /tɔ́ːlbɔɪ/ トールボーイ: 1086 DB 姓(＜職業). ◆中英語 Taillebosc (原義)「樵(きこり)」＜ 古フランス語 taillebosc ＜ tailler 'to cut' ＋ bosc 'wood'.

Tandy /tǽndi/ タンディ: 1221 男子名・1275 姓. ◆中英語 〜 (語頭無声音化) ＜ Dandy (愛称形) ＜ ANDREW. ▶JESSICA Tandy (1909–94; 英国の舞台・映画女優; *Driving Miss Daisy* (1989) で ACADEMY 主演女優賞を受賞).

Tanner /tǽnə/ タナー: 1166–7 (le) 姓(＜職業). ◆中英語 Tan(n)ur, 〜 (原義)「皮なめし職人」＜ 古フランス語 tanour ∥ 古英語 tannere 'tanner'.

Tapper /tǽpə/ タッパー: c1095 (le) 姓(＜職業). ◆中英語 Tapper (原義)「居酒屋の亭主」＜ tap ＋ -ER.

Tapster /tǽpstə/ タプスター: 1379 姓(＜職業). ◆(1) 中英語 Tapester (原義)「居酒屋の女主人」＜ 古英語 tappestere (TAPPER, -STER). (2) 1306 (le) 姓(＜職業). ◆中英語 Tapicer「絨毯織り職人」＜ アングロフランス語 tapicer. 後に -t- が挿入された.

Tarzan /tɑ́ːzən/ ターザン: アフリカのジャングルの王者. ◆＜? アフリカ語 ∥ 造語 〜 (原義)「白い肌」. 米国の作家 EDGAR RICE BURROUGHS 作 *Tarzan of the*

Tasmania

Apes (1912)以降23編のシリーズに登場するヒーロー．Tarzan は彼を育てた類人猿 Mangani の言語からとする作者の造語か．英国貴族の孤児でアフリカのジャングルで猿に育てられ，成長して文明社会に戻るが，それを嫌悪し再び野生に帰る．水泳のオリンピック金メダリストで俳優の Johnny Weissmuler (1904–84)が主演した映画シリーズで有名.

Tasmania /tæzméɪnjə/ タスマニア: 1855 オーストラリアの島・州. ♦発見者 ABEL Tasman (1603–59; オランダの航海家・探検家)にちなむ. ⇨ -IA.

Tate /teɪt/ テイト: c1095 姓. ♦中英語 ～ < 古英語 Tāta (人名). ▶HENRY Tate (1819–99; 英国の実業家; LONDON にある Tate Gallery (現 Tate Britain)設立のため蒐集品・建築資金を提供した).

Tatiana /tætiá:nə/ タチアーナ: 女子名. ♦ < ロシア語 ～ < ラテン語 Tatiāna (女性形) < Tatiānus < Tatius (ローマの家族名). 東方教会で信仰された複数の聖者の名 St. Tatiana から. 愛称形 Tanya /tɑ:njə/.

Tatum /téɪtəm/ テイタム: 1208 姓 (< 地名)・女子名・(まれ)男子名. ♦中英語 Tateham (地名; 原義「Tata (人名)の村」). ⇨ -HAM[1]. 女子名としては米国の俳優 Ryan O'NEAL (1941–)がジャズピアニストの Art Tatum (1910–56)にちなんで娘 Tatum O'Neal (1963– ; 映画女優)につけたことに始まる (Cresswell).

Taunton /tɔ́:ntən/ トーントン: 737 イングランド SOMERSET 州の州都 > 1188 (de) 姓. ♦古英語 Tantūn (原義)「Tan 川ほとりの村」 < ケルト語 Tan (原義)「火(の川)」+ 古英語 -tūn '-TON'.

Taupo /táʊpoʊ, 米 tóʊpoʊ/ タウポー, トーポー: ニュージーランド北島の同国最大の湖・リゾート. ♦ < マオリ語 Taupomoana < Taupo nui a Tia (原義「酋長 Tia の大マント」; 湖畔の大岩の形容).

Tauranga /taʊráɳə/ タウランガ: ニュージーランド北島 COROMANDEL 半島の入江と町. ♦ < マオリ語 (原義)「(カヌーの)休憩地・安全な停泊地」.

Taverner /tǽvənə/ タヴァナー: 1175 姓 (< 職業). ♦中英語 Tauerner < アングロフランス語 ～ (tavern, -ER) (原義)「居酒屋・宿屋の主人」. ▶JOHN Taverner (1490–1545; 英国初期の作曲家).

Tay /teɪ/ テイ: スコットランドのハイランドに発し PERTHSHIRE を経て東流して北海のテイ湾に注ぐ長江. ♦ < ゲール語 Tatha ∥ Te (原義)「静かな川」.

Taylor /téɪlə/ テイラー: c1180 姓 (< 職業). ♦中英語 Taylur < アングロフランス語 taillour = (古)フランス語 tailleur 'tailor'. ▶ZACHARY Taylor (1784–1850; 米国第 12 代大統領 (1849–50); アメリカ・メキシコ戦争では RIO GRANDE 軍の指揮官(1846)として活躍した) | ELIZABETH Taylor(1932– ; 英国生まれの米国の映画女優).

Thames

Ted /ted/ テッド：男子名．◆（短縮形）< THEODORE. 今では EDWARD, EDWIN の略形にも用いる．愛称形 Teddy. ▶Ted（< Edward）HUGHES（1930–98; 英国の桂冠詩人）．

Teena /tíːnə/ ティーナ：女子名．◆TINA の別形．

Telfer /télfə/ テルファ：1214 姓．◆中英語 Taillefer（原義）「死んだ敵から武器・武具の鉄をはがす人」< 古フランス語 taille fer 'cut iron'.

Telford /télfəd/ テルフォード：(**1**) 1381 姓．◆中英語 Tayleford (-FORD との連想による変形) < Taillefer 'TELFER'. (**2**) 1960 年代に Telford Development Corporation によって建設されたイングランド中西部 SHROPSHIRE のニュータウン．◆THOMAS Telford（1757–1834; スコットランド出身の建設業者）にちなむ．

Tennessee /tènəsíː/ テネシー：1796 米国の州名（州都 NASHVILLE）．◆< チェロキー語 Tanase（Tennessee 川の名 < 先住民の村の名; 原義「? 川」）．

Tennyson /ténɪsən/ テニソン：1361 姓．◆中英語 Tennysone, Tenison < Tenney（語頭音無声化・愛称形）< DENNIS + -SON. ▶ALFRED Tennyson（1809–92; 英国の桂冠詩人; *Idylls of the King*（1856–85））．

Terence /térəns/ テレンス：男子名．◆< ラテン語 Terentius <? ローマの劇作家 Marcus Terence や初期キリスト教の聖者の名．愛称形 TERRY. ▶Terence Stamp（1939– ; 英国の映画俳優）．

Teresa /təríːzə, təréɪzə, 米 -sə/ テレサ：女子名．◆THERESA の別形．▶Mother Teresa（1910–97; マケドニア生まれのインドの修道女; 病人・貧民の救済に貢献した; Teresa はスペイン語から）．

Terry /téri/ テリー：(**1**) 1086 男子名 > 1199 姓．◆中英語 Teri < 古フランス語 T(h)ierri < 古高地ドイツ語 Theudoric（原義）「人民の支配（者）」= 古英語 Þēodrīc. ▶ELLEN Terry（1847–1928; 英国の舞台女優; 多くの SHAKESPEARE 劇に出演した）．(**2**) 男子名．◆TERENCE の愛称形．

Texas /téksəs/ テキサス：1845 米国の州（州都 AUSTIN）．◆< カド―語 techas「友だち」．伝説によれば，あるスペインの修道士が Caddo 族に "Techas"「我々は友だちだ」と（敵対する Apache 族との違いを表してか）呼びかけられ歓迎されたことからという．

Thackeray /θækəri/ サッカレー：1379 (de) 姓（< イングランド CUMBRIA 州の地名）．◆中英語 Thakwra（原義）「屋根葺き用の葦が生える僻地（の住人）」< 古ノルド語 þak 'thatching reeds' + (v)rá 'nook'. ▶WILLIAM Thackeray（1811–63; 英国の作家; 小説 *Vanity Fair*『虚栄の市』(1847–48)）．

Thames /temz/ テムズ（川）：51BC LONDON などイングランド南部の諸都市を流れて北海に注ぐ川．◆古英語 Tames(e) < ラテン語 Tamesis, Tamesa（原義）

Thatcher

「濁った川・黒い川」<? ケルト語 tamesā 'dark river' < * tam- 'dark'.

Thatcher /θǽtʃə/ サッチャー: 1273 姓(<職業). ◆中英語 Thacchere, Thechare 'thatcher'「茅葺職人」. ▶Margaret Thatcher (1925– ; 英国初の女性首相 (1979–90); the Iron Lady「鉄の女」の異名をとった).

Theda /θíːdə, θéːdə/ シーダ, セーダ: 女子名. ◆Theodora, Theodosia の愛称形. ▶Theda Bara (1885–1955; 米国の女優; 無声映画で活躍した).

Theodora /θìːədɔ́ːrə/ セオドラ: 女子名. ◆(女性形) < Theodore. Dorothea とは構成要素の順序が逆.

Theodore /θíːədɔː/ セオドア: 男子名. ◆ラテン語 Theodōrus < ギリシャ語 Theódōros (原義)「神の贈物」. ⇨ Dorothea. 第8代 Canterbury 大司教の St. Theodore (c602–90) は知られていたが, 19世紀まで男子名としてはまれだった. 略形 Theo. 愛称形 Teddy. Teddy Bear (1907) は Theodore Roosevelt 大統領 (Teddy) が狩猟中に子熊 (bear) の命を助けてやったという逸話にちなむ.

Theodosia /θìːədɔ́ːsjə/ セオドーシア: 女子名. ◆<ギリシャ語 Theódōsia (女性形) < Theódōsios (原義)「神に贈られた」< Theódōros 'Theodore'.

T(h)eresa /təríːzə, -sə/ テレサ: 女子名. ◆<ラテン語 Thēresia <ギリシャ語 Thērasíā (シシリー島とクレタ島の近くにそれぞれある島の名に由来する). 愛称形 Tess (⇨ Hardy), Terri, Terry. 今ではヨーロッパ各国に普及している (スペイン語・イタリア語 Teresa, ドイツ語 Theres(i)a, フランス語 Thérèse). 英語では18世紀までは多くなかったが, 神聖ローマ女帝 Maria Theresia (1717–80) の名声とともに広まった.

Thermos /θə́ːməs/ サーモス: 1904 英国 Thermos L. L. C. 製の魔法瓶の商標. ◆<ギリシャ語 thermós 'hot'. 保温性を強調した命名.

Thirkill /θə́ːkl/ サーキル: 1086 DB 姓. ◆中英語 Thurkil <古ノルド語 Þorkell (短縮形) < Þorketill (原義)「Thor 神への生贄用の大釜」< Thor + ketill 'cauldron, kettle'.

Thomas /tɔ́məs/ トーマス: 1086 DB 男子名・1275 姓. ◆中英語 ~ <後期ラテン語 Thōmās <ギリシャ語 Thōmâs <アラム語 (原義)「双子」. 十二使徒の一人 St. Thomas のあだ名から. 双子の相手は不明だが, Jesus 自身とも憶測される. Canterbury の大司教 Thamas à Becket の殉教後, 墓所のあるその聖堂が巡礼地となる (*The Canterbury Tales* 参照) とともに人気のある男子名となった.

Thom(p)son /tɔ́m(p)sən/ トンプソン, トムソン: 1318 姓. ◆中英語 ~ < Thomas + -son. -p- の挿入された Thompson はイングランド北部とアイルランド北部に多い. Thomson はスコットランドに多い.

Thor /θɔː/ (**1**) トール: 北欧神話の神. ♦ < 古ノルド語 Þōrr (原義)「雷神」. Thursday は「Thor 神の祝日」. (**2**) ソア: 1086 DB 男子名・女子名. ♦ 中英語 Thor(e) (男性形), Thora (女性形) < 古ノルド語 Þōrr.

Thoreau /θɔ́ːroʊ/ ソロー: 姓. ♦ < フランス語 Thoré (1)(原義)「牡牛のように強い人」< 古フランス語 thorel 'bull'; (2)(短縮・愛称形) < Matthieu 'MATTHEW'. ▶ HENRY DAVID Thoreau (1817–62; 米国の哲学者・ナチュラリスト; 森の中での質素な生活を綴った *Walden* (1854); CONCORD で生没; 祖父がフランス系)

Thorndyke, -dike /θɔ́ːndaɪk/ ソーンダイク: 1674 姓 (<場所)・男子名. ♦(原義)「茨の茂った土手 (のそばの住人)」(thorn, dyke). ▶ Sybil Thorndike (1882–1976; SHAKESPEARE 劇の舞台女優).

Thorne /θɔːn/ ソーン: 1206 (de, del, atte) 姓 (<イングランド各地の地名・場所). ♦ 中英語 Thorn (原義)「野茨の藪 (のそばの住民)」< 古英語 þorn 'thorn'.

Thurber /θə́ːbə/ サーバー: 姓 (<イングランド LINCOLNSHIRE の地名). ♦ 語源不詳. ▶ JAMES Thurber (1894–1961; 米国の作家・漫画家・雑誌 *New Yorker* の編集者; *My Life and Hard Times*『苦しい思い出』(1933)).

Thurston, -stan /θə́ːstən/ サーストン: 1086 DB 男子名 > 1221 姓. ♦ 中英語 ∼ < 古ノルド語 Þorsteinn (人名; 原義「THOR の石」). ▶ Thurstan (c1070–1140; YORK の大司教で CANTERBURY の大司教と首位を競った).

Thwaite /θweɪt/ スウェイト: 1206 (de, del) 姓 (<場所・イングランド北部の各地の地名). ♦ 中英語 Thweit (原義)「牧場・囲い地」< 古ノルド語 þveit. ▶ ANTHONY Thwaite (1930– ; 英国の詩人; 1955–57 に東京大学で教えた).

Tiffany /tífəni/ ティファニー: (**1**) 1206 女子名 > 1288 姓. ♦ 中英語 Tephania, Tyffayne < 後期ラテン語 Theophania < ギリシャ語 Theopháneia「神の顕現」= epiphany. (**2**) 宝石・貴金属の Tiffany & Co. の商標. ♦ < CHARLES LEWIS Tiffany (1812–1902; 米国の宝石商; 1837 年に NEW YORK に創業した).

Till /tɪl/ ティル: 1246 女子名 > 1327 姓. ♦ 中英語 Tilla (愛称形) < MATILDA.

Tillett, Tillot /tílət/ ティレット, ティロット: 1279 姓・1379 女子名. ♦ 中英語 Tillot (指小形) < TILL. ⇨ -OT.

Till(e)y /tíli/ ティリー: (**1**) 1086 DB (de) 姓 (<地名). ♦ 中英語 Tillie < 古フランス語 Tilly (NORMANDY の地名; 原義「Attilius (ローマ人名) の土地」). (**2**) 1274 (le) 姓. ♦ 中英語 Tilly (原義)「納屋付き・作男」< 古英語 tilia 'husbandman'. (**3**) ME 女子名. ♦ 中英語 ∼ (愛称的指小形) < MATILDA. 19 世紀によく用いられた.

Tilson /tílsn/ ティルソン: 1609 姓. ♦ < TILL + -SON.

Times Square /tàɪmz skwéə/ タイムズスクエア: NEW YORK 市 MANHATTAN 地

区にある広場・劇場街．♦元 Longacre Square. 1904年に The New York Times がここに本社を移したのにちなむ命名．

Timex /táɪmeks/ タイメックス：1950 米国の時計会社 Timex Corporation（現 Timex Group USA）の商標．♦＜ time + -x（専門技術と革新性を表す商標の接尾辞）．

Timothy /tíməθi/ (**1**) テモテ：«新約» St. Paul の助手として登場する人物．♦＜ラテン語 Timotheus ＜ギリシャ語 Tīmótheos（原義）「神を称える（者）」．(**2**) ティモシー：男子名．♦＜ (1). ▶Timothy Hutton.

Tina, Teena /tíːnə/ ティーナ：女子名．♦Christina, Martina の愛称形．

Tintagel /tɪntǽdʒəl/ ティンタジェル：c1137 コーンウォールの 13 世紀の城跡．♦＜コーンウォール語 ～（原義）「岬の砦」＜ din 'fort' + tagell 'the neck of land'. 伝説では Arthur 王の生誕地とか, Tristan の叔父で Isolde を王妃に迎えた Mark 王の城のあったところとも伝えられる．

Todd /tɔd/ トッド：1168–75 (le) 姓（＜あだ名）．♦中英語 Tod(de)「狐」（スコットランド・イングランド北部に多い）＜？「狐」のように髪が赤い人・ずるがしこい人につけたあだ名から．

Toft /tɔft/ トフト：1197 (del, de) 姓（＜ 1086 DB イングランド各地の地名）．♦中英語 ～（原義）「屋敷・その小農場」＜古ノルド語 toft 'homestead'.

Tolkien /tɔ́lkiːn, ニー, 米 tóʊlkiːn/ トルキーン, トールキン：姓（＜あだ名）．♦＜？ ドイツ語 Tolkühn（原義）「蛮勇の（人）」＜ toll 'mad' + kühn 'brave, keen'. ▶J. R. R. Tolkien (1892–1973; 英国の小説家・中世英文学者; *The Lord of the Rings*『指輪物語』(1954–56); 祖父がドイツ移民）．

Tom /tɔm/ トム：c1379 男子名．♦Thomas の愛称形．別形 Thom.

Tomkins /tɔ́mkɪnz/ トムキンズ：1323 姓．♦中英語 Tomkyn(es) ＜ Tom + -kin + -s（父系）．

Tomlin /tɔ́mlɪn/ トムリン：1380 姓．♦中英語 T(h)omelyn (Tom, Thom の二重指小形)．⇨ -el, -in.

-ton /-tən/「囲い地・農場・村」を意味する接尾辞．♦＜古英語 tūn 'enclosure, farm, village, town'.

Tony /tóʊni/ トニー：(**1**) 男子名．♦Ant(h)ony の略形．(**2**) 1947 全米演劇優秀賞 Tony Award. ♦（略形）＜ Antoinette Perry Award for Excellence in Theatre. 米国の舞台女優・監督 Antoinette Perry (1888–1946) にちなむ．

Topeka /təpíːkə/ トピーカ：米国 Kansas 州の州都．♦カンサ語 ～（原義）「ジャガイモ掘りに良い土地」．

Toronto /tərɔ́ntoʊ/ トロント：1750; 1834 カナダ Ontario 州の州都．♦＜ヒューロン語 tkaronto（原義）「人の集まる場所」∥モーホーク語（原義）「築場」．カナ

270

Trevelyan

ダ最大の都市．The University of Toronto の所在地．

Torquay /tɔːkíː/ トーキー: 1591 イングランド南西部の海浜リゾート．♦ < Torrekay（原義）「岩山のそばの波止場」< torre (< 古英語 torr) 'rocky hill' + quay. Paignton, Brixham と合わせて 'English Riviera' と呼ばれる．

Tower /taʊə/ [the ~] タワー: 1097 ロンドン塔 (the Tower of London)．♦中英語 thone tur 'the Tower'. 中心となる White Tower は WILLIAM II (1087–1101) の時代に建てられたが，1240 年に「のろ」で白く塗られてからこの名になった．Tower Bridge は 1894 年に開通した．

Townsend /táʊnzend/ タウンゼンド: 1297 (atte) 姓 (<場所)．♦中英語 Tun(es)-ende（原義）「村・町外れの(住民)」．⇨ -s (所有格)．

Toys"Я"Us /tɔɪz(ə)rʌ́s/ トイザラス: 米国に本社を置く玩具のチェーン店の商標．♦? < Toys Represent us「玩具は私たちの代弁者・表象」．CHARLES LAZARUS (1923–) が 1948 年に創業した子供用品のスーパーが 1957 年から Toys"R"Us に発展した．Toys + (La)zarus (創業者名) とも解せる．ロゴの R は逆向き．

Trac(e)y /tréɪsi/ トレイシー: (1) 1139 (de) 姓 (地名) > 男子名．♦中英語 Traci < 古フランス語 Tracy- (フランスの地名要素; 原義「男爵領」). (2) 女子名．♦ T(H)ERESA の愛称形．この女子名の人気は映画 *High Society*『上流社会』(1956) で GRACE KELLY が演じた Tracy Lord 役の影響 (Hanks & Hodges)．

Trafalgar Square /trəfǽlgə skwéə/ トラファルガー広場: 1829–41 LONDON 中心部の NELSON 記念柱が立つ広場．♦フランス・スペインの連合艦隊を Trafalgar の海戦 (1805) で破った戦勝記念に建設．

Tralee /trəlíːə/ トラリー: アイルランド南西部 KERRY 県の県都 ♦ <アイル語 Trá Lí (原義)「Lee 川の岸辺」．

Travis /trǽvɪs/ トラヴィス: 1172 姓 (<職業) > 男子名．♦中英語 Trauers (原義)「通行税を課す人・取り立て人」< 古フランス語 travers「城門・川・橋の通過; その通行税」．

Trent /trent/ トレント (川): イングランド中部を北北東に流れ OUSE 川と合流して HUMBER 川になる．♦古英語 Treenta < 古ケルト語 Trisantōn (原義)「道路に浸水する川」< tri- 'through, across' + santōn 'road'. 河畔の町 STOKE-on-Trent は "Home of Pottery and China"「陶磁器の里」と呼ばれる．

Trenton /tréntən/ トレントン: 米国 New Jersey 州の州都．♦土地開発者の WILLIAM Trent が自ら名づけた Trent's Town から．⇨ -TON.

Trevelyan /trɪvéljən, コーンウォール -víl-/ トレヴェリアン: 1086 DB コーンウォールの地名 > 1503 姓 > 男子名．♦中英語 Trevelien (原義)「水車屋の居住地」< コーンウォール語 tref 'homestead' + milin 'mill'. ▶G. M. Trevelyan

Trevor

(1876–1962; 英国の歴史学者; *English Social History*『英国社会史』(1944)).

Trevor /trévə/ トレヴァ: 1538 姓 > 男子名. ♦ < ウェールズ語 Trefor (地名; 原義「大定住地」) < tref 'homestead, settlement' + fôr (変形) < mawr 'large'. ▶ Trevor HOWARD (1913–88; 英国の映画俳優).

Tristan /trístən/ トリスタン: 男子名. ♦ (変形) < TRISTRAM. ARTHUR 王の円卓の騎士の一人. ISOLDE との悲恋から古フランス語の文献は Tristan をラテン語の tristis 'sad' と結びつけている.

Tristram /trístrəm/ トリストラム: 1204 男子名 > 1207 姓. ♦ 中英語 〜 < ケルト語 Drystan (原義)「騒ぎを起こす者」< drest 'tumult'. 別形 TRISTAN.

Troilus /trɔ́iləs/ トロイラス: 男子名. ♦ 中英語 〜 < ラテン語 Trōilus < ギリシャ語 Trōîlos 'descendant of Trôs (TROY の伝説上の建設者)'. TROY の王子. ギリシャ神話ではトロイ戦争でアキレスに殺される. 中世伝説では CRESSIDA の愛人だったが捨てられる. CHAUCER の長編物語詩 *Troilus and Criseyde* (a1388), SHAKESPEARE の悲劇 *Troilus and Cressida* (1602) の主人公.

Trotter /trɔ́tə/ トロッター: 1148 (le) 姓 (< 職業). ♦ 中英語 Troter 'trotter' (原義)「飛脚・伝令」.

Trowbridge /tróʊbrɪdʒ/ トローブリッジ: 1184 イングランド WILTSHIRE の州都. ♦ 中英語 Trobrigge (原義)「木橋・丸太橋」< trēow 'tree' + bryċġ 'bridge'.

Troy /trɔɪ/ トロイ: 1200 (de) 姓 (< 地名) > 男子名. ♦ 中英語 Troie < (1) (古) フランス語 Troyes ((フランスの古都) < ゴール語 tricasses (部族名; 原義「三つ編みの人たち」) < tri 'three' + cases 'hair') + (2) ラテン語 Trōja ((小アジアの古都) < ギリシャ語 Trōíā (原義)「Trôs (⇨ TROILUS) の町」). Troy は語源の異なる (1) フランスの古都と (2) 小アジアの古都が中英語で融合して, 地名 > 姓 > 男子名と発達した. 1960 年代の男子名の流行は米国の映画俳優 Troy Donahue (1936–2001) の人気に負う.

Truman /trúːmən/ トルーマン: c1215 姓 (< あだ名) > 男子名. ♦ 中英語 Treweman, Trueman (true, -MAN) (原義)「正直者」. ▶ HARRY S. Truman (1884–1972; 米国第 33 代大統領 (1945–53)).

Tubman /tʌ́bmən/ タブマン: 1430 姓 (< 職業). ♦ 中英語 〜 (tub, -MAN) (原義)「桶屋」. ▶ HARRIET Tubman (c1821–1913; 米国の奴隷解放活動家).

Tucker /tʌ́kə/ タッカー: 1236 姓. ♦ 中英語 Tuckere 'tucker' (原義)「縫い襞を作る職人 / 縮充工」. ⇨ FULLER.

Tudor /tjúːdə/ チューダー: 1221 (ap) 男子名 > 1327 姓. ♦ ウェールズ語 Tudur < ゲール語 Teutorix (原義)「人民の支配者・王」. 従来, THEODORE のウェールズ語形とみなされてきたが無関係 (Hanks & Hodges). イングランド Tudor 王朝 (1485–1603; HENRY VII から ELIZABETH I までの統治) の家名は

Typhoo

Henry VII の祖父 OWEN Tudor of WALES から.

Tupper /tʌ́pə/ タッパー: 1314 姓 (< 職業). ◆中英語 ～ (原義)「(土を締める)落し鎚作業員」. ▶EARL Tupper (1907–83; Tupperware (プラスチック製食品保存用密閉容器の製造会社・商標) を 1946 年に米国に創業した).

Turnbull /tə́ːnbʊl/ ターンブル: 1314 姓 (< 職業). ◆中英語 Turnebule (turn, bull) (原義)「牛追い(のように力・勇気のある人)」.

Turner /tə́ːnə/ ターナー: 姓 (< 職業). ◆(1) 1180 中英語 Tornur (原義)「轆轤(ろく)引き・旋盤工」< 古フランス語 tornour; (2) 1220 中英語 Tournour (原義)「槍試合の出場者」< 古フランス語 Tournour < ラテン語 torneātor 'jouster'; (3) 1224 中英語 Turnhare (原義)「ウサギ追い」. ▶ROBERT Ted (< EDWARD) Turner (1938– ; 米国のケーブルテレビ局 CNN の創設者), J. M. W. Turner (1775–1851; 英国の風景画家).

Twain /tweɪn/, **Mark** マーク・トゥエイン: 米国の作家 JOHN MARSHALL CLEMENTS (1835–1910) のペンネーム. ◆< (by the) mark twain 'according to the mark (on the line), (the depth is) two (fathoms)'「水深 2 尋 (3.7 m), 航行安全」(MISSISSIPPI 川の水先案内人をしていた時に用いた用語) から. MISSOURI 州出身. "the Father of American Literature" と呼ばれる. *Adventures of Huckleberry Finn* (1884).

Tweed /twiːd/ トゥイード: c730 スコットランド南西部とイングランド北東部を東に流れ北海に注ぐ川. ◆古英語 (ラテン語) Tuīdi (flūminis) < 古ケルト語 (原義)「滔々と流れる川」.

Tyburn /táɪbən/ タイバーン: 1086 DB LONDON の川・街路. ◆中英語 Tiburne (原義)「境川」< 古英語 *tēo 'boundary' + burna '-BURN'. 1783 年まで絞首刑場の Tyburn Tree のあったところ.

Tyler /táɪlə/ タイラー: 1185 姓 (< 職業). ◆中英語 Tuiler < 古フランス語 Tuilier 'tile-maker'. ▶WAT Tyler (?–1381; 英国の農民一揆 (1381) の指導者) | JOHN Tyler (1790–1862; 米国第 10 代大統領 1841–45).

Tyndale /tíndl/ ティンダル: 1165 (de) 姓 (< イングランド北部の地名). ◆中英語 Tindal(e) (TYNE, dale) (原義)「Tyne 川の谷間・流域」. ▶WILLIAM Tyndale (c1494–1536; 英国の神学者・宗教改革者; 新約聖書をギリシャ語から, モーセ五書をヘブライ語からそれぞれ英訳したが, ローマ教会を非難して処刑された).

Tyne /taɪn/ タイン: c730 イングランド北部 NORTHUMBERLAND 州を東に流れ Tynemouth から北海に注ぐ川. ◆古英語 Tine < ゲール語 (原義)「流れるもの・川」.

Typhoo /taɪfúː/ タイフー: 1903 英国紅茶の商標. ◆< 中国語 大夫 (だいふ)「医者」

Tyson

(en.wikipedia). Room は茶の産地が台風地帯にあることと東洋風な趣を出すための命名とする.

Tyson /táɪsn/ タイソン: 1086 DB 姓. ◆中英語 Tison (原義)「燃え木・松明」<古フランス語 tison 'firebrand'. 1930 年代から男子名として使われ始めたが, 最近の使用は Mike Tyson (1966– ; 米国のヘビー級ボクサーで同時に3大タイトルを取った) の影響が大きい.

U

Ucluelet /juːklúːlɪt/ ユクルーレット：カナダ BRITISH COLUMBIA 州の港町．♦ヌートカ語（原義）「安全な入り江」．

Ul(l)man /úlmən/ ウルマン：1275 (le); 1297 姓（< 職業）．♦中英語 Ulemon, Olmon (oil, -MAN)（原義）「油屋」．cf. ドイツ語 Ullmann．

Ulster /ʌ́lstə/ アルスター：北アイルランドの 3 州からなる地方．♦アイル語 〜（原義）「Ulaidh 族の土地」< Ulaidh（部族名；原義「? 墓」）+ -ster 'place'（< 古ノルド語 staðr 'stead'）．

Ulysses /julísiːz/ (**1**) ウリッセース，ウリクセース：ホメーロスの英雄叙事詩 *Odússeia* のヒーロー．♦ < 新ラテン語 Ulyssēs < ラテン語 Ulixēs < ギリシャ語 Odusseús 'Odysseus' < ? odússasthai 'to hate'．このように Ulysses は Odysseus のラテン語形．トロイ戦争に勝利したが，長年にわたる苦難の末帰還．(**2**) ユリシーズ：男子名．♦ < (1)．米国では 19 世紀に VIRGIL などの古典名とともに流行．米国の将軍・大統領の Ulysses S. GRANT の名声で生き続けている (Cresswell)．アイルランドでは男子名 Ulick, Uileos（< 古ノルド語 Hugleikr（人名；原義「心の遊び」））に類似しているのでこれを当てた．

Underwood /ʌ́ndəwʊd/ アンダーウッド：1188 (de) 姓（< 地名・場所）．♦中英語 Underwode（原義）「森下・森中」∥ Under the Wode（原義）「木下」．

Unilever /júːnɪliːvə/ ユニリーバ：食品と日用品の多国籍企業（の商標）．♦1930 年にオランダのマーガリン会社（Margarine）Unie と英国の石鹸会社 Lever (Brothers) が合併してできた会社．

UNIQLO /júːnɪkloʊ/ ユニクロ：1984 日本の衣料品製造販売会社の商標．♦（短縮形）< uni(que) clo(thing warehouse)（原義）「ユニークな服の倉庫」．1984 年の第 1 号店開店時は UNICLO だったが，1988 年に C を Q に変え現在の綴りにした．

Unisys /júːnɪsɪs/ ユニシス：1986 米国のコンピュータサービス会社の商標．♦ < Uni(ted Information) Sys(tem)．

Unwin /ʌ́nwɪn/ アンウィン：1086 DB 姓．♦中英語 Onouuinus, Vunein, Hunwine < 古英語 Hūnwine（人名；原義「小熊の友」）< hūn 'bear cub' + wine

Updike

'friend'. ▶STANLEY Unwin (1884–1968; 英国の出版業者; 1914 年に George Allen & Unwin 社を設立した).

Updike /ʌ́pdaɪk/ アップダイク: 姓. ◆(原義)「上堤」(up, dike). ▶JOHN Updike (1932–2009; 米国の小説家・詩人; *Rabbit, Run*『走れウサギ』(1960)).

Upton /ʌ́ptən/ アプトン: 972 イングランド各地の地名 > 姓. ◆古英語 Optūne (up, -TON)(原義)「上村」.

Upwood /ʌ́pwʊd/ アップウッド: 974 イングランド HUNTINGDONSHIRE の地名 > 1258 (de) 姓. ◆中英語 Upwude (原義)「上林」< 古英語 upwude (up, -WOOD).

Uriah /jʊ(ə)rájə/ (1) ウリヤ: 《旧約》BATHSHEBA の夫. ◆<ヘブライ語(原義)「神は光なり」. Bathsheba を見初めた DAVID 王の計略により戦死. Bathsheba は王の妻となり SOLOMON を生む. (2) ユライア: 男子名. ◆<(1).

Ursula /ə́:sjʊlə/ アーシュラ, ウルスラ: 女子名. ◆<ラテン語 ~ (原義)「小さな雌熊」(指小形) < ursa (女性形) < urusus 'bear'. 4 世紀ケルンで 11 人の仲間と殉教した聖女の名にちなむ. ▶Ursula K. Le Guin (1929– ; 米国のファンタジー作家; *A Wizard of Earthsea*『ゲド戦記』(1968)).

Usher /ʌ́ʃə/ アッシャ: 1243 (le) 姓 (<職業). ◆中英語 Ush(i)er (原義)「門衛」< 古フランス語 ussier 'usher'. ▶Roderick Usher (E. A. POE 作 *The Fall of the House of Usher* (1839)の主人公)

Usk /ʌsk/ アスク: (1) ウェールズ南部を南東に流れて SEVERN 川河口部に注ぐ川. ◆ウェールズ語 ~ < ケルト語 (原義)「水, 魚の多い川」. (2) 1337 (de) 姓 (<地名). ◆<(1).

Utah /júːtɑː/ ユタ: 1896 米国の州(州都 SALT LAKE CITY). ◆<ナバホ語 Eutaw, Yuta (部族名・川名; 原義「山頂の住人たち」). 迫害された MORMON 教徒がここに集まって作った州とも言える. 指導者で准州の知事 Bragham YOUNG が州名に経典(*The Book of Mormon* (1830))から Deseret「蜜蜂・働き蜂」(勤勉の象徴)を選んで提案したが議会に却下され, 上記のナバホ語からのものになった.

Utley /júːtli/ ユートリー: OE YORKSHIRE の地名 > 1242 (de) 姓. ◆古英語 Hutteleġe, Vtlay (原義)「Utta (人名)の開墾地」. ⇨ -LEY.

V

Valentine /vǽləntaɪn/ ヴァレンタイン: 1198 男子名 > 1251 姓. ♦中英語 Valentinus, Valentyn < ラテン語 Valentīnus（原義）「壮健な人」< valens 'strong, healthy'. 3 世紀ローマの殉教者 St. Valentine（祝日 2 月 14 日；バレンタインデイ）にちなむ．

Valerie, Valery /vǽləri/ ヴァレリ: 女子名. ♦<ラテン語 Valeria（女性形）< Valerius（原義）「壮健な（人）」< valere 'to be strong, healthy'. 7 世紀にフランスに修道院を建てた St. Valery にちなむ. 語源はラテン語ではなくゲルマン語の walh 'foreign, strange' + rīc 'power' からとする説（Hanks & Hodges）もある．

Vallins /vǽlɪnz/ ヴァリンズ: 1086 DB (de) 姓（<地名）．♦中英語 Valoinges, Valeynes < 古フランス語 Valognes（NORMANDY の地名；原義「谷間」）．

Vance /væns/ ヴァンス: 1327 姓 (in the, atte)（<場所）> 男子名. ♦中英語 Vanne（語頭音の有声化; KENT 方言）< Fann, Fenn（原義）「沼地・湿地（のそばの住居）」<古英語 fenn 'fen'. -ce は複数の語尾 -s の変形．

Vancouver /vænkúːvə/ ヴァンクーヴァー: 1886 カナダ南西部の沿岸都市．♦ここを 1790 年代に探検した英国の探検家・船長 GEORGE Vancouver (1757–98) にちなむ. Vancouver はオランダ語 van Coevorden（原義）「Coevorden（都市名）出身の」から（en.wikipedia）．

Vanessa /vənésə/ ヴァネッサ: 1726 女子名. ♦(2 語の要素の組み合わせ) < ESTHER Vanhomrigh /vənámri/. JONATHAN SWIFT が詩を捧げた女性の名から造語した. ▶Vanessa REDGRAVE.

Vaughan /vɔːn/ ヴォーン: 1222–64 姓（<あだ名）．♦中英語 Vehan, Vychan, Vahan < ウェールズ語 fychan（変形; f は /v/ と発音される）< bychan（指小形）< bach 'small, short'. 「小さい」人につけたあだ名から. ▶HENRY Vaughan (1622–95; ウェールズ出身の形而上詩人) | SARAH Vaughan (1924–90; 米国のジャズシンガー).

Venetia /vəníːʃə/ ベニシア, ヴェニーシャ: 女子名. ♦(ラテン語化) <? Venice, Venezia「ベニス, ヴェネツィア」. 中世後期以来用いられているが, そのころ

Venus

は Venus との連想もあったようだ (Cresswell). ▶Venetia Stanley-Smith (1950– ; NHK の TV 番組『猫のしっぽカエルの手』の出演者).

Venus /víːnəs/ ヴィーナス: (**1**) 《ローマ神話》春と豊饒(後に愛と美)の女神. ♦古英語 〜 < ラテン語 〜 (原義)「肉体的な愛」. (**2**) 女子名 < (1). ▶Venus Williams (1980– ; 米国のテニスプレイヤー; Serena の姉). (**3**) 1130 (de) 姓. ♦中英語 Ven(i)us < 古フランス語 Venoix (Normandy の地名; 原義不詳).

Vera /víərə/ ヴェラ: 女子名. ♦<ロシア語 Vjera 'faith' (原義)「信(ﾉﾌ)」; cf. 信子」∥<ラテン語 Vēra (女性形) (原義)「真理」< vērus 'true'. Veronica の愛称形でもある.

Vermont /vəmónt/ ヴァーモント: 1791 米国の州(州都 Montpelier). ♦<フランス語 Les Monts Verts (原義)「青い山」.

Vernon /vɚːnən/ ヴァーノン: 1086 DB (de) 姓 > 男子名. ♦中英語 〜 < 古フランス語 〜 (Normandy の地名; 原義「ハンノキの茂る土地」).

Veronica /vərɔ́nɪkə/ ヴェロニカ: 女子名・イエスの顔が写った布(聖顔布). ♦<中世ラテン語 〜 (原義)「(御)真影」<ラテン語 vēra 'true, very' + īcōn 'image, icon'. 愛称形 Vera. 処刑に向かうイエスの血と汗にまみれた顔を布でぬぐった聖女 St. Veronica にちなむ.

Viagra /vaɪǽgrə/ バイアグラ: 1996 (特許), 1998 (承認) 米国の製薬会社 Pfizer 社の ED 治療薬の商標. ♦(第 1 要素に諸説あり) < vital, vigor, virile, virility + Niagara (Falls). 第 1 要素は「男性の活力・精力」で共通している.「ナイアガラ」は強力な効果の比喩か. Viagra と Niagara /naɪǽg(ə)rə/ は韻を踏んでいる. この薬は英国 Pfizer の研究所が開発した.

Vickers /víkəz/ ヴィッカーズ: 1327 (de(l), at(te)) 姓. ♦中英語 Vikers (vicar, -s(所有格)) (原義)「牧師(館)の召使」.

Vicky, Vicki(e), Vikki /víki/ ヴィッキー: 女子名. ♦Victoria の愛称形. ⇨ -y.

Victor /víktə/ ヴィクタ: 1200 男子名. ♦<ラテン語 〜 'victor'. 愛称形 Vic. 女性形 Victoria. 中英語期にはまれで, 19 世紀後半に英国女王の名 Victoria の男子形であることから一般化した.

Victoria /vɪktɔ́ːrjə/ ヴィクトリア: (**1**) 女子名. ♦<ラテン語 Victōria (女性形) < Victor 'Victor'. 英国の Victoria 女王(1837–1901)まで殆ど用例がない. 女王(洗礼名は Alexandrina Victoria)のドイツ人の母 Maria Louisa Victoria にちなむ. 今はまれ. (**2**) 1843 カナダ British Columbia 州の州都. ♦Queen Victoria にちなむ. カナダには 300 以上の Victoria のつく地名があると言われている.

Victoria and Albert Museum /vɪktɔ́ːrjə ənd ǽlbət mjuzíːəm/ [The 〜] ヴィクトリアアンドアルバートミュージアム: 1857 London にある応用美術と絵

画の博物館. ♦VICTORIA 女王と夫君 ALBERT 公にちなむ.

-ville /-vɪl/「町・市」を意味する地名第2要素. ♦＜フランス語 ville ＜ラテン語 vīlla.

Vincent /vínsnt/ ヴィンセント: 1206 男子名 ＞ 1230 姓. ♦中英語 ～ ＜古フランス語 ～ ＜ラテン語 Vincent-, Vincēns（原義）「征服（者）」＜ vincere 'to conquer'.

Viola /vájələ, vaıóʊlə/ ヴァイオラ: 女子名. ♦＜ラテン語 viōla 'violet'. SHAKESPEARE も *Twelfth Night*（1601–02）の登場人物に用いているが, 現代の使用は花の大きな「ビオラ」から.

Violet /vájələt/ ヴァイオレット: c1386 女子名. ♦中英語 ～ ＜古フランス語 Violette 'violet'. ブリテン島では19世紀中頃までに人気を確立した. 花の名にちなむ最初の女子名の一つ. 今は人気がない.

Virgil /və́ːdʒɪl/ (**1**) ウェルギリウス: ローマの詩人（70–19 BC; *Aeneis* などの作者）. ♦＜中世ラテン語 Virgilius（誤解）＜ Vergilius（ローマの家名）. (**2**) ヴァージル: 男子名. ♦＜(1). 主に米国で使用される.

Virginia /vədʒínjə/ ヴァージニア: (**1**) 1788 米国の州（州都 RICHMOND）. ♦ラテン語化＜ Virgin (Queen)（= ELIZABETH I）. ⇨ -IA. (**2**) 女子名. ♦＜ラテン語 ～（女性形）＜ Virginius（virgō 'maiden' との連想による変形）＜ Verginius（ローマの家名）. 米国では1587年に英国人の両親から生まれた女子に, Virgin Queen にちなむ入植地名 Virginia を名づけたのが最初.

Visa /víːzə/ ビザ: クレジットカードなどの金融サービスを行う米国の会社 Visa Inc. の商標. ♦＜? visa「旅券査証」（これがあれば世界中で受け入れられることからか）. BankAmericard ほかのいくつかのカードを Visa に統合して1975年からサービスを開始した.

Vivian /vívjən/ ヴィヴィアン: (**1**) 1175 男子名・(まれ)女子名 ＞ 1235 姓. ♦中英語 Vivianus, ～（原義）「生き生きした（人）」＜古フランス語 ～ ＜ラテン語 Vīviānus ＜ vīvus 'alive'. (**2**) 女子名. ♦アイル語 ～ ＜ケルト語 Béighinn（原義）「白婦人」.

Vivien /vívjən/ ヴィヴィアン: 1859 女子名（＜男子名）. ♦＜古フランス語 Vivien（別形）＜ VIVIAN. TENNYSON がその詩 *Merlin and Vivien*（1859）で Vivien を VIVIENNE の代わりに女子名として用いてから.

Vivienne /vívjən, vivién/ ヴィヴィエン: 女子名. ♦＜フランス語 ～（女性形）＜ VIVIAN.

Voight /vɔɪt/ ヴォイト: 姓（＜職業）. ♦＜ドイツ語 Vogt（原義）「執事・管理人」. ▶Jon (＜ JONATHAN) Voight (1938– ; ドイツ系の米国の俳優).

Volvo /vólvoʊ/ ボルボ: 1927 スウェーデンの自動車会社 Volvo Car Corporation

Volvo

の商標. ♦＜ラテン語 volvō 'I roll'. 軸受け(ball-bearing)メーカーの一部門から発展.「安全に回転し続ける」のモットーから. 2010 年中国の Geely（吉利）Holding Group の傘下に入った.

W

Wagga-Wagga /wágə-wàgə, wɔ́gə-wɔ̀gə,/ ウォガウォガ: 1930s オーストラリア NEW SOUTH WALES 州南部の町. ♦＜マオリ語（原義）「鴉の集まる場所」. 単語の繰り返しは複数を表す.

Wagner /wǽgnə/ ワグナー: 姓（＜職業）. ♦＜ドイツ語 ～「荷馬車屋・車大工」＜ Wagen 'wagon' + -ER. ⇨ WAIN. ドイツ移民・ユダヤ人に多い.

Wagstaff /wǽgstæf/ ワグスタッフ: 1219 姓（＜職業）. ♦＜中英語 Waggestaff (wag, staff)（原義）「儀仗を振る儀官」.

Waikato /waɪkǽtoʊ, 米 waɪkɑ́:toʊ/ ワイカトー: ニュージーランド北島の川. ♦＜マオリ語（原義）「流水・奔流」.

Waikiki /wáɪkɪki:/ ワイキキ: HAWAII, OAHU 島の海岸・リゾート. ♦＜ハワイ語 Wai-kīkī（原義）「噴出する真水」＜ wai 'water' + kīkī（加重形）＜ kī 'to shoot'. かつて内陸部と Waikiki を分けていた湿地帯にあふれていた湧き水を指す（en.wikipedia）.

Wain, Wayne /weɪn/ ウェイン: 1319 姓（＜職業）. ♦中英語 Wayn（原義）「車大工」((換喩)＜「荷馬車」)＜古英語 wæġ(e)n 'wain' (cf. ドイツ語 Wagen). ⇨ WAINWRIGHT. ▶JOHN Wain (1925–94; 英国の詩人・作家・評論家・OXFORD 大学詩学教授) | John Wayne (1907–79; 米国の西部劇俳優; *Stagecoach*『駅馬車』(1939)).

Wainwright /wéɪnraɪt/ ウェインライト: 1237 (the, le) 姓（＜職業）. ♦中英語 Wanwrechte, ～（原義）「車大工」＜古英語 wæġnwyrhta. ⇨ WAIN, -WRIGHT.

Wakatipu /wɑːkɑːtí:pu:/ ワーカーティープー: ニュージーランド南島の湖. ♦（略形）＜マオリ語 Wakatipuawaimaori ＜ waka 'through' + tipua 'giant' + wai 'water' + maori 'fresh'. 死んだ巨人が地中に人形(総)に埋まり, その跡に真水が湧いて湖になったという伝説から（Everett-Heath）.

Wake /weɪk/ ウェイク: 1153 (le) 姓（＜あだ名）. ♦中英語 Wac, ～（原義）「警戒心の強い・機敏な（人）」＜古ノルド語 vakr 'watchful'.

Wakefield /wéɪkfi:ld/ ウェイクフィールド: (**1**) 1086 DB イングランド West YORKSHIRE の州都 ＞ 1219 (de) 姓. ♦中英語 Wacafeld (wake, -FIELD)（原義）

Walden

「(教区教会の)祝祭広場」. ばら戦争の戦場(1460). (**2**) 1868 米国 MASSACHU-SETTS 州 BOSTON 近郊の町. ◆Cyrus Wakefield (1811–73; 地元の実業家・town hall の寄進者)にちなむ.

Walden /wɔ́:ldn/ ウォールデン: c1000 イングランド各地の地名 > 1176 (de) 姓. ◆中英語 Waldene (原義)「ウェールズ人の谷」< 古英語 Wealh 'the Welsh' + denu 'valley'. ▶米国の哲人 HENRY THOREAU の随筆 *Walden* (1854; 彼がそのほとりで暮らした Walden Pond から).

Wales /weɪlz/ ウェールズ: Great BRITAIN 島南西部の地域. ◆古英語 Wealas (原義)「外国人・ブリトン人・奴隷たち(の国)」(複数) < wealh 'foreign'. 5 世紀中頃に渡来したアングロ - サクソン人が先住民族のウェールズ人につけた差別的呼称. ウェールズ語では CYMRU /kʌ́mri/. ⇨ CAMBRIA.

Walker /wɔ́:kə/ ウォーカー: 姓. ◆古英語 wealcere (walk, -ER)「(毛織物の)縮充工」. ⇨ FULLER. ▶ALICE Walker (1944– ; アフリカ系米国人作家; *Color Purple* (1982)).

Wallace, Wallis /wɔ́lɪs/ ウォレス: 1156–85 姓. ◆中英語・スコット語 Waleis < アングロフランス語 Waleis, Walais「ウェールズ人・ケルト人; (原義)よそ者」. Wallace はスコット語形で STRATHCLYDE 王国の BRITON 人を指す. ▶WILLIAM Wallace (?1272–1305; イングランド王 EDWARD I の圧政に立ち上がったスコットランドの愛国者; 映画 *Braveheart* (1995)の主人公).

Waller /wɔ́:lə/ ウォラー: (**1**) 1185 (le) 姓(<あだ名). ◆中英語 Walur (原義)「洒落者・愉快な男」< 古フランス語 galore 'coxcombe'. (**2**) 1279 (le) 姓(<職業). ◆中英語 〜 (原義)「壁・塀作り職人」. (**3**) 1327 姓. ◆中英語 〜 (方言形) < Weller (well, -ER) (原義)「小川のそばの住人」< 古英語 well 'stream, well'.

Wall Street /wɔ́:l striːt/ ウォールストリート: NEW YORK の金融街. ◆New Amsterdam 時代にオランダ人が近くの英国人や先住民の侵入を防ぐため, 北の境界に設けた防護壁に由来する. ▶*The Wall Street Journal* (1882 年に 3 人の新聞記者が始めた; 2010 年 3 月現在, オンライン購読者を含めると米国最大の日刊紙; 金融・経済記事を得意とする).

Walpole /wɔ́lpoʊl/ ウォルポール: 1198 (de) 姓(<イングランド SUFFOLK 州の地名). ◆中英語 Wal(e)pol (原義)「ウェールズ人の池」< 古英語 Weala ((所有格) < Wealas 'WALES') + pōl 'pool'. ▶HORACE Walpole (1717–97; 英国の作家; *The Castle of Otranto*『オトラント城奇譚』(1764)).

Walsh /wɔlʃ/ ウォルシュ: 1277 (le) 姓. ◆中英語 Wal(e)sche (原義)「ウェールズ人」< Wælish 'WELSH'.

Walsingham (**1**) /wɔ́:lzɪŋəm/ ウォルズィンガム: c1035 イングランド NOR-

Warwickshire

FOLK 州の巡礼地. ♦中英語 ～ (原義)「Wæls (人名) 一族の屋敷」< 古英語 Wæls + -ING + -hām '-HAM¹'. 11世紀にそこに聖家族の家のレプリカを建てるようにとの夢のお告げで建てられた家が巡礼地となった. (2) /wɔ́:lsɪŋəm/ ウォルシンガム: 姓. ♦ < (1).

Walt /wɔ:lt/ ウォルト: 男子名. ♦WALTER の愛称形. 特に米国で用いられる. ▶Walt DISNEY｜Walt WHITMAN.

Walter /wɔ́:ltə/ ウォルター: 1086 DB 男子名 > 1182 姓. ♦中英語 Walter, Walterus < ノルマンフランス語 Waltier < 古高地ドイツ語 Walthari < wald 'rule' + heri 'army' (原義)「軍隊統治(者)・武将」(cf. フランス語 Gautier, 古英語 Wealdhere). 愛称的短縮形 WALT, WAT.

Waltham /wɔ́:lθəm/ ウォルサム: (1) イングランド各地の地名. ♦中英語 ～ < 古英語 W(e)aldhām (WEALD, -HAM¹) (原義)「森村・御猟場」. (2) 1119–27 (de) 姓. ♦中英語 ～ < (1).

Walton /wɔ́:ltn/ ウォールトン: (1) イングランド各地の地名. ♦古英語 1) W(e)ala-tun (原義)「ウェールズ人の町」. ⇨ WALES; 2) W(e)ald-tun (WEALD, -TON) (原義)「森村」; 3) W(e)all-tun (wall, -TON) (原義)「城壁のそばの村」. (2) 1189 (de); 1352 姓. ♦中英語 ～ < (1). ▶Izaak Walton (1593–1683; 英国の随筆家; *The Compleat Angler*『釣魚大全』(1653)).

Wanaka /wá(:)nəkə/ ワナカ: ニュージーランド南島の湖を中心したリゾート. ♦ < マオリ語 O Anaka < o 'place' + Anaka (人名; マオリの酋長).

Ward /wɔ:d/ ウォード: 1194 姓 (< 職業). ♦中英語 Warde (原義)「番人・門番」.

Warhol /wɔ́:hoʊl/ ウォーホール: 姓. ♦(略形) < ? スロヴァキア語 Warhola (別形) < Warchola (あだ名; 原義「喧嘩早い人」). ▶ANDY Warhol (1928–87; 米国の画家・映画監督; 両親はスロヴァキア移民; 本人が Warhola から -a を取り去った. 故郷 PITTSBURGH に彼の博物館がある).

Warren /wɔ́rən/ ウォレン: (1) 1086 男子名・1198 姓. ♦中英語 Warin (原義)「猟場(のそばの住民・の使用人)」< アングロフランス語 Warin「猟場」. (2) 1086 DB (de) 姓 (< 地名). ♦中英語 Warn(n)e < 古フランス語 La Varenne (フランスの地名; 原義「? 砂浜」). (1)と(2)は混同されてきた. ▶米国の映画俳優 Warren BEATTY｜ROBERT PENN Warren (1905–89; 米国の詩人・作家).

Warwick /wɔ́rɪk, 米 wɔ́:wɪk/ ウォリック, ウォーウィック: (1) 1001 イングランド中部の WARWICKSHIRE の州都. ♦古英語 Wæringcwikum (原義)「堰のそばの村」< 古英語 *wæring 'weir' + wīc '-WICK'. WILLIAM 征服王が建てた古城が AVON 川のそばにある. (2) 1086 DB (de) 姓. ♦中英語 Warwic < (1).

Warwickshire /wɔ́rɪkʃə/ ウォリックシャー: 1016 イングランド中部の州 (州都 WARWICK). ♦古英語 Wæringcwīcscīr. ⇨ WARWICK, -SHIRE.

Wash

Wash /wɔʃ/ [the 〜] ウォッシュ: c1545 イングランド NORFOLK 州と LINCOLN-SHIRE の間の OUSE 河口の湾. ♦ < the Wasshes (原義)「波に洗われる陸地」.

Washington /wɔ́ʃɪŋtən/ ワシントン: 946–55 イングランド West SUSSEX の地名 > 1327 姓. ♦ <(1) 中英語 Wassingeton (原義)「Wassa (人名) 一族の村」. ⇨ -ING, -TON. (2) 1889 米国の州 (州都 OLYMPIA). ♦ < GEORGE Washington (1732–99; 米国の初代大統領(1789–97)).

Washington D(istrict of) C(olumbia) /wɔ̀ʃɪŋtən dístrɪkt əv kəlʌ́mbjə/ ワシントン D.C.: 1800 米国の首都. ♦「ワシントン行政区」の意. GEORGE WASHINGTON と COLUMBIA から.

Washington Post /wɔ̀ʃɪŋtən póʊst/ [the 〜] 1877 ワシントンポスト. ♦ < WASHINGTON (D. C.) + post (新聞名に用いられるのは,「飛脚」から「最新のニュースを運ぶもの」の意が出たためか). The NEW YORK TIMES と並ぶ米国の 2 大新聞の一つ. 政治評論に特徴がある.

Wat /wɔt/ ウォット, ワット: 男子名. ♦ WALTER の愛称的短縮形. Wat は中英語期から 17 世紀まで Walter が /wɔ́:tə/ と発音されたことから生じた短縮形. WATT(S) も同じ.

Watergate /wɔ́:təgeɪt/ ウォーターゲート: 1972–74 年米国に起こった政治スキャンダル. ♦米国 WASHINGTON D. C. 近郊にある複合ビルの名から. 同ビルにある民主党本部に NIXON 共和党政権の高官の命令で盗聴器が仕掛けられるなど一連の不法行為が発覚し, 大統領は 1974 年辞任に追い込まれた.

Waterloo /wɔ̀:təlú:/ (1) ワーテルロー: ベルギー中部の町. ♦ <オランダ語 〜 (water, locus)(原義)「水のある所・牧草地」. 1815 年 Napoleon I が WELLINGTON と Blücher 率いる英国・プロイセン連合軍に大敗した地. (2) ウォータールー: LONDON の橋・地下鉄および鉄道駅. ♦ <(1). 橋の名は上記戦勝を記念した命名(1848).

Waterman /wɔ́:təmən/ ウォーターマン: (1) 1260 姓(<あだ名). ♦中英語 Walterman (原義)「WALTER の召使」. (2) 1196 姓(<職業). ♦中英語 〜 (原義)「水の運び人・川の渡し守」. (3) Waterman Pen Company の商標. ♦ LEWIS Waterman (1837–1901) が NEW YORK に 1884 年に創業した万年筆の会社.

Waterton /wɔ́:tətən/ ウォータートン: (1) 1341 (de) 姓(<イングランド LANCASHIRE の地名). ♦中英語 〜 (water, -TON)(原義)「川村」. (2) カナダ ALBERTA 州の湖・国立公園. ♦ CHARLES Waterton (1782–1865; 英国の博物学者)にちなむ.

Watling Street /wɔ́tlɪŋ stri:t/ ウォットリングストリート: ローマ人が舗装したイングランドの街道. ♦880 古英語 Wætlingastrǣt, Wæclingastrǣt (原義)「Wætel, Wæcel 一族の道」< Wætel, Wæcel (人名) + -linga (複数属格) 'of a people' + strǣt 'paved road, street'. St. ALBANS（地名）の古名が Wæclinga-ċeaster だったので，この街道名は最初，St. Albans － LONDON 間に用いられ，後に DOVER から London（今の A2），そこから SHROPSHIRE の Wroxeter（今の A5）まで延長されたのであろう(Mills, LPN).

Watson /wɔ́tsn/ ワトソン: 1324 姓. ◆中英語 ～ < Wat 'WATT' + -SON（父系）. ▶ JAMES Watson（1928– ；米国の生化学者；DNA の構造を解明し NOBEL 生理学・医学賞（1962）を受賞）｜ Dr. Watson（C. DOYLE の小説に登場する医師で SHERLOCK HOLMES の親友・小説の語り手．）

Watt(s) /wɔt(s)/ ワット，ワッツ: 1292 姓. ◆中英語 ～ < Wat（愛称的短縮形）< WALTER. ⇨ -S（父系）. ▶JAMES Watt（1736–1819; スコットランドの技師で蒸気機関の完成者；電力の単位 watt の名祖）.

Waugh /wɔː/ ウォー: 1296 姓. ◆中英語 Walgh（原義）「BRITON 人」< 古英語 w(e)alh 'foreign'. スコットランド STRATHCLYDE に孤立した Briton 人につけた呼び名. ▶EVELYN Waugh（1903–66; 英国のカトリック作家）.

Waverley /wéɪvəli/ ウェイヴァリー: 1147 イングランド SURREY 州の地名 > 1222 (de) 姓. ◆中英語 Wauerlegh（原義）「沼地のそばの開墾地」. スコットランドの作家 WALTER SCOTT が最初に出版した歴史小説 *Waverley*（1814）以降の小説を 'By the author of *Waverley*' と匿名で出版したことから彼の小説群を 'Waverley Novels' と総称する. EDINBURGH の Waverley Station, 米国（Waverly と短縮）・カナダ・オーストラリア・ニュージーランドの地名 Waverley は Scott の小説にちなむ.

Wayne /weɪn/ ウェイン: 姓. ◆WAIN の別形.

Weald /wiːld/ [the ～] ウィールド: 1185 イングランド南東部の KENT, SURREY, ESSEX 諸州にまたがる丘陵地帯. ◆古英語 weald 'woodland'. 語源のように元は広大な「森林地帯」だったが，今は多くは農耕地になった.

Wear¹, Weir¹ /wɪə/ ウイア: (1) c890 イングランド北部 PENNINES に発し DURHAM を経て東流し北海に注ぐ川. ◆古英語 Werra < ケルト語 Visera（原義）「水域・川・曲がっているもの」. (2) 1242 姓. ◆中英語 Wer < (1).

Wear², Weir² /wɪə/ ウイア: 姓. ◆中英語 Wer（原義）「簗場（のそばの住民・漁師）」< 古英語 wer 'weir'.

Webb /web/ ウエッブ: c1100–30 (se(= the), le, la) 姓 (<職業). ◆< 中英語 Webba（原義）「男の織工」, Webbe（原義）「女の織工」< 古英語 webba, webbe.

Webster /wébstə/ ウェブスター: 1275 姓 (<職業) > 男子名. ◆中英語 Webestre（原義）「織工」< 古英語 webbestre 'female weaver'. ⇨ WEBB, -STER. 米国での男子名の使用は NOAH Webster や著名な政治家 DANIEL Webster（1782–

Wedgwood

1852)の影響であろう．▶Noah Webster (1758–1843; 米国の辞書編纂者; *An American Dictionary of the English Language* (1828)) | JOHN Webster (c1580–c1634; 英国の劇作家; *The White Devil*『白魔』(1612)).

Wedgwood /wédʒwʊd/ ウェッジウッド: (**1**) 1370–71 姓 (<イングランド STAFFORDSHIRE の地名). ♦中英語 Weggewode (地名; 原義「？楡の森」) <古英語 wiċe 'wych elm' + wudu 'wood'. (**2**) 英国の陶磁器製造会社の商標. ♦JOSIAH Wedgwood (1730–95) が 1759 年に創業. 1987 年に Waterford Crystal と合併して社名は Waterford Wedgwood plc.

Weir /wɪə/ ウイア: 姓. ♦WEAR² の別形. ▶PETER Weir (1944– ; オーストラリアの映画監督; *Witness* (1985)).

Well(e)s /welz/ ウェルズ: (**1**) [Wells] 766 イングランド南西部 SOMERSET 州の町. ♦古英語 Wielea 'wells'. ここの大聖堂に 3 つの泉があることから Wells (複数形) という. (**2**) 1177 (de) 姓. ♦中英語 Welles (地名; 複数形) <古英語 wella 'springs, streams, wells'. ⇨ -s (複数). ▶H. G. Wells (1866–1946; 英国の作家; *The Time Machine* (1895)) | ORSON Welles (1915–85; 米国の映画俳優・監督; *Citizen Kane*『市民ケーン』(1941)).

Wellington /wélɪŋtən/ ウェリントン: (**1**) a1038 イングランド各地の地名. ♦古英語 Wēolingtūn (原義)「Wēola 一族の村」< *Wēola (人名) + -ING + tūn '-TON'. (**2**) 1209 (de) 姓. ♦中英語 Welington <(1). (**3**) 1865 ニュージーランドの首都. ♦1815 年 WATERLOO の戦いで Napoleon I を破り 'the Iron Duke' の異名を取った英国の将軍 1st Duke of Wellington (1769–1852) にちなむ.

Welsh /welʃ/ ウェルシュ: ウェールズ人・ウェールズ語. ♦古英語 Welisċ, Wælisċ (原義)「外国人・外国語, ケルト人・ケルト語」< w(e)alh 'foreigner, Briton' (cf. ドイツ語 welsch 'foreign, Italian'). ⇨ WALES, -ISH. ウェールズ語では CYMRY (原義)「同胞」.

Wendy /wéndi/ ウェンディ: 女子名. ♦GWENDOLEN の愛称形. ⇨ -Y. J. M. BARRIE 作 *Peter Pan* (1904) の少女の名にちなみ, 使用は 1960 年代にピークに達した (Cresswell).

Wentworth /wéntwəθ/ ウェントワース: 1219 (de) 姓 (<イングランド CAMBRIDGESHIRE, YORKSHIRE の地名). ♦中英語 Winterwrth, Wynteworth (winter, -WORTH) (地名; 原義「冬の家」).

Wesker /wéskə/ ウェスカー: 1275 姓 (<場所). ♦中英語 〜 (原義)「西湿地 (のそばの住民)」< west + kerr 'fen' <古ノルド語 kjarr 'brushwood'. ▶ARNOLD Wesker (1932– ; 英国の劇作家; *Chicken Soup with Barley*『大麦入りのチキンスープ』(1958)).

Wesley /wésli, wézli/ ウェスリー: c1095 (de) 姓 (<イングランド各地の地名).

Whistler

♦中英語 Westeley (west, -LEY)(原義)「西の森」. ▶JOHN Wesley (1703–91; 英国の牧師・神学者; メソジスト教会を創設した).

Wessex /wésəks/ ウェセックス: ANGLO-SAXON 時代の七王国の一つ(首都 WINCHESTER). ♦中英語 〜 (短縮形) < 古英語 West Seaxe 'WEST SAXONS'.

West /west/ ウェスト: 1152 (de, del) 姓(< 場所). ♦中英語 〜 (原義)「西(から来た人・の住民)」. ▶BENJAMIN West (1738–1820; 米国の画家; GEORGE III の宮廷画家として英国で活躍した).

West End /wèst énd/ [the 〜] ウェスト エンド: LONDON の盛り場. ♦19世紀初頭に CHARING CROSS の西側の地域を指すようになった.

Westinghouse /wéstɪŋhaʊs/ ウェスティングハウス: 米国の原子力発電設備・核燃料の製造会社 Westinghouse Electric Corporation の商標. ♦1886年に GEORGE Westinghouse (1846–1914)によって総合電機メーカーとして創業された.

Westminster /wéstmɪnstə/ ウェストミンスター: c975 LONDON の寺院. ♦古英語 Westmynster (west, minster)(原義)「西の修道院」. 文字通り City の西にあったから.

West-Saxon /wèst sǽksn/ ウェストサクソン: WESSEX の住民・(古英語の)方言. ♦古英語 West-Seaxe 'West-Saxons'.

West Side /wést saɪd/ ウェストサイド: NEW YORK, MANHATTAN 島の 5 番街, セントラルパーク, ブロードウェイの西側. ♦これより東の地区 East Side に対する呼称. ここを舞台にした *Romeo and Juliet* をなぞった若い男女の悲恋物語 *West Side Story* がミュージカル(1957)と映画(1961)になり大人気を博した.

West Virginia /wèst vədʒínjə/ ウェストヴァージニア: 1788 米国の州(州都 CHARLESTON). ♦ < west + VIRGINIA.

Whangarei /(h)wɑ́ːŋərèɪ/ ワンガレイ: ニュージーランド北島北部の港町. ♦ < マオリ語 〜(原義)「沼地の港」< whanga 'harbour' + rei 'swamp' *l* (原義)「Rei が(未来の夫を)待つところ」< whanga 'waiting' + Rei(pae)(女子名).

Wharton /(h)wɔ́ːtn/ ウォートン: 1324 (de) 姓(< イングランド各地の地名). ♦中英語 〜, Waverton (waver, -TON)(原義)「揺れる木のそばの農場」. ▶EDITH Wharton (1862–1937; 米国の作家).

Wheeler /(h)wíːlə/ ウィーラー: 1249 (le) 姓(< 職業). ♦中英語 Whelere 'wheeler'(原義)「車大工」.

Wheelwright /(h)wíːlraɪt/ ウィールライト: c1095 (le) 姓(< 職業). ♦中英語 Welwryhte 'wheelwright'(原義)「車大工」. ⇨ -WRIGHT.

Whistler /(h)wíslə/ ホイスラー: (**1**) 1243 (le) 姓(< 職業). ♦中英語 Wistler,

Whitaker

Whiseller (原義)「笛吹き」< 古英語 hwistlere 'whistler'. ▶JAMES Whistler (1834–1903; 英国で活躍した米国生まれの画家). (**2**) 1965 カナダ BRITISH COLUMBIA 州の山・1975 リゾート. ◆山腹に生息するマーモットの口笛のような鳴き声から (Rayburn, PNC).

Whitaker /(h)wítəkə/ ウィテカー: 1177 姓 (< イングランド各地の地名). ◆中英語 Whetacre (wheat, acre)(原義)「小麦畑」.

White /(h)waɪt/ ホワイト: (**1**) OE 姓. ◆古英語 Hwīta 'white'. 顔色・肌色・髪色の「白い」人につけたあだ名から. 髪色に関しては, 老人の「白髪」よりも若者の「金髪」に用いた. フランス語から入った blond「金髪の」から BLUNT, 指小辞 -en のついた BLUNDEN など同種の姓が生じた. (**2**) 1279 姓 (<場所). ◆中英語 Wyte (原義)「川・道路の曲がり角 (の住人)」< 古英語 *wiht.

Whitehall /(h)wáɪthɔːl/ ホワイトホール: LONDON の街区. ◆以前あった YORK 大司教の邸宅 Whitehall Palace から. 薄い色の石造りだったことからか.

Whitehead /(h)wáɪthed/ ホワイトヘッド: 1219 姓. ◆中英語 Whitheved < 古英語 hwīt hēafod.「白髪, 金髪」の人につけたあだ名から. ▶ALFRED NORTH Whitehead (1861–1947; 英国の哲学者・数学者).

White House /(h)wàɪt háʊs, 米 ＿＿/ ホワイトハウス: 米国大統領官邸. ◆< WASHINGTON 大統領自らが選んだ設計案を元に 1792–1800 年に建築され増築もされた (en.wikipedia). White House の名称は THEODORE ROOSEVELT 大統領の命名 (1902).

Whitelaw /(h)wáɪtlɔː/ ホワイトロー: 1296 (de) 姓 (< スコットランドの地名). ◆中英語 Wytelowe, 〜 (原義)「白い海」< 古英語 hwīt 'white' + lagu 'sea'.

Whitelock /(h)wáɪtlɔk/ ホワイトロック: 1086 DB 男子名 > 1208 姓. ◆中英語 Whytlok, Witlac < 古英語 hwīt locc (white, lock).「白髪, 金髪」の人につけたあだ名から. lock は「髪の毛の房」. ▶DOROTHY Whitelock (1901–82; 英国のアングロ-サクソン学の大家).

Whitesell /(h)wáɪtsel/ ホワイトセル: 姓. ◆(英語化) < ドイツ語 Weitzel (原義)「小麦商・穀物商」.

Whiting /(h)wáɪtɪŋ/ ホワイティング: OE 男子名・1084 姓. ◆古英語 Hwīting 'Son of Hwīta (= WHITE)'. ⇨ -ING (父系). ▶LEONARD Whiting (1950– ; 英国の俳優; 映画 *Romeo and Juliet* (1968) で Romeo を演じた).

Whitman /(h)wítmən/ ホイットマン: 1219 姓. ◆古英語 Hwītmann (WHITE, -MAN).「白い人」につけたあだ名から. ▶WALT Whitman (1819–92; 米国の詩人; *Leaves of Grass*『草の葉』(1855)).

Whitney /(h)wítni/ ホイットニー: 1210–11 (de) 姓 (< イングランド HEREFORDSHIRE の地名) > 男子名・女子名. ◆< 中英語 Whyteneye (原義)「白い

島」< 古英語 hwītan ēge（与格）'white island'. 米国での 1980 年代の女子名の人気はポピュラー歌手 Whitney HOUSTON (1963–) の影響.

Whittard /(h)wítəd/ ウィッタード：姓. ♦古英語 Wihtheard（原義）「勇敢なエルフ」< wiht 'creature, elf' + heard 'hard'. ▶WALTER Whittard（紅茶販売業 Whittard of Chelsea の創業者；LONDON の CHELSEA に 1886 年に開業した）.

Whittington /(h)wítɪŋtən/ ホイッティングトン：1201 (de) 姓（< イングランド各地の地名）. ♦< 中英語 Whytington（原義）「Hwīta（人名；'WHITE'）一族の村」. ⇨ -ING, -TON. ▶DICK Whittington (1358?–1423；中世に 3 度 LONDON 市長になった人；公共・慈善事業に尽くした；貧しい少年がネズミ捕りの上手な猫を買って大金持ちになる彼の伝説はクリスマス・パントマイム（音楽喜劇）化されたが史実ではない）.

Whittle /(h)wítl/ ホイットル：1242 (de) 姓（< イングランド各地の地名・場所）. ♦中英語 Withull (white, hill)（原義）「白い丘（のそばの住民）」.

-wich /-(w)ɪtʃ, -(w)ɪdʒ/「住居・農場・小村・村・町」を意味する地名第 2 要素. ♦古英語 wīc < ラテン語 vicus. -WICK と同源.

Wichita /wítʃɪtɔː, 米 -tɑː/ ウィチトー，ウィチタ：米国 KANSAS 州の都市. ♦< カドー語「先住民族・ウィチタ族」<？BOEING 社の工場や CESSNA の本社があり，"Air Capital of the World" の異名をとっている.

-wick /-wɪk/「居住地・村」を意味する地名要素. ♦古英語 wīc < ラテン語 vicus '-WICH'. -wick は -wich の非口蓋化音の語形．両者の地理的分布は錯綜している.

Wickham /wíkəm/ ウィッカム：925–41 イングランド各地の地名 > 姓. ♦古英語 Wīchām (-WICK, -HAM¹)（原義）「定住地」.

Widdowson /wídoʊsn/ ウィドーソン：1309 (la, le) 姓（< あだ名）. ♦中英語 Wyduesone (widow, -SON)（原義）「未亡人の息子」.

Wight /wáɪt/ [the Isle of 〜] ワイト：1086 イギリス海峡にある島. ♦(変形)< 中英語 Wit < ケルト語（原義）「分かれ目」. Solent（語源不詳）海峡で Britain 島と隔てられていることから.

Wightman /wáɪtmən/ ワイトマン：1227 姓. ♦中英語 〜 (1) < 古英語 *Wihtmann（原義）「妖精人間」；(2) 中英語 wiht, wight（< 古ノルド語 vigt 'agile, strong'）+ -MAN.「敏捷な人・強い人」につけたあだ名.

Wilber /wílbə/ ウィルバー：1379 姓（< あだ名）. ♦中英語 Wylbor（短縮形）< Wyldebar 'WILDBORE'.

Wilberforce /wílbəfɔːs/ ウィルバーフォース：ME(de) 姓（< イングランド YORKSHIRE の地名）. ♦中英語 Wilburfoss（原義）「Wilburh の堀割り」< Wilburh（人名）+ foss 'ditch'. -force は foss の変形. ▶WILLIAM Wilberforce

Wilcock(s)

(1759–1833; 英国の政治家; 奴隷貿易禁止法の成立(1807)に尽力した).

Wilcock(s), Wilcox /wílkɔk(s)/ ウィルコックス: 男子名・姓. ♦WILLCOCK(S), WILLCOX の別形.

Wildbore /wáildbɔː/ ワイルドボア: 1242 姓 (< あだ名). ♦中英語 Wyldebar 'wildboar' (原義)「猪 (のように獰猛な人)」.

Wilde, Wyld /waild/ ワイルド: (**1**) 1086 DB 姓. ♦中英語 ～ (原義)「乱暴者」< 古英語 wilde 'violent, wild'. (**2**) 1200 姓 (< 場所). ♦中英語 ～ (原義)「荒地 (のそばの住人)」< 古英語 wilde 'waste, wild'. ▶OSCAR Wilde (1854–1900; アイルランド生まれの英国の(劇)作家; *The Picture of Dorian Gray*『ドリアングレイの肖像』(1891)).

Wilder /wáildə/ ワイルダー: 1327 姓. ♦中英語 Wylder, ～ (原義)「? 野蛮な人・藪地の住人」. ▶Thornton Wilder (1897–1975; 米国の劇作家・小説家 *The Bridge of San Luis Rey*『サンルイスレイの橋』(1927), *Our Town*『わが町』(1938)) | Billy Wilder (1906–2002; 米国の映画監督; 旧オーストリア生まれのユダヤ系で Wilder はドイツ語; *The Lost Weekend*『失われた週末』(1945), *The Apartment*『アパートの鍵貸します』(1960) で 2 度 ACADEMY 監督賞を受賞).

Wilk(es) /wɪlk(s)/ ウィルク(ス): 1246 男子名 > 1279 姓. ♦中英語 Wilk(es) (短縮形) < Wilcok(es) 'WIL(L)COCK(S)'.

Wilkie /wílki/ ウィルキー: 1495 姓. ♦中英語・スコット語 ～ < WILK + -IE (指小辞).

Wilkin(s) /wílkɪn(z)/ ウィルキン(ズ): 1160 姓. ♦中英語 Wilekin < WILL + -KIN (指小辞).

Wilkinson /wílkɪnsən/ ウィルキンソン: 1332 姓. ♦中英語 Wilkynson < WILKIN + -SON.

Will /wɪl/ ウィル: 1207 男子名. ♦中英語 Wille (愛称形) < WILLIAM.

Willa /wílə/ ウィラ: 女子名. ♦(女性形) < WILL. ▶Willa CATHER.

Wil(l)cock(s), Wil(l)cox /wílkɔks/ ウィルコックス: 1246 男子名 > 1275 姓. ♦中英語 < WILL + COCK(S).

Willet /wílət/ ウィレット: c1248 姓・1286 男子名. ♦中英語 Wilet (指小形) < WILL. ⇨ -ET.

William(s) /wíljəm(z)/ ウィリアム(ズ): 1086 DB 男子名・姓. ♦中英語 William(es), Willelm < ノルマンフランス語 Willia(u)me < (古)フランス語 Guillaume < 古高地ドイツ語 Willihelm (ドイツ語 Wilhelm) (原義)「進んで保護する者」< will 'willing' + helm 'protection'. ⇨ -s (父系). 愛称形 WILL, Willy, Willie, BILL, BILLIE. イングランド王 William I–IV の王名. ノルマン征服後

290

JOHN に凌駕されるまで最も人気のあった男子名. ▶TENNESSEE Williams (1911–83; 米国劇の劇作家; *A Streetcar Named Desire*『欲望という名の電車』(1947)).

Williamsburg /wíljəmzbəːg/ ウィリアムズバーグ: VIRGINIA 州の植民地時代の州都. ♦イングランド王 WILLIAM III にちなむ命名. ⇨ -BURG. 歴史地区の Colonial Williamsburg には 1699–1780 年の町や風俗などが復元されている.

Williamson /wíljəmsən/ ウィリアムソン: 1360 姓. ♦中英語 Williamssone, ～. ⇨ WILLIAM, -SON.

Willis /wílɪs/ ウィリス: 1327 姓. ♦中英語 Willys (WILL の属格; s の前に母音を保持した語形). ▶BRUCE Willis (1955– ; 米国の映画俳優; *Die Hard* (1988)).

Wilson /wílsn/ ウィルソン: 姓. ♦中英語 Willeson. ⇨ WILL, -SON. ▶WOODROW Wilson (1856–1924; 米国第 28 代大統領 (1913–21); 'Fourteen Points Plan for Peace'「十四か条の平和原則」(1918) で NOBEL 平和賞 (1919) を受賞).

Wilton /wíltən/ ウィルトン: (**1**) 1227 イングランド WILTSHIRE, Burbage 近くの町. ♦中英語 Wilton (原義)「流れ・泉のそばの町」< 古英語 wiella 'spring, stream, well' + tūn '-TON'. (**2**) 838 イングランド WILTSHIRE, SALISBURY 近くの町. ♦古英語 Uuiltūn (原義)「Wylye 河畔の村」. ⇨ -TON. (**3**) 1086 DB イングランド NORFOLK 州の町. ♦中英語 Wiltuna (原義)「柳村」< 古英語 *wiliġ 'willow' + tūn '-TON'. (**4**) 1086 DB (de) 姓 (< 地名). ♦中英語 ～ < (1), (2), (3).

Wiltshire /wíltʃə/ ウィルトシャー: 870 イングランド南西部の州 (州都 TROW-BRIDGE). ♦古英語 Wiltunsċīr < Uuiltūn 'WILTON(2)' + sċīr '-SHIRE'.

Wimbledon /wínblədən/ ウィンブルドン: LONDON 郊外の地名. ♦中英語 ～ < 古英語 Wunemannedune (原義)「Wynnman (人名) の丘」. ⇨ -DON. ここで毎年全英テニス選手権大会が開かれる.

Wimpy /wímpi/ ウィンピー: ハンバーガーチェーン店の商標. ♦漫画 *Popeye* でいつもハンバーガーを食べている Wimpy にちなむ. 'Wimpy Bar' として 1954 年に LONDON に開店して以来急成長を遂げた.

Winchester /wíntʃəstə/ ウィンチェスター: (**1**) イングランド HAMPSHIRE 中部にある同州の州都. ♦古英語 Wintanċeaster (原義)「Venta < 古ウェールズ語 Gwent (地名; 原義「? 首都」) の城市」. ⇨ -CHESTER. WESSEX 王国の首都. 大聖堂, Winchester College (1382 創立) がある. (**2**) 1086 DB 姓. ♦中英語 Wynchestre < (1). (**3**) 1850 米国 MASSACHUSETTS 州 BOSTON 北西郊の町. ♦慈善家 W. P. Winchester にちなむ. (**4**) 1744 米国 VIRGINIA 州北部の都市. ♦ < (1). 南北戦争時の戦場 (1862, 64).

Windermere /wíndəmɪə/ ウィンダミア: c1160 湖水地方にあるイングランド最大の湖.♦中英語 Winandermer (原義)「Vinandar (人名; 属格)の湖」.

Windows /wíndoʊz/ ウィンドウズ: 米国 MICROSOFT 社の OS の商標.♦< windows. マルチウィンドウ方式でいくつかの画面を同時表示する. 1985 年の Windows 1.0 では分割画面の表示だったが, 以後改良を重ね 1995 年の Windows 95 から爆発的人気を得た. ロゴの 4 枚の窓枠から分かるように複数の「窓(枠)」の概念からの命名.

Windsor /wínzə/ ウィンザー: c1060 LONDON の西方 THAMES 川南岸に位置しイングランド王家の城がある町.♦中英語 Windelesora (原義)「? 巻き上げ機のある陸揚げ場」< 古英語 *windels 'windlass' + ōra 'bank, landing-place'.

Winesburg /wáɪnzbə:g/ ワインズバーグ: 米国 OHIO 州の町.♦(変形)< Weinsburg (原義)「ワインの城市」. 植民したドイツ人らが故国の町の名をつけた.▶Winesburg, Ohio (米国の作家 SHERWOOD ANDERSON の短編小説集(1919)の題名になった町; 実際は彼が育った町 Clyde, Ohio がモデル).

Winfield /wínfi:ld/ ウィンフィールド: 1228 (de) 姓(<イングランド各地の地名)> 男子名.♦中英語 Winfeld (原義)「牧草地」< 古英語 *winn 'pasture' + feld 'open land, -FIELD'.

Winfred /wínfrəd/ ウィンフレッド: OE 男子名.♦中英語 〜 < 古英語 Wynfrið (原義)「喜ばしい平和」< wynn 'joy' + frið 'peace'.

Winifred /wínɪfrəd/ ウィニフレッド: 1585 女子名.♦(英語化)< ウェールズ語 Gwenfrewi (原義)「神聖な和解」< gwen 'white, holy' + frewi 'reconciliation'. St. Winifred は殺されたが生き返った 7 世紀の聖女. 愛称形 Win, Win(nie), FRED, Freda. 語形の類似から WINFRED と混同.

Winn /wɪn/ ウィン: 1198 (le) 姓(<あだ名).♦中英語 Win(e) (原義)「友」< 古英語 wine 'friend' // Wine- (Winebeald 'bold friend' などの人名の一部).

Winnipeg /wínɪpeg/ ウィニペグ: 1873 カナダ MANITOBA 州の州都 < 湖・川.♦< クリー語 〜 (原義)「濁川」< win 'muddy' + nipi 'water'.

Winona /wɪnóʊnə/ ウィノナ: 米国各地の地名 > 女子名.♦< スー語 〜 (原義)「長女」. LONGFELLOW の *The Song of Hiawatha* (1855)では Wenona. ▶Winona RYDER (1971– ; 米国の映画女優; 出生地の近くの町の名 Winona にちなむ).

Winston /wínstən/ ウィンストン: (1) 1086 DB イングランド DURHAM, SUFFOLK の地名 > 1205 (de) 姓.♦中英語 〜 (原義)「Wine (人名; 原義「友」)の村」. ⇨ WINN. (2) OE 男子名 > 姓.♦古英語 Wynstān (男子名; 原義「喜びの石」)< wynn 'joy' + stān 'stone'.

Winston-Salem /wìnstən-séɪləm/ ウィンストン - セーレム: 1913 米国 NORTH

CAROLINA 州の twin city. ♦＜1849 Winston (独立戦争時の将軍 JOSEPH WINSTON にちなむ) + 1766 Salem (米国で約 35 ある同名の町の一つ; ヘブライ語 shalom「平和」の訛りから). R. J. Reynolds Tobacco Co. のあるタバコ産業の町. WINSTON, SALEM, PALL MALL もこの会社の製品.

Winter(s) /wíntə:(z)/ ウィンター(ズ): 男子名・女子名・1185 姓. ♦中英語 Winter ＜古英語 Wintrer (原義)「冬; cf. 冬男・冬子」. ⇨ -s (父系). この季節に生まれた子や, 悲しげで惨めな顔をした人につけたあだ名から. また,「悲しげで惨めな顔をした」冬の寓意画を壁に描いた中世の家の者につけたあだ名でもある (Reaney & Wilson).

Winthrop /wínθrəp/ ウィンスロップ: OE 地名 ＞ 13C (de) 姓・男子名. ♦(r の音位転換) ＜中英語 Winthorp ＜古英語 Winþorpe (原義)「Wynna (人名) の村」. 男子名は主として米国 MASSACHUSETTS の植民地総督を親子 3 代にわたって務めた 3 人の JOHN Winthrop (1588–1649; 1606–76; 1638–1707) にちなむ.

Wisconsin /wɪskɔ́nsɪn/ ウィスコンシン: 1848 米国の州 (州都 MADISON). ♦＜フランス語 ～＜アルゴンキン語 Mesconsing (川名; 原義「? 大きな長い (川)」).

Wise, Wyse /waɪz/ ワイズ: 11C (se, le) 姓 (＜あだ名). ♦古英語 se Wisa 'the Wise'. あだ名の「賢人」から. ▶ROBERT Wise (1914–2005; 米国の映画監督; *West Side Story* (1961), *The Sound of Music* (1966) で ACADEMY 監督賞を受賞).

Witham (1) /wítəm/ ウィタム: イングランド ESSEX 州の川 ＞ 1295 姓. ♦古英語 Withām (原義)「川の湾曲部近くの村」＜古英語 *wiht 'river-bend' + hām '-HAM¹'. (2) /wíðəm/ ウィザム: LINCOLNSHIRE の川. ♦古英語 Wiðma (原義)「? 森川」＜古ウェールズ語 gwydd 'forest' + ラテン語 mānāre 'to flow'.

Withycombe /wíðɪkəm/ ウィジカム: 1196 (de) 姓 (＜地名). ♦中英語 Widecumbe (原義)「柳谷」＜古英語 wīðiġ 'willow' + cumb 'combe, valley'.

Wolf(e) /wʊlf/ ウルフ: 姓. ♦WOOLF(E) の別形.

Wolseley /wʊ́lzli/ ウルズリー: 1086 DB イングランド STAFFORDSHIRE の地名 ＞ 1177 (de) 姓. ♦中英語 Wulfsieslega, Wolsleg ＜古英語 Wulfsiġe (人名; ⇨ WOLSEY) + lēah '-LEY'.

Wolsey /wʊ́lzi/ ウルズィー: (1) a1038 姓. ♦古英語 Wulfsiġe (人名; 原義「勝利の狼」) ＜ wulf 'wolf' + siġe 'victory'. (2) 1168 姓 (＜あだ名). ♦中英語 Wulfesege (wolf, -s (所有格), eye) (原義)「狼の目」. 怖い目つきの人につけたあだ名から. ▶THOMAS Wolsey (c1471–1530; HENRY VIII の大法官を務めたが失脚した枢機卿).

Wood

Wood /wʊd/ ウッド: 1242 姓(＜場所). ◆中英語 Wode (原義)「森(のそばの住民)」. ▶NATALIE Wood (1938–81; 米国の映画女優 *West Side Story* (1961)).

-wood /-wʊd/「森・林」を意味する地名・姓の第2要素.

Woodbridge /wʊ́dbrɪdʒ/ ウッドブリッジ: c1050 イングランド SUFFOLK 州の町. ◆中英語 Wudebrige (wood, bridge) (原義)「木橋」.

Woodcock /wʊ́dkɔk/ ウッドコック: 1175 姓(＜あだ名). ◆中英語 Wudecok 'woodcock' (原義)「山鴫(のようにのろまな人)」.

Woodhouse, Wodehouse /wʊ́dhaʊs/ ウッドハウス: 1170 (de, atte) 姓(＜場所). ◆中英語 Wudehus (原義)「森の中の家(の住人)」. ▶P. G. Wodehouse (1881–1975; 英国生まれの米国のユーモア作家; 一連の Jeeves もので有名).

Woodrow /wʊ́droʊ/ ウッドロー: 1260 姓(＜場所) ＞男子名. ◆＜中英語 Woderowe (wood, row) (原義)「林の中の家並み(の住居)」. 愛称形 WOODY. 男子名は米国第28代大統領(1913–21) Woodrow WILSON (1856–1924)の名にちなむ.

Woodstock /wʊ́dstək/ ウッドストック: (**1**) c1000 イングランド OXFORDSHIRE の村. ◆古英語 Wudustok (原義)「森の中の定住地」＜ wudu 'wood' + stoc 'dwelling, settlement'. WINSTON CHURCHILL が生まれた BLENHEIM 宮殿がある. (**2**) 1770 米国 NEW YORK 郊外の町. ◆＜(1). 1969年8月ロックフェスティバル(Woodstock Music & Art Fair)が開かれ, 1970年にその記録映画が封切られた.

Woody /wʊ́di/ ウッディ: 男子名. ◆WOODROW の愛称形. ⇨ -Y (愛称的指小辞). ▶Woody Woodpecker (1940–72年に制作され人気を誇った米国の漫画映画の主人公のクレージーなキツツキ) | Woody ALLEN (1935– ; 米国の映画俳優・監督の芸名).

Wo(o)lf(e) /wʊlf/ ウルフ: 1166 姓(＜あだ名). ◆中英語 wolf ＜古英語 wulf 'wolf.「狼」を「獰猛な」人につけたあだ名から. 古英語期・アングロ-サクソン時代には wulf を要素にもつ人名は Wulfgār, Wulfheard, Wulfstān; Æðelwulf, Cynewulf, Ēanwulf, Eardwulf, Eċġwulf, Friðwulf, Gōdwulf など多数. 現代の Wolf 姓の増加はドイツ語圏からの移住者の増加による. ▶VIRGINIA Woolf (1882–1941; 英国の作家; *Mrs.Dalloway*『ダロウェイ夫人』(1925)) | THOMAS Wolfe (1900–38; 米国の作家).

Woolley /wʊ́li/ ウーリー: 1219 (de) 姓(＜イングランド各地の地名). ◆中英語 Wo(o)lley, Wolfeleye (wolf, -LEY) (原義)「狼森」.

Woolworth /wʊ́lwə(ː)θ/ ウルワ(ー)ス: 1550 姓(＜イングランド DEVONSHIRE の地名). ◆中英語 Wolleswothye (縮約形) ＜ Woolfardisworthy (原義)「Wulfheard (人名; 原義「猪飼い」)の農園」. ▶FRANK WINFIELD Woolworth (1852–

Wyclif(fe)

1919; 'five and ten cents' のチェーンストアを NEW YORK に創業した).

Worcester /wústə/ ウスター: (**1**) 717 イングランド西部旧 WORCESTERSHIRE の州都. ◆中英語 ～ <古英語 Wigranċeastre (原義)「Weogora (人名) 一族の城市」. (**2**) 1180 (de); 1567 姓 (<地名). ◆中英語 ～ <(1).

Worcestershire /wústəʃə/ ウスタシャー: 11C イングランド西部の旧州. ◆中英語 ～ (WORCESTER, -SHIRE).

Wordsworth /wə́:dzwə(:)θ/ ワーズワ(ー)ス: 1275 姓. ◆中英語 Waddeswryh (イングランド YORKSHIRE の地名 Wadworth; 原義「Wada (人名) の囲い地」). ⇨ -WORTH. ▶WILLIAM Wordsworth (1770–1850; 英国のロマン派の詩人).

Wormald /wɔ́:mld/ ワームルド: 1379 (de) 姓 (<イングランド YORKSHIRE 州 West Riding の地名). ◆中英語 Wormald (原義)「蛇森」< 古英語 wyrm 'serpent, worm' + wald 'forest'.

-worth /-wə(:)θ/「柵・囲い地・家屋敷・定住地」を意味する地名第 2 要素. ◆古英語 worð.

-worthy /-wə̀:ði/「柵・囲い地・家屋敷・定住地」を意味する地名第 2 要素. ◆古英語 worðiġ. -WORTH と同源.

Wray /reɪ/ レイ: 1275 (de) 姓 (<イングランド各地の地名). ◆中英語 Wrey (原義)「後背地」< 古ノルド語 vra 'nook'.

Wren(n) /ren/ レン: 1275 姓 (<あだ名). ◆中英語 Wrenne < 古英語 wrenna 'wren'. 一番小さな身近な鳥である wren「ミソサザイ」を「小さな人」につけたあだ名から. ▶CHRISTOPHER Wren (1632–1723; 英国の建築家; LONDON の大火 (1666) で消失した St. Paul's 大聖堂を再建した (1675–1711)) | C. L. Wrenn (1895–1969; 英国の英語学者).

Wright /raɪt/ ライト: 1214 (le); 1547 姓 (<職業). ◆中英語 Wrihte < 古英語 wryhta 'carpenter, joiner'. ▶FRANK LLOYD Wright (1867–1959; 米国の建築家; 帝国ホテル (1916–22) などを設計・施工した) | JOSEPH Wright (1855–1930; 英国の言語学者・辞書編纂者) | Wilbur Wright (1867–1912), Orville Wright (1871–1948) (米国の飛行機製作者の兄弟; 1903 年に人類初の動力飛行に成功した).

-wright /-raɪt/「作る人」を意味する複合語の第 2 要素. ◆古英語 wyrhta. ⇨ WRIGHT.

Wyatt /wájət/ ワイアット: 1192 姓. ◆中英語 Wyott < ノルマンフランス語 ～ <古フランス語 Guyot (指小形) < Guy 'GUY'. ▶THOMAS Wyatt (c1503–42; 英国の詩人・外交官).

Wyclif(fe) /wíklɪf/ ウィクリフ: 1252 (of, de) 姓 (<イングランド DURHAM 州の地名). ◆中英語 ～ (原義)「白い崖 // 川の湾曲部の土手」< 古英語 hwīt

Wye

'white' *l* with 'bend' + clif 'cliff, bank'. ▶JOHN Wycliffe (c1324–84; 英国の宗教改革者・聖書英訳者; 彼の信奉者たちは Lollards と呼ばれた).

Wye /waɪ/ ワイ: 956 ウェールズ中部からイングランド西部を流れ SEVERN 河口部に注ぐ川. ♦中英語 Wey < 古英語 (on) Wæge < ゲール語 Gwy (原義)「? 流水」.

Wyld /waɪld/ ワイルド: 姓. ♦WILDE の別形.

Wyman /wáɪmən/ ワイマン: 1086 DB 男子名 > 1275 姓. ♦中英語 Wimund(us) < 古英語 Wīġmund (人名; 原義「戦の護り手」). ▶JANE Wyman (1917–2007; 米国の映画女優; REAGAN 元大統領の先妻).

Wyndham /wíndəm/ ウィンダム: OE 地名 > 1261–2 (de) 姓 > 男子名. ♦古英語 Wynondhām (原義)「Wynond (人名) の屋敷」. ⇨ -HAM¹.

Wynn /wɪn/ ウィン: 男子名・姓. ♦ウェールズ語 (g)wyn 'white, fair, blessed'. 「白い・金髪の」人につけたあだ名から.

Wyoming /waɪóʊmɪŋ/ ワイオミング: 1890 米国の州 (州都 CHEYENNE). ♦<デラウェア語 (原義)「大平原」. PENNSYLVANIA 州の Wyoming Valley にちなむ.

Wyse /waɪz/ ワイズ: 姓. ♦WISE の別形.

X

-x /-ks/ 商標に多用される接尾辞.機器の精巧さなどを暗示する.▶R<small>OLEX</small>, T<small>I-MEX</small>.

Xerox /zí(ə)rɔks/ ゼロックス: 複写機の商標.♦ < xero(graphy)「乾式写真複写法式」＋ -x（商品名に用いる接尾辞）.

Y

-y /-i/ 主として男子名・女子名につける愛称的指小辞. ♦中英語 ～, -i, -ie <? 古フランス語 -i, -e. 別形 -ie. ▶BETTY, JIMMY.

Yahoo! /jəhúː/ ヤフー: インターネットサービス会社 Yahoo! Inc. の商標. ♦<Yahoo (*Gulliver's Travels* (1726)に登場する獣人; SWIFT の造語). Y(et) A(nother) H(ierarchical) O(fficious) O(racle)「もう一つの階層的なお節介な託宣」というユーモラスなこじつけの標語の頭文字語でもある. Oracle についてはデータベースの Oracle Corporation (1977)とも比較. Yahoo! Inc. は STANFORD 大学院生の JERRY Yang (1968– ; 台湾出身の米国人)と DAVID Filo (1966– ; Yang と同窓の米国人)が 1994 年に設立.

Yale /jeɪl/ イエール: 1701 米国 CONNECTICUT 州 NEW HAVEN にある大学. ♦Elihu /ɪláɪhjuː/ Yale (1649–1721; BOSTON 生まれの英国の植民地行政官)にちなむ.

Yankee /jǽŋki/ ヤンキー: 1758 米国人・NEW ENGLAND 人. ♦<? オランダ語 Janke (指小形)<Jan 'JOHN'. オランダ人が英国人入植者につけたあだ名から.

Yarmouth /jáːməθ/ ヤーマス: 1086 DB イングランド NORFOLK 州の町. ♦中英語 Gernemwa (原義)「Yare 川の河口」<ケルト語 Yare (原義)「せせらぎ」+ 古英語 mūþ '-MOUTH'.

Yeats /jeɪts/ イェーツ: 1198 (de, del, atte) 姓(<イングランド GLOUCESTERSHIRE の地名・場所・職業). ♦中英語 Yate 'gate' (原義)「門(のそばの住人)・門番」. ⇨ -s (父系). ▶WILLIAM Yeats (1865–1939; アイルランドの詩人; NOBEL 文学賞(1923)を受賞).

Yellowknife /jélounaɪf/ イエローナイフ: 1935 カナダ NORTHWEST TERRITORIES 準州の州都(<川名). ♦(なぞり)<Chipewyan (先住民族の部族名; 原義「黄色いナイフ」). この部族が黄銅でナイフを作ったことから. オーロラの鑑賞地.

Yoho /jóuhou/ [～ National Park] ヨーホー国立公園: Canadian Rockies の国立公園. ♦<クリー語 ～ (川名; 原義「驚異・畏怖(の叫び声)」).

York /jɔːk/ ヨーク: (**1**) 1086 DB イングランド North YORKSHIRE 中南部の都市 > a1160 (de) 姓・男子名. ♦中英語 Jorc<古ノルド語 Iork (短縮形)<Ior-

vík＜古英語 Eoforwīċ＜ラテン語 Eboracum（原義）「イチイの木のある所」＜ゴール語 eburos 'yew-tree'. ローマの属州 BRITANNIA 時代の中心都市. 英国教会の大主教座聖堂 York Minster がある.（**2**）米国 PENNSYLVANIA 州南東部の都市. ♦＜(1).

Yorkshire /jɔ́ːkʃə/ ヨークシャー：c1050 イングランド北東部の旧州・地方. ♦ 中英語 Eoferwicscir. ⇨ YORK, -SHIRE.

Yosemite /joʊsémɪti/ [～ National Park] ヨセミテ国立公園：1851 米国 CALIFORNIA 州東部 Siera NEVADA 山中の深い谷 Yosemite Valley を含む国立公園（1984 年世界遺産）. ♦＜ミウォク語 yohhe'miti（原義）「彼らは殺人者」. 探検隊が出会った先住民族の獰猛さからつけた部族名（en.wikipedia）.

Young /jʌŋ/ ヤング：姓（＜あだ名）. ♦古英語（seo）Iunga '(the) Young'＜ġeong /jung/ 'young'. 年上と区別して「年下」の兄弟・息子につけたあだ名から.

Yukon /júːkɔn/ ユーコン：カナダの川＞1894 準州＞1967 山. ♦＜グウィッチン語 Yukunah（原義）「大河」. 北米で 5 番目に長い川（3,700 km）.

Z

Zachary /zǽkəri/ (1) ザカリア: «新約» JOHN the Baptist の父. ♦ ＜ヘブライ語（原義）「神は覚え給う」. (2) ザカリー: 男子名. ♦ ＜ (1). 愛称形 Zac(k), Zak. ▶Zachary TAYLOR.

Ziegfeld /zíːgfeld/ ジーグフェルド: 姓. ♦ ＜ドイツ語 ～ (原義)「山羊の飼育場（の近くの住人）」＜ Ziege 'goat' + Feld 'field'. ▶Florenz Ziegfeld (1869–1932; 米国の演劇プロデューサー; "The Ziegfeld Follies" と呼ばれるレビューを制作した (1907–31); 両親がドイツ移民).

Zoe, Zoë /zóʊi/ ゾーイ: 19C 女子名. ♦ ＜ギリシャ語 Zōḗ (原義「生命・命」; ヘブライ語 'EVE' のギリシャ語訳).「永遠の生命」と結びつけて初期キリスト教徒に人気があった. 1970 年代からイギリスで着実に人気を得ている. 別形 Zowie, Zoie, Zoey. ▶Zoë E. BELL (1978– ; ニュージーランドの映画女優; *Kill Bill* (2003, 2004) で Uma Thurman のスタントマンを演じた).

A Concise Dictionary of English Proper Names
Edited by Tsunenori Karibe
Kenkyusha, 2011

KENKYUSHA
〈検印省略〉

英語固有名詞語源小辞典
© Tsunenori Karibe 2011

初版　第1刷　2011年2月15日
編著者　苅部恒徳
発行者　関戸雅男
発行所　株式会社 研究社
　　　　〒102-8152 東京都千代田区富士見2-11-3
　　　　電話　03(3288)7711(編集)
　　　　　　　03(3288)7777(営業)
　　　　振替　00150-9-26710
　　　　http://www.kenkyusha.co.jp/
印刷所　研究社印刷株式会社

ISBN 978-4-7674-3469-8 C3582
Printed in Japan